Schutz innovativer Versicherungsdienstleistungen

VERSICHERUNGSRECHTLICHE STUDIEN

HERAUSGEGEBEN VON PROFESSOR DR. GERRIT WINTER

BAND 67

PETER LANG
Frankfurt am Main · Berlin · Bern · Bruxelles · New York · Oxford · Wien

Dr. Axel Wehling

SCHUTZ INNOVATIVER VERSICHERUNGS-DIENSTLEISTUNGEN

PETER LANG
Europäischer Verlag der Wissenschaften

Die Deutsche Bibliothek - CIP-Einheitsaufnahme

Wehling, Axel:

Schutz innovativer Versicherungsdienstleistungen / Axel Wehling. - Frankfurt am Main ; Berlin ; Bern ; Bruxelles ; New York ; Oxford ; Wien : Lang, 2002
(Versicherungsrechtliche Studien ; Bd. 67)
Zugl.: Hamburg, Univ., Diss., 2001
ISBN 3-631-39216-8

Diese Arbeit wurde mit Unterstützung des
Vereins zur Förderung der Versicherungswissenschaft
in Hamburg e.V. veröffentlicht.

Satz und Layout:
Schreibservice Kumpernatz + Bromann, Hamburg.

D 18
ISSN 0175-4382
ISBN 3-631-39216-8

Für Inge, Gerhard, Sonja und Olav

Inhaltsverzeichnis

3. Teil
Analyse der Schutzmöglichkeiten in Deutschland 56

5. Teil
Rechtsvergleich 197

6. Teil
Abschließende Würdigung / Resümee 216

Der Mensch hat dreierlei Wege, klug zu handeln:
erstens durch Nachdenken, das ist der edelste,
zweitens durch Nachahmen, das ist der leichteste, und
drittens durch Erfahrung, das ist der bitterste.

Konfuzius

Einleitung

Unternehmen, die sich künftig im Wettbewerb behaupten wollen, brauchen mehr als Kampfgeist. Kreativität und Innovationsfähigkeit sind der Schlüssel zum Erfolg. Um neue Marktsegmente zu erobern oder die bestehende Marktposition zu halten, gehört zur Strategie der Dienstleistungsunternehmen daher insbesondere auch das verstärkte Angebot neuer Dienstleistungsprodukte[1]. Aktuelle gesellschaftliche Veränderungen beschleunigen diese Entwicklung.

Empirische Auswertungen haben gezeigt, dass die Kosten einer Imitation bis zu 65% unter den Kosten liegen, die der Innovator eingesetzt hat. Der Folger besitzt daher zur Etablierung seines Produktes die Chance, seinen Kostenvorteil zu nutzen und den Pionier im Preis zu unterbieten. Aufgrund dieses Verdrängungswettbewerbs können nur circa 50% der Marktpioniere die Marktführerschaft in dem durch ihre Innovation generierten Markt langfristig halten. Soweit der Plagiator Veränderungen oder Weiterentwicklungen des Produktes betreibt, kann er zunächst eigenständige Marktsegmente erobern und von dieser Plattform aus in Marktbereiche eindringen, die zunächst dem Pionier vorbehalten waren[2]. Ein effektiver Schutz des Innovators erscheint daher notwendig.

Für den technischen, gewerblichen Bereich stehen zahlreiche Instrumente zum Innovationsschutz bereit. Demgegenüber ist ein Dienstleistungsschutz – das Markenrecht ausgenommen – in der Vergangenheit vernachlässigt worden.

An der Schwelle zum neuen Jahrhundert wird der tertiäre Sektor, werden Dienstleistungen von immer größerer gesamtwirtschaftlicher Bedeutung. Es stellt sich daher die Frage, wie es mit dem Schutz innovativer Dienstleistung in Deutschland bestellt ist. Beispielhaft soll bei der folgenden Untersuchung der Schutz innovativer Versicherungsdienstleistungsprodukte im Vordergrund stehen. Diese Auswahl steht vor dem Hintergrund der Mitte der 90er Jahre erfolgten Deregulierung des Versicherungsmarktes, die erst die Innovationsfähigkeit der einzelnen Versicherungsunternehmen durch Abschaffung der präventiven Kontrolle der Versicherungsbedingungen durch die Versicherungsaufsicht hergestellt hat. Vor diesen Liberalisierungsmaßnahmen waren Innovationen durch die umfassende Ge-

---

1 Beispiele aus der jüngeren Zeit hierfür sind Neuerungen im Bereich der fondsgebundenen Lebensversicherungen, Maaß/Müller, Zunehmende Bedeutung der FLV in Deutschland, VW 1996, 306; Für den Bereich des Firmengeschäfts, Hertel, VW 1996, 562; oder die Versicherung gegen Folgen von Produkterpressungen der Allianz, Bericht in der Süddeutschen Zeitung, „Die Allianz drängt an die Spitze", vom 23.10.1997 S. 25. Auch der steigende Bedarf nach Altersvorsorgeprodukten wird wahrscheinlich zu einer Vielzahl neuer Produkte führen.

2 Von der Oelsnitz, Als Marktpionier zum Dauerhaften Erfolg, Havard Business Manager 1998, 24, 26.

nehmigungsbedürftigkeit durch das Bundesaufsichtsamt für das Versicherungswesen fast ausschließlich auf Verbandsebene möglich[3].

Um in diesem Zusammenhang einzelne Schutzmöglichkeiten nicht über zu bewerten, aber auch um andere dogmatische Ansätze aufzuzeigen, möchte diese Arbeit zudem Unterschiede und Parallelen zu Schutzmöglichkeiten für Dienstleistungen in England/Wales aufzeigen. Diese Auswahl erfolgt speziell vor dem Hintergrund der Common-Law-Tradition und der traditionell stark ausgeprägten liberalen Wettbewerbshaltung in England.

Weiterhin soll die vorliegende Arbeit auch beratende Funktionen für innovative Dienstleister besitzen, so dass der Schwerpunkt auf praktisch relevante Themengebiete gelegt wurde. Gleichzeitig wurde Wert auf die Beschreibung der konkreten Schutzerfordernisse gelegt, um jedem Innovator eine Einschätzung hinsichtlich der konkreten Schutzfähigkeit seiner Neuschöpfung zu ermöglichen.

---

3 Zu den Schutzmöglichkeiten vor der Deregulierung des Versicherungsmarktes vgl. Priester, Nachahmungsschutz für Dienstleistungsmodelle.

1. Teil

Grundlagen

Als Grundlage für nachfolgende rechtliche Bewertung sind zunächst die Besonderheiten hinsichtlich des Versicherungsproduktes, des Wettbewerbes im Versicherungsmarkt und der Produktentwicklung darzustellen.

I. Versicherung als Produkt

Die genaue Bestimmung des Produktes „Versicherung" wirft erste Probleme auf; so haben beispielsweise das Versicherungsaufsichtsgesetz (VAG) und das Versicherungsvertragsgesetz (VVG) auf eine Definition verzichtet. Aus § 1 VVG ergibt sich nur, dass der Versicherer die vereinbarte Leistung zu erbringen und der Versicherte die vereinbarte Prämie zu zahlen hat. Qualifikationsmerkmale werden nicht benannt. Zur Charakterisierung hat die Rechtswissenschaft eine Reihe von Theorien hervorgebracht, die jedoch bei isolierter Betrachtung nicht in der Lage sind, das Produkt „Versicherung" hinreichend zu beschreiben.

So sieht die Schadensersatztheorie das Ziel des Versicherungsvertrages in erster Linie darin, einen Schaden, den der Versicherungsnehmer erleidet, abzuwenden oder auszugleichen. Eine Erweiterung erfährt die Schadensersatztheorie durch die Bedarfstheorie, die neben Schadensersatzleistungen als „konkreten Bedarf" auch Summenleistungen zur abstrakten Bedarfsdeckung als versicherungstypische Leistungen anerkennt. Während die Schadensersatz- und Bedarfstheorien den einzelnen Versicherungsnehmer in den Vordergrund stellen, ist für die Gefahrengemeinschaftstheorie die Gemeinschaft der Versicherten der zentrale Anknüpfungspunkt. Gleichartig Versicherte bilden eine Gefahrengemeinschaft, welche das entscheidende Anknüpfungskriterium für eine Versicherung darstellt. Weitere Theorien, wie die Unternehmens- und Schadenstheorien, heben entsprechende weitere Einzelaspekte hervor, die jedoch, wie bereits angedeutet, jeweils nicht vollständig überzeugen[4]. Eine zufriedenstellende Beschreibung des Versicherungsbegriffs wird nur unter Einbeziehung der dargestellten und weiterer Elemente gelingen. Auf entsprechende Schwierigkeiten stößt auch der Versuch einer Definition des Versicherungsbegriffs durch Aufsichtsbehörden und Gerichte[5].

---

4 Werber/Winter, Grundzüge des Versicherungsrechts, Rn. 6 ff. m.w.N.

5 Zum aufsichtsrechtlichen Versicherungsbegriff in den Mitgliedsstaaten der Europäischen Union siehe Müller, Versicherungsbinnenmarkt, Rn. 370, der darauf hinweist, dass lediglich drei Mitgliedsstaaten eine gesetzliche Definition kennen; Hinsichtlich neuerer Entwicklungen in der Rechtslehre sei an dieser Stelle lediglich verwiesen auf Köhne, Zur Konzeption des Versicherungsproduktes – neue Anforderungen in einem deregulierten Markt, ZVersWiss 1998, 143 mit einer ausführlichen Darstellung des Diskussionsstandes.

In Rechtsprechung und Schrifttum ist die folgende, von *E.R. Prölss* entwickelte, Definition für die Bestimmung von Versicherungsgeschäften weit verbreitet:

Versicherungsgeschäfte betreibt, wer, ohne dass ein innerer Zusammenhang mit einem Rechtsgeschäft anderer Art besteht, gegen Entgelt verpflichtet ist, ein wirtschaftliches Risiko dergestalt zu übernehmen, dass er a) anderen vermögenswerte Leistungen zu erbringen hat, wenn sich eine für deren wirtschaftliche Verhältnisse nachteilige, ihrem Eintritt nach ungewisse Tatsache ereignet, um die dadurch verursachten Nachteile auszugleichen, oder b) anderen vermögenswerte Leistungen zu erbringen hat, wobei es von der Dauer des menschlichen Lebens oder dem Eintritt oder Nichteintritt einer Tatsache im Laufe eines menschlichen Lebens abhängt, ob oder wann oder in welchem Umfang zu leisten oder wie hoch das Entgelt ist, sofern der Risikoübernahme eine Kalkulation zugrunde liegt, wonach die dazu erforderlichen Mittel ganz oder im wesentlichen durch die Gesamtheit der Entgelte aufgebracht werden[6].

Die Definition des BVerwG, wonach alle Geschäfte als Versicherung zu behandeln sind,

> „die gegen Entgelt für den Fall eines ungewissen Ereignisses bestimmte Leistungen versprechen, wobei das übernommene Risiko auf eine Vielzahl durch die gleiche Gefahr bedrohter Personen verteilt wird und der Risikoübernahme eine auf dem Gesetz der großen Zahl beruhende Kalkulation zugrunde liegt“,

ist etwas enger gefasst[7].

Für die vorliegende Arbeit bleibt festzuhalten, dass sich das Produkt „Versicherung“ als „unsichtbare Ware“[8] in erster Linie durch vertragliche und gesetzliche Bestimmungen definiert. Diese inhaltliche Konkretisierung erfolgt auf der Basis einer typisierten Interessenlage oder eines individuellen Risikozustandes. Versicherungsinnovationen werden bei veränderten Interessen- oder Risikolagen regelmäßig ansetzen können.

II. Wettbewerb und Aufsicht

Gewerbliche Schutzrechte und das Urheberrecht greifen massiv in den Wettbewerb ein. Bevor daher die Schutzmöglichkeiten für innovative Dienstleistungsprodukte dargestellt werden, ist zunächst das Wettbewerbsumfeld zu analysieren.

---

6 Prölss/Schmidt/Schmidt, VAG, § 1 Rn. 15, 16 m.w.N.

7 BVerwGE 3, 220; 75, 155, 160; 77, 253 f; Stober, Besonderes Wirtschaftsverwaltungsrecht, S 127.

8 Hübner, Liberalisierung des Versicherungsmarktes, EuZW 1990, 265.

1. Theoretische Ansätze

Die Wettbewerbsverhältnisse auf dem Versicherungsmarkt, wie allgemein im Bereich der Finanzdienstleistungen, sind äußerst vielschichtig und komplex. Hierbei ist insbesondere zu berücksichtigen, dass der Versicherungsmarkt nach wie vor, trotz erfolgter Liberalisierung und Deregulierung, einem hohen Maß an staatlicher Regulierung unterliegt. So bestehen beispielsweise besondere staatliche Anforderungen hinsichtlich des Nachweises der notwendigen finanziellen Mittel, des Geschäftsplanes und der Kapitalanlage. Diese staatlichen Eingriffe finden ihre Rechtfertigung in erster Linie in der besonderen Schutzbedürftigkeit der Versicherungsnehmer. So kann ein ruinöser Preiswettbewerb nicht im Interesse der Versicherungsnehmer sein, da dieser aufgrund immer günstigerer Versicherungsprämien die ordnungsgemäße Erfüllung der Versicherungsverträge durch die Unternehmen auf Dauer zwangsläufig gefährden muss. Das Argument der fairen Verbraucherpreise für eine Deregulierung der Märkte kann daher für die Versicherungswirtschaft nur eingeschränkt gelten. Der Begriff „fairer Verbraucherpreis" besitzt somit im Bereich der Versicherungswirtschaft eine doppelte Bedeutung.

Das besondere Interesse der Versicherungsnehmer, dass der Staat über die Solvenz der Versicherungsunternehmen wacht, ergibt sich weiterhin auch daraus, dass zwischen Abschluss des Versicherungsvertrages und der Erfüllung des Vertrages durch den Versicherer häufig mehrere Jahre oder Jahrzehnte liegen können. Besonders deutlich wird dieses im Rahmen der Kapitallebensversicherung. Aber auch der Versicherte einer Schadensversicherung, der nach einem Schadensfall keine Entschädigung erhält, kann so in eine seine Existenz bedrohende finanzielle Lage gelangen. Außerdem wird der Versicherungsnehmer in der Regel nicht in der Lage sein zu entscheiden, ob die vom Versicherer vorgegebenen Versicherungsbedingungen ausreichende Garantie geben, dass im Versicherungsfall auch ein entsprechender Schutz besteht[9]. Die Wettbewerbssituation im Versicherungsbereich wird daher auch maßgeblich durch die staatlichen Aufsichtsbehörden und deren Kontrolldichte beeinflusst.

Das Aufsichtsrecht befindet sich naturgemäß in einem Spannungsverhältnis zwischen einem freien Wettbewerb auf dem Versicherungsmarkt und dem Schutz der Versicherungsnehmer[10]. Zur Lösung dieses Spannungsverhältnisses, in dem sich die Versicherungsaufsicht befindet, lassen sich in einem internationalen Vergleich im Wesentlichen drei unterschiedliche Aufsichtsformen ermitteln. In der Praxis sind die Gesetzgeber diesen Systemen gefolgt oder haben Mischformen geschaffen. Neben dem in Großbritannien lange praktizierten Publizitätssystem

---

9 EuGH, Kommission/Bundesrepublik Deutschland, Rs. 205/84, vom 04.12.1986, VersR 1986, 1225, 1228; Hoß, S. 21.

10 Wesselkock, Versicherungswirtschaft vor veränderten Rahmenbedingungen, VW 1991, 1450; Scholz, Verfassungsrechtliche Strukturfragen der Versicherungsaufsicht, ZVersWiss 1984, 1.

und dem in Deutschland vorherrschenden System der materiellen Staatsaufsicht, ist auch das System der Normativbestimmungen bekannt. Zusätzlich zu diesen Aufsichtssystemen besteht in den meisten Staaten ein Konzessionssystem, das die Aufnahme des Versicherungsbetriebes von einer vorhergehenden staatlichen Erlaubnis abhängig macht.

Das System der Normativbestimmungen verlangt von den Versicherungsunternehmen lediglich die Einhaltung grundlegender formeller Voraussetzungen. In einem so geprägten System bestehen zumeist Anforderungen hinsichtlich Mindesteigenkapital, Rechtsformwahl, Kautionshinterlegung, Trennung unterschiedlicher Versicherungssparten, Rückstellungen und Publizitätsvorschriften. Der Staat wacht im Rahmen seiner Versicherungsaufsicht lediglich über die Einhaltung dieser formellen Kriterien. Eine materielle Prüfung und Maßnahmen bei Missständen durch die Aufsichtsbehörden sind in diesem System nicht vorgesehen[11].

Das Publizitätssystem baut auf die Kontrolle durch Dritte, wie Versicherungsnehmer, berufsständische Vereinigungen, Aktionäre oder Konkurrenzunternehmen. Diese seien am besten geeignet, die wirtschaftliche Situation der einzelnen Versicherungsunternehmen einzuschätzen und über ihren Einfluss die Stabilität des Marktes und der einzelnen Unternehmen herbeizuführen. Auf diese Weise sollen indirekt die Versicherungsnehmer geschützt werden. Aus diesem Grunde verpflichten diese Aufsichtssysteme die Versicherungsunternehmen, genau beschriebene Dokumente und Daten zu veröffentlichen. Neben der Drittprüfung ermittelt die Aufsichtsbehörde auf der Basis der vorgelegten Daten die Solvabilität des Versicherers, um auf diese Weise Insolvenzfälle und den damit verbundenen gesamtwirtschaftlichen Schaden zu vermeiden[12]. Eingriffsbefugnisse des Staates sind außerhalb der Solvabilitätskontrolle regelmäßig nicht vorgesehen.

Im Rahmen der materiellen Staatsaufsicht werden den nationalen Aufsichtsbehörden die weit reichendsten Eingriffsbefugnisse zugestanden. Umfassende Zielvorgaben, wie die „Interessen der Versicherungsnehmer“, werden in den Mittelpunkt des aufsichtsrechtlichen Handelns gestellt. Zusätzlich zu den Anforderungen, die bereits das Publizitäts- und das Normativsystem an das Versicherungsunternehmen stellen, tritt zusätzlich das Konzessionsprinzip. Die materielle Versicherungsaufsicht umfasst die Überwachung des gesamten Geschäftsbetriebes der Versicherungsunternehmen. Diese Überwachung und Missstandsaufsicht umfasst die Zulassung und die Kontrolle des gesamten laufenden Geschäftsbetriebes, genauso wie beispielsweise detaillierte Regelungen über die Kapitalanlage durch die Versicherungsunternehmen[13].

---

11 Boss, Systeme der Staatsaufsicht über Versicherungsunternehmen, S. 35.

12 Boss, Systeme der Staatsaufsicht über Versicherungsunternehmen, S. 33; Mahr, Einführung in die Versicherungswirtschaft, S. 387.

13 Michaels, Staatsaufsicht über Versicherungsunternehmen und Kreditinstitute, S. 121 ff.

2. Entwicklung des Versicherungsmarktes in Deutschland

Seit Einführung des Versicherungsaufsichtsgesetzes (VAG) im Jahre 1901[14] unterliegt die Versicherungswirtschaft in Deutschland dem System der materiellen Staatsaufsicht, durch die in rechtlicher und finanzieller Hinsicht eine umfassende Überwachung der Versicherungsunternehmen ausgeübt wird[15]. Die Entstehung unsolider Versicherungsgesellschaften sei zum Schutze des Versicherungsnehmers und der Allgemeinheit zu unterbinden. Dieses Ziel könne nur durch eine Beschränkung des Versicherungsmarktes erreicht werden, so dass ein umfangreiches Aufsichts- und Konzessionssystem geboten sei[16].

Im Jahre 1903 wurde zusätzlich durch das Kaiserliche Aufsichtsamt für das Versicherungswesen die so genannte Spartentrennung eingeführt, wodurch mögliche Mischformen von Lebens- und Sachversicherungen verboten wurden, um auf diese Weise Quersubventionen zwischen den einzelnen Sparten zu verhindern. Im Zusammenhang mit dem Versicherungsvertragsgesetz (VVG) aus dem Jahre 1908[17] wirkte das Aufsichtsamt auf eine Vereinheitlichung der Versicherungsbedingungen hin, um die Transparenz für den Versicherungsnehmer zu erhöhen. Starken Einfluss auf das Versicherungsaufsichtsrecht hatte die Inflation des Jahres 1923, die auch aufgrund der auf Deutschland focusierten Kapitalanlagevorschriften die deutschen Versicherungsunternehmen in eine existenzbedrohende Lage brachte. Erst zu spät novellierte der Gesetzgeber das VAG. Nunmehr durften die Versicherungsunternehmen Kapital im In- und Ausland anlegen, soweit hiermit keine spekulativen Zwecke verfolgt wurden. Um dem Vermögensverfall zu begegnen, wurde weiterhin die Befugnis geschaffen, in bestehende Versicherungsverträge einzugreifen[18].

Nach dem Zusammenbruch der „Frankfurter Allgemeinen Versicherungsgesellschaft (FAVAG)“ kam es 1931 zu einer weiteren Stärkung der materiellen Versicherungsaufsicht[19]. Die Aufsicht ist auf weitere Versicherungszweige ausgedehnt und die Zusammenarbeit mit den Landesaufsichtsbehörden ist weiter gestärkt wor-

---

14 Gesetz über die privaten Versicherungsunternehmen vom 12.05.1901, RGBl S. 139; Zur historischen Entwicklung des Versicherungsaufsichtsrechts im 18. Jahrhundert in Deutschland, siehe Tigges, Geschichte und Entwicklung der Versicherungsaufsicht, S. 3 ff.; Koch, Zur theoretischen Grundlegung der Versicherungsaufsicht im 18. und 19. Jahrhundert, in Versicherungen in Europa heute und morgen, S. 387 ff.

15 Die Begründung spricht von „Aufsichts- und Konzessionssystem“, RGBl. 1901, 139 ff.

16 Begründung, RGBl. 1901, 139 ff.

17 Gesetz über den Versicherungsvertrag vom 30.05.1908, RGBl. S. 263.

18 Diese Vorschrift wurde durch das Änderungsgesetz vom 30.03.1931 wieder aufgehoben.

19 Verantwortlich für den Zusammenbruch der Versicherungsgesellschaft waren entgegen der damaligen öffentlichen Meinung einzelne Vorstandsmitglieder der Versicherungsgesellschaft, die sich auf hochspekulative und versicherungsfremde Geschäfte eingelassen hatten, so dass dieses Ergebnis auf den ersten Blick überrascht, Büchner, Die Entwicklung der deutschen Gesetzgebung über die Versicherungsaufsicht, in 50 Jahre materielle Versicherungsaufsicht, Bd. 1, S. 24 ff.

den. Für die Versicherungsunternehmen wurden eine jährliche Abschlussprüfung durch einen durch die Aufsicht zugelassenen Wirtschaftsprüfer und die Bestellung eines Treuhänders für den Deckungsstock vorgeschrieben. In der folgenden nationalsozialistischen Herrschaftsperiode wurde das Aufsichtsrecht zumeist auf dem Erlasswege weiter ergänzt und regimekonform ausgelegt, so dass die Versicherungsaufsicht auch Maßnahmen der Wirtschaftslenkung ergreifen konnte[20].

Nach der Gründung der Bundesrepublik Deutschland wurde die staatliche Aufsicht dem Bundesaufsichtsamt für das Versicherungswesen (BAV) übertragen[21]. Von seinem Selbstverständnis her versteht sich das Bundesaufsichtsamt bis zum heutigen Tag als Einrichtung zum Schutz der Versicherten. Das alleinige Ziel der Versicherungsaufsicht ist es nach der so genannten „Schutztheorie", den Versicherten zu schützen. Handlungen der Behörde sind dementsprechend nur insoweit gerechtfertigt, als sie durch diesen Auftrag gedeckt sind[22].

Die Eckpfeiler des Aufsichtssystems bilden die Zulassungs- und Missbrauchskontrolle. Die §§ 5 ff. VAG regeln die präventive Aufsicht (Zulassungskontrolle), die durch ein generelles Verbot mit Erlaubnisvorbehalt sicherstellen soll, dass nur Unternehmen das Versicherungsgeschäft aufnehmen, die den Zielen der staatlichen Aufsicht genügen. Diese präventive Aufsicht umfasste bis 1994 auch die vorausgehende Genehmigungspflicht der Allgemeinen Versicherungsbedingungen (AVB)[23]. Demgegenüber soll die Missbrauchsaufsicht der §§ 81 ff. VAG sicherstellen, dass der gesamte Geschäftsbetrieb des Versicherungsunternehmens während der laufenden Tätigkeit den Aufsichtszielen entspricht[24].

3. Entwicklung des Versicherungsmarktes in England

Im Gegensatz zu obiger Darstellung ist der englische Versicherungsmarkt traditionell durch eine weitgehende Aufsichtsfreiheit der Versicherungsunternehmen gekennzeichnet[25]. Die britische Versicherungsaufsicht wird überwiegend durch das Publizitätsprinzip geprägt. Das Department of Trade and Industry (*dti*) prüft

---

20 Schwebler, Vermögensanlage und Anlagevorschriften der Versicherungsunternehmen, in Vermögensanlagepraxis in der Versicherungswirtschaft, S. 31.

21 Gesetz über die Errichtung eines Bundesaufsichtsamtes für das Versicherungs- und Bausparwesen vom 31.07.1951.

22 Angerer, Grundlinien der Versicherungsaufsicht, S. 12.

23 Früher § 10 VAG, geändert durch Umsetzung der Richtlinie des Rates zur Koordinierung der Rechts- und Verwaltungsvorschriften für die Direktversicherung (Lebensversicherung) sowie zur Änderung der Richtlinien 79/267/EWG und 90/619/EWG (Dritte Richtlinie Lebensversicherung) vom 10.11.92 (92/96/EWG), Amtsblatt EG L 360 vom 09.12.1992 S. 1 ff., hier Art. 5 Abs. 3 der Richtlinie.

24 Prölss/Schmidt/Kollhosser, VAG, § 81 Rn. 5.

25 Woodroffe/Rawlings/Willet, Financial Services in the United Kingdom, ZERP-Diskussionspapier 4/94, S. 55; Haasen, Internationale Versicherungsmärkte Freier Zugang – Freier Wettbewerb?, VW 1987, 26, 32, spricht sogar von einer „grenzenlosen Freiheit" für Lebensversicherer.

lediglich die seitens der Versicherungsunternehmen vorgelegten Bilanzdaten, um gegebenenfalls drohenden Insolvenzen rechtzeitig entgegentreten zu können. Statt der Einrichtung einer umfassenden Staatsaufsicht steht die Selbstregulierung innerhalb der Versicherungswirtschaft im Vordergrund. Die Begründung für diese weitgehende Aufsichtsfreiheit findet sich neben dem klassischen Wirtschaftsliberalismus in England[26], insbesondere auch in den Auslandsaktivitäten englischer Versicherer, die regelmäßig einen hohen Anteil ihrer Prämieneinnahmen außerhalb Großbritanniens erzielen[27]. Durch den hohen Geschäftsanteil englischer Versicherungsgesellschaften auf fremden Märkten hat sich die Ansicht durchgesetzt, dass ein restriktives Aufsichtssystem wenig förderlich ist[28].

Gleichwohl kann Großbritannien auf eine lange Gesetzgebungshistorie im Bereich der Versicherungsaufsicht zurückblicken. Die älteste staatliche Einflussnahme datiert aus dem Jahr 1575, in dem die *Chamber of Assurances* gegründet wurde, bei der zur Vermeidung betrügerischer Doppelversicherungen alle Seeversicherungspolicen registriert werden mussten. Ein Aufsichtsrecht im heutigen Sinne entstand auf der Basis des „Life Assurance Companies Acts" von 1870, der die Hinterlegung von £ 20.000 beim High Court zur Zulassungsvoraussetzung für die Aufnahme der Versicherungsgeschäfte im Bereich Lebensversicherungen vorsah. Zusätzlich mussten dem *Board of Trade* detaillierte Geschäftsberichte übermittelt werden, damit die Solvenz der Unternehmen beobachtet werden konnte.

Mit dem „Assurance Companies Act" 1909 wurde die Versicherungsaufsicht auf die meisten anderen Versicherungszweige, wie Feuer- und Unfallversicherungen, ausgedehnt. Durch den „Industrial Assurance Act" 1923 wurden Industrieversicherungen zu einer eigenen Klasse zusammengefasst und der Aufsicht des „Industrial Assurance Commissioners" unterstellt. Deutliche Änderungen brachte erst wieder der „Assurance Companies Act" 1946, der die bisherige Gesetzgebung konsolidierte sowie zusätzlich Motor-, Flugzeug-, Transport- und Seeversicherungen der Versicherungsaufsicht unterstellte. Weiterhin wurde das zu pauschale Hinterlegungssystem aufgegeben und durch ein Margensystem ersetzt, um auf diese Weise die Solvenz der Versicherungsunternehmen sicherzustellen. Insbesondere im kräftig wachsenden Segment der PKW-Versicherungen hatte sich die Schwäche des Hinterlegungssystems gezeigt. Im Rahmen des Margensystems war ein Versicherer als nicht mehr zahlungsfähig anzusehen, wenn dessen Aktiva nach zwei Geschäftsjahren seine Passiva nicht um mindestens £ 50.000 oder 10% der jährlichen Prämieneinnahmen überstiegen. Die Aufsichtsbehörde war befugt, das Geschäft des Versicherers, der nach dieser Regelung zahlungsunfähig war, zu prüfen und gegebenenfalls das Unternehmen aufzulösen[29].

---

26 Hierzu ausführlich die Darstellung des Wettbewerbsrechts in England.

27 The Chartered Institute of Bankers [Hrsg.], Insurance, S. 62.

28 Haasen, Intenationale Versicherungsmärkte – Freier Zugang – Freier Wettbewerb?, VW 1987, 26, 32, spricht sogar von einem Anteil an den Gesamtprämieneinnahmen von über 50%.

29 The Chartered Institute of Bankers [Hrsg.], Insurance, S. 89-91.

Erst ab 1960 wurde aufgrund zahlreicher Insolvenzen von Versicherungsunternehmen der Ruf nach einem stärkeren Schutz des britischen Versicherungsnehmers lauter[30]. Durch den „Companies Act“ 1967 wurden die Solvenzmargen weiter erhöht. Diese Erhöhung konnte jedoch nicht den Konkurs weiterer Versicherer verhindern, durch den Hunderttausende ihre Ansprüche aus Versicherungspolicen verloren. Der britische Gesetzgeber reagierte mit Erlass der „Insurance Companies Acts“ von 1972 und 1973. Womit die bestehende Gesetzgebung weiter verschärft wurde[31].

Die eben beschriebene Gesetzgebung wurde im „Insurance Companies Act“ von 1982 konsolidiert und im Zuge der Harmonisierung des EU-Binnenmarktes durch umfangreiche Regelungen bezüglich der Finanzaufsicht, des Zulassungsverfahrens und der Geschäftsführung ergänzt[32].

Wichtige Änderungen auf dem Gebiet der Versicherungswirtschaft brachte der „Financial Service Act“ 1986 (FSA 86), mit dem die britische Regierung das Ziel verfolgte, bei gleichzeitiger Verbesserung des Angebotes durch Entfaltung der Marktkräfte und Förderung eines schärferen Wettbewerbes die Eigenvorsorge des Einzelnen zu stärken, um den Staat dauerhaft zu entlasten. Hierfür war es erforderlich, einen höheren Grad an Verbraucherschutz und Markttransparenz zu schaffen. Entsprechend stellt der britische Gesetzgeber seit Inkrafttreten des FSA 86 strenge Anforderungen an die rechtzeitige und umfassende Unterrichtung der Versicherungsnehmer über den Umfang und die Auswirkungen des Vertrages. Diese Kontrolle wurde auf Selbstregulierungseinrichtungen übertragen. Unter Aufsicht des Department of Trade and Industry *(dti)* wurde die konkrete Regelung der Anforderungen an die Versicherungsvermittlung und deren Überwachung in die Hände einer privatrechtlich organisierten Gesellschaft, dem *Securities and Investment Board (SIB)*, gegeben. Teilweise wurden diese Befugnisse auf weitere Selbstverwaltungsorganisationen übertragen. Im Oktober 1997 wurde das *Securities and Investment Board* in *Financial Service Authority (FSA)* umbenannt, nachdem eine Verschmelzung mit der Bankenaufsicht erfolgt war. Die FSA beaufsichtigt nunmehr alle Unternehmen im Bereich der Finanzdienstleistungen.

Es ist hervorzuheben, dass durch die Eingriffe des Gesetzgebers in Großbritannien die Zutrittsbarrieren für ausländische Versicherungsgesellschaften erhöht wurden. Die Kontrolle des laufenden Geschäftsbetriebes im Sinne einer materiellen Staatsaufsicht deutscher Prägung erfolgt demgegenüber nach wie vor nur rudimentär. In diesem Bereich vertraut der Staat auch weiterhin auf die Selbstregulierung des Marktes[33].

---

30 Trauriger Höhepunkt war die Insolvenz der Emil Savundra's Fire Auto and Marine Insurance Company.

31 The Chartered Institute of Bankers [Hrsg.], Insurance, S. 89-91.

32 Zu Einzelheiten der Harmonisierung, vgl. unten.

33 Haasen, Internationale Versicherungsmärkte Freier Zugang – Freier Wettbewerb?, VW 1987, 26, 34.

Auch eine präventive Bedingungs- und Tarifkontrolle ist dem britischen Aufsichtsrecht fremd geblieben. Gleichwohl haben sich in vielen Marktsegmenten Einheitsbedingungen und -tarife herausgebildet. Die durch das Publizitätsprinzip entstehende Freiheit haben die Versicherungsunternehmen genutzt und einen „tarif-market" gebildet, der durch entsprechende Abstimmung vernünftige Bedingungs- und Tarifregeln entwickelt. Diese Abstimmungen führten auf dem britischen Versicherungsmarkt zu einer bemerkenswerten Einheitlichkeit der Versicherungsbedingungen, da die Bedingungen und Regeln des „tarif-market" regelmäßig auch durch den „non-tarif-market" übernommen wurden.

4. Vergleich der Ausgangslagen in Deutschland und England

Bei der Charakterisierung der Wettbewerbssituation der Versicherungswirtschaft in Deutschland wurde seitens der Kritiker häufig auf andere internationale Märkte, insbesondere die USA, Japan und Großbritannien, verwiesen. Dort sei der Wettbewerb viel besser, intensiver und funktioniere frei von bürokratischen Hemmnissen. Das Erfordernis der Einheitlichkeit der Versicherungsvertragsgestaltung, das die Versicherungsaufsicht im Wege der präventiven Kontrolle durchgesetzt hat, würde sich im hohen Maße als Initiativ- und Innovationshemmnis auswirken[34].

Diese Sichtweise wird gestützt durch einen Vergleich der Systeme. Während im Vereinten Königreich nach dem Grundsatz „freedom with publicity" nur Ansätze einer Finanzaufsicht erkennbar waren, wurden die Versicherer, wie andere Finanzdienstleister auch, in Deutschland einer unfangreichen rechtlichen und finanziellen Kontrolle unterworfen.

Bei einer genauen Betrachtung wird hingegen deutlich, dass vor der EU-Harmonisierung in beiden Versicherungsmärkten detaillierte und umfangreiche Marktzutrittsbeschränkungen bestanden. In beiden zu untersuchenden Aufsichtssystemen waren grundsätzlich alle Versicherungszweige der staatlichen Aufsicht unterworfen. Dieses galt insbesondere für den Bereich der Solvabilitätsanforderungen. Seit jeher unbekannt war dem britischen Versicherungsrecht demgegenüber die staatliche präventive Bedingungskontrolle. Es darf jedoch nicht übersehen werden, dass sich durch die Entwicklung und Abstimmung einheitlicher Vertrags- und Tarifbedingungen im Rahmen des „tarif-market" auf dem britischen Versicherungsmarkt lediglich vereinzelt eigene Strukturen entwickelt haben. Auch in Großbritannien herrschte durch marktinterne Abstimmung ein höherer Grad an Transparenz und Einheitlichkeit, als dieses zunächst zu erwarten gewesen wäre.

Im Vergleich zur präventiven Genehmigungspraxis in Deutschland sind daher in erster Linie systembedingte Unterschiede erkennbar. Im Ergebnis waren die

---

34 Farny, ZVersWiss 1979, 69, 70; ders., VW 74, 26.

Unterschiede daher geringer, als man dieses aufgrund der gegensätzlichen Aufsichtssysteme hätte annehmen können. Zugunsten der Markttransparenz und des Verbrauchers war es in beiden Versicherungsmärkten zu einer Vereinheitlichung der Versicherungsvertragsbedingungen gekommen. Eine erhebliche Rolle haben hierbei in Großbritannien seit Erlass des FSA 86 die Anforderungen an die Beratungspflichten der Versicherungsvermittler gespielt. Je höher die Anforderungen an die Beratung wurden, desto größer wurde auch die Notwendigkeit einer Vereinheitlichung der Tarife. Dieser Druck zur Vereinheitlichung hat in Teilbereichen die Wirkung der präventiven Bedingungskontrolle erzielt.

Der Schutz des Versicherungsnehmers ist immer stärker in den Mittelpunkt der Versicherungsaufsicht beider Länder gelangt. Sowohl in Deutschland als auch in England wurden Maßnahmen ergriffen, um einen gewissen Grad an Markttransparenz für den Verbraucher zu gewährleisten. Unterschiede bestanden nicht nur hinsichtlich des erforderlichen Maßes an Verbraucherschutz, sondern auch bezüglich der Frage, wie dieser zu erreichen sei[35]. Auch das deutsche Aufsichtsrecht verlangt nunmehr von den Versicherungsunternehmen, den Versicherungsnehmer hinsichtlich des Versicherungsschutzes umfassend zu informieren, so dass eine teilweise Übereinstimmung mit den englischen Regelungen des *FSA 86* festzustellen ist. Aufgrund der präventiven Kontrolle der Versicherungsbedingungen und der technischen Geschäftspläne konnten in der Vergangenheit in Deutschland diese Informationen jedoch auf ein, auch für den Verbraucher, vorteilhaftes Mindestmaß beschränkt werden[36].

Auf Unverständnis ist es hingegen in Großbritannien gestoßen, dass in der Bundesrepublik nach wie vor keine Berufsregeln für das Versicherungsvermittlergewerbe bestehen[37]. Auch waren die deutschen Monopolversicherungen, beispielsweise die Gebäudefeuerversicherungen, den englischen Versicherern lange Zeit ein Dorn im Auge[38].

5. Harmonisierung des Binnenmarktes

Zur Vollendung des Binnenmarktes hat die Europäische Gemeinschaft zahlreiche Rechtsakte zur Harmonisierung der Rechtsvorschriften im Versicherungs-

---

35 Hübner, Liberalisierung des Versicherungsmarkts, EuZW 1990, 265.

36 Müller, Verbraucherschutz im Versicherungswesen durch Information der Versicherten, VVW Bd. 12, S. 27.

37 Jeder, der ein Gewerbe nach § 14 GewO angemeldet hat, kann Versicherungen vermitteln und sich dabei als Versicherungsmakler oder Versicherungsvertreter bezeichnen, ohne Voraussetzungen, Ausbildung oder Befähigung für diese Tätigkeit nachweisen zu müssen. Zu Entwicklung und gegenwärtigen Reformansätzen, Abram, Werden in Deutschland gesetzliche Berufsregelungen für Versicherungsvermittler bald Wirklichkeit?, VersR 1998, 551; Müller, Verbraucherschutz im Versicherungswesen durch Information der Versicherten, VVW Bd. 12, S. 29.

38 The Chartered Institute of Bankers [Hrsg.], Insurance, S. 83.

bereich erlassen, die einen weitreichenden Einfluss auf das Aufsichtsrecht und die Wettbewerbssituation der Versicherungsmärkte in Deutschland und England gehabt haben.

Harmonisierungsbestrebungen der EU zur Vollendung des Binnenmarktes haben sowohl das System der materiellen Rechtsaufsicht in Deutschland als auch das Publizitätssystem in England weitgehend modifiziert. Zum Aufbau einer umfassenden Dienstleistungs- und Niederlassungsfreiheit im Binnenmarkt, Art. 52 Abs. 2, 60 Abs. 3 EGV, bedurfte es des Abbaus einer Vielzahl von einzelstaatlichen Regelungen, die die Aufnahme der Erwerbstätigkeit oder die Erbringung von Versicherungsdienstleistungen behinderten. Während sich in anderen Dienstleistungsbranchen vor Ablauf des Übergangszeitraumes 1993 bereits erhebliche Erfolge hinsichtlich der Verwirklichung des Binnenmarktes zeigten, waren derartige Ansätze im Bereich der Versicherungswirtschaft kaum sichtbar[39]. Die Verwirklichung des Binnenmarktes wurde in drei Gesetzgebungsetappen erreicht, die nachfolgend dargestellt werden sollen, insbesondere, soweit sie Einfluss auf die wettbewerbliche Situation in Deutschland oder England hatten.

a) Erste Richtliniengeneration

Die Harmonisierung begann mit den ersten Richtlinien Schadens- (1973)[40] und Lebensversicherung (1979)[41], die zunächst die Harmonisierung und Erleichterung der Bedingungen für die Niederlassung, Aufnahme und Ausübung der Versicherungstätigkeit in einem anderen Gemeinschaftsstaat anstrebten. Es wurde verbindlich festgelegt, dass alle Versicherungszweige der staatlichen Aufsicht zu unterstellen sind, so dass lediglich die Ausgestaltung der Aufsicht dem nationalen Recht überlassen wurde. Die Harmonisierung beinhaltet ein Recht auf Zulassung, sobald die gesetzlichen Anforderungen erfüllt sind. Um die Errichtung einer Niederlassung in einem anderen Mitgliedsstaat zu erleichtern, wurden das Zulassungsverfahren und die Vorschriften über die Kapitalausstattung vereinheitlicht. Die Lebensversicherungsrichtlinie führte weiterhin das Prinzip der Spartentrennung für das gesamte Gemeinschaftsgebiet ein.

---

39 Fikentscher, Wirtschaftsrecht, Bd. I, S. 740.

40 Erste Richtlinie 73/239/EWG des Rates vom 24. Juli 1973 zur Koordinierung der Rechts- und Verwaltungsvorschriften über die Aufnahme und Ausübung der Tätigkeit der Direktversicherung (mit Ausnahme Lebensversicherungen), Abl. EG Nr. L 228 vom 16.08.1973, S. 3 ff. Umgesetzt durch das Erste DurchführungsG/EWG zum VAG vom 18.12.1974, BGBl. I S. 1062.

41 Erste Richtlinie 79/267/EWG des Rates vom 05. März 1979 zur Koordinierung der Rechts- und Verwaltungsvorschriften über die Aufnahme und Ausübung der Direktversicherung (Lebensversicherung), Abl. EG Nr. L 63 vom 13.03.1979, S. 1 ff. Umgesetzt durch das Vierzehnte Gesetz zur Änderung des VAG vom 29.03.1983, BGBl. I S. 377.

b) *Zweite Richtliniengeneration*

Ein weiterer Schritt zur Schaffung eines einheitlichen Binnenmarktes wurde durch die zweiten Richtlinien Schadens-[42] und Lebensversicherung[43] unternommen. Während der erste Harmonisierungsschritt die Niederlassungsfreiheit betraf, stand nunmehr die Dienstleistungsfreiheit im Vordergrund. Diese zweite Generation ist dabei in besonderem Maße durch die vorangegangene Rechtsprechung des EuGH geprägt worden.

Hervorzuheben ist in diesem Zusammenhang die Entscheidung *Kommission/ Bundesrepublik Deutschland*[44]. Der EuGH stellte in seiner Entscheidung klar, dass nach Ablauf der Übergangszeit die Vorschriften über die Dienstleistungsfreiheit (Art. 59, 60 EGV) auch im Bereich der Versicherungswirtschaft unmittelbare Anwendung finden. Einschränkungen seien im sensiblen Versicherungssektor zum Schutz zwingender Allgemeininteressen *(intérèt général)* zulässig. Als solches Allgemeininteresse hat der EuGH insbesondere den Verbraucherschutz anerkannt. Unter Berücksichtigung des damaligen Standes der Harmonisierung wurde differenziert, dass für den Nachweis des Eigenkapitals eine Solvabilitätsbescheinigung des Niederlassungsstaates ausreichend sei, während bei den technischen Reserven und der Prüfung der Versicherungsbedingungen aufgrund der noch nicht erfolgten Harmonisierung der Bestimmungsstaat zusätzliche Anforderungen stellen könnte. Aus Gründen des Verbraucherschutzes könne ein Zulassungserfordernis gerechtfertigt sein, solange sich die Überprüfung der Aufsicht ausschließlich auf Bereiche beziehe, die nicht bereits der Kontrolle des Niederlassungsstaates unterlägen. Demgegenüber verneinte der EuGH die Zulässigkeit des Niederlassungserfordernisses, da eine Überprüfung auch ohne Niederlassung im Bestimmungsstaat möglich sei. Weiterhin stellte der EuGH klar, dass der Gedanke des Verbraucherschutzes nur bei Kleinabnehmern, im

---

42 Zweite Richtlinie 88/357/EWG des Rates vom 22. Juni 1988 zur Koordinierung der Rechts- und Verwaltungsvorschriften für die Direktversicherung (mit Ausnahme der Lebensversicherung) und zur Erleichterung der tatsächlichen Ausübung des freien Dienstleistungsverkehrs sowie zur Änderung der Richtlinie 73/239/EWG, Abl. EG Nr. L 172 vom 04.07.1988, S. 1 ff., umgesetzt durch das Zweite DurchführungsG/EWG zum VAG vom 28.06.1990, BGBl I S. 1249.

43 Zweite Richtlinie 90/619/EWG zur Koordinierung der Rechts- und Verwaltungsvorschriften für die Direktversicherung (Lebenversicherung) und zur Erleicherterung der tatsächlichen Ausübung des freien Dienstleistungsverkehrs sowie zur Änderung der Richtlinie 79/267/EWG vom 08.11.1990, Abl. Nr. L 330 S. 50.

44 EuGH vom 04.12.1986, Rs 205/84, Kommission/Bundesrepublik Deutschland, Slg. 1986, 3755; abgedruckt in VersR 1986, 1225 ff.; Der Rechtsstreit betraf die Frage, ob das in §§ 105 ff. VAG normierte Zulassungs- und Niederlassungserfordernis für ausländische Versicherer mit der Dienstleistungsfreiheit der Art. 59 ff. EWG vereinbar ist. Siehe weiterhin auch die Parallelklagen der Kommission im Vertragsverletzungsverfahren gegen Frankreich, Slg. 1986, S. 3663, Dänemark, S. 3713, Irland, S. 3817.

sog. Massengeschäft, Anwendung finden könne, während Unternehmen, sog. Großrisiken, keines Schutzes bedürften.

Diese Unterscheidung zwischen Massengeschäft und Großrisiken des EuGH wurde in der zweiten Richtlinie Schadensversicherung aufgegriffen. Es erfolgte eine Zweiteilung in schutzbedürftige (Massengeschäft/Verbraucher) und nicht-schutzbedürftige Versicherungsnehmer (Großrisiken/Unternehmen). Zur Abgrenzung wurde auf die Größe des Versicherungsvolumens Bezug genommen. Auf der Basis der Schadensrichtlinie benötigte der Versicherer im Großrisikengeschäft für seine Tätigkeit in einem anderen Mitgliedsstaat der Gemeinschaft keine Zulassung oder gar Niederlassung. Auch die präventive Kontrolle von Vertragsbedingungen und Tarifen wurde in diesem Versicherungssegment abgeschafft[45].

Im Massengeschäft benötigten Versicherungsunternehmen aus Gemeinschaftsstaaten hingegen auch weiterhin eine Zulassung durch die Aufsichtsbehörden, die von der Genehmigung der Versicherungsbedingungen und Tarife abhängig gemacht werden konnte. Soweit sich jedoch ein Versicherungsnehmer von sich heraus an ein Versicherungsunternehmen im Ausland wandte, sollte die Dienstleistungsfreiheit bereits uneingeschränkt gelten, d.h. die Aufsichtsbehörde des Herkunftsstaates des Versicherungsnehmers konnte an den Versicherer keinerlei Zulassungsforderungen stellen. Diese Einschränkung des Schutzes wurde damit begründet, dass der Versicherungsnehmer keinen Schutz der nationalen Aufsicht erwarten dürfe, wenn er sich freiwillig außerhalb dieses Schutzes gestellt habe.

c) Dritte Richtliniengeneration

Die Vollendung des Binnenmarktes für den Bereich Versicherungen wurde mit der dritten Richtliniengeneration erreicht. Mit der jeweils dritten Richtlinie Schadensversicherung[46] und Lebensversicherung[47] wurde primär das Ziel verfolgt, den Versicherungsunternehmen die grenzüberschreitende Tätigkeit zu erleichtern.

---

45 Erste Richtlinie 79/267/EWG des Rates vom 05. März 1979 zur Koordinierung der Rechts- und Verwaltungsvorschriften über die Aufnahme und Ausübung der Direktversicherung (Lebensversicherung), Abl. EG Nr. L 63 vom 13.03.1979, S. 1 ff. Umgesetzt durch das Vierzehnte Gesetz zur Änderung des VAG vom 29.03.1983, BGBl. I S. 377.

46 Richtlinie 92/49/EWG des Rates vom 18.06.1992 zur Koordinierung der Rechts- und Verwaltungsvorschriften für die Direktversicherung (ausgenommen Lebensversicherung) sowie zur Änderung der Richtlinien 73/239/EWG und 88/357/EWG (Dritte Richtlinie Schadensversicherung), Abl. EG Nr. L 228 vom 11.08.1992, S. 1 ff., umgesetzt durch das Dritte Durchführungsgesetz/EWG zum VAG vom 21.07.1994, BGBl I 1630.

47 Richtlinie 92/96/EWG des Rates vom 10.11.1992 zur Koordinierung der Rechts- und Verwaltungsvorschriften für die Direktversicherung (Lebensversicherung) sowie zur Änderung der Richtlinien 79/267/EWG und 90/619/EWG (Dritte Richtlinie Lebensversicherung), Abl. EG Nr. L 360, vom 09.12.1992, S. 1 ff., umgesetzt durch das Dritte Durchführungsgesetz/EWG zum VAG vom 21.07.1994, BGBl I 1630.

Die dritte Richtliniengeneration führte für die Versicherungsaufsicht zunächst das strikte Herkunftslandprinzip ein. Die Zulassung durch die Aufsichtsbehörde des Sitzlandes berechtigt danach auch zur Aufnahme der Tätigkeit in den anderen Mitgliedsstaaten der Europäischen Gemeinschaft. Die Finanzaufsicht über eine Niederlassung in einem anderen Mitgliedsstaat oder ein im Zuge des freien Dienstleistungsverkehrs tätigen Unternehmen mit Sitz in einem anderen Mitgliedsstaat der Europäischen Union obliegt nunmehr ausschließlich der Aufsichtsbehörde des Herkunftsmitgliedsstaates. Allein die sonstige Aufsicht (Rechtsaufsicht) ist weiterhin der Aufsichtsbehörde des Tätigkeitslandes zugewiesen.

Neben der Abschaffung von Monopolrechten[48] erfolgten weiterhin eine Harmonisierung der Regelungen über technische Reserven, Kapitalausstattung sowie das Verbot einer vorherigen Kontrolle von Bedingungen und Tarifen als Voraussetzung der Zulassung. Mit der letzten Regelung verfolgte die Kommission das Ziel, dass der Verbraucher unbeeinflusst von staatlichen Aufsichtsbehörden aus einem möglichst großen Angebot das für ihn günstigste wählen kann, wie dieses im Bereich der Großrisiken bereits der Fall war. Die Unterscheidung zwischen Massegeschäft und Großrisiken ist somit unerheblich geworden. Für diesen Vorteil ist auch ein niedriger Grad an Markttransparenz akzeptiert worden.

Um gleichwohl ein Mindestmaß an Markttransparenz zu gewährleisten, sieht beispielsweise die Lebensversicherungsrichtlinie in Art. 27 Abs. 1 vor, dass dem Versicherungsnehmer vor Unterzeichnung des Antrages detaillierte, in Anhang II der Richtlinie näher beschriebene Informationen zugänglich zu machen sind. Diese Informationspflicht umfasst beispielsweise die Beschreibung jeder Garantie und Option, Angaben über Laufzeit, Widerruf und Beendigung des Vertrages, Prämienzahlweise, Überschussberechnung und -verteilung sowie die Anschrift derjenigen Person, an die sich der Versicherungsnehmer mit Beschwerden wenden kann.

6. Aktuelle Wettbewerbssituation und aufsichtsunabhängige Einflüsse

a) Das gegenwärtige Aufsichtssystem

Staatliche Regulierungen besitzen immer noch erheblichen Einfluss auf den Wettbewerb im Bereich der Versicherungswirtschaft. Gleichwohl ist durch die Harmonisierungsmaßnahmen der Wettbewerb im Versicherungssektor gestärkt worden. Es kann ein deutlicher Wandel weg vom Beziehungswettbewerb hin zu einem echten Leistungswettbewerb beobachtet werden[49]. Diese Tendenz wird durch die Direktversicherungen und das Internet weiter verstärkt.

---

48 Für Deutschland beispielsweise im Bereich der Gebäudefeuerversicherungen.

49 Stöber, Besonderes Wirtschaftsverwaltungsrecht, S. 125; Baumann, Versicherungsrecht nach der Deregulierung, S. 23; Hoß, S. 21.

Das Aufsichtssystem in Deutschland besteht nach der Harmonisierung nach wie vor im Wesentlichen aus der Zugangskontrolle, Finanz- und der Missbrauchsaufsicht als Eckpunkte der materiellen Staatsaufsicht. Die Zugangserlaubnis zur Aufnahme der Versicherungsgeschäfte wird nach dem Herkunftslandprinzip mit Wirkung für das gesamte Gemeinschaftsgebiet von der Aufsichtsbehörde des Mitgliedsstaates erteilt, in dem das Versicherungsunternehmen seinen Sitz hat[50]. Auf der Basis des Herkunftslandprinzips wird also nicht mehr allein eine nationale Staatsaufsicht, sondern eine Gemeinschaftsaufsicht durchgeführt. Für Versicherungsunternehmen mit Sitz in der Bundesrepublik ergeben sich die Zugangsvoraussetzungen aus §§ 5 ff. VAG[51]. Die Erlaubnis wird gemäß § 6 Abs. 1 und 2 VAG unbefristet und für jede Versicherungssparte gesondert erteilt. § 8 Abs. 4 VAG statuiert einen Anspruch auf Erteilung der Erlaubnis, soweit keine gesetzlichen Versagungsgründe vorliegen. Die Erlaubnis wird durch das BAV für den gesamten Binnenmarkt der Europäischen Union (einschließlich EWR) gewährt. Dieser „EU-Pass" für Versicherungen[52] ermöglicht es den Unternehmen, durch bloße Anzeige gegenüber den Aufsichtsbehörden eine Niederlassung zu errichten oder den Dienstleistungsverkehr aufzunehmen[53].

Die Zugangskontrolle wird ergänzt durch die ständige Beaufsichtigung der Versicherungsunternehmen im Rahmen der Missbrauchsaufsicht. Diese untergliedert sich in Rechts- und Finanzaufsicht. Die Rechtsaufsicht erstreckt sich auf die Einhaltung der für den Betrieb des Versicherungsgeschäfts geltenden Gesetze, während die Finanzaufsicht das Ziel hat, die dauernde Erfüllbarkeit der Verpflichtungen aus bestehenden Versicherungsverträgen zu sichern. Entsprechend bestehen umfassende Anforderungen an die Solvabilität und Kapitalanlage. Als Folge der Anerkennung des Herkunftslandsprinzips statuiert § 85 VAG, dass die Finanzkontrolle ausschließlich durch den Sitzstaat ausgeübt werden soll. Hinsichtlich ausländischer Versicherungsunternehmen ist der deutschen Versicherungsaufsicht somit lediglich eine Kontrolle im Rahmen der Rechtsaufsicht möglich. Gemäß §§ 81 ff. VAG steht dem BAV ein umfangreiches Instrumentarium zur Verfügung, um mögliche Missstände zu beseitigen oder zu verhindern[54].

---

50 Vgl. §§ 85, 110a VAG.

51 Die Unternehmensform ist auch weiterhin grundsätzlich auf die Aktiengesellschaft oder den Versicherungsverein auf Gegenseitigkeit (VVaG) beschränkt, § 7 VAG. Die Unternehmensleitung und die Inhaber bedeutender Beteiligungen müssen bestimmte persönliche Qualifikationen aufweisen, §§ 5 Abs. 5 ff., 7a, 8, 104 VAG. In finanzieller Hinsicht müssen Mindestbedingungen der Transparenz und der Solidität erfüllt sein. Hinsichtlich weiterer Anforderungen siehe Weyers, Versicherungsvertragsrecht, Rn. 112.

52 Stöber, Besonders Wirtschaftsverwaltungsrecht, S. 128.

53 Für Deutschland ist diese Anzeigepflicht in §§ 13 b, c VAG festgelegt.

54 Bei Verstößen hat die deutsche Versicherungsaufsicht die Aufsichtsbehörde des Sitzstaates aufzufordern, gegen das fragliche Versicherungsunternehmen vorzugehen. Zu desem Zweck ist eine enge Zusammenarbeit der Aufsichtbehörden der Mitgliedsstaaten vorgesehen, § 111a VAG.

Ausgehend von diesem Instrumentarium können sich, trotz Liberalisierung, erhebliche aufsichtsrechtliche Beschränkungen für die Innovationsmöglichkeiten der Versicherungsunternehmen ergeben. Hervorzuheben sind hierbei die Genehmigungspflicht für die Einführung neuer Produkte (§ 5 Abs. 1, 13 Abs. 1 VAG) und die AVB-Kontrolle im Rahmen der laufenden Aufsicht (§ 81 VAG).

aa) Genehmigungspflicht bei der Einführung neuer Versicherungsprodukte

Trotz der zahlreichen Änderungen aufgrund des 3. Durchführungsgesetzes-EWG zum VAG[55] ist in Deutschland das Aufsichtsrecht in Form der materiellen Staatsaufsicht bewahrt worden. Versicherungsunternehmen bedürfen weiterhin einer Zulassung zum Geschäftsbetrieb. Unverändert bleibt auch das Erfordernis eines aufsichtsbehördlich genehmigten Geschäftsplans bestehen. Zu diesem Geschäftsplan gehören jedoch nicht mehr die allgemeinen Versicherungsbedingungen und die Tarife des Versicherungsunternehmens. Der Geschäftsplan umfasst jedoch weiterhin alle Angaben über die betriebenen Versicherungssparten und Versicherungsrisiken (§ 5 Abs. 3 Nr. 2 Hs. 1 VAG). Der Gegenstand des Versicherungsschutzes ist Teil des Geschäftsplans und bedarf als solcher der Zulassung zum Geschäftsbetrieb. Versicherer, die andere als die bisher vom Geschäftsplan erfassten Risiken versichern wollen, müssen entsprechend eine Änderung des Geschäftsplans vornehmen und deren Genehmigung beantragen[56].

Dieses soll nach Ansicht des BAV unabhängig davon gelten, ob diese Risiken zu einer neuen Sparte/Risikoart im Sinne der Anlage Teil A bzw. Teil B zum VAG gehören. § 13 Abs. 1 VAG sei auch dann anzuwenden, wenn die Risiken zu einer bereits genehmigten Versicherungssparte gehören[57]. Im konkreten Fall besaß der Versicherer eine Genehmigung zum Betrieb des Versicherungsgeschäfts für „verschiedene finanzielle Verluste“[58], welche auch für „sonstige finanzielle Verluste“[59] galt. Gleichwohl hielt das BAV es für erforderlich, dass dieser Versicherer für den Betrieb einer Lösegeld-/Produktschutzversicherung eine erneute Genehmigung beim BAV beantragen müsse.

Das Genehmigungserfordernis für neue, innovative Versicherungen stellt ein erhebliches Innovationshemmnis dar. Durch Verlautbarung einer entsprechenden Genehmigung werden alle Mitbewerber im Markt auf das entsprechende Produkt aufmerksam, so dass der Innovationsvorsprung erheblich zusammenschmelzen kann. Die durch das BAV praktizierte Behandlung erscheint darüber hinaus auch nicht angemessen. In diesem Zusammenhang lässt sich eine Parallele zur Abschaffung der präventiven Bedingungskontrolle ziehen.

---

55 Drittes Durchführungsgesetz / EWG zum VAG vom 21.07.1994, BGBl. I, 1630.
56 VerBAV 12/99, S. 307.
57 Prölss/Schmidt/Schmidt, VAG, § 13 VAG Rn. 1, 3, 12; VerBAV 12/99, S. 307.
58 Anlage Teil A zum VAG Nr. 16.
59 Anlage Teil A zum VAG Nr. 16 Buchstabe K.

Der Richtliniengeber hat im Rahmen der 3. Richtlinie Leben[60] in den Erwägungsgründen dokumentiert, dass die Mitgliedsstaaten in der Lage sein müssen, dafür zu sorgen, dass die Vertragsdokumente, die zur Erfüllung der eingegangenen Verpflichtungen erforderlich sind, den besonderen gesetzlichen Vorschriften entsprechen. Es wurde jedoch auch hervorgehoben, dass ein System der Vorabgenehmigung von Versicherungsbedingungen zur Erreichung dieses Ziels nicht erforderlich sei[61]. Es erscheint daher angebracht, auch im Rahmen des Geschäftsplans ein System vorzusehen, dass den Erfordernissen des Binnenmarkts Rechnung trägt und es gleichwohl den Mitgliedsstaaten erlaubt, einen angemessenen Schutz der Versicherungsnehmer zu gewährleisten. Es wäre daher richtig und wünschenswert, dass das BAV seine Aufsicht des Geschäftsplanes in diesem Zusammenhang restriktiver ausüben würde.

bb) AVB Kontrolle im Rahmen der laufenden Aufsicht

Mit Ausnahme im Bereich der Pensions- und Sterbekassen (§ 5 Abs. 3 Nr. 2 VAG) findet nach Umsetzung der dritten Richtlinien[62] keine systematische Vorabkontrolle der AVB statt, da diese ausdrücklich nicht mehr Bestandteil des Geschäftsplanes sind[63]. Für den Wettbewerb im Versicherungssektor stellt sich nach dem Wegfall der präventiven Bedingungskontrolle[64] die Frage, ob diese Kontrolle nicht im Wege der ständigen, sozusagen nachträglichen, Missbrauchskontrolle nachgeholt werden könnte. Im Rahmen der Missbrauchsaufsicht gemäß § 81 VAG könnte sich das BAV in jedem „Einzelfall" benannte AVB vorlegen lassen.

---

60 Richtlinie 92/96/EWG des Rates vom 10.11.1992 zur Koordinierung der Rechts- und Verwaltungsvorschriften für die Direktversicherung (Lebensversicherung) sowie zur Änderung der Richtlinien 79/267/EWG und 90/619/EWG (Dritte Richtlinie Lebensversicherung), Abl. EG Nr. L 360, vom 09.12.1992, S. 1 ff., umgesetzt durch das Dritte Durchführungsgesetz/EWG zum VAG vom 21.07.1994, BGBl I 1630.

61 3. Richtlinie Leben, Erwägungsgrund 21.

62 Richtlinie 92/96/EWG des Rates vom 10.11.1992 zur Koordinierung der Rechts- und Verwaltungsvorschriften für die Direktversicherung (Lebensversicherung) sowie zur Änderung der Richtlinien 79/267/EWG und 90/619/EWG (Dritte Richtlinie Lebensversicherung), Abl. EG Nr. L 360, vom 09.12.1992, S. 1 ff.; Richtlinie 92/49/EWG des Rates vom 18.06.1992 zur Koordinierung der Rechts- und Verwaltungsvorschriften für die Direktversicherung (ausgenommen Lebensversicherung) sowie zur Änderung der Richtlinien 73/239/EWG und 88/357/EWG (Dritte Richtlinie Schadensversicherung), Abl. EG Nr. L 228 vom 11.08.1992, S. 1 ff., umgesetzt durch das Dritte Durchführungsgesetz/EWG zum VAG vom 21.07.1994, BGBl I 1630.

63 Für substitutive Krankenversicherungen und durch Gesetz obligatorische Versicherungen besteht eine Vorlagepflicht. Die Zulassung zur Eröffnung eines Versicherungsbetriebes erfordert jedoch keine Genehmigung, § 5 Abs. 5 Nr. 1 VAG.

64 Früher § 10 VAG, geändert durch Umsetzung der Richtlinie des Rates zur Koordinierung der Rechts- und Verwaltungsvorschriften für die Direktversicherung (Lebensversicherung) sowie zur Änderung der Richtlinien 79/267/EWG und 90/619/EWG (Dritte Richtlinie Lebensversicherung) vom 10.11.92 (92/96/EWG), Amtsblatt EG L 360 vom 09.12.1992 S. 1 ff., hier Art. 5 Abs. 3 der Richtlinie.

Sollte diese Kontrollmöglichkeit umfassend zu bejahen sein, würden hiervon nahezu die gleichen Innovations- und Initiativhemmnisse ausgehen wie von der präventiven Bedingungskontrolle.

Ausgangspunkt dieser Problematik ist der weitgefasste und unbestimmte Wortlaut des § 81 Abs. 2 Satz 1 VAG, der den Tätigkeitskreis des BAV folgendermaßen beschreibt:

> „Die Aufsichtsbehörde kann gegenüber den Unternehmen, den Mitgliedern ihres Vorstandes sowie sonstigen Geschäftsleitern oder den die Unternehmen kontrollierenden Personen alle Anordnungen treffen, die geeignet und erforderlich sind, um Missstände zu vermeiden oder zu beseitigen."

Diese Generalklausel wird durch die Definition des Tatbestandmerkmals „Missstand" in § 81 Abs. 2 Satz 2 i.V.m. Abs. 1 Satz 2 noch erweitert: „Missstand ist jedes Verhalten eines Versicherungsunternehmens, das den Aufsichtszielen des Absatzes 1 widerspricht."

Zu diesen Aufsichtszielen gehören, „die ausreichende Wahrung der Belange der Versicherten und [auf] die Einhaltung der Gesetze, die für den Betrieb des Versicherungsgeschäfts gelten."

Zu dieser Problematik hat das Bundesverwaltungsgericht in seiner Entscheidung vom 25.06.1998 Stellung genommen und befunden, dass das BAV auch nach Wegfall der präventiven Kontrolle von Versicherungsbedingungen befugt sei, im Wege einer anlassbezogenen, nachträglichen Missstandsaufsicht eine Klausel zu untersagen, deren Verwendung die Versicherten unangemessen benachteiligt[65]. Das Bundesverwaltungsgericht stellt damit klar, dass das europarechtliche Verbot der präventiven AVB-Kontrolle einer einzelfallbezogenen Missstandsaufsicht nicht im Wege steht. Eine systematische Vorabkontrolle hätte in der Vergangenheit zu einer Vereinheitlichung der Versicherungsbedingungen geführt, die den Wettbewerb behindert habe. Um diesen Wettbewerb wiederherzustellen, sei jedoch nicht das Recht und die Pflicht der Aufsichtsbehörden beseitigt worden, nachträglich eingetretene Missstände zu beseitigen.

Weiterhin führt das Bundesverwaltungsgericht aus, dass sich die Befugnis des BAV zur Kontrolle der Einhaltung von gesetzlichen Vorschriften nicht auf Fälle offenkundiger Missstände beschränke. Es wäre daher auch nicht erforderlich, dass die Unwirksamkeit einer entsprechenden AVB-Klausel bereits durch ein Zivilgericht (z.B. den BGH) festgestellt worden sei.

Auf der anderen Seite schränkt das Bundesverwaltungsgericht die AVB-Kontrolle auf Fälle ein, in denen der Versicherungsnehmer unangemessen benachteiligt würde. Hierdurch wird deutlich, dass nicht jeder Gesetzesverstoß und jede Benachteiligung des Versicherungsnehmers ein Eingreifen der Versicherungsaufsicht nach sich ziehen darf. Vor einem Einschreiten ist durch das BAV

---

65 BVerwG, VersR 1998, 1137.

eine umfassende Abwägung der Interessen aller Beteiligten vorzunehmen. Nur soweit die Belange der Versicherten die des Versicherungsunternehmens erheblich übersteigen, ist ein Eingreifen der Aufsicht gerechtfertigt. Geringfügige und unwesentliche Benachteiligungen des Versicherungsnehmers sind von der Versicherungsaufsicht hinzunehmen[66].

Im Anschluss an die Entscheidung des Bundesverwaltungsgerichts hat sich das BAV dahin gehend geäußert, dass auch in Zukunft die Einhaltung der Vorschriften des AGB-Gesetzes von der Aufsichtsbehörde zu kontrollieren sei. Allerdings könne eine Bedingungsüberwachung nur noch im Wege der anlassbezogenen Missstandskontrolle erfolgen. Eine systematische Prüfung sei nicht mehr möglich[67]. Angesichts der umfangreichen Beschwerden, die das BAV jedes Jahr erreichen, erscheint dieses unzureichend. Es kann jedoch derzeit aufgrund der angespannten Haushalts- und Personallage des BAV davon ausgegangen werden, dass sich die Aufsicht in Zukunft auf Fälle der AVB-Kontrolle bei groben Missständen konzentrieren wird, wodurch die Gefahr einer innovationshemmenden, systematischen Durchforstung der AVB gebannt sein sollte.

Es ist abschließend hervorzuheben, dass die oben dargestellte AVB-Kontrolle nicht über den Kontrollrahmen der Zivilgerichte hinausgehen dürfte. Die anlassbezogene AVB-Kontrolle wird daher lediglich durch den sachnäheren Rechtskörper „ausgeübt“. Es ist daher nicht davon auszugehen, dass sich hieraus entscheidende Innovationshemmnisse ergeben, da bei einer grundsätzlichen Unzulässigkeit des Eingriffs der Versicherungsaufsicht immer noch mit einer späteren Korrektur durch die Zivilgerichte gerechnet werden müsste.

b) Weitere Faktoren

Seit Jahren kann im Finanzdienstleistungsmarkt ein tiefgreifender Strukturwandel beobachtet werden, der den Wettbewerb zwischen den Versicherern untereinander, aber auch den Wettbewerb mit den Banken und anderen Finanzdienstleistern wesentlich verändert hat. Dieser Struktur- und Wettbewerbswandel kennzeichnet sich dadurch, dass Banken und Versicherungen zu Allfinanzinstitutionen fusionieren und auf diesem Weg Grenzen, die traditionell die Märkte zwischen Banken und Versicherungen trennen, überwinden und zueinander mit gleichen oder ähnlichen Produkten in Konkurrenz treten[68]. Weiterhin ist eine verstärkte Konzentration durch Übernahmen und Kooperationen erkennbar, die sowohl Unternehmen der gleichen Dienstleistungssektoren betrifft, als auch Unternehmen unterschiedlicher Dienstleistungsbereiche. Auch sind durch die Liberalisierung des Finanzdienstleistungsmarktes zunehmend auslän-

---

66 BVerwG, VersR, S. 1137; Anmerkungen Präve, S. 1141.
67 VerBAV 12/99, 310.
68 Vollmer, Die Bank 1989, 352; OECD Studie Convergence in the Financial Service Industry, Doc. DAFFE/AS/WD(99)12, September 1999.

dische Anbieter auf dem deutschen Markt vertreten, die ebenfalls versuchen, durch neue Produkte den bisher „national“ geprägten Markt für sich zu öffnen.

Damit einhergehend können deutliche Veränderungen auf der Verbraucherseite ausgemacht werden. Es findet eine Entwicklung hin zum informierten Verbraucher statt. Diese Tendenz wird durch das Internet weiter verstärkt. Entsprechend hat auch der Verbraucherschutz beispielsweise in Form der Stiftung Warentest in den Bereich der Versicherungen Einzug gehalten. In diesem Zusammenhang muss auch betont werden, dass diese unterschiedlichen Entwicklungsströmungen bei weitem noch nicht abgeschlossen sind.

Eine umfassende Wandlung ist jedoch auch im Bereich des Aufsichtsrechts erkennbar. In Großbritannien hat sich die Finanzaufsicht in den letzten Jahren den Herausforderungen der Konvergenz der Finanzdienstleister gestellt. Mit der Financial Service Authority (FSA) wurde eine zentrale Behörde zur Beaufsichtigung von Finanzdienstleistern, einschließlich Wertpapierhäusern, Banken, Versicherungen, Pensionskassen und Hypothekenbanken geschaffen. Die Zuständigkeiten für Zulassung, Aufsicht und Durchsetzung im Finanzdienstleistungsbereich wurden fest zusammengelegt. Ein sog. „Lead Regulator“ übernimmt die Aufsicht über Finanzkonglomerate in ihrer Gesamtheit, so dass diese als Einheit erfasst und nicht Sektor für Sektor beaufsichtigt werden. Gleichzeitig wurde der FSA große Flexibilität eingeräumt, so dass die Aufsichtsregeln den ständigen Änderungen des Marktes angepasst werden können. Ihre Aufsicht soll die FSA auf der Basis eines streng risikoorientierten Ansatzes ausüben. Jedes Unternehmen, das der Aufsicht unterliegt, wird entsprechend seiner eigenen Risikoposition bewertet. Aus britischer Sicht stellen die Vereinheitlichungsansätze im Rahmen der FSA einen internationalen Trend zur Harmonisierung der Aufsicht dar, der unweigerlich auch auf andere Länder übergreifen wird. Eine konsolidierte Aufsicht stellt in diesem Zusammenhang lediglich die Antwort auf eine zunehmende Integration der Märkte dar.

Die Hauptziele der Aufsicht bleiben jedoch die Bewahrung des Vertrauens in die bestehenden Finanzsysteme, Förderung des öffentlichen Verständnisses für die Angebote des Marktes und schließlich der Schutz des Verbrauchers, indem ein hohes Maß an Kompetenz und Solvabilität von den Unternehmen gefordert wird[69].

c) Bewertung / Zukunftsaussichten

Durch die Einführung des Herkunftslandprinzips wurde ein entscheidender Schritt hin zu einem einheitlichen Versicherungsmarkt innerhalb der Europäischen Union getan. Vergleichend lässt sich dabei feststellen, dass die Harmonisierungsbestrebungen der EU in Deutschland zu einer leichten Abnahme des Um-

---

69 Rossi, Changes in the regulatory Environment in the UK, Working Paper Series of the Geneva Association, September 1999.

fangs der Versicherungsaufsicht geführt hat, so dass hier durchaus von einer leichten Deregulierung des Versicherungsmarktes gesprochen werden kann. Demgegenüber ist der Umfang der Versicherungsaufsicht in England weiter verstärkt worden. Besonders einschneidend stellt sich für das deutsche Aufsichtsrecht das Verbot der vorherigen Kontrolle von Bedingungen und Tarifen dar. Die Harmonisierung hatte für die Bundesrepublik in dieser Hinsicht eher den Effekt der Maximalharmonisierung[70]. Aus britischer Sicht bestehen jedoch nach wie vor, insbesondere auch in Deutschland, faktische Zugangsbeschränkungen, die in der Zukunft beseitigt werden müssen[71].

Hinsichtlich der Informationspflichten, denen die Versicherer gegenüber den Versicherungsnehmern unterliegen, ist die Anlehnung der Harmonisierungsrichtlinien an die Gesetzgebung in Großbritannien, wie sie seit Inkrafttreten des „Financial Services Act“ (1986) bestand, unverkennbar[72]. Demgegenüber konnte sich das System der materiellen Staatsaufsicht deutscher Prägung in anderen Bereichen durchsetzen. Unverkennbar ist auch, dass die gegenseitige Beeinflussung immer stärker zunimmt. So ist z.B. die Übertragung der Versicherungsaufsicht als hoheitliche Aufgabe auf privatrechtliche Organisationen oder eine öffentlich-rechtliche Stiftung nach dem Modell der niederländischen „Verzekeringskamer“ in Deutschland nicht mehr unrealistisch[73].

In Bezug auf die weiteren wettbewerblichen Rahmenbedingungen müssen sich die Versicherer in beiden Ländern in Zukunft den gleichen Herausforderungen stellen. Aufgrund der liberaleren Ausgangsbasis des britischen Versicherungsmarktes ist jedoch davon auszugehen, dass englische Unternehmen durch die bereits gewonnenen Erfahrungswerte gegenüber ihren deutschen Konkurrenten einen Wettbewerbsvorsprung haben, soweit diese selbst nicht bereits entsprechende Erfahrungen im Ausland gesammelt haben.

Eine gegenläufige Tendenz geht von den gestiegenen Anforderungen an die Beratungshaftungen aus. Diese Tendenz ist fast einheitlich für das gesamte Gemeinschaftsgebiet zu beobachten. Diesen potentiellen Haftungsrisiken können die Versicherer nur durch einen hohen Grad an Transparenz und vereinheitlichte Bedingungswerke entgegentreten.

Gleichwohl hat sich in Deutschland in den vergangenen Jahren eine bemerkenswerte Vielfalt an Bedingungswerken entwickelt. Für den deutschen Versiche-

---

70 Fahr, Die Umsetzung der Versicherungsrichtlinien der dritten Generation in deutsches Recht, VersR 1992, 1033, 1036.

71 The Chartered Institute of Bankers [Hrsg.], Insurance, S. 83.

72 Müller, Verbraucherschutz im Versicherungswesen durch Information der Versicherten, VVW Bd. 12, S. 24.

73 So hat sich beispielsweise der Päsident des BAV, Dr. Helmut Müller, auf der Mitgliedsversammlung des Deutschen Versicherungs-Schutzverbandes (DVS) für die Privatisierung der Versicherungsaufsicht ausgesprochen, um die Effektivität der Aufsicht zu steigern; Lier, Statt Aufsichtsamt bald Aufsichtsstiftung?, VW 1999, 810.

rungsmarkt hat in diesem Zusammenhang eine Studie des Gesamtverbandes der Deutschen Versicherungswirtschaft (GDV) ergeben, dass die Versicherungsunternehmen nur noch in den wenigsten Fällen die Musterversicherungsbedingungen des Verbandes vollständig übernommen haben. Die meisten Unternehmen ändern zumindest Teile der Musterversicherungsbedingen ab, während einige Unternehmen lediglich einzelne Bestimmungen übernehmen oder vollständig eigene Bedingungen erstellen.

Zusammenfassend lässt sich feststellen, dass die Harmonisierung zu einer Deregulierung der europäischen Versicherungsmärkte geführt hat. Damit einhergehend hat eine Belebung des Wettbewerbes eingesetzt[74], wofür neben dem Aufsichtsrecht jedoch auch andere Einflüsse maßgeblich waren. Gleichwohl kann das jetzige Stadium nur als Durchgangsstadium bezeichnet werden. Die Handlungen der beteiligten Parteien, seien es die Versicherungsunternehmen, Versicherungsnehmer oder die Aufsichtsbehörden, werden in der Zukunft zeigen, wie stark es im Versicherungssektor zu einem freien Spiel der Marktkräfte kommen wird. Auch wenn bisher nur wenige ausländische Versicherungsunternehmen die erweiterten Möglichkeiten zum Eintritt in den deutschen Markt genutzt haben, ist doch festzustellen, dass sich zwischen den Versicherungsunternehmen unterschiedlicher Mitgliedsstaaten der Wettbewerb verstärkt. Ein Fortschreiten dieser Tendenz auf dem deutschen und europäischen Markt wird verstärkt auch zur Kreation neuer Produkte führen[75].

III. Produktinnovation

Der Lebenszyklus eines Versicherungsproduktes lässt sich in drei Phasen gliedern. Beginnend mit der Entwicklungsphase tritt das fertige Produkt in die Vermarktungsphase, gefolgt von der Nachvermarktungsphase. Von besonderem Interesse für die vorliegende Arbeit ist die Entwicklungsphase. Sie umfasst den gesamten Zeitraum von der ersten Anregung über Planung, Entwicklung und Tests auf Teilmärkten bis zur Marktreife des Produktes. Es ist in diesem Zusammenhang festzustellen, dass es zur Schaffung eines neuen Versicherungsproduktes einer Vielzahl von Entwicklungsschritten und Leistungen bedarf. Da sich Schutzmöglichkeiten für Innovationen sowohl am Endprodukt als auch an

---

74 Stöber, Besonderes Wirtschaftsverwaltungsrecht, S. 125, auch wenn sein Aussage, dass die Liberalisierung und Deregulierung zu vollem Wettbewerb auf dem Versicherungsmarkt aufgrund des bestehenden Aufsichtssystems zu weit erscheint.

75 Geschäftsbericht des BAV 1997, S. 41, 42. Das BAV führt diese geringe Neigung darauf zurück, dass die Mehrzahl der interessierten Versicherungunternehmen bereits vor der Harmonisierung auf dem deutschen Markt aktiv waren. Soweit neue Produkt auf dem deutschen Markt eingeführt wurden, handelt es sich hierbei in erster Linie um Lebensversicherungen mit flexiblen Kapitalanlagestrategien.

der Entwicklung des Produktes orientieren, ist die Entwicklungsphase hinsichtlich innovativer Versicherungsprodukte genauer zu analysieren.

1. Abstrakte Entwicklung

a) Bedarfermittlung

Ausgangspunkt für die Entwicklung eines neuartigen Versicherungsmodells stellt grundsätzlich die Bedarfsermittlung dar. Ähnlich dem Patentrecht, wo ein technisches Problem vorliegt, geht es hier um das Erkennen einer gesellschaftlichen Problemstellung[76]. Die Anregung zur Neuentwicklung eines Versicherungsproduktes kann dabei bezogen auf das Versicherungsunternehmen von innen oder von außen kommen. Zunächst ist es möglich, dass das Versicherungsunternehmen von sich heraus eine Problemstellung erkennt und darauf aufbauend mit der Entwicklung eines versicherungstechnischen Lösungsansatzes beginnt. Andererseits kommen als externe Ideenanreger der Markt, Verbraucher, Verbände, Gesetzgeber, Konkurrenzunternehmen im In- und Ausland sowie das BAV als Aufsichtsbehörde in Betracht[77]. Ursache für diese Anregungen finden sich zumeist in technischen, rechtlichen oder gesellschaftlichen Veränderungen.

So kann beispielsweise die Änderung der Gesetzeslage zur Entstehung neuer oder anderer gesellschaftlicher Risiken führen und auf diese Weise der Bedarf nach neuen Versicherungsprodukten entstehen. Während beispielsweise in der Vergangenheit die Geschäftsführer- oder Vorstandshaftung auf der Basis der Sorgfalt eines ordentlichen Geschäftsmannes gemäß §§ 43 GmbHG, 93 AktG eher eine untergeordnete Rolle spielte, entstand durch die Ausweitung der Haftung seitens des Gesetzgebers[78] und der Rechtsprechung jetzt auch in Deutschland umfangreicher Bedarf nach Versicherungsschutz in diesem Segment (D & O Versicherungen)[79]. Im anglo-amerikanischen Rechtskreis sind derartige Produkte seit langem etabliert.

Wie bereits dargestellt, kann die Anregung zu einem neuen Versicherungsprodukt auch durch Produkte eines Konkurrenzunternehmens erfolgen. Wird ein neues Produkt am Markt präsentiert, wird seitens der eigenen Kunden häufig der Druck bestehen, ebenfalls ein entsprechendes Produkt bereitzustellen. Hierbei handelt es sich jedoch nicht um Innovationen, sondern höchstens um Variationen. In der Regel wird es jedoch zu einer Imitation kommen. Nicht anders zu beurteilen sind neue Produkte, die bereits im Ausland bestehende Produktideen übernehmen oder variieren.

---

76 Schindleck, in van Raden (Hrsg.), Dienstleistungen, S. 123.

77 Schütze, S. 94.

78 Vgl. §§ 90, 91 AktG, nach dem Erlass des Gesetzes zur Kontrolle und Transparenz im Umternehmensbereich (KonTraG) vom 27. April 1998, BGBl. 1998 I Nr. 24.

79 Hertel, VW 1996, 562, 565.

Weiterhin kann die Anregung zu einer Produktneuentwicklung aus dem Versicherungsunternehmen selbst kommen. Zentrale Rolle spielt in diesem Zusammenhang, soweit vorhanden, die Produktentwicklungsabteilung. Aber auch Fragestellungen betreffend die interne Verwaltung oder den Vertrieb können zu Anregungen führen[80]. Im Regelfall dürften die Grenzen zwischen interner und externer Anregung jedoch fließend sein.

Dem vorbeschriebenen analytischen Teil folgt der gestalterische Teil, die eigentliche Entwicklung der neuen Dienstleistung. Auf dieser Bedarfsermittlung aufbauend, wird die eigentliche Problemstellung erarbeitet: die Bedarfserfüllung mit dem optimalen Dienstleistungsmodell. Die Bedarfserfüllung erfolgt hierbei regelmäßig in einem Zweischritt. Die Entwicklung beginnt mit einer Lösungsidee, die nachfolgend zu einem Konzept konkretisiert wird. Diese Zweiteilung der Entwicklungsphasen in die Teilphasen der experimentellen und verfahrenstechnischen Realisierung entspricht der allgemeinen Beschreibung des Innovationsprozesses durch die Betriebswirtschaftslehre[81].

b) Experimentelle Realisation

Im Rahmen der so genannten experimentellen Realisierung werden alle grundlegenden Tätigkeiten wie Marktforschung, Planung und die Aufstellung von vorläufigen Bedingungswerken und Tariffierungen geleistet. Bei echten Marktneuerungen stehen hierbei sowohl rechtliche, technische als auch Risikobewertungsfragen im Vordergrund, da in der Regel eine verlässliche Datenbasis für die Kalkulation nur schwer ermittelt werden kann. Diese wird häufig erst auf der Basis von Annahmen oder mit Hilfe externer Experten erstellt werden müssen. Zum Teil werden die Versicherungsunternehmen bereits in diesem frühen Stadium Vertreter der Vertriebsabteilungen und Dritte, wie beispielsweise Verbraucher, einschalten. Auf diese Weise ist es möglich, bereits für das Grundkonzept eine relativ verlässliche Einschätzung zu erhalten, welche Konzepte sich erfolgreich am Markt platzieren lassen können. Auf diese Weise kann das „Floprisiko" weiter vermindert werden. Weiter können auch in dieser Phase Kundenbefragungen eingesetzt werden, die klären sollen, ob das Produktkonzept attraktiv und für den in der Grobkalkulation gefundenen Preis verkäuflich ist. Auch Verbesse-

---

80 Unter dem Stichwort „agent automation" sind bereits durch Änderungen im Vertriebsbereich die ersten neuen Versicherungsprodukte entstanden. Im Rahmen der Euro-Kredit-Versicherung des Gerling-Konzerns rüstete die Versicherung ihre Vertreter mit Laptops aus, um diese so in die Lage zu versetzen, online direkt beim Kunden während des Beratungsgesprächs eine vollständige Risikoanalyse durchzuführen, auf deren Basis am Ende des Gespräches der endgültige Vertragsabschluss steht. Der Kunde verfügt umgehend über eine Versicherungspolice, einschließlich vollständiger Dokumentation und Deckungsschutz, während für das Versicherungsunternehmen die Verwaltung entlastet wird Hertel, VW 1996, 562, 563, 564.

81 Schütze, S. 99.

rungsvorschläge der befragten Kundenkreise können bereits zu diesem Zeitpunkt einfließen.

Aufbauend auf Bedarfsermittlung und Problemstellung wird zunächst ein abstraktes Dienstleistungsmodell entwickelt, auf dem die späteren Dienstleistungsprodukte aufbauen. Im Fall „einfacherer" Problemstellungen wird das Dienstleistungsmodell mit dem Endprodukt häufig gleichgesetzt werden können. Hier besteht ein starke Variationsbreite, die vom Einzelfall abhängt. Das Dienstleistungsmodell kann bereits deutlichere Züge des Endproduktes aufweisen oder auch nur die wesentlichen und noch abstrakten Kennzeichen des späteren Dienstleistungsproduktes tragen.

c) *Verfahrenstechnische Realisation*

Die weitere Ausgestaltung, der Zuschnitt auf die besonderen Bedürfnisse der Konsumentengruppe, erfolgt in diesen Fällen in einem weiteren Gestaltungsschritt, der so genannten verfahrenstechnischen Realisierung. Auf dem Dienstleistungsmodell aufbauend, kommt es zur weiteren Konkretisierung in Form der speziellen Ausformung des Dienstleistungsproduktes. Das Versicherungsunternehmen beginnt mit der endgültigen Formulierung der AVB und Kalkulation der Tarife. Diese verfahrenstechnische Realisierungsphase kann sich weiter untergliedern, wenn das problemlösende Dienstleistungsmodell auf eine Reihe von Problemstellungen Anwendung finden kann und jeweils auf diese neuen Situationen angepasst werden muss. Ergebnis dieser Arbeit wird im Bereich der Finanzwirtschaft regelmäßig ein Formularvertrag sein, durch den der Vertragsschluss dem Kunden angeboten wird. Weitere Ausformungen und Darstellungen des Dienstleistungsmodells werden sich auch in produktbeschreibenden Prospekten und Werbebroschüren wiederfinden. Auch die für den Vertrieb erforderliche EDV-Technik muss bereitgestellt werden.

Bei der Entwicklung eines neuen Versicherungsproduktes ist eine exakte Kenntnis und Beschreibung der zu versichernden Risiken als auch des zur Deckung dieses Risikos zu erbringenden Versicherungsschutzes erforderlich. Hieraus ergibt sich das Erfordernis der interdisziplinären Zusammenarbeit der unterschiedlichsten Berufsgruppen, wie beispielsweise Techniker, Mediziner, Volks- und Betriebswirte, Mathematiker, Informatiker und Juristen[82].

2. Produktinnovations-Management in Versicherungsunternehmen

Betrachtet man das Produktinnovations-Management in Versicherungsunternehmen, ist es zunächst erforderlich, sich noch einmal die Ausgangslage vor Augen zu führen. Vor der Deregulierung wurde die Produktentwicklung durch

82 Schütze, S. 99.

die Versicherungsunternehmen vornehmlich auf Verbandsebene betrieben. Dieses erfolgte in enger Abstimmung mit dem Bundesaufsichtsamt für das Versicherungswesen (BAV). Neue Produkte und Bedingungswerke konnten nur gemeinschaftlich und mit identischen Bedingungswerken eingeführt werden, so dass es einen Wettbewerbsvorteil durch innovative Produkte nicht gab. Die Abstimmungsprozesse auf Verbandsebene und mit dem Bundesaufsichtsamt führten weiterhin dazu, dass alle Marktteilnehmer ausreichend Zeit besaßen, um sich von der versicherungstechnischen Seite auf die neuen Produkte vorzubereiten. Entsprechend hatte das Thema „Produktentwicklung" lediglich einen geringen Stellenwert in den einzelnen Versicherungsunternehmen[83].

Dieses innovationsfeindliche Umfeld wirkt sich auch heute noch in vielen Versicherungsunternehmen aus. So beschränken sich viele Unternehmen auf eine reine Wettbewerbsbeobachtung, um die Marktgängigkeit neuer Produkte zu analysieren und diese gegebenenfalls zu kopieren. Marktforschungsinstrumente, die frühzeitig Kundenbedürfnisse erkennen, sind in der Versicherungswirtschaft im Gegensatz zu anderen Industriezweigen nach wie vor lediglich rudimentär ausgeprägt. Einhergehend sind eigene Organisationseinheiten zur Produktentwicklung in den meisten Versicherungsunternehmen nach wie vor unbekannt. Entsprechend ist der Prozess der Produktentwicklung immer noch mit Unwegsamkeiten belastet, da die Entwicklungsschritte erst noch definiert, erprobt und eingespielt werden müssen. Auf dieser Basis erscheint es teilweise zumindest fraglich, ob einzelne Versicherungsunternehmen 5 Jahre nach der Deregulierung das Thema „Innovation" überhaupt als einen Faktor für den geschäftlichen Erfolg erkannt haben.

Die Deregulierung des Versicherungsmarktes hat nun die rechtlichen und betriebswirtschaftlichen Freiräume geschaffen, dass Versicherungsgesellschaften ihre Bedingungswerke individuell ausgestalten können. In diesem Zusammenhang stellt sich die Frage, wie sich das einzelne Unternehmen im deregulierten Markt positionieren soll. Hierbei sind grundsätzlich vier unterschiedliche Ansätze zu unterscheiden. Das Versicherungsunternehmen kann eine Vorreiterrolle einnehmen, sich auf die Adaptierung von innovativen Produkten beschränken, Produkte der Wettbewerber kopieren oder den Erfolg neuer Entwicklungen abwarten.

a) Der Vorreiter

Bei Versicherungsunternehmen, die die Rolle eines Vorreiters im Markt übernehmen wollen, ist die Innovationsbereitschaft am höchsten. Es besteht die laufende Bestrebung, „echte" Produktinnovationen als erstes Unternehmen am Markt einzuführen. Entsprechend wird ein sehr hoher Forschungs- und Entwick-

83 Besonderer Dank für die zahlreichen Anregungen in diesem Bereich gebühren Herrn Dr. Hagemann (Allianz Lebensversicherungs AG).

lungsaufwand durch das Unternehmen betrieben. Die Kosten, die mit diesem Aufwand entstehen, sind im Erfolgsfall durch eine zumindest zeitweilige Monopolstellung im Markt, die die Durchsetzung höherer Prämien erlaubt, gerechtfertigt. Da Versicherungsprodukte in der Regel leicht und schnell kopierbar sind, ist davon auszugehen, dass diese Monopolstellung nicht über einen längeren Zeitraum Bestand haben wird. Dieses gilt insbesondere dann, wenn das Versicherungsprodukt am Markt besondere Erfolge verzeichnet.

Auf der anderen Seite ist es zu beobachten, dass bei komplexen Versicherungsprodukten nur eine beschränkte Kopierbarkeit gegeben ist. In diesem Zusammenhang kann festgestellt werden, dass die konkreten Tarifmerkmale, die hinter einer Preisdifferenzierung liegen, sich immer nur auf den konkreten Bestand des Versicherungsunternehmens beziehen können. Die Tarifierungsbedingungen des innovativen Versicherungsproduktes können daher auch nur für den Bestand des konkreten Unternehmens, das die Risiken lediglich auf dieser Basis kalkuliert hat, gelten. Andere Versicherungsunternehmen, die diesen Tarif einfach kopieren, ohne den eigenen Bestand an Versicherungsverträgen zu berücksichtigen, begeben sich daher in ein erhebliches finanzielles Risiko. Auch im Segment der Assistance-Produktbausteine kann das einfache Kopieren innovativer Produkte leicht zu ruinösen Ergebnissen führen, da mit diesen Produkten ein erheblicher organisatorischer und technischer Aufwand verbunden ist, der nur bei einer entsprechenden Anzahl von Versicherungsverträgen zu angemessenen Kosten abgedeckt werden kann.

Zusammenfassend lässt sich daher darstellen, dass Versicherungsunternehmen, die innovative Produkte auf den Markt bringen, grundsätzlich immer einen zeitlichen Vorsprung besitzen werden. Allein auf Grundlage des individuellen Produktes und seiner Gestaltung lässt sich jedoch ermitteln, wie groß dieser zeitliche Vorsprung sein wird und ob dieser geeignet ist, die getätigten Investitionen zu erwirtschaften. Andererseits sollte nicht unterschätzt werden, dass für das Gesamtunternehmen der Ruf der Innovationsfreudigkeit einen erheblichen Imagevorteil mit sich bringen kann.

b) Der Adaptierer

Weiterhin könnte sich ein Versicherer als „Adaptierer“ positionieren. Dieser Weg wird in der Regel dann eingeschlagen werden, wenn die strategische Option, Vorreiter zu sein, aufgrund fehlender Ressourcen nicht erreichbar ist, gleichwohl allerdings ein hoher Innovationsgrad durch das Versicherungsunternehmen gewünscht wird. Unternehmen, die diese Strategie gewählt haben, werden in anderen deregulierten Märkten, zumeist im Ausland, nach neuen Produktideen suchen und diese für den deutschen Versicherungsmarkt adaptieren. Dieses Verfahren bietet den entscheidenden Vorteil, dass man auf Produkte zurückgreifen kann, die sich bereits auf anderen Märkten bewährt haben. Es muss daher nur noch die

Übertragbarkeit auf den deutschen Markt und der Anpassungsbedarf geprüft werden. In diesem Zusammenhang wird auch deutlich, dass der finanzielle Einsatz der Adaptierungs-Methode im Regelfall erheblich geringer sein wird, als bei der vollständigen Neuentwicklung von Versicherungsprodukten.

c) Der Kopierer

Neben der Erstvermarktung ausländischer Produkte auf dem heimischen Markt ist es auch möglich, Produkte der Vorreiterunternehmen zu analysieren und zu verbessern, um auf der Grundlage dieses Prozesses ein eigenes Produkt auf den Markt zu bringen. Es besteht für Versicherungsunternehmen die strategische Option, Innovationen anderer zu übernehmen und dabei die Kosten zu optimieren. Im Gegensatz zu den schnellen Adaptierern besteht die Möglichkeit des Abwartens, welche Produktinnovationen sich am Markt durchsetzen werden, so dass für diese Versicherungsunternehmen das „Floprisiko" minimiert werden kann. Der Kopierer spart den Aufwand, das neue Produkt bekannt zu machen und dafür den Bedarf zu wecken. Der entscheidende Nachteil dieser Strategie besteht darin, dass zum Zeitpunkt der Markteinführung des Produktes des Kopierer bereits zahlreiche andere Versicherungsunternehmen, zumindest aber der Vorreiter, mit ihren Produkten auf dem Markt sein werden. Um gleichwohl ein angemessenes Marktsegment erobern zu können, ist der „Kopierer" daher darauf angewiesen, im entsprechenden Marktsegment die Preisführerschaft zu übernehmen. Dieses kann beispielsweise durch eine veränderte Risikoselektion oder schlankere Prozesse erreicht werden.

d) Der Nachzügler

Wenig Chancen wird demgegenüber der Nachzügler besitzen. Er kann weder den Imagevorteil des Innovators ausgleichen, noch ist er in der Lage, über Preisvorteile für den Versicherungsnehmer Marktanteile zu gewinnen. Versicherungsunternehmen, die eine derart passive Strategie wählen, könnten daher in einem zunehmend dynamischen Markt der Konsolidierung zum Opfer fallen.

Im Ergebnis bestehen aus strategischer Sicht für einen Versicherer daher zwei Optionen. Entweder das Unternehmen setzt auf Produkt- und Qualitätsführerschaft oder es muss sich über die Preisführerschaft im Markt behaupten. Hierdurch wird deutlich, dass innerhalb der einzelnen Dienstleistungssparten ein Innovationsschutz nicht vollständig konsensfähig sein wird.

3. Beispiel

Die Entwicklung eines neuartigen Versicherungsproduktes lässt sich anhand der Produktschutzversicherungen (PV) verdeutlichen werden. Durch den Fall „Thomy" wurde auch für die Öffentlichkeit deutlich, dass Erpressungsdrohungen für Nahrungsmittelbetriebe zu einem immer größeren Problem werden. Im konkreten Fall wurde ein Nahrungsmittel-Konzern damit erpresst, dass bei Nichtzahlung weitere Lebensmittel mit Zyankali vergiftet würden. Hierbei handelte es sich um keinen Einzelfall. Vielmehr gingen im Jahr 1996 bei deutschen Handels- und Produktionsunternehmen bei steigender Tendenz über 200 Erpressungsdrohungen ein. Die betroffenen Unternehmen erleiden zum Teil starke finanzielle Verluste, die in Einzelfällen zum Konkurs der Firma führen können. Entsprechend dieser Entwicklung ist auch die Nachfrage nach Versicherungsschutz sprunghaft gestiegen. Diesem Bedürfnis sind Unternehmen der Versicherungswirtschaft mit einer Produktschutzversicherung entgegengetreten.

Auch die Annahme, dass eine Entwicklung von einem abstrakten Versicherungskonzept hin zu einem konkreten Versicherungsprodukt erfolgt, lässt sich durch Analyse der Produktschutzversicherung belegen. Versichert sind die Kosten der notwendigen Rückrufaktion inklusive Untersuchung, Zwischenlagerung und mögliche Vernichtungen. Weiterhin ist als Bausteinprinzip auch ein Versicherungsschutz gegen den Verkaufspreisverlust, Umsatzrückgang oder für die Kosten zukünftiger Werbemaßnahmen möglich. Voraussetzungen für den Abschluss einer Produktschutzversicherung ist die Installierung eines innerbetrieblichen Krisenmanagements nach den Vorgaben der Versicherung, das auch die Inanspruchnahme eines externen Sicherheitsberaters vorsieht. Durch dieses Bausteinprinzip kann indirekt auch die Entwicklung vom abstrakten Konzept hin zum konkreten Produkt nachvollzogen werden.

2. Teil

Rechtfertigung des Schutzes immaterieller Werte

I. Theoretische Rechtfertigung des bestehenden Systems

Bevor die konkreten Schutzmöglichkeiten für innovative Dienstleistungsprodukte zu untersuchen sind, stellt sich zunächst die Frage, ob ein solcher Schutz überhaupt gerechtfertigt wäre. Erst auf Basis dieses Ergebnisses können die tatsächlichen Schutzmöglichkeiten richtig bewertet werden.

Dem bestehenden System des gewerblichen Rechtsgüterschutzes liegen unterschiedliche Ansätze und Rechtfertigungen zugrunde, die zu vier Theorien zusammenfasst werden können. Im Einzelnen können voneinander die Eigentums-, Belohnungs-, Vertragstheorie und die Ansporntheorie unterschieden werden[84]. Bei nachfolgender Darstellung der einzelnen Theorien ist zu beachten, dass sich diese zum Teil überlappen. Jede der genannten Theorien ist zum Teil schwerwiegender Kritik ausgesetzt, so dass nur eine Kombination geeignet ist, das bestehende System des gewerblichen Rechtsgüterschutzes zu beschreiben[85]. Hinsichtlich der Kritik ist weiter zu unterscheiden, ob die Rechtfertigung von Sonderrechten als solche oder nur die konkrete Ausgestaltung des Sonderrechtsschutzes angegriffen wird.

1. Eigentumstheorien

Nach der Eigentumstheorie, zum Teil auch als Naturrechtstheorie bezeichnet, besteht ein natürliches Recht desjenigen, der eine Schöpfung[86] hervorgebracht hat, an dieser Schöpfung. Dem Schöpfer stehe daher auch das alleinige Recht an der wirtschaftlichen Ausbeutung zu. Die unerlaubte Nutzung fremder Ideen sei daher „geistiger Diebstahl“. Die Allgemeinheit sei moralisch verpflichtet, dieses Eigentumsrecht anzuerkennen und zu schützen. Da geistiges Eigentum durch die Rechtsordnung in gleicher Weise anzuerkennen sei wie materielles Eigentum, werde das Patent als Ausschließlichkeitsrecht diesen Anforderungen gerecht[87].

Dieser naturrechtliche Ansatz wurde insbesondere auch im angelsächsischen Rechtskreis hervorgehoben. William Blackstone schrieb bereits 1794: „Natural

---

84 Die Einteilung der verschiedenen Aspekte in diese vier Theorien geht auf Machlup, An Economic Review of the Patent System, GRUR Int. 1961, 373 ff. zurück.

85 Nirk, Gewerblicher Rechtsschutz, S. 198; Benkrad-Bruchhausen, Einl. PatG Rn. 1a; Bernhard/Kraßer, § 3 II.

86 Im Rahmen dieses Kapitels werden die Begriffe Schöpfer, Erfinder, Innovator und Schöpfung, Erfindung, Innovation jeweils synonym verwandt.

87 Bernhard/Kraßer, § 3 II; Benkrad-Bruchhausen, Einl. PatG Rn. 1a; Beier, GRUR Int. 1970, 1, 2; Für den Bereich des Urheberrecht auch BGHZ 17, 266, 278; Morcom/Zissu/Mostert, [1994] 1 EIPR 6, 11.

justice suggests that an individual shall have a natural property right to the fruits of his creation, just like the farmer is entitled to the calf of his cow."[88]

In Bezug auf einen urheberrechtlichen Schutz führte Lord Mansfield 1769 in der Entscheidung *Millar v. Taylor* aus: „It is just, that an author should reap the pecuniary of his own ingenuity and labour."[89]

Die Zuordnung erfolgt nach der Eigentumstheorie nicht durch die Rechtsordnung, beispielsweise durch Patenterteilung, sondern ergibt sich bereits aus dem Erfindungsakt selbst. Das Patentrecht bestätigt lediglich die bereits vorgegebene Zuordnung. Historisch sollte dieser Ansatz der Überwindung des Privilegienwesens dienen, um auf diese Weise staatlicher Willkür zu entgehen. Aber auch heute lassen sich Ansatzpunkte für die Sichtweise finden, dass bereits vor Patenterteilung ein Recht an der Schöpfung oder Erfindung besteht. Besonders sichtbar wird dieses im Bereich des Urheberrechts, wo für die Entstehung eines umfangreichen Schutzes keinerlei formelles Erfordernis besteht. Dieser naturrechtliche Ansatz hat sich zum Teil auch in der Menschenrechtserklärung der Vereinten Nationen niedergeschlagen[90].

Gegen die Eigentums- oder Naturrechtstheorie sind zum Teil schwerwiegende Einwände geltend gemacht worden. Zunächst folge bei strikter Anwendung ein ewiges Recht zur Ausbeutung der Schöpfung. Die Eigentums- oder Naturrechtstheorie kann daher nicht befriedigend die Erforderlichkeit eines hoheitlichen Aktes zur Erlangung des Patentschutzes sowie Beschränkungen desselben erklären. Weiter würde verkannt werden, dass auch Schöpfer und Erfinder in ihrem Schaffensprozess auf den Leistungen vorheriger Personen und Generationen aufbauen, denen, konsequent zu Ende gedacht, ein Anteil an der Ausbeutung der Schöpfung oder Erfindung zustehen müsste[91]. Gleichwohl liefert die Eigentumstheorie überzeugende Rechtfertigungsansätze hinsichtlich der grundsätzlichen Bejahung eines gewerblichen Rechtsschutzes.

2. Belohnungs- und Vertragstheorien

Im Gegensatz zur Eigentumstheorie orientiert sich die Belohnungstheorie nicht allein an der Person des Innovators, sondern stellt eine Beziehung zur Gesell-

88 Blackstone, Commentaries on the Laws of England 2.26 auf S. 405.

89 [1769] 4 Burr. 2303; Weitere historische Beispiele Hubmann/Götting, § 2; Fererico, „History of the Patent Office Society" (July 1971), S. 23, der u.a. ein Zitat anführt, dass Galieo Galilei zugeschrieben wird, nachdem er ein Patent von dem Dogen von Venedig erhalten hat: „Es ist nicht gerecht, dass eine Erfindung, die mir gehört, durch mich mit viel Arbeit und Kosten entdeckt wurde, zum Eigentum der Allgemeinheit wird."

90 Art. 27 (2) der UN-Menschrechtskonvention, General Assembly, Doc. A/810 S. 71 lautet: „Everyone has the right to the protection of the moral and material interests resulting from any scientific, literary or artistic production of which he is the author."

91 Beier, GRUR Int. 1970, 1, 2; Benkrad-Bruchhausen, Einl. PatG Rn. 1a.

schaft her. Durch die Innovation werde die Gesellschaft, im Sinne einer nationalen Volkswirtschaft, bereichert. Ihre Wettbewerbsfähigkeit werde erhöht und die allgemeine Bedürfnisbefriedigung verbessert. Der Erfinder würde zum „Lehrer der Nation", da er die Erfindung der Öffentlichkeit zugänglich mache und sie nicht für sich behalte. Aus Gerechtigkeitserwägungen müsse der Innovator für seine geistige Leistung im Dienste der Gesellschaft belohnt werden. Diese Belohnung könne am besten dadurch erfolgen, dass dem Innovator für einen zeitlich begrenzten Zeitraum erlaubt wird, die Erfindung wirtschaftlich ausschließlich zu nutzen. Auch sei gewährleistet, dass nur die wirtschaftlich wertvolle Innovation belohnt werde, da für wertlose Innovationen regelmäßig keine Nutzung und damit keine Belohnung bestehe. Auch durch die Belohnungstheorie lässt sich somit das Bestehen von Ausschließlichkeitsrechten im Bereich des geistigen Eigentums rechtfertigen. Auf diesem Gedankengut baute nicht nur das mittelalterliche Privilegienwesen, sondern auch mit dem „Statute of Monopolies 1623/1624" das frühe englische Patentrecht auf[92].

In diesem Zusammenhang zeigen sich eine Reihe von Parallelen zur so genannten Offenbarungs- oder Vertragstheorie[93]. Dieser in erster Linie in Frankreich durch den *Marquis de Bouffer* entwickelte Ansatz versucht die Beziehung zwischen Gesellschaft und Erfinder auf eine vertragliche Ebene zu stellen. Ziel des Systems zum Schutz des geistigen Eigentums und insbesondere auch des Patentrechts sei es, den Erfinder zu motivieren, seine Erfindung zu einem möglichst frühen Zeitpunkt der Gesellschaft zugänglich zu machen. Ohne das Patentrecht würde der Erfinder seine Erfindung längere Zeit geheim halten. Hierauf aufbauend könnte die Gesellschaft erst sehr viel später von der Erfindung profitieren, als wenn sie dem Erfinder für einen gegebenen Zeitraum ein Ausschließlichkeitsrecht einräumen würde. Entsprechend müsse zwischen der Gesellschaft und dem Erfinder ein Vertrag („contract social") geschlossen werden, aus dem sich für den Erfinder die Verpflichtung zur Offenbarung und für die Gesellschaft die Pflicht zur Einräumung eines Ausschließlichkeitsrechts ergibt[94].

Als Manko der Belohnungstheorie wird betrachtet, dass mit dem Patent bisweilen weit über eine erforderliche oder verhältnismäßige Belohnung hinausgegangen wird. Insbesondere würde zwischen Bereicherung der Gesellschaft und der Belohnung des Erfinders keinerlei Beziehung bestehen. Gegen die Offenbarungs- oder Vertragstheorie kann daher auch zutreffend eingewandt werden, dass ein derartiger Vertrag zwischen Gesellschaft und Erfinder nicht besteht, da es dem Erfinder freisteht, die Erfindung zum Patent anzumelden oder für sich zu behalten. Weiter sind die langen Patentschutzzeiten von 20 Jahren oder das Erlöschen

---

92 Bernhard/Kraßer, § 3 II; Beier GRUR Int. 1970, 1, 2, 3; Benkrad-Bruchhausen, Einl. PatG Rn. 1a; Morcom/Zissu/Mostert, [1994] 1 EIPR 6, 11; van Raden, in van Raden (Hrsg.), S. 117; van Raden/Wertenson, GRUR 1995, 523.

93 Benkrad-Bruchhausen, Einl. PatG Rn. 1a.

94 Machlup, GRUR Int. 1961, 373, 388; Hubmann/Götting, § 2 V.

des Patentschutzes bei Nichtzahlung der Verlängerungsgebühr (§§ 16, 20 Abs. 1 Nr. 3, 23 Abs. 1, 2 PatG) anhand dieser Theorie nicht zu erklären. Von dieser Kritik ist die grundsätzliche Anerkennung von Ausschließlichkeitsrechten jedoch nicht betroffen.

3. Ansporntheorie

Die Ansporntheorie stellt das gesellschaftliche Interesse an Innovation oder technischem Fortschritt in den Vordergrund. Moderne Gesellschaften hätten ein erhebliches Interesse an Erfindungen und anderen innovativen Produkten im Bereich des geistigen Eigentums, da hierdurch die gesellschaftliche Entwicklung als Ganzes stimuliert und gefördert würde. Wirtschaftstheorien hätten die Entwicklung von Know-how, Innovationen und Erfindungen als wichtigste Bedingung für ein langfristiges und stetiges Wachstum identifiziert. Unternehmen, die über spezielles Know-how verfügen, Markenprodukte oder patentierte Verfahren und Produkte anbieten würden, seien wettbewerbsfähiger und könnten ihren Marktanteil leichter behaupten oder gegenüber anderen ausweiten[95]. Die Ansporntheorie geht von einem planmäßigen Innovationsverhalten und nicht von der Zufallsinnovation aus. Anknüpfungspunkt ist weiterhin die Innovationstätigkeit von Unternehmen und nicht der idealistische Einzelerfinder. Innovation sei letztendlich das Produkt umfangreicher und planmäßiger Forschung. Solange die Ertragsaussichten für entsprechende Investitionen gegen die Übernahme der Ergebnisse durch Dritte nicht gesichert seien, würde die Neigung zur Forschung und Entwicklung entsprechend niedrig bleiben.

Bei ungewissen Ertragsaussichten sähen gerade Unternehmen vom Einsatz von Mitarbeitern und Kapital ab. Investitionen würden nur unter der Bedingung vorgenommen, dass später die ausschließliche wirtschaftliche Nutzung möglich sei[96]. Indem man durch Patentschutz und andere Ausschließlichkeitsrechte die Möglichkeit der Nachahmung blockiere und auf diese Weise den Ertrag der Forschung und eingesetzter Mittel sichere, würde gleichzeitig ein Anreiz zu weiteren Forschungen gegeben. Durch die erweiterte Forschung beschleunige sich die Innovationstätigkeit, so dass ein anhaltender technischer Fortschritt erreicht werde. Die Gewährung von Ausschließlichkeitsrechten könne daher als effektives Mittel zur Förderung des Fortschritts im Allgemeininteresse gesehen werden[97]. Die Ansporntheorie bildet heute die wohl wichtigste Rechtferti-

---

95 Kommission der Europäischen Gemeinschaften, Grünbuch zur Innovation, KOM (95) vom 20. Dezember 1995, S. 9.

96 Holyoak/Torremans, S. 14 ff.

97 Bernhard/Kraßer, § 3 II; Morcom/Zissu/Mostert, [1994] 1 EIPR 6, 11; van Raden, in van Raden (Hrsg.), S. 117; van Raden/Wertenson, GRUR 1995, 523; Kommission der Europäischen Gemeinschaften, Grünbuch zur Innovation, KOM (95) vom 20. Dezember 1995, S. 9.

gungsgrundlage für das Schutzsystem des geistigen Eigentums[98], da sie sowohl die Notwendigkeit eines Ausschließlichkeitsrechts als auch seine zeitliche Beschränkung erklärt. Dieser Ansatz hat daher auch Eingang in die Verfassung der Vereinigten Staaten von Amerika gefunden:

> „The Congress shall have Power ... to promote the Progress of Science and useful arts, by securing for limited Times to Authors and Inventors the exclusive Right to their respective Writings and Discoveries ... ."[99]

Auch der Federal Supreme Court der USA hat erkannt, dass sich das bestehende Copyright- und Patentsystem auf die Überzeugung stützt, dass die Stimulation der Kreativität des Einzelnen durch die Möglichkeit der anschließenden ausschließlichen Ausbeutung am besten geeignet ist, einen gesellschaftlichen Fortschritt und nationalen Reichtum zu erreichen[100].

Auch die Kommission der Europäischen Gemeinschaften sieht in der Gewährung eines effektiven Rechtsschutzes den entscheidenden Anreiz für Innovationen im Binnenmarkt. Entsprechend ist innerhalb der Kommission anerkannt, dass es erforderlich ist, die bestehenden Ausschließlichkeitsrechte den sich aufgrund des technologischen oder gesellschaftlichen Fortschritts ständig ändernden Umständen anzupassen[101].

II. Übertragbarkeit auf Dienstleistungen

Vor diesem theoretischen Hintergrund stellt sich die Frage, ob für innovative Dienstleistungen ein Schutz durch Ausschließlichkeitsrechte grundsätzlich gerechtfertigt wäre. Auf Grundlage des so ermittelten gerechtfertigten Schutzbedürfnisses müssen nachfolgend die durch das geltende Recht bestehenden Schutzmöglichkeiten begutachtet werden.

An dieser Stelle ist zunächst darauf hinzuweisen, dass es bereits ab 1791 für einen kurzen Zeitraum in Frankreich einen Patentschutz für Dienstleistungen gab. Im Zusammenhang mit der allgemeinen Anerkennung der Menschenrechte wurde auch das geistige Eigentum („propriété industrielle") anerkannt. Das Gesetz vom 07.01.1791 stellte klar, dass jede Entdeckung oder neue Erfindung auf allen Gebieten der Industrie Eigentum des Erfinders sei. Nachdem kurzfristig

---

98 British Patent Office Publication, What is Intellectual Property?, S. 3; Holyoak/Torremans, S. 14; Kommission der Europäischen Gemeinschaften, Grünbuch zur Innovation, KOM (95) vom 20. Dezember 1995, S. 9.

99 Verfassung der Vereinigten Staaten von Amerika, Artikel I, § 8, clause 8.

100 Mazer v. Stein (1954), 370 US 201 219; Goldstein v. California (1973), 412 US 546, 555; Sony Corp. of America v. Universal Studios, Inc. (1984), 464 US 417, 429.

101 Kommission der Europäischen Gemeinschaften, Grünbuch zur Innovation, KOM (95) vom 20. Dezember 1995, S. 14.

auch Finanzpläne und Lebensversicherungen Patentschutz erlangt hatten, wurden diese „untechnischen Patente" 1792 für unwirksam erklärt[102].

Eine Rechtfertigung für den Schutz innovativer Dienstleistungen kann sich sowohl aus den bereits dargestellten übergeordneten Gesichtspunkten als auch direkt aus dem bestehendem System des geistigen Eigentums selbst ergeben. Auf der Grundlage der vorangegangenen Betrachtung hinsichtlich der Rechtfertigung von Ausschließlichkeitsrechten im Bereich des geistigen Eigentums wäre ein Sonderrechtsschutz für innovative Dienstleistungen daher dann gerechtfertigt, wenn hieran ein starkes gesellschaftliches Interesse bestehen würde. In anderen Worten: Wenn auch im Bereich der Dienstleistungen die Mittlerfunktion der Ausschließlichkeitsrechte zwischen Wissenschaft und Wirtschaft, Innovation und Produktion für ein gesamtgesellschaftliches Fortkommen erforderlich ist[103]. Beschränkungen des Wettbewerbs, die durch eine Ausdehnung des Schutzsystems des geistigen Eigentums zwangsläufig entstehen, fordern zumindest ein gesteigertes gesellschaftliches Interesse[104]. Ein gesteigertes Interesse ist erforderlich, da die Gesellschaft in Form des Konsumenten grundsätzlich von einem bestehenden Wettbewerb profitiert, da unverhältnismäßige Preise vermieden werden. Die Wettbewerber im jeweiligen Marktsegment werden angehalten, bestehende Produkte zu verbessern oder neuartige zu entwickeln. Die folgende Darstellung orientiert sich damit in erster Linie, aber nicht ausschließlich an der Ansporntheorie.

Der Dienstleistungssektor nimmt seit Jahren in seiner gesamtwirtschaftlichen Bedeutung zu. Dies gilt nicht nur für Deutschland, sondern auch für alle anderen Industrieländer. Diese Entwicklung schlägt sich nicht nur im Anteil am Bruttosozialprodukt, sondern auch in den Beschäftigungszahlen nieder. Dennoch entwickelte sich der Beschäftigtenaufbau bei den privaten Dienstleistungsunternehmen in Deutschland im internationalen Vergleich nur unterdurchschnittlich. Gegenüber den USA dürfte ein ungenutztes Beschäftigungspotential im gesamten tertiären Sektor von ca. 3 Millionen Personen bestehen. Hierbei ist zu beobachten, dass der wirtschaftliche Strukturwandel im primären, sekundären und tertiären Sektor in Deutschland und den anderen Industriestaaten ein relativ stabiles Muster abgibt. Der Anteil der Gesamt-Dienstleistungen (einschließlich Staat, Sozialversicherung, private Haushalte und Organisationen ohne Erwerbszweck) am Weltsozialprodukt hat sich im Zeitraum von 1970 bis 1995 von 54% auf knapp 65% erhöht. Demgegenüber ging der Beitrag der Industrie zur weltweiten Wertschöpfung von knapp 38% auf 31% und das Gewicht des Agrarsektors von ca. 8% auf 4,5% deutlich zurück. Entsprechend konnten neue Beschäftigungspotentiale fast ausschließlich im Dienstleistungsbereich geschaffen werden. Im Vergleich zu den USA ist die Steigerung des

---

102 Hubmann, Gewerblicher Rechtsschutz, § 2 V.

103 van Raden, in van Raden (Hrsg.), Diensleistungen, S. 117, 118.

104 Steckler, [1996] 7 EIPR 390.

Anteils der Erwerbstätigen im tertiären Sektor von 1990 bis 1994 von 43% auf gut 61% eher moderat ausgefallen. In den USA wurde der Anteil der Erwerbstätigen im Dienstleistungsbereich über den gleichen Zeitraum hinweg von ca. 63% auf 74% gesteigert, wobei aufgrund des erheblich höheren Anfangsniveaus diese moderaten Steigerungen gleichwohl deutlich ins Gewicht fielen[105].

Trotz dieser Steigerung im tertiären Sektor bestehen in Deutschland erhebliche strukturelle Probleme. Anlass zur Besorgnis gibt die Tatsache, dass von 1960 bis 1997 in Westdeutschland im Bereich der gesamten (privaten) Unternehmen keine zusätzlichen Arbeitsplätze entstanden sind. Durch die Steigerung im Dienstleistungsbereich war es lediglich möglich, die Verluste an Erwerbstätigkeit im primären und sekundären Sektor aufzufangen. Um in Zukunft die bestehende Beschäftigungslücke zu schließen, ist daher eine weitere Stärkung des privaten Dienstleistungssektors unerlässlich. Nur hier ist es möglich, zusätzliche Arbeitsplätze langfristig zu schaffen. Im Mittelpunkt steht hierbei der Bereich der wirtschaftsbezogenen Dienste (Kreditinstitute, Versicherungen, Zeitarbeitsunternehmen, Rechts- und Unternehmensberater, Wirtschaftsprüfer, Steuerberater u.a.).

Sucht man nach Ursachen für die Beschäftigungslücke in Deutschland, so ist zu verzeichnen, dass nicht erschlossene Potentiale im Dienstleistungsbereich hierfür im Vergleich zu anderen Industrienationen die Hauptursache darstellen. Gleichzeitig liegt hierin auch der Schlüssel zur Beseitigung dieser Beschäftigungslücke, so dass ein erhebliches volkswirtschaftliches Interesse an der Freisetzung weiterer Potentiale im Dienstleistungsbereich besteht[106].

In modernen Vertragswerken und internationalen Übereinkommen ist diesem Umstand bereits Rechnung getragen worden. Im EGV wurden die Niederlassungs- und Dienstleistungsfreiheit im Binnenmarkt verankert, und die Uruguay-Runde hat neben einer Revision des GATT[107] auch zu einem Allgemeinen Abkommen über den Dienstleistungsverkehr (GATS) geführt. Auch die Notwendigkeit einer weiteren Stärkung des Innovationsverhaltens ist insbesondere auch innerhalb der Europäischen Union anerkannt[108].

Die Erläuterungen hinsichtlich der Entwicklung innovativer Dienstleistungsprodukte haben weiterhin gezeigt, dass in den meisten Fällen auch für Entwicklungen im Dienstleistungssektor erhebliche Ressourcen investiert werden müssen. Wie bereits beschrieben, bedarf es für die Entwicklung einer innovativen Dienstleistung einer ganzen Reihe von internen und externen Spezialisten, die an der

---

105 Dresdner Bank [Hrsg.], Trends Spezial, Wirtschaftsanalysen „Vollbeschäftigung in Deutschland?“, Juni 1999, S. 44 ff.

106 Dresdner Bank [Hrsg.], Trends Spezial, Wirtschaftsanalysen „Vollbeschäftigung in Deutschland?“, Juni 1999, S. 44 ff.

107 Allgemeines Zoll- und Handelsabkommen – General Agreement on Tariffs and Trade (GATT).

108 Kommission der Europäischen Gemeinschaften, Grünbuch zur Innovation, KOM (95) vom 20. Dezember 1995, S. 14.

Entwicklung beteiligt sind und gegebenenfalls eine fest stehende Produktentwicklungsabteilung bilden. Um den Erfolg des neuen Produktes zu gewährleisten, wird im Regelfall auch ein Test in einem Teilmarkt erforderlich sein. Im Bereich der Versicherungsindustrie entstehen insbesondere auch nicht zu unterschätzende EDV-Kosten, um die Systemvoraussetzungen für die Produktinnovation zu schaffen. Jede Innovation erfordert weiterhin auch die Schulung der Vertriebsmitarbeiter. Diese Schulungen erfordern gerade für die Versicherungswirtschaft einen hohen Einsatz, da es nach der Liberalisierung des Versicherungsmarktes einer besonderen Sensibilisierung des Vertriebes für die eigenen Produkte bedarf, um auf diese Weise die Möglichkeit zu schaffen, unterschiedliche Produktmerkmale zu Produkten der Konkurrenz gegenüber dem Verbraucher aufzuzeigen[109]. Zusätzlich ist zu erwarten, dass die Komplexität der Dienstleistungsprodukte weiter steigt, so dass auch die Innovationskosten weiter steigen werden.

Weiterhin ist zu beobachten, dass Produktinnovationen auch im Dienstleistungsbereich häufig nicht angenommen werden. Im Lebensmittelbereich kann von einer Misserfolgsrate von 50% ausgegangen werden. Für den Bereich der Assekuranz liegt zwar noch kein Zahlenmaterial vor, es ist jedoch ebenfalls von einer ähnlich hohen „Flopquote" auszugehen[110].

Ohne ein funktionierendes System zum Schutze des geistigen Eigentums wird der Anreiz zu Investitionen erheblich gehemmt, so dass Innovatoren von der Entwicklung neuer Produkte im Dienstleistungsbereich abgeschreckt werden. Investitionen in innovative, kreative, gesellschaftlich und wirtschaftliche sinnvolle Dienstleistungen sind jedoch wie im produzierenden Gewerbe nur dann unternehmerisch vertretbar, wenn Rechtssicherheit hinsichtlich der späteren Nutzung besteht, wie sie für das produzierende Gewerbe durch die gewerblichen Sonderschutzrechte gewährt wird. Entsprechend liegt es im gesamtwirtschaftlichen Interesse für alle Leistungen, die eine Volkswirtschaft bereichern, und somit auch für Dienstleistungen die nötigen Instrumente bereit zu stellen, um verlässliche Rahmenbedingungen für Investitionen durch einen Schutz vor der Ausbeutung durch Dritte zu gewährleisten.

Die Schutzwürdigkeit von Dienstleistungen lässt sich jedoch auch aus dem System der bestehenden Sonderrechte des geistigen Eigentums erklären. Das Patentrecht diente seit seiner Schaffung in erster Linie auch wirtschaftspolitischen Zielen in Form eines Schutzes von Produktionsmitteln. Dieser Schutz wurde jedoch

---

109 Im Bereich der Versicherungsinnovationen Hertel, VW 1996, 562, 565; Für eine Neuentwicklung eines Produktes im Bereich der Marktforschung, Schindlbeck, in van Raden [Hrsg.], S. 123, 126.

110 Müller-Peters, Der Tod im Aktenkoffer, Von den Schwierigkeiten erfolgreicher Produktinnovation, VW 1999, 911, weist insbesondere auf das offensichtliche Desinteresse an Assistence-Leistungen hin, hinsichtlich derer bei Befragungen gerade mal 5% der Kunden Interesse gezeigt haben. Als Beispiel einer gescheiterten Versicherungsinnovation muss wohl auch die private Arbeitslosenversicherung betrachtet werden.

nur in Bereichen der Technik gewährt, da dort allgemein die volkwirtschaftlich wichtigsten Entwicklungen erwartet wurden. Mit dem technischen Fortschritt hat sich seit dem letzten Jahrhundert auch der Begriff der Technik gewandelt, so dass festgestellt werden kann, dass das Patentrecht einem stetigen Wandel unterliegt[111]. So forderte das Reichsgericht noch, dass eine Erfindung technisch sein muss, d.h. mit den Mitteln der Naturkräfte arbeiten muss, um einen Erfolg zu erzielen. Technik beziehe sich auf die Erscheinungswelt und arbeite nach den Lehren der Physik und Chemie[112]. Während der BGH aufgrund vollzogener Veränderungen diese Definition im Jahr 1969 bereits als unmaßgeblich ansah[113].

Dieser Sichtweise der notwendigen Anpassung haben sich auch maßgebliche Kreise in Politik und Rechtsprechung angeschlossen. Die Bundesregierung misst dem Schutz des geistigen Eigentums bei der Entwicklung der Informationsgesellschaft zentrale Bedeutung zu. Hervorgehoben wird, dass diese Entwicklung sowohl die einzelnen Sonderrechte als auch den internationalen Verbund betrifft. Da im digitalen Zeitalter die nationalen Grenzen zunehmend an Bedeutung verlieren, spielt die Überprüfung des Anpassungsbedarfs auf internationaler Ebene eine zentrale Bedeutung[114]. In der Grundsatzentscheidung „Rote Taube" hat der BGH beispielsweise ausgeführt, das Patentrecht sei „ein Rechtsgebiet, dessen vornehmste Aufgabe es ist, die nach dem jeweils neuesten Stand der Wissenschaft und Forschung patentwürdigen Ergebnisse zu erfassen".

Es sei daher nicht nur erlaubt, sondern geboten, den zentralen Begriff der Erfindung, der durch den Gesetzgeber bewusst nicht beschränkt wurde, am jeweiligen Stand der Erkenntnis auszurichten[115]. Entsprechend der Zielsetzung des Sonderrechtsschutzes müssen hierbei auch wirtschaftliche und gesellschaftliche Tendenzen bei der Festlegung des jeweils neuesten Standes der Wissenschaft und Forschung berücksichtigt werden. Aus diesem Ansatz wird deutlich, dass

---

111 BGHZ 52, 74, 76 – Rote Taube –; RPA, Blatt f. PMZ 1932, 240, 241, 242; van Raden, in van Raden [Hrsg.], S. 117; van Raden/Wertenson, GRUR 1995, 523; Kommission der Europäischen Gemeinschaften, Grünbuch zur Innovation, KOM (95) vom 20. Dezember 1995, S. 14.

112 RG GRUR 1933, 289, 290.

113 BGHZ 52, 74, 76 – Rote Taube –.

114 Bundesministerium für Wirtschaft, Bericht der Bundesregierung, Info 2000, Deutschlands Weg in die Informationsgesellschaft, 1996, S. 54 ff. Auf Ebene der EU hat die Kommission bereits im August 1995 das Grünbuch „Urheberrecht und verwandte Schutzrechte in der Informationsgesellschaft" vorgelegt. Hierbei handelt es sich zunächst um ein Diskussionspapier, das sich an die Regierungen und interessierten Kreise in den Mitgliedsstaaten richtet. Darauf aufbauend sollen angesichts der neuen Technologien erforderliche Rechtssetzungsmaßnahmen vorgeschlagen werden. In den USA beschäftigt sich eine durch den Präsidenten eingesetzte „National Information Infrastructure Task Force" mit erforderlichen Anpassungen des Sonderrechtsschutzes. Für eine umfassende Übersicht der Initiativen einzelner Länder siehe Bundesministerium für Wirtschaft, Bericht der Bundesregierung, Info 2000, Deutschlands Weg in die Informationsgesellschaft, 1996, S. 31.

115 BGHZ 52, 74, 76 – Rote Taube –.

das Tatbestandsmerkmal der Technizität nicht nur Wandlungen unterliegt, sondern im Rahmen der wirtschaftlichen und gesellschaftlichen Entwicklungen selbst hinterfragt werden muss.

Soweit in diesem Zusammenhang argumentiert werden könnte, dass ein Schutz durch die bestehenden Sonderrechte über das Ziel hinausgehen würde, spricht dieses nicht gegen eine Schutzwürdigkeit, sondern in erster Linie für die Reformbedürftigkeit des bestehenden Systems. Für die nachfolgende Analyse der Schutzmöglichkeiten für innovative Dienstleistungen kann zusammenfassend festgesellt werden, dass deren Schutzbedürftigkeit und Schutzwürdigkeit im Grundsatz bejaht werden muss[116].

[116] So bereits Priester, S. 92.

3. Teil

Analyse der Schutzmöglichkeiten in Deutschland

I. Urheberrecht

1. Einleitung

Das Urheberrecht schützt den Verfasser eines Werkes der Literatur, Wissenschaft oder Kunst gegen die unbefugte wirtschaftliche Verwertung der im Werk beinhalteten schöpferischen Leistung durch Dritte (§§ 1, 16, 23, 24 UrhG)[117]. Auch die ideellen Interessen des Urhebers an seinem Werk sind vom Schutz des Urheberrechts mitumfasst[118]. Dogmatisch rechtfertigt sich der Schutz des Urhebers aus dem umfassenden Anerkenntnis des Schöpfungsaktes durch den Urheber[119]. Die sich hieraus ergebenden Rechte werden durch das Urhebergesetz lediglich konkretisiert und nicht etwa wie andere Schutzrechte (Patente, Gebrauchsmuster usw.) konstituiert[120]. Hierauf aufbauend, zeichnet sich der Urheberrechtsschutz durch zwei wichtige Merkmale aus, die für jeden schutzsuchenden Gewerbetreibenden und erst recht für den Schöpfer einer innovativen Dienstleistung interessant sind. Der Urheberrechtsschutz ist formlos ohne administrativen Akt zu erlangen. Weiterhin sind die Rechte des Urhebers international durch multilaterale Übereinkünfte, wie beispielsweise die Berner Übereinkunft [BÜ] oder das Welturheberrechtsabkommen [WUA] und deren Folgeabkommen, abgesichert.

Ausgangspunkt für einen urheberrechtlichen Schutz stellt immer das konkrete Werk dar. Erste Probleme ergeben sich daher bereits aus der Tatsache, dass sich im Fall einer neuartigen Versicherung das Schaffen nicht auf einen einzelnen Werkgegenstand konzentriert. Während der Maler sich allein auf der Leinwand ausdrückt, konkretisiert sich eine neue Dienstleistung in einer Vielzahl von Medien, wie Versicherungstabellen, Vertragstexten, Broschüren, Werbung und vielen anderen Me-

---

117 Gesetz über Urheberrecht und verwandte Schutzrechte (Urhebergesetz) vom 09.09.1965, BGBl. I 1273.

118 Das Urheberrecht schützt den Urheber nicht nur hinsichtlich der Nutzung des Werkes, sondern auch die geistige und persönliche Beziehung zum Werk, § 11 UrhG.

119 So bereits Art. 27 Abs. 2 der Allgemeinen Erklärung der Menschenrechte der Vereinten Nationen vom 10.12.1948:
„Jeder Mensch hat das Recht auf Schutz der moralischen und materiellen Interessen, die sich aus jeder wissenschaftlichen, literarischen oder künstlerischen Produktion ergeben, deren Urheber er ist."
Auch der Bundesgerichtshof hat in BGHZ 17, 266, 278 ausgeführt:
„Für das moderne Urheberrecht wird allseits anerkannt, dass die Nutzungsrechte des Urhebers nur die Ausstrahlung seines durch den Schöpfungsakt begründeten geistigen Eigentums sind."

120 Hubmann/Rebinder, § 6 I.

dien, die jeweils für sich Werkqualität besitzen können. Unter diesen Werken nehmen die Vertragstexte, bei Versicherungen die AVB, jedoch eine zentrale Position ein, da sich in ihnen die Dienstleistung, das innovative Produkt, konkretisiert[121].

Bei der Prüfung der Schutzmöglichkeiten durch das Urheberrecht ist weiterhin auch zu berücksichtigen, dass es sich bei der Entwicklung einer innovativen Dienstleistung um ein komplexes Werkschaffen handelt, das in seinen Einzelheiten bereits beschrieben wurde[122]. Es sei an dieser Stelle lediglich daran erinnert, dass seit der Liberalisierung des Versicherungsmarktes durch die dritten Richtlinien[123] der Kreativität der Versicherungsunternehmen bei der Entwicklung neuer Produkte fast keine Grenzen mehr gesetzt sind. Im Rahmen dieses kreativen Prozesses ist auch zu berücksichtigen, dass zur Schaffung eines neuen Versicherungsmodells eine Vielzahl von Entwicklungsschritten und Leistungen erforderlich sind.

Urheberrechtlich bedarf es bezüglich dieses komplexen Werkschaffens der Versicherungen und anderer Dienstleistungsunternehmer der konkreten Prüfung, inwieweit einzelne Werke Schutz erfahren können. Die Untersuchung auf einzelne Werke zu beschränken, würde jedoch zu kurz greifen. Insbesondere aufgrund des bereits beschriebenen komplexen Schaffensprozesses ist auch zu prüfen, ob ein übergreifender urheberrechtlicher Schutz für Dienstleistungsmodelle möglich ist.

2. Schutz der Vertragsbestimmungen und anderer Druckerzeugnisse

Jeder Dienstleister hat zunächst ein Interesse, zu verhindern, dass Konkurrenten den Vertragstext in Form der AVB oder andere Druckerzeugnisse wortgleich oder in enger Anlehnung für ihre Produkte übernehmen. Entsprechendes gilt für Broschüren und Prospekte. Insbesondere im Bereich der Versicherungen besteht dieses Schutzinteresse, da diese Druckerzeugnisse die einzige Möglichkeit darstellen, das Produkt zu konkretisieren.

Wie die Berner Übereinkunft setzt auch das deutsche Urheberrecht beim einzelnen Werk an. Um in den Schutzbereich des Urheberrechts zu gelangen, muss ein Werk zu den geschützten Werkkategorien der Literatur, Wissenschaft oder Kunst gehören (§ 1 UrhG) und eine persönliche geistige Schöpfung darstellen (§ 2 Abs. 2 UrhG).

a) Geschützte Werkgruppen

Die Werkkategorien Literatur, Wissenschaft und Kunst beschreiben den urheberrechtlich relevanten Bereich menschlichen Schaffens. Keine Berücksichtigung findet hierbei zunächst die Form des Ausdrucks. Auch besteht Einigkeit darüber, dass die Werkkategorien weit auszulegen sind und durch § 2 Abs. 1 UrhG ledig-

---

121 Vgl. auch unter „Versicherung als Produkt“.
122 Vgl. unter „Produktinnovation“.
123 Siehe auch oben „Harmonisierung des Binnenmarktes“.

lich näher erläutert, nicht aber begrenzt werden[124]. Zu den Sprachwerken zählen nicht nur solche Werke der rein literarischen oder wissenschaftlichen Art. Auch Schöpfungen des praktischen oder geschäftlichen Lebens gehören in die Kategorie der Sprachwerke[125]. Erfasst wird jeder Fall, in dem ein Gedankenaustausch mittels Sprache erfolgt. Geschäfts-, Versicherungsbedingungen (AVG) und Formularverträge sind daher grundsätzlich dem Bereich der wissenschaftlichen Sprachwerke zuzuordnen.[126]

Demgegenüber fanden sich früher in der Rechtslehre Stimmen, die Zweckschöpfungen nicht zu den geschützten Kategorien rechnen wollten. Hierzu zählten auch geschäftliche Systeme und Methoden, so dass auch Vertragsbedingungen und Formulare neuer Dienstleistungen von einem Schutz ausgeschlossen wären[127]. Dieser wörtlichen Orientierung an den Begriffen der Literatur, Wissenschaft und Kunst kann jedoch nicht gefolgt werden. Das Grundrecht der freien Entfaltung der Persönlichkeit (Art. 1, 2 Abs. 1 GG) wurde durch die Rechtsprechung des Bundesverfassungsgerichts und des Bundesgerichtshofes auf alle Lebensbereiche ausgedehnt, so dass auch gewerbliche Tätigkeiten mitumfasst sein müssen. Hieraus ergibt sich nicht nur, dass der Schutz weit zu fassen ist. Der Katalog der §§ 1, 2 Abs. 1 UrhG muss in jeder Situation einschlägig sein, in der es zu einem geistigen Austausch zwischen Menschen kommt. Dem Urheberrecht kommt die Aufgabe des Schutzes qualifizierter menschlicher Kommunikation zu[128]. Es darf dem Anbieter einer neuen Versicherung genauso wenig den grundsätzlichen Schutz verweigern wie dem Autor eines Buches. Wenn zum Teil geschäftliche Methoden, Konzepte oder Systeme außerhalb des Schutzes des Urheberrechts gestellt werden, so liegt dieses an einer Vermengung mit dem Problemkreis des Schutzes von Ideen und Konzepten, also der Frage der persönlich geistigen Schöpfung. Auch wenn zugrunde liegende Versicherungstechniken und übergeordnete Konzepte der Dienstleistung nur eingeschränkt geschützt werden können, darf dieses nicht dazu führen, Zweckschöpfungen *per se* den Schutz zu verweigern[129].

Mit dem Wegfall des Genehmigungsvorbehalts[130] durch das BAV hinsichtlich der AVB dürfte auch außer Zweifel stehen, dass es sich bei den AVB keines-

---

124 BT-Drucks. IV/270, 37/38; Schricker-Löwenheim, § 2 Rn. 2; v.Gamm/v.Gamm, GRUR 1969, 593, 594.

125 BGH GRUR 1986, 739, 741 – Anwaltsschriftsatz –; BGH GRUR 1993, 34 ff. – Bedinungsanweisung –.

126 Schricker-Löwenheim, § 2 Rn. 62; Fromm/Nordemann-Vinck, § 2 Rn. 33; v.Gamm/v.Gamm, GRUR 1969, 593, 594; Priester, S. 25.

127 So ausdrücklich Ulmer, § 21 III, einschränkend auch noch Priester, S. 25, der ebenfalls von einem enumerativen Katalog ausging.

128 Schricker, GRUR 1996, 815, 817; Fromm/Nordemann-Vinck, § 2 Rn. 2.

129 Schricker, GRUR 1996, 815, 817; v.Gamm/v.Gamm, GRUR 1969, 593, 594.

130 Früher § 10 VAG, geändert durch Umsetzung der Richtlinie des Rates zur Koordinierung der Rechts- und Verwaltungsvorschriften für die Direktversicherung (Lebensversicherung)

falls um amtliche Werke handelt, die gemäß § 5 Abs. 1 UrhG keinen urheberrechtlichen Schutz genießen können[131].

b) Persönlich geistige Schöpfung

Bei den Vertragsbedingungen und anderen damit verbundenen Druckerzeugnissen muss es sich um persönlich geistige Schöpfungen handeln (§ 2 Abs. 2 UrhG). Aus dem Begriff der Schöpfung geht zunächst hervor, dass der Urheber das Werk selbst, sozusagen eigenhändig, geschaffen haben muss. Ein Werk stellt eine persönlich geistige Schöpfung dar, wenn es hinreichend individuelle Züge trägt. Es ist gerade die Individualität, die die Schutzwürdigkeit des Werkes begründet[132]. Nicht Gegenstand des urheberrechtlichen Schutzes ist, was über dieses Werk in seiner Individualität hinausgeht, insbesondere die in dem Werk enthaltenen oder diesem zugrunde liegenden Ideen, Lehren und Erkenntnisse. Die in einem Werk verkörperte Individualität kann sich aus dem Inhalt, der Form des Ausdruckes oder aus einer Kombination beider ergeben[133]. Unerheblich ist, ob durch den Gedankeninhalt des Werkes etwas inhaltlich Neues mitgeteilt wird. Neuheit ist nicht in der Lage, die erforderliche Individualität zu ersetzen. Mangels Individualität nicht schutzfähig sind auch Erzeugnisse, die auf allgemeinmenschlichen Fähigkeiten basieren; ihnen fehlt die eigenschöpferische Prägung[134]. Es stellt sich daher die Frage, wo die Grenze zwischen schützenswerter und schützensunwerter Individualität zu ziehen ist. In anderen Worten, welche Gestaltungshöhe erforderlich ist.

Die Prüfung, ob ein hinreichender Grad an schöpferischer Eigentümlichkeit gegeben ist, hat die Rechtsprechung in zwei Schritte aufgespalten. Diese Aufspaltung geschieht in erster Linie, um die Prüfung auf ein objektives und nachvollziehbares Fundament zu stellen[135]. Nachdem durch einen Vergleich des Werkes mit dem bekannten Formen- und Sprachschatz die eigenschöpferischen Züge ermittelt wurden, folgt die Prüfung, ob diese Züge hinreichende Gestaltungshöhe für die urheberrechtliche Schutzfähigkeit aufweisen[136]. Zur Ermittlung der Ges-

---

sowie zur Änderung der Richtlinien 79/267/EWG und 90/619/EWG (Dritte Richtlinie Lebensversicherung) vom 10.11.92 (92/96/EWG), Amtsblatt EG L 360 vom 09.12.1992 S. 1 ff., hier Art. 5 Abs. 3 der Richtlinie.

131 so bereits Priester, S. 32/33.

132 Schricker-Löwenheim, § 2 Rn. 3; Fromm/Nordemann-Vinck, § 2 Rn. 2; Hubmann/Rehbinder, § 6 I; Ulmer, S. 119; Erdmann, GRUR 1996 550, 551.

133 Die Begründung zum UrhG führt aus, dass als persönlich geistige Schöpfung Erzeugnisse anzusehen sind, die durch ihren Inhalt oder durch ihre Form oder durch die Verbindung von Inhalt und Form etwas Neues und Eigentümliches darstellen, BT-Drs. IV/270 S. 38; BGH GRUR 1962, 51, 52 – Zahlenlotto –; FrommNordemann-Vinck, § 2 Rn. 24 unter Hinweis auf die Gesetzesbegründung.

134 BGH GRUR 1985, 1041 – Inkassoprogramm –.

135 Erdmann, GRUR 1996, 550, 551.

136 BGHZ 94, 276, 286 – Inkassoprogramm –.

taltungshöhe ist eine Gegenüberstellung der festgestellten individuellen Merkmale – einschließlich des sich daraus ergebenden Gesamteindruckes – mit den Werken eines durchschnittlich Schaffenden vorzunehmen, wobei die Anschauung der mit der schöpferischen Gestaltung vertrauten und aufgeschlossenen Verkehrskreise maßgeblich ist[137].

Vor einer Formulierung der Anforderungen an die Gestaltungshöhe ist zunächst festzuhalten, dass es keinen allgemeingültigen objektiven Maßstab geben kann, auch nicht innerhalb der einzelnen Werkkategorien. Der Grund hierfür liegt hauptsächlich in den stufenlosen Übergängen und dem damit verbundenen Problem, dass die Gestaltungshöhe nur schwer beschreibbar oder abgrenzbar ist. Urheberrechtsfähigkeit und damit Gestaltungshöhe besitzen grundsätzlich Werke, die Durchschnittsgestaltungen um ein Deutliches überragen[138]. Als Durchschnittsgestaltungen gelten in erster Linie handwerksmäßige, schablonenhafte und alltägliche Werke. Im Bereich zwischen diesen beiden Gruppen ist zusätzlich die Geschmacksmusterfähigkeit angesiedelt[139].

Rechtsprechung und Literatur haben bis heute aber auch anerkannt, dass an den Grad der Individualität in Einzelfällen niedrigere Anforderungen zu stellen sind. Auch die so genannte „kleine Münze“[140] genießt Urheberrechtsschutz. Hierunter versteht man Produkte des menschlichen Geistes, die trotz eines Minimums an individueller Gestaltungshöhe noch urheberrechtlichen Schutz genießen. Auf dieser Basis erlangten Adressbücher[141], Gebrauchsanweisungen[142] und geschäftliche Musterblätter[143] urheberrechtlichen Schutz. Diese Rechtsprechung des Bundesgerichtshofs und Reichsgerichts ist seitens der Literatur angegriffen worden, die gerade für Zweckschöpfungen strengere Kriterien fordert[144]. In den Entscheidungen „Ausschreibungsunterlagen“[145] und „Anwaltsschriftsatz“[146] hatte der BGH sodann ein „deutliches Überragen des Durchschnitts“ gefordert. Diese Rechtsprechung wurde jedoch wieder aufgegeben. Der BGH ist in den Entscheidungen „Themenkatalog“[147] und „Leitsätze“[148] wieder zu der ursprünglichen Formel zurückgekehrt,

---

137 BGH GRUR 1981, 267, 268 – Dirlada –; in der Vergangenheit hat sich der BGH sowohl gegen den Laien, als auch gegen den Fachmann als Maßstab ausgesprochen, BGHZ 27, 351, 356 – Candida-Schrift –; Anerkennung in Fachkreisen kann jedoch als Indiz angesehen werden, BGH GRUR 1975, 383, 386 – Möbelprogramm –.

138 BGHZ 94, 276, 286 – Inkasso-Programm – (st. Rspr.).

139 Erdmann, GRUR 1996, 550, 552.

140 Die Lehre der kleinen Münze geht auf Elster, Gewerblicher Rechtsschutz, 1921, S. 40 zurück.

141 RGZ 116, 292.

142 RGZ 81, 120.

143 BGH ZUM 1987, 458.

144 v. Gamm/v. Gamm, GRUR 1969, 593, 594, Hubmann/Rebinder, § 6 I, 1b; Fromm-Nordemann-Vinck, § 2 Rn. 19, die sich für ein gesondertes Recht oder für einen Schutz durch das Wettbewerbsrecht aussprechen.

145 BGH GRUR 1984, 659, 660.

146 BGH GRUR 1986, 739, 741.

147 BGH GRUR 1991, 130, 133 – Themenkatalog –.

dass „je nach den Umständen auch ein geringes Maß an geistiger Betätigung genügen kann“.

Entscheidend ist jedoch, dass die in dem Werk ausgedrückte Individualität über alltägliche Durchschnittswerke hinausgeht[149].

c) Urheberpersönlichkeit

Urheber ist der Schöpfer des Werkes (§ 7 UrhG). Schöpfer kann nur eine natürliche Person sein, da nur ein Mensch den für die Werkschöpfung erforderlichen individuellen Geist besitzt und ausdrücken kann. Juristische Personen und Unternehmen können daher selbst nicht Urheber eines Werkes werden. Waren mehrere Personen an der Entwicklung / Schöpfung des Werkes beteiligt, wie dieses im unternehmerischen, gesellschaftlichen Rahmen in der Regel der Fall sein wird, können sie als Miturheber (§ 8 Abs. 1 UrhG) zu betrachten sein. Miturheberschaft setzt regelmäßig voraus, dass ein einheitliches Werk durch partnerschaftliche Arbeit geschaffen wurde, wobei sich mehrere Schöpfer hinsichtlich ihres Beitrages der Einheitlichkeit des Werkes untergeordnet haben[150]. Der Gesetzgeber bezeichnet die Miturheberschaft als eine „auf gewolltem Zusammenwirken beruhende besonders enge Gemeinschaft“[151]. Jeder Beteiligte muss einen Beitrag leisten, der den Anforderungen an eine persönlich-geistige Schöpfung genügt[152]. Diese schöpferischen Beiträge können grundsätzlich in jedem Stadium der Entwicklung erfolgen, auch in der Entwurfsphase. Ein einheitliches Werk liegt vor, wenn Teile des Werkes nicht einzelnen Schöpfern ausschließlich zugeordnet werden können und sich diese Anteile nicht gesondert verwerten lassen[153].

Nicht Miturheber, sondern Gehilfe ist, wer keinen eigenen schöpferischen Beitrag zum Werk beisteuert. Als Gehilfe muss beispielsweise eingeordnet werden, wer lediglich die Anweisungen eines übergeordneten Gestalters ausübt[154]. Auf ähnliche Weise erfolgt die Abgrenzung zwischen Ideenanreger und Urheber. Besitzt die Anregung selbst bereits Werkqualität, ist diese eigenständig schutzfähig, und der Anreger erwirbt ein unabhängiges eigenes Urheberrecht. Wird jedoch auf der Grundlage einer schutzunfähigen oder unterhalb der Schutzschwelle liegenden Anregung ein schutzfähiges Werk geschaffen, bleibt es bei der Schutzunfähigkeit, und der Anreger wird auch nicht Miturheber[155].

Werke, die im Rahmen eines Arbeitsverhältnisses geschaffen werden, stehen grundsätzlich zunächst dem Arbeitnehmer zu. Anders als im Bereich des Patent-

---

148 BGH GRUR 1992, 382, 385 – Leitsätze –.
149 so bereits Priester, S. 26.
150 RGZ 82, 336; Fromm/Nordemann-Nordemann, § 8 Rn. 1.
151 BT-Drs. 4/720 S. 41.
152 BGHZ 123, 208, 212 – Buchhaltungsprogramm –; Hubmann/Rehbinder, § 19 I, 2.
153 BGH GRUR 1959, 335, 336 – Wenn wir alle Engel wären –.
154 Fromm/Nordemann-Nordemann, § 8 Rn. 4.
155 Fromm/Nordemann-Nordemann, § 8 Rn. 6.

und Geschmacksmusterrechts kann der Arbeitgeber auch nicht die vollständige Überlassung des Urheberrechts verlangen. Er ist vielmehr auf die Übertragung des Nutzungsrechts durch den Arbeitnehmer angewiesen. Wo es in diesem Zusammenhang an einer ausdrücklichen arbeitsvertraglichen Regelung fehlt, kann von einer stillschweigenden Übertragung des Nutzungsrechts ausgegangen werden, soweit das Werk in Ausübung des Dienstverhältnisses erstellt wurde. Die schuldrechtliche Verpflichtung zur Übertragung des Nutzungsrechts wird durch eine Einigung über den Vollzug des Übergangs erfüllt[156].

d) Bewertung der Schutzmöglichkeiten

Im Rahmen einer Bewertung der Schutzmöglichkeiten stellt sich in erster Linie die Frage, ob Druckerzeugnisse im Zusammenhang mit innovativen Dienstleistungen / Versicherungsmodellen den für den Urheberrechtsschutz erforderlichen Grad an Individualität aufweisen. Dieses wurde seitens *Priesters* sowohl für die innere als auch für die äußere Form der produktbezogenen Druckerzeugnisse, insbesondere der AVB, verneint[157]. Im Rahmen der Deregulierung und Internationalisierung des Versicherungsmarktes müssen hinsichtlich dieses Ergebnisses Zweifel bestehen.

Aufgrund der nunmehr vorhandenen vielfältigen Gestaltungsmöglichkeiten von Umfang, Zusammenstellung, Gliederung, Form und Sprachwahl der Verträge, Broschüren oder Geschäftsbedingungen wird im Regelfall noch ausreichend Raum für eine schöpferische Tätigkeit im Sinne des Urheberrechts verbleiben.

In diesem Zusammenhang darf auch nicht übersehen werden, dass der Wegfall des Genehmigungsvorbehaltes durch das BAV nicht nur zur Schaffung neuer Produkte seitens der Versicherungswirtschaft genutzt wurde. Zum Teil haben sich die Versicherer auch bemüht, durch sprachliche Neugestaltungen der AVB für den Verbraucher das Produkt verständlicher zu gestalten, als dieses zu Zeiten des Genehmigungsvorbehaltes der Fall war. Hierbei handelt es sich zwar nicht um Innovationen, es zeigt sich jedoch, dass mit Wegfall des Genehmigungsvorbehaltes eine differenzierte Ausgestaltung der AVB und damit auch der Ausdruck von Individualität möglich ist.

Als Pionier und Schöpfer eines neuen Marktsegments ist es möglich, Standards festzulegen und zu gestalten und auf diese Weise Individualität auszudrücken[158]. Es darf jedoch nicht Neuheit mit Individualität gleichgesetzt werden. Neuheit kann Individualität nicht ersetzen. Es kann jedoch davon ausgegangen werden, dass in einem Umfeld, das durch die Versicherungswirtschaft neu betreten wird, Individualität nicht nur leichter auszudrücken ist, sondern auch stärker zu Tage

---

156 Es gilt auch hier das Abstraktionsprinzip, nach dem zwischen schuldrechtlicher und dinglicher Einigung zu unterscheiden ist. Larenz/Wolf, BGB-AT, § 23 Rn. 32, 36; Rehbinder, § 46 II; Kindermann, GRUR 1985, 1008, 1010 m.w.N.

157 Priester, S. 40f., 45.

158 von der Oelsnitz, Harvard Business Manager, 24, 26.

tritt. Bereits die Begründung zum UrhG hat ausgeführt, dass als persönlich geistige Schöpfung Erzeugnisse anzusehen sind, die durch ihren Inhalt oder durch ihre Form oder durch die Verbindung von Inhalt und Form etwas Neues und Eigentümliches darstellen[159]. Hiervon ist insbesondere bei neuartigen Produkten auszugehen, so dass ein urheberrechtlicher Schutz auch hinsichtlich innovativer Dienstleistungen gegeben ist[160].

Die Individualität bestimmt jedoch nicht nur die Möglichkeit eines Schutzes, sondern auch den Schutzumfang. Eine Urheberrechtsverletzung liegt nicht nur dann vor, wenn ein Werk unverändert übernommen wird, sondern auch, wenn es in veränderter oder bearbeiteter Form reproduziert wird. Entscheidend ist jeweils, ob die individuellen Merkmale in der Kopie wiederkehren. Für den Fall, dass neue schöpferische Elemente hinzugefügt wurden, dürfen die persönlichen Züge des Schöpfers des Ausgangswerkes nicht völlig in den Hintergrund gedrängt werden[161].

3. Schutz von Versicherungs- und Dienstleistungsmodellen

Die Frage nach dem Schutz eines Dienstleistungsmodells stellt die inhaltliche Komponente einer neuen Versicherung in den Vordergrund. Voranzustellen ist hierbei, dass mittlerweile Einigkeit besteht, dass grundsätzlich sowohl Form als auch Inhalt geschützt sind[162], soweit das Kriterium der persönlich geistigen Schöpfung erfüllt ist[163].

Ein inhaltlicher Schutz kann jedoch nur unter Einschränkungen gewährt werden. Im Rahmen des Urheberrechts darf der Werkinhalt keinen Schutz *per se* erlangen; dieser muss den Werkteilen vorbehalten bleiben, in denen sich die individuellen Züge des Schöpfers verkörpern. In der Bestimmung des schutzbegründenden geistigen Gehaltes liegt die Hauptschwierigkeit bei der urheberrechtlichen Beurteilung von Dienstleistungsmodellen. Geistiges Gemeingut trägt zum einen kei-

---

159 BT-Drs. IV/270 S. 38; Siehe hierzu im einzelnen nachfolgend zum inhaltlichen Schutz der Dienstleistungsmodelle.

160 v. Gamm/v. Gamm, GRUR 1969, 593, 594.

161 BGH GRUR 81, 532, 533 – Staatsexamenarbeit –.

162 Die Begründung zum UrhG führt aus, dass als persönlich geistige Schöpfung Erzeugnisse anzusehen sind, die durch ihren Inhalt oder durch ihre Form oder durch die Verbindung von Inhalt und Form etwas Neues und Eigentümliches dastellen, BT-Drs. IV/270 S. 38; BGH GRUR 1962, 51, 52 – Zahlenlotto –; Fromm-Nordemann-Vinck, 9. A., § 2 Rn. 24, unter Hinweis auf die Gesetzesbegründung; Zur historischen Entwicklung von einem reinem Schutz der Form hin zu einem inhaltlichen Schutz siehe Priester, S. 34/35.

163 Schricker-Löwenheim, § 2 Rn. 29; Ulmer, § 19 III; Die Lehre von der so genannten „inneren Form“ hat nicht zu einer Problemlösung beigetragen und muss aus heutiger Sicht als überholt angesehen werden siehe Kohler, Urheberrecht an Schriftwerken, S. 128f. Auf der Basis dieses Ansatzes, der verspätet auch in England Beachtung gefunden hat, beispielsweise Brown, The Idea/Expression Dichotomy and the People Play, [1995], 5 EIPR 259; Grosheide, When ideas take the stage, [1994] 6 EIPR 219, wurden die äußere Form, innere Form und der Inhalt voneinander unterschieden.

ne individuellen Züge und darf zum anderen nicht zugunsten einzelner monopolisiert werden[164]. Hieraus folgt, dass die Idee in der Form des bloßen Gedankens urheberrechtlich schutzlos bleiben muss. Erst wenn sich die Idee zu einer geistigen Schöpfung mit individuellen Zügen unter der entsprechenden Formgebung konkretisiert hat, kann der Schutz einsetzen. Entscheidendes Kriterium ist auch hier die schöpferische Individualität. Die Idee und darauf aufbauend der Inhalt müssen so ausgeformt sein, dass sie sich von ihrer eigenen Abstraktheit entfernt hat und die Handschrift des Schöpfers trägt[165]. Ideen für Versicherungen oder Dienstleistungen zeichnen sich in den meisten Fällen jedoch durch ihre bestechende Einfachheit aus. Der Schwerpunkt liegt zumeist in der Bedarfsermittlung, nicht in der Umsetzung. Diese Simplizität verhindert, dass die Idee individuelle Züge trägt. Diese kann erst bei einer auf der Idee beruhenden Gestaltung vorliegen. Aus diesem Zusammenhang kann vermutet werden, dass schöpferische Individualität eher bei komplexen Problemlösungen als im Bereich einfachstrukturierter Dienstleistungen zu finden sein wird.

Individualität kann nur dort vorliegen, wo auch die Möglichkeit besteht, diese zu entfalten. Wo es „nur eine" Möglichkeit des Ausdruckes gibt, kann keine Individualität bei der Erstellung des Werkes vorgelegen haben. Eine persönliche Schöpfung setzt einen Gestaltungsspielraum voraus. Auf der anderen Seite darf aus dem Vorliegen einer Variationsbreite nicht sofort auf das Vorliegen einer Schöpfung geschlossen werden. Erst wenn die Nutzung des Gestaltungsspielraumes das im Rahmen der „kleinen Münze" erforderliche Minimum an Gestaltungshöhe erreicht, liegt eine Schöpfung vor.

In Bezug auf Dienstleistungsmodelle ist festzustellen, dass diese bei der Gestaltung eine ausreichende Variationsbreite offen lassen, die genutzt werden kann. Auch an der Tatsache, dass sich die Idee einer neuartigen Dienstleistung im Dienstleistungsmodell hinreichend verdichtet hat, dürften keine ernsthaften Zweifel bestehen.

Das Erfordernis der Formgebung darf in diesem Zusammenhang nicht als körperliche Festlegung verstanden werden. Es ist ausreichend, dass das Werk der menschlichen Wahrnehmung zugänglich ist[166]. Bereits oben ist der Entwicklungsprozess einer neuartigen Versicherung oder Dienstleistung beschrieben worden. Hierbei ist zu beobachten, dass es zu einer fortschreitenden Konkretisierung der ursprünglichen Idee kommt. Es ist daher auch davon auszugehen, dass Dienstleistungsmodelle in Konzeptbeschreibungen regelmäßig hinreichende Formgebung erfahren.

---

164 BGH GRUR 1956, 45, 47 – Stadtplan –; BGH GRUR 1981, 352, 353 – Staatsexamenarbeit –; BGH GRUR 1981, 520, 522 – Fragensammlung –; BGH GRUR 1987, 704, 706 – Warenzeichenlexika –; Hubmann, UFITA (24) 1, 7.

165 Schricker, GRUR 1996, 815, 826.

166 Ulmer, § 21 I.

Der Bereich der schutzfähigen Werkinhalte muss jedoch zugunsten einer freien geistigen Auseinandersetzung weiter eingeschränkt werden. Dieses ist besonders auffällig im Bereich wissenschaftlicher und technischer Werke. Würde für technische Werke ein vollständiger inhaltlicher Schutz bestehen, würden die technischen Schutzrechte obsolet werden. Die durch den Gesetzgeber geforderten Voraussetzungen für die Erteilung und die zeitliche Begrenzung von Patenten und Gebrauchsmustern würden leer laufen. Aber auch die Tatsache, dass für den hier fraglichen nicht technischen Bereich keine Sonderschutzrechte bestehen, darf nicht automatisch zu dem Umkehrschluss führen, dass in diesem Bereich eine extensive Anwendung des Urheberrechts angebracht sei.

Besonders bei Werkschöpfungen, zu denen auch die Sprachwerke gehören, ist daher anerkannt, dass in den Werken enthaltene Anweisungen an den menschlichen Geist wie Lehren, Systeme, Methoden und Theorien nicht schutzfähig sind[167]. Dogmatisch lassen sich hierfür zwei Begründungen liefern. Zum einen wird häufig bereits ein Mangel an Individualität vorliegen, da die wissenschaftlichen oder geschäftlichen Erkenntnisse keinen Spielraum für die Entfaltung persönlicher Züge zulassen. Weiter lässt sich der Gedanke des freien geistigen Gemeingutes ins Feld führen[168].

Nur die konkrete Beschreibung dieser Anweisung kann daher urheberrechtlich geschützt werden, nicht die dahinterstehende unternehmerische Leistung[169]. Da aber gerade der Inhalt der AVB als direkte, fast technisch zu verstehende Anweisung an den menschlichen Geist anzusehen ist, kann ein innovatives Versicherungsmodell nicht zugunsten eines Anbieters durch einen urheberrechtlichen Schutz monopolisiert werden. Wie oben dargestellt, sind Schutzgegenstand und Schutzgrenze identisch, so dass Werke, die aus urheberrechtlicher Sicht schützenswerte Elemente enthalten, auch nur hinsichtlich dieser Elemente geschützt sind, während sich ein weitergehender Schutz verbietet[170].

4. Vergleich mit traditionellen Dienstleistungssparten / Ergebnis

Die Anzahl und Komplexität der Dienstleistungen hat in den letzten Jahren stark zugenommen, und es ist davon auszugehen, dass sich dieser Trend in Zukunft weiter verstärken wird. Dieser Umstand darf jedoch nicht darüber hinwegtäu-

---

167 BGH GRUR 1956, 45, 47 – Stadtplan –; BGH GRUR 1981, 352, 353 – Staatsexamenarbeit –; BGH GRUR 1981, 520, 522 – Fragensammlung –; BGH GRUR 1987, 704, 706 – Warenzeichenlexika –; Hubmann/Rehbinder, § 6 I, a; Ulmer, § 21 III.

168 Bischoff, Referat auf der Jahrestagung des Deutschen Vereins für Versicherungswissenschaft 1963, bei Schmidt, ZVersWiss 1964, 319, 322; Hubmann/Rehbinder, § 6 I, a; Ulmer, § 21 III.

169 RGZ 143, 412 – Buchhaltungssystem –; BGH GRUR 1962, 51 – Zahlenlotto –; Fromm/Nordemann-Vinck, 9. A., § 2 Rn. 22, 23.

170 Im Ergebnis so schon Priester, S. 37.

schen, dass auch in der Vergangenheit versucht wurde, urheberrechtlichen Schutz für Dienstleistungen oder Dienstleistungsprodukte zu erlangen. Allen Dienstleistungen ist gleich, dass es sich in erster Linie um Verhaltensanweisungen an den menschlichen Geist handelt. In dieser Grundeigenschaft unterscheidet sich das Versicherungs- / Dienstleistungsmodell in keiner Weise von einem Werbekonzept[171], einem Bauplan, einem anwaltlichen Schriftsatz oder einem Computerprogramm. Texter, Architekten, Anwälte und Programmierer sind in gleicher Weise betroffen. Wie es diesen Dienstleistungen nur stark eingeschränkt gelungen ist, für inhaltliche Elemente Schutz zu erlangen, steht auch für innovative Versicherungsprodukte nur ein beschränkter Schutz zur Verfügung.

Es ist daher festzuhalten, dass das Urheberrecht keinen adäquaten Schutz für innovative Dienstleistungsmodelle bietet. Ein Schutz greift nur hinsichtlich fertiger Erzeugnisse, nicht jedoch hinsichtlich der hinter dem Produkt stehenden innovativen Konzepte. Am besten lässt sich die Situation mit einer Metapher beschreiben, dass es nicht der Kern des dienstleistungsorientierten Werkes ist, sondern das Gewebe, das diesen Kern umlagert, welches wir urheberrechtlich schützen[172]. Durch den Wegfall des Genehmigungsvorbehalts seitens des BAV ist auch die theoretische Möglichkeit einer Monopolisierung für den Fall, dass die Versicherungsaufsicht zum Zweck der Markttransparenz nur mit dem Erstanbieter übereinstimmende AVB genehmigen würde, weggefallen[173]. Die Liberalisierung hat nicht nur einen erhöhten Wettbewerb, zahlreiche neue Produkte, sondern auch einen sehr weiten Spielraum für die Gestaltung von AVB mit sich gebracht. Gerade dem Pionier in einem neuen Marktsegment ist es möglich, die Standards festzulegen und zu gestalten. Es ist daher festzuhalten, dass AVB bei Nutzung dieser Gestaltungsspielräume in ihrer fixierten Form urheberrechtlichen Schutz besitzen können, der entgegen *Priester*[174] aufgrund der Individualität auch berechtigt ist und von innovativen Dienstleistern auch genutzt werden sollte, um sich zeitlich einen, wenn auch nicht allzu großen Wettbewerbsvorsprung zu sichern. Bei umfangreichen Einführungskampagnen können unter Umständen bereits einzelne Tage über Erfolg oder Misserfolg der Investition und des Produktmarketings entscheiden, so dass auch dieses niedrige Schutzniveau in Betracht gezogen werden muss.

---

[171] BGHZ 18, 175 – Schutz einer Werbeidee –.

[172] Angelehnt an Ghiron, Grundsätzliche Betrachtungen über die Urheberrechte, UFITA Bd. 5, (1932), S. 34.

[173] Priester, S. 41.

[174] Priester, S. 44/45.

II. Markenrechte

1. Einleitung

Das Markenrecht schützt Marken, Unternehmensbezeichnungen als geschäftliche Bezeichnungen und Werktitel. Unabhängig von den technischen Schutzrechten und dem Urheberrecht kann daher für eine innovative Dienstleitung Schutz durch das Markenrecht erlangt werden. Das Markenrecht dient der Unterscheidung von Waren und Dienstleistungen und knüpft gerade nicht an die Schutzwürdigkeit der Leistung an. Voraussetzung für einen markenrechtlichen Schutz ist nicht Neuheit oder eine persönlich geistige Schöpfung, sondern dass das Zeichen, sei es ein Wort- oder Bildzeichen, geeignet ist, kennzeichnend für das Unternehmen und/oder die Dienstleistungen zu wirken. Das Markenrecht gewährt keinen Schutz für das Produkt oder die Dienstleistung selbst, sondern nur für die Marke, unter der die Dienstleistung vertrieben wird. Geschützt wird die Hinweis- und Unterscheidungsfunktion der Marke. Durch das Markenrecht wird jedoch niemand gehindert, sich eine fremde Leistung anzueignen oder eine Dienstleistung zu kopieren.

Aber obwohl das Markenrecht keinen originären Schutz für innovative Versicherungsprodukte oder Dienstleistungsmodelle bieten kann, sollten auch diese Schutzfunktionen nicht unterschätzt werden. Das Markenrecht bietet eine Reihe von Vorteilen, die nicht ungenutzt bleiben sollten[175].

Durch Eintragung kann ein nützlicher und leicht durchsetzbarer Schutz erlangt werden, der es durch den Schutz des „Goodwills" dem Inhaber erleichtert, die Früchte seiner bisherigen Arbeit zu ernten. Durch die Neuregelungen im Markenrechtsreformgesetz[176] sind die Schutzmöglichkeiten weiter vereinfacht worden. In diesem Zusammenhang ist zu beachten, dass Versicherungsprodukte in einem stark umkämpften wirtschaftlichen Segment vermarktet werden müssen. In diesem Rahmen bietet das Markenrecht Schutz für die Vermarktungsinstrumente. Schließlich lässt sich die Effizienz eines markenrechtlichen Schutzes auch an der hohen Anzahl der Markeneintragungen für Dienstleistungen ablesen.

Durch intensive Bewerbung der Dienstleistung kann es in der Vorstellung des Konsumenten zu einer engen Verbindung und Verknüpfung zwischen der Dienstleistungsmarke und dem Produkt kommen. Hierdurch ergeben sich entsprechend

---

175 Bereits Priester, S. 54 betonte, dass ein warenzeichenrechtlicher Schutz für Dienstleistungsbetriebe und Versicherungsgesellschaften wünschenswert wäre. Dieser war jedoch bis zur Reform 1979, demjenigen vorbehalten, der Waren in Verkehr bringt; siehe zur Rechtsprechung vor der Novelle 1979, BGHZ 42, 44 – Scholl –. Den Wert der Marke aus ökonomischer Sicht hervorhebend, von der Oelsnitz, Als Marktpionier zum dauerhaften Erfolg, Havard Business Manager 1998, 24, 26

176 Das MarkenG trat am 01.01.1995 in Kraft und basiert auf der ersten Richtlinie der Europäischen Union vom 21.12.1988 zur Angleichung der Markenrechte der Mitgliedsstaaten.

weitergehende Vermarktungsvorteile gegenüber Konkurrenten, die gleichartige Produkte anbieten. Diese Verknüpfung kann schließlich so stark werden, dass im Sprachgebrauch für ein bestimmtes Produkt nur noch die Markenbezeichnung benutzt wird. Beispiele hierfür sind „Tempo“, „Coca Cola“, „Filofax“ oder „Barbour-Jacken“[177]. Auch Versicherungsunternehmen setzen seit langer Zeit auf derartige Wiedererkennungseffekte[178].

In diesem Zusammenhang ist weiterhin die Frage zu stellen, ob die Bezeichnung, der Titel eines neuen Dienstleistungsmodells als solches geschützt werden kann, wie dieses insbesondere von *Nordemann* hervorgehoben worden ist[179]. Ein Titel oder Bezeichnungsschutz kann aus zwei Richtungen erlangt werden, zum einen durch die Eintragung einer Dienstleistungsmarke (§ 3 Abs. 1 MarkenG) oder als geschützte geschäftliche Bezeichnung (§ 5 Abs. 3 MarkenG).

Es sind daher zunächst die Voraussetzungen und der Umfang eines zeichenrechtlichen Schutzes für Dienstleistungen zu erläutern. Für das im Rahmen dieser Arbeit ausgewählte Beispiel[180] ist nachfolgend konkret zu untersuchen, unter welchen Bedingungen ein Titel, wie z.B. „Produktschutzversicherung (PV)“, eintragungsfähig oder als geschäftliche Bezeichnung markenrechtlich schutzfähig ist.

2. Voraussetzungen für einen markenrechtlichen Schutz

Als Marke können alle Zeichen, insbesondere Wörter, Abbildungen, Buchstaben, Zahlen, Hörzeichen, dreidimensionale Gestaltungen, einschließlich Formen der Ware oder Verpackungen, und sonstige Aufmachungen, einschließlich Farben und Farbzusammenstellungen, geschützt werden (§ 3 MarkenG). In jedem Fall muss das Zeichen graphisch darstellbar sein (§ 8 Abs. 1 MarkenG).

Voraussetzung für die Eintragung als Marke sind aus Sicht der Praxis in erster Linie das Bestehen von Unterscheidungskraft des Zeichens (§ 8 Abs. 2 Nr.1 MarkenG) und das Fehlen eines Freihaltebedürfnisses (§ 8 Abs. 2 Nr. 2 bis Nr. 9 MarkenG). Bei diesen Voraussetzungen handelt es sich um so genannte absolute Eintragungshindernisse.

Das Markengesetz geht grundsätzlich von einer rechtlichen Gleichbehandlung von Waren- und Dienstleistungsmarken aus (§ 3 MarkenG). Die Unterscheidung zwischen Ware und Dienstleistung ist lediglich bei der Anmeldung hinsichtlich der Klasse, in der die Marke eingetragen werden soll (§ 32 Abs. 2 Nr. 3 MarkenG), des Schutzumfanges (§ 14 MarkenG), der Erschöpfung des Markenrechts (§ 24 MarkenG) und der rechtserhaltenden Benutzung der Marke (§ 26 Abs. 1 MarkenG) erheblich. Die Beschränkungen hinsichtlich Funktiona-

---

177 Nordemann, ZVersWiss, 1995, 129, 136.
178 Vgl. Hamburg-Mannheimer Versicherungsgruppe: „Herr Kaiser“.
179 Nordemann, ZVersWiss, 1995, 129, 137.
180 siehe dort.

lität, technischer Wirkung oder Wert (§ 3 Abs. 2 Nr. 1 bis 3 MarkenG), finden auf Dienstleistungen aufgrund ihrer Körperlosigkeit keine Anwendung. Jedoch findet sich die Begründung für diese Abweichungen jeweils in der Unkörperlichkeit der Dienstleistungen[181].

a) Markenrechtliche Abgrenzung

Aufgrund dieser unterschiedlichen Schutzanforderungen ist zunächst eine markenrechtliche Bestimmung des Dienstleistungsbegriffes erforderlich. Es ist jedoch auch im Bereich des Markenrechts bislang keine überzeugende positive Definition gefunden worden. Sie erfolgt vielmehr im Rahmen einer negativen Abgrenzung zur Warenwirtschaft.

Als Dienstleistung ist in diesem Zusammenhang jede wirtschaftliche Tätigkeit zu verstehen, wobei unkörperliche Leistungen gegen Entgelt am Markt angeboten werden, ohne Herstellung/Vertrieb oder Handel von Waren zu sein. Hierbei können reine Dienstleister wie Banken, Versicherungen, Werbeagenturen, Hotels, Filmhäuser, Rechtsanwälte und Steuerberater von Dienstleistern mit Warenbezug unterschieden werden. Warenbezogene Dienstleistungen erbringen das ver- und bearbeitende Gewerbe, aber auch Entsorger, Reparaturbetriebe, Reinigungsunternehmen, Lagerhalter und Spediteure. Soweit die Abgrenzung im Einzelfall fraglich erscheint, kann auf die Verkehrsauffassung der Marktgegenseite abgestellt werden. Es ist hierbei zu fragen, ob sich aus der Sicht des Verbrauchers eine Leistung als verkörpertes / materielles Wirtschaftsgut oder als nicht verkörperte / immaterielle Leistung darstellt[182].

In keinem anderen Licht sind auch Hilfsprodukte und ergänzende Serviceleistungen zu sehen. Soweit Dienstleistungen lediglich als Nebenleistungen zum Warenabsatz zu qualifizieren sind, liegt markenrechtlich keine eigenständige Dienstleistung vor[183]. Hingegen können Mischunternehmen, deren wirtschaftliche Aktivitäten sowohl auf die Warenwirtschaft als auch auf die Erbringung von Dienstleistungen gerichtet sind, gleichermaßen Waren und Dienstleistungsmarken erwerben. Hierbei sind zwei Einschränkungen zu beachten. Zunächst kann dieselbe wirtschaftliche Tätigkeit nicht gleichzeitig als Waren- und Dienstleistungsmarke eingetragen werden. Weiterhin muss jede dieser wirtschaftlichen Aktivitäten ökonomische Eigenständigkeit aufweisen[184].

---

181 Fezer, MarkenR, § 3 Rn. 119.
182 Fezer, MarkenR, § 3 Rn. 123-129.
183 BPatG GRUR 1985, 50 – Lodenfrey –.
184 Fezer, MarkenR, § 3 Rn. 134; Schreiner S. 129; Ströbele, GRUR 1981, 775.

b) *Absolute Schutzhindernisse*

aa) *Unterscheidungskraft*

Das graphisch darstellbare, neugestaltete Zeichen muss nach § 3 Abs. 1 MarkenG Unterscheidungskraft besitzen, d.h. dass das Zeichen geeignet sein muss, Waren und Dienstleistungen eines Unternehmens von denjenigen eines anderen Unternehmens zu unterscheiden. Hierbei handelt es sich um ein absolutes Schutzhindernis (§§ 3 Abs. 1, 8 Abs. 2 Ziffer 1 MarkenG).

In diesem Zusammenhang ist zwischen Markenfähigkeit bzw. abstrakter Unterscheidungskraft gemäß § 3 Abs. 1 MarkenG und der konkreten Unterscheidungskraft (§ 8 Abs. 2 Ziffer 1) zu unterscheiden[185]. Bereits aus § 3 Abs. 1 MarkenG folgt, dass ein Zeichen geeignet sein muss, Waren und Dienstleistungen eines Unternehmens von denjenigen anderer Unternehmen zu unterscheiden. Die abstrakte Markenfähigkeit ist in der Prüfung der konkreten Unterscheidungskraft enthalten und erlangt regelmäßig nur im Hinblick auf § 8 Abs. 3 MarkenG eigenständige Bedeutung. Von einer Verkehrsdurchsetzung kann jedoch gerade am Anfang der Vermarktung von innovativen Dienstleistungen nicht ausgegangen werden, so dass sich diese Arbeit auf die Darstellung der konkreten Unterscheidungsfähigkeit beschränken kann.

bb) *Konkrete Unterscheidungsfähigkeit (§ 8 Abs. 2 Nr. 1 MarkenG)*

Das Eintragungshindernis gemäß § 8 Abs. 2 Nr. 1 MarkenG besteht, wenn dem Zeichen „jegliche" Unterscheidungskraft fehlt[186]. Die Marke muss die Dienstleistung nach ihrer Herkunft, nicht nach ihrer Beschaffenheit oder Bestimmung unterscheidbar machen[187]. Nach dem Willen des Gesetzgebers genügt, wie auch im Wortlaut zum Ausdruck kommt, jede, auch noch so geringe, Unterscheidungskraft, um dieses Hindernis zu überwinden[188]. Die Novellierung des Markenrechts hat somit keine substanzielle Änderung der restriktiven Handhabung des § 8 Abs. 2 Nr. 1 MarkenG gebracht[189].

---

185 Fezer, MarkenR, § 8 Rn. 22; Seitens der Rechtsprechung wird diese Unterscheidung nur teilweise vorgenommen, wobei jedoch im Ergebnis keine Unterschiede auftreten, BGH GRUR 1995, 408, 409 – Protech –. Ein Beispiel für eine ausdrückliche Trennung von abstrakter und konkreter Unterscheidungskraft findet sich in BPatG GRUR 1998, 572, 573 – Zahl 9000 – und den Richtlinien für die Prüfung von Markenanmeldungen des DPA vom 27.10.1995, Blatt für Patent-, Muster- und Zeichenwesen 1995, S. 378 ff. unter III, 4, c.

186 Ingerl/Rohnke, NJW 1994, 1247; Berlit, Rn. 59, 63.

187 BPatG GRUR 1996, 883 – Blue Line –.

188 Begründung zum Markenrechtsreformgesetz, BT-Drs. 12/6581, S. 70; so bereits die frühere Rechtsprechung BGH GRUR 1991, 136, 137 – NeWMaN –.

189 BGH GRUR 1995, 408, 409 – Protech –; BGH GRUR 1995, 410 – TURBO –; Zur Rspr. unter dem WZG, siehe BGH GRUR 1985, 383 – BMW-Niere –.

Das Vorliegen der konkreten Unterscheidungskraft ist nach dem jeweiligen Produktbereich des angemeldeten Zeichens zu beurteilen. Unterscheidungsfähigkeit liegt regelmäßig dann nicht vor, wenn einer Marke für die in Frage stehende Dienstleistung ein im Vordergrund stehender, beschreibender Begriffsinhalt zugeordnet werden kann und es sich auch sonst um ein gebräuchliches Wort der deutschen oder einer anderen bekannten Sprache handelt, das vom inländischen Verkehr beschreibend verstanden wird[190]. In der Entscheidung „Klassentreffen"[191] hat der BGH beispielsweise ausgeführt, dass eine klar verständliche Inhaltsbeschreibung ohne phantasievolle Originalität in aller Regel nicht unterscheidungsfähig sei, weil der Verkehr das Zeichen überwiegend in seiner beschreibenden Natur als Inhaltsangabe und nicht als betriebliche Herkunftskennzeichnung auffassen würde. Durch die Beschreibung werden bei den maßgeblichen Verkehrskreisen lediglich Vorstellungen hinsichtlich des Werkes, nicht jedoch hinsichtlich des Anbieters erweckt. Auch eine Angleichung des Markenschutzes an den Werktitelschutz (§ 5 Abs. 3 MarkenG) sei nicht angezeigt, da dieser Schutz erst mit Verkehrsgeltung eintritt.

Bei der Beurteilung der Unterscheidungskraft sind insbesondere auch die Verkehrsgepflogenheiten innerhalb der jeweils betroffenen Branche und der dort üblichen Verwendungsweise von Marken bzw. beschreibenden Hinweisen zu berücksichtigen[192]. Ist im Einzelfall problematisch, ob in erster Linie ein beschreibender Begriffsinhalt vorliegt, kann diese Abgrenzung anhand der Kriterien der Sachbezogenheit der Marke und der Mehrdeutigkeit des Aussageinhalts vorgenommen werden. An Unterscheidungskraft fehlt es regelmäßig, wenn die Aussage der Marke unmittelbar sachbezogen ist und keine Mehrdeutigkeit aufweist, die über den konkreten Aussageinhalt hinausgeht. Hinsichtlich der Mehrdeutigkeit ist erforderlich, dass hierdurch ein konkreter Aussagegehalt gerade nicht mehr festgestellt werden kann. Diese Verwässerung der konkreten Aussage kann durch einen phantasievollen Gesamteindruck erreicht werden[193].

Bei einer aus mehreren Wortbestandteilen zusammengesetzten Marke, wie dieses beispielsweise beim Begriff „Produkt-Schutz-Versicherungen" der Fall wäre, kann aus der Tatsache, dass die Bestandteile für sich isoliert betrachtet einen beschreibenden Inhalt haben, nicht geschlossen werden, dass besagte Marke keine Unterscheidungskraft besitzt. Die angesprochenen Verkehrskreise differenzieren regelmäßig nicht zwischen den einzelnen Bestandteilen einer Marke, sondern betrachten die Marke als Einheit, so dass sich auch aus markenrechtlicher Sicht

---

190 BGH GRUR 1995, 408, 409 – Protech –; Berlit, Rn. 59a.

191 BGH GRUR 1998, 145, 146 – Klassentreffen –.

192 BPatG GRUR 1996, 883 – Blue Line –.

193 BPatG GRUR 1997, 644, 645 – Partner with the Best –; BPatG GRUR 1998, 577, 578 – Schmerz ASS –.

eine Differenzierung verbietet. Hinsichtlich der Unterscheidungsfähigkeit bleibt es daher bei vorgenanntem Test[194].

Neben Wortkombinationen kann auch ein Schutzbedürfnis hinsichtlich orthographischer Abwandlungen bestehen. Für orthographische Abwandlungen gilt, dass diese stark genug sein müssen, um im Verkehr bemerkt zu werden. Bei bekannten Wörtern kann dieses bereits durch geringfügige Änderungen erfolgen[195]. Bei klanglicher Ähnlichkeit kann auch die schriftbildliche Abweichung ausreichend sein[196]. Weiterhin wird bei der Eintragung orthographischer Veränderungen ein anmeldefreundlicher Maßstab angelegt. In den für die Prüfer beim Patentamt erlassenen Richtlinien heißt es dazu, dass eine Marke nicht eingetragen werden solle, wenn die angesprochenen Verkehrskreise die Abwandlung als wesensgleich mit der beschreibenden Angabe auffassen, „beispielsweise weil die Abweichung von Orthographie oder normaler Schreibweise im Rahmen eines werbe- und gebrauchsgraphisch üblichen Stils liegt“[197].

Auch fremdsprachige Wörter fallen unter das Eintragungsverbot, wenn ihr Sinngehalt keine betriebliche Unterscheidungskraft besitzt und dieser für den inländischen Verkehr erkennbar ist[198]. Maßgeblich ist bei jeder Form von Abwandlung der Gesamteindruck. Bei orthographischen oder fremdsprachigen Abwandlungen ist auch die graphische Gestaltung zu berücksichtigen. Entscheidende Bedeutung gewinnt in diesem Zusammenhang, dass der Verkehr dem Zeichen eine betriebliche Herkunftsunterscheidung beimisst. So hat der BGH dem Zeichen „NeWMaN“ aufgrund seiner originellen Gestaltung Unterscheidungskraft zugebilligt[199].

Wörtern des allgemeinen Sprachgebrauchs wird trotzdem häufig die konkrete Unterscheidungskraft fehlen, wenn ein inhaltlicher Bezug zu der konkreten Dienstleistung besteht. Auf der Basis dieser Grundsätze wird für den Werktitel „Produktschutzversicherung“ die Unterscheidungskraft zu verneinen sein. Der Sinngehalt im Zusammenhang mit der Ware ist bei dem genannten Beispiel der Produktschutzversicherung zu eindeutig, so dass lediglich eine Beschreibung der Dienstleistung vorliegt, von der die erforderliche Unterscheidungsfunktion nicht ausgehen kann. Aufgrund des geringen Grades an erforderlicher Unterscheidungskraft kann es gleichwohl zu Zweifelsfällen kommen.

Innovativen Dienstleistern ist trotzdem zu raten, als Markenbezeichnungen Zeichen jenseits des konkreten Werktitels zu suchen. Unterscheidungskraft besitzt

---

194 BGH GRUR 1995 408, 409 – Protech –.

195 BPatG Mitt, 1991, 83 – Natua –.

196 BPatG GRUR 1987, 236, 237 – Balfast –.

197 Richtlinien für die Prüfung von Markenanmeldungen des DPA vom 27.10.1995, Blatt für Patent-, Muster- und Zeichenwesen 1995, S. 378 ff. unter III, 4, h.

198 BPatG GRUR 1996, 978, 979 – CIAO –; BPatG GRUR 1995, 734 – While you Wait –.

199 BGH GRUR Int. 1991, 133, 134 – NeWMaN –.

beispielsweise die Marke „proFit", die in der Dienstleistungsklasse 36 für „Versicherungswesen" registriert wurde[200].

c) *Freihaltebedürfnisse und andere Eintragungshindernisse*

Darüber hinaus enthält § 8 Abs. 2 MarkenG noch weitere Ausschlussgründe. Ein Markenschutz ist u.a. nicht möglich für Zeichen, die über Beschaffenheit oder die graphische Herkunft täuschen (Ziffer 4) oder gegen die öffentliche Ordnung bzw. die guten Sitten verstoßen. Für die vorliegende Darstellung von besonderem Interesse sind jedoch insbesondere die Einschränkungen hinsichtlich beschreibender Marken und Gattungsbezeichnungen.

aa) *Beschreibende Marken (§ 8 Abs. 2 Nr. 2 MarkenG)*

Unterscheidungskräftige Marken sind weiterhin von der Eintragung in das Markenregister ausgeschlossen, wenn hinsichtlich der Benutzung der beschreibenden Marke ein Freihaltebedürfnis besteht[201]. Erforderlich ist ein aktuelles Freihaltebedürfnis, d.h., dass ein Freihaltebedürfnis der Mitbewerber unter Einbeziehung naheliegender und wahrscheinlicher Geschäfts- oder Wirtschaftsentwicklungen im konkreten Fall tatsächlich vorhanden ist[202]. Ein theoretisches oder hypothetisches Freihaltebedürfnis genügt nicht[203]. Die Begründung für das Freihaltebedürfnis besteht darin, den Waren- und Dienstleistungsverkehr vor Behinderungen zu schützen, die durch die Monopolisierung beschreibender Angaben durch einzelne Wettbewerber entstehen würden[204].

Eine beschreibende Marke ist in diesem Zusammenhang jedes Zeichen, das aus Sicht der maßgeblichen Verkehrskreise ausschließlich aus Angaben besteht, die als Bezeichnung von Art, Beschaffenheit, Menge, Bestimmung, Wert, geographischer Herkunft, Zeit der Erbringung der Dienstleistung oder zur Bezeichnung sonstiger Merkmale der Dienstleistung verstanden werden können (§ 8 Abs. 2 Nr. 2 MarkenG). Die Aufzählung der Merkmale, auf die sich die Beschreibung beziehen kann, hat hierbei lediglich beispielhaften Charakter. Beschreibenden Charakter haben daher alle Zeichen, die ausschließlich aus Angaben bestehen, die vom Verkehr als Bezeichnung von Eigenschaften oder sonsti-

---

200 Registernummer 39526453.

201 Einen von der Dogmatik des Markengesetzes abweichenden Weg geht das DPMA; Es wird zunächst geprüft, ob ein Bedeutungsgehalt im Sinne von § 8 Abs. 2 Nr. 2 und Nr. 3 MarkenG vorliegt, bevor die Unterscheidungskraft geprüft wird, Richtlinien für die Prüfung von Markenanmeldungen des DPA vom 27.10.1995, Blatt für Patent-, Muster- und Zeichenwesen 1995, S. 378 ff. unter III, 4, b.

202 BT-Drs 12/3581 S. 70; Fezer, MarkenR, § 8 Rn. 119; BGH GRUR 1994, 366, 368, 369 – RIGIDITE II –.

203 BGH GRUR 1997, 366, 367 – quattro II –.

204 Berlit, Rn. 66.

gen Merkmalen der Dienstleistung verstanden werden können[205]. Unerheblich ist in diesem Zusammenhang, ob die Beschreibung auf deutsch oder in einer dem inländischen Verkehr bekannten ausländischen Sprache erfolgt[206].

Auf dieser theoretischen Grundlage versagte der BGH z.B. dem Wortzeichen „Premiere" die Eintragungsfähigkeit. Der Begriff „Premiere" sei aufgrund seiner Bedeutung als Hinweis auf eine erstmalige Vorführung von Neuheiten in Bezug auf sämtliche Dienstleistungen von einem Markenschutz ausgeschlossen[207]. Hingegen war die Marke „Paradies" für Likör eintragungsfähig, da die Marke, trotz des anpreisenden Charakters, allein keine Aussage über das Produkt treffe und weiterhin keine Anhaltpunkte vorlagen, dass ein zukünftiges Freihaltebedürfnis besteht[208].

bb) Gattungsbezeichnungen (§ 8 Abs. 2 Nr. 3 MarkenG)

Nicht eintragungsfähig ist auch eine Markenanmeldung, die aus einem unterscheidungskräftigen Zeichen besteht, das im allgemeinen Sprachgebrauch oder durch ständige Verkehrsgepflogenheit zur Bezeichnung der Dienstleistung üblich geworden ist. Dieser absolute Eintragungshinderungsgrund erfasst, wie aus der amtlichen Begründung hervorgeht, nicht nur Gattungsbezeichnungen, sondern auch allgemein anpreisende Aussagen ohne konkreten Produktbezug[209]. § 8 Abs. 2 Nr. 3 MarkenG führt jedoch nicht zu einem Ausschluss jeglicher Gattungsbezeichnung vom Markenschutz. Auch in dieser Fallgruppe ist vielmehr entscheidend, dass gerade für die angemeldete Dienstleistungsgruppe ein aktuelles Freihaltebedürfnis besteht. Bezeichnungen, die für bestimmte Dienstleistungen als Gattungsbezeichnungen zu qualifizieren sind, können sich somit für andersartige Dienstleistungen durchaus als Marke eignen[210]. So schien es dem BGH geboten, Wörter wie „CIAO"[211] oder „BONUS"[212] dem allgemeinen Sprachgebrauch vorzubehalten und die Benutzung durch Dritte von möglichen Störungen durch Ausschließlichkeitsrechte freizuhalten.

d) Überwindung absoluter Schutzhindernisse

Bei Vorliegen absoluter Schutzhindernisse des § 8 Abs. 2 Nr. 1 bis 3 MarkenG kann gleichwohl ein eintragungsunfähiges Zeichen eingetragen werden, wenn es sich als Zeichen eines bestimmten Unternehmens im Verkehr durchgesetzt hat

205 Fezer, MarkenR, § 8 Rn. 129.
206 BGH GRUR 1994, 366, 368, 369 – RIGIDITE II –.
207 BGH GRUR 1996, 492, 493 – PREMIERE II –.
208 BPatG GRUR 1996, 499 – Paradies –.
209 BT-Drs. 12/6581 S. 70.
210 BT-Drs. 12/6581 S. 70.
211 BPatG GRUR 1996, 978 – CIAO –.
212 BPatG GRUR 1995, 737 – Bonus –.

(§ 8 Abs. 3 MarkenG). Die Verkehrsgeltung überwindet die Eintragungshindernisse und führt zu einem Schutz durch Bekanntheit im Verkehr, ähnlich der Entstehung des Markenschutzes durch Verkehrsgeltung gemäß § 4 Ziffer 2 MarkenG[213]. Aufgrund des bundesweiten Schutzes und der trotzdem weiterhin bestehenden absoluten Schutzhindernisse sind an die Verkehrsdurchsetzung höhere Anforderungen zu stellen als an die Verkehrsgeltung unter § 4 Ziffer 2 MarkenG[214]. Ein einheitlicher prozentualer Wert hinsichtlich der Verkehrsdurchsetzung kann nicht angegeben werden. Für die Eintragung verlangt das DPA jedoch einen Durchsetzungsgrad von mindestens 50%[215]. Von einem ähnlichen Wert geht auch die Rechtsprechung aus[216]. In Einzelfällen werden jedoch deutlich höhere Grade der Verkehrsdurchsetzung (bis 80%) verlangt[217]. Ein starkes Freihaltebedürfnis rechtfertigt in diesem Zusammenhang höhere Anforderungen als ein Mangel hinsichtlich der Unterscheidungskraft des Zeichens[218].

e) Entstehung des Markenschutzes

Der Markenschutz entsteht alternativ oder kumulativ durch Eintragung der Marke (§ 4 Nr. 1 MarkenG), Verkehrsgeltung (§ 4 Nr. 2 MarkenG) oder notorische Bekanntheit der Marke gemäß Art. 6bis des Pariser Verbandsübereinkommens (§ 4 Nr. 3 MarkenG).

aa) Eintragung / Verfahren

Ein Markenschutz entsteht durch Eintragung der Marke in das Markenregister des Bundespatentamtes[219], das beim Deutschen Patent- und Markenamt (DPMA) geführt wird. Das Verfahren der Markeneintragung ist durch die Verordnung zur Ausführung des Markengesetzes (MarkenVO) vom 30.11.1994[220] geregelt worden.

Das Eintragungsverfahren beginnt mit dem Antrag auf Eintragung des Zeichens als Marke, der sog. Anmeldung (§ 32 MarkenG). Mit der Anmeldung muss u.a. ein Verzeichnis der Dienstleistungen eingereicht werden, für die die Marke angemeldet wird. Für Dienstleistungen wurden die Klassen 35-42 gebildet. So umfasst beispielsweise Klasse 36 Dienstleistungen des Versicherungs-, Finanz- und Immobilienwesens und der Geldgeschäfte. Die Dienstleistungen, für die die

213 Vgl. unten.
214 Ingerl/Rohnke, MarkenR, § 8 Rn. 133, 137.
215 Richtlinien für die Prüfung von Markenanmeldungen des DPA vom 27.10.1995, Blatt für Patent-, Muster- und Zeichenwesen 1995, S. 378 ff. unter III, 9a).
216 BGH GRUR 1992, 428 – frei Öl –; BPatG GRUR 1996, 489, 490 – Hautaktiv –.
217 BPatG GRUR 1994, 627 – Erdinger –; BGH GRUR 1974, 337 – Stonsdorfer –.
218 BPatG GRUR 1994, 627 – Erdinger –.
219 Früher Zeichenrolle gemäß §§ 1, 15, 24 WZG; § 32 Abs. 1 MarkenG.
220 BlfPMZ 1994, 156 ff.

Marke eingetragen werden soll, sind in einer Form zu beschreiben, welche eine Einordnung in die vorgegebenen Klassen ermöglicht (§ 15 MarkenG). Mit Anmeldung ist weiterhin die Anmeldegebühr zu entrichten. Diese Gebühr deckt die Eintragung des Zeichens als Marke in 3 Klassen. Erst für Eintragungen in mehr als 3 Klassen entstehen weitere Gebühren, so dass jedem Dienstleister empfohlen werden kann, die Möglichkeit der Eintragung in mehreren Klassen auch auszunutzen.

Durch die Anmeldung entsteht ein Anspruch auf Eintragung in das Markenregister, soweit die Anmeldeerfordernisse erfüllt wurden und kein absolutes Eintragungshindernis besteht. Für den Erwerb des markenrechtlichen Schutzes ist nicht erforderlich, dass das Zeichen bereits im Verkehr benutzt wird oder ein Geschäftsbetrieb besteht. Im Gegensatz zum alten Recht unter dem Warenzeichengesetz ist es daher möglich, Marken auf Vorrat registrieren zu lassen und später an Dritte zu verkaufen oder zu lizenzieren.

Nach Eingang der Anmeldung prüft das DPMA, ob einer Eintragung der Marke in das Markenregister formelle Mängel (§ 32 MarkenG) oder absolute Eintragungshindernisse (§ 8 Abs. 2 Nr. 1-9 MarkenG) im Wege stehen. Ist dieses der Fall, wird die Anmeldung zurückgewiesen, andernfalls erfolgt die Eintragung im Markenregister. Es ist an dieser Stelle ausdrücklich darauf hinzuweisen, dass relative Eintragungshindernisse in Form von Rechten Dritter nicht geprüft werden[221].

Wurde eine Marke in das Markenregister eingetragen, kann jeder Inhaber einer Marke mit älterem Zeitrang innerhalb von 3 Monaten Widerspruch einlegen, um auf diesem Weg ein relatives Eintragungshindernis geltend zu machen. Besteht eine unerlaubte Kollision durch Identität der Zeichen oder durch Verwechslungsgefahr aufgrund von Ähnlichkeit der Zeichen, wird die Eintragung im Zeichenregister wieder gelöscht (§§ 42, 43 MarkenG).

Sofern eine Marke trotz entgegenstehender absoluter Schutzhindernisse ohne Vorliegen von Verkehrsdurchsetzung in das Markenregister eingetragen wurde, kann sie jederzeit auf Antrag wegen Nichtigkeit gelöscht werden (§ 50 MarkenG). Im Gegensatz hierzu muss derjenige, der ein relatives Schutzhindernis geltend machen kann, das Löschungsverfahren vor den ordentlichen Gerichten betreiben.

Der Schutz der Marke beginnt mit dem Tag der Anmeldung (§ 33 Abs. 1 MarkenG) und läuft für jeweils 10 Jahre, wobei die Schutzdauer durch Zahlung der Verlängerungsgebühr beliebig häufig verlängert werden kann.

bb) Verkehrsgeltung

Markenschutz entsteht nicht ausschließlich durch Eintragung in das Markenregister, sondern auch durch Benutzung eines Zeichens im geschäftlichen Verkehr, soweit das Zeichen innerhalb der Verkehrskreise als Marke für die Dienst-

221 Vgl. unten.

leistungen eines Anbieters Verkehrsgeltung erlangt hat (§ 4 Ziffer 2 MarkenG). Der Schutz einer Marke aufgrund von Verkehrsgeltung ist dem Schutz der eingetragenen Marke gleichwertig. Bei der Formulierung hat sich der Gesetzgeber von der Rechtslage bezüglich des Ausstattungsschutzes gemäß § 25 WZG leiten lassen, so dass hinsichtlich des Erfordernisses der Verkehrsgeltung auf die bisherige Rechtsprechung zurückgegriffen werden kann[222].

Für einen Markenschutz aufgrund von Benutzung ist es erforderlich, dass Markenfähigkeit und Verkehrsgeltung vorliegen. Markenfähigkeit liegt vor, sobald es sich um ein schutzfähiges Zeichen gemäß §§ 3 Abs. 1, 8 Abs. 1 MarkenG handelt, also ein graphisch darstellbares Zeichen vorliegt, das nicht jeglicher Unterscheidungskraft entbehrt[223]. Verkehrsgeltung besitzt eine benutzte Marke, wenn sie innerhalb der beteiligten Verkehrskreise als Kennzeichen eines anderen Anbieters betrachtet wird. Beteiligte Verkehrskreise werden regelmäßig Nachfrager der Dienstleistung sowie interessierte Fachkreise sein, soweit sie ihr wirtschaftliches Verhalten an dem Kennzeichen ausrichten. Je nach Art des Produktes muss die Anpassung der Verkehrskreise erfolgen[224]. Auf diese Weise kann es aufgrund regionaler Verkehrsgeltung zu territorial eingeschränkten Marken kommen[225]. Hinsichtlich des Grades der Verkehrgeltung lässt sich keine verlässliche Prognose abgeben. Bei Zeichen, die keine Unterscheidungskraft besitzen oder aus freihaltebedürftigen Angaben bestehen, kann eine Verkehrsgeltung von deutlich jenseits der 50% innerhalb der beteiligten Verkehrskreise zu fordern sein[226], während bei gegenteiligen Fallkonstellationen gegebenenfalls bereits ein Verkehrsdurchsetzungsgrad von 20% oder weniger genügen kann[227]. Hinsichtlich der Priorität entspricht der Zeitpunkt der Erlangung der für einen Markenschutz hinreichenden Verkehrsgeltung dem Tag der Anmeldung (§ 6 Abs. 2, 3 MarkenG).

cc) Notorische Bekanntheit

Als dritte Alternative kann Markenschutz auch durch notorische Bekanntheit im Sinne von Art. 6bis Pariser Verbandsübereinkommen (PVÜ) erlangt werden (§ 4 Ziffer 3 MarkenG). Bereits aus dem Wortlaut der Regelung wird deutlich, dass lediglich das Tatbestandsmerkmal der notorischen Bekanntheit übernommen werden soll, während die übrigen Voraussetzungen des Art. 6bis PVÜ nicht vorzuliegen brauchen. Hierdurch können auch Zeichen für Dienstleistungen aufgrund notorischer Bekanntheit Markenschutz erlangen. In der Regel wird eine notorisch bekannte Marke bereits als eine im geschäftlichen Verkehr benutzte

---

222 Ausdrücklich in der Begründung zum MarkenG, BT-Drs 12/6581, S. 81.
223 Fezer, MarkenR, § 4 Rn. 57; Siehe auch unter „Konkrete Unterscheidungskraft“.
224 Marx, MarkenR, S. 17.
225 Begründung zum MarkenG, BT-Drs 12/6581, S. 107.
226 BGH GRUR 1992, 72, 72 – quattro –; BGH GRUR 1975 67, 69 – Kroatzbeere –; Berlit, MarkenR, Rn. 15.
227 BGH GRUR 1960, 130 – sunpearl II –.

Marke mit Verkehrsgeltung (§ 4 Ziffer 2 MarkenG) geschützt sein[228]. Einen eigenständigen Regelungsbereich besitzt § 4 Ziffer 3 MarkenG lediglich in den Fällen, in denen die Marke in der Bundesrepublik nicht benutzt wird, aber trotzdem notorische Bekanntheit besitzt[229]. Diese Bekanntheit kann beispielsweise die Folge weitreichender fachlicher Publikationen sein. In diesen Fällen muss eine Begriffsbestimmung der notorischen Bekanntheit durch einen Rückgriff auf das PVÜ erfolgen. Notorische Bekanntheit ist gegeben, wenn die beteiligten inländischen Verkehrskreise „allgemeine Kenntnis" von der ausschließlichen Berechtigung eines Dritten an dem Zeichen besitzen. Dieser erforderliche Bekanntheitsgrad dürfte noch oberhalb der Verkehrsgeltung im Bereich der Verkehrsdurchsetzung anzusiedeln sein[230].

f) Kollision von Kennzeichen

Immer wieder passiert es, dass mehrere identische oder verwechslungsfähige Kennzeichen im geschäftlichen Verkehr aufeinander treffen. In diesen Fällen setzt sich regelmäßig das Kennzeichen mit dem ältesten Zeitrang durch. Ab dem Schutzerwerb genießt ein Zeichen Priorität gegenüber allen Zeichen, die im Verhältnis später angemeldet oder benutzt wurden (§ 6 MarkenG). Wie oben beschrieben, besteht markenrechtlicher Schutz bei eingetragenen Marken ab Anmeldung, sonst entsprechend bei Benutzung oder Verkehrsgeltung. Hinsichtlich der Priorität ist ein Tag die kleinste relevante Zeiteinheit. Haben zwei Zeichen den gleich Zeitrang, entstehen gleichrangige Rechte, aus denen gegeneinander keine Rechte geltend gemacht werden können (§ 6 Abs. 4 MarkenG). Die Priorität einer Marke steht der Eintragung identischer oder verwechselbarer Zeichen in das Markenregister als relatives Eintragungshindernis entgegen.

g) Schutzumfang / Durchsetzung

Der Inhaber der Marke kann von Mitbewerbern Unterlassung verlangen, Versicherungsprodukte oder allgemein Dienstleistungen, für die die Marke eingetragen ist, unter einer identischen oder ähnlichen und verwechselbaren Bezeichnung zu vertreiben. Ihm ist auch die alleinige Nutzung der Marke für Werbung, Ankündigungen, Geschäftsbriefe, Rechnungen usw. vorbehalten. Neben diesen Unterlassungs-, Auskunfts- und Vernichtungsansprüchen (§§ 14, 15, 18, 19 MarkenG) besteht in Fällen des schuldhaften Handelns auch ein Anspruch auf Schadensersatz.

---

228 Fezer, MarkenR, § 4 Rn. 224.
229 BGH GRUR Int. 1969, 257, 258 – Recrin –.
230 BGH GRUR Int. 1969, 257 – Recrin –; A.A. Kur, GRUR 1994, 330, 336, 337.

aa) Verletzungshandlung

Der Markenschutz gewährt dem Inhaber das ausschließliche Recht die Marke, für die geschützten Dienstleistungen einzusetzen (§ 14 MarkenG). Hinsichtlich der Verletzungshandlung unterscheidet das Markenrecht zwischen einem absoluten Schutz im Identitätsbereich (§ 14 Abs. 2 Nr. 1 MarkenG), einem bedingten Schutz im Ähnlichkeitsbereich (§ 14 Abs. 2 Nr. 2 MarkenG) und einem Sonderschutz für bekannte Marken. Allen diesen Tatbeständen ist gemeinsam, dass ein Dritter ohne Zustimmung des Markeninhabers im geschäftlichen Verkehr ein Zeichen benutzt, das mit der geschützten Marke kollidiert. Ein kennzeichenmäßiger Gebrauch ist nicht länger erforderlich; es kann vielmehr auf jede Form der Benutzung umgehend reagiert werden[231].

(1) Identitätsbereich

Nach § 14 Abs. 2 Nr. 1 MarkenG liegt bei Verwendung eines mit der Marke identischen Zeichens für eine identische Dienstleistung eine Markenverletzung vor. Erforderlich ist somit Markenidentität und Produktidentität. Diese doppelte Identität entspricht hinsichtlich der relativen Schutzhindernisse dem Tatbestand des § 9 Abs. 1 Nr. 1 MarkenG. Es ist unerheblich, ob hierdurch in Hinblick auf die Marke Verwechslungsgefahr vorliegt[232]. Die Nutzung kann ohne weitere Voraussetzungen untersagt werden.

(2) Ähnlichkeitsbereich

Soweit kein identischer Gebrauch vorliegt, sondern die Markenkollision in der Ähnlichkeit der Zeichen liegt, können Abwehransprüche durch den Inhaber der Marke geltend gemacht werden, soweit Verwechslungsgefahr durch die Benutzung vorliegt (§ 14 Abs. 2 Nr. 2 MarkenG). Sobald Verwechslungsgefahr vorliegt, kann es Dritten untersagt werden, identische (bei ähnlichen Produkten) oder ähnliche (bei identischen oder ähnlichen Produkten) Zeichen im Verkehr zu benutzen. Die Verwechslungsgefahr ist das entscheidende Kriterium, inwieweit eine Marke über die identische Verletzung hinaus Schutz genießt. Dem Schutz vor Verwechslungsgefahr liegt die Erkenntnis zugrunde, dass eine Beeinträchtigung der schutzwürdigen Interessen des Inhabers einer Marke auch bei geringfügigen Abweichungen vorliegt. Der Bestimmung der Verwechslungsgefahr kommt somit zentrale Bedeutung zu. Sie dient als Korrektiv zwischen den legitimen Interessen des Markeninhabers und den Interessen des übrigen Rechtsverkehrs[233].

---

231 Ausführlich Fezer, MakenR, § 14 Rn. 26 ff. m.w.N.

232 Rößler, Die Ausnutzung der Wertschätzung bekannter Marken im neuen Markenrecht, GRUR 1994, 559, 560.

233 BT-Drs. 12/6581, S. 71.

Umfasst wird nicht nur die betriebliche Herkunftstäuschung, sondern es werden alle Fälle der Gefahr der Verwechslung erfasst.

Die Verwechslungsgefahr wird dadurch ermittelt, dass drei Größen zueinander ins Verhältnis gesetzt werden. Die Verwechslungsgefahr setzt sich zusammen aus dem Ähnlichkeitsgrad, der Kennzeichnungskraft der Zeichen und dem Grad der Waren- bzw. Branchennähe. Zwischen diesen Faktoren besteht eine Wechselbeziehung[234]. Der Schwerpunkt der Gewichtung liegt hierbei auf den ersten beiden Kriterien, während der Grad der Waren- oder Branchennähe eher eine untergeordnete Rolle spielt. Verwechslungsgefahr kann vorliegen im klanglichen, bildlichen oder schriftbildlichen Bereich oder hinsichtlich des Sinngehaltes. Entscheidend ist grundsätzlich der Gesamteindruck[235].

(3) Sonderschutz bekannter Marken

§ 14 Abs. 2 Nr. 3 MarkenG erweitert die Abwehrrechte des Markenrechtschutzes bei „bekannten Marken" auch auf solche Benutzungen eines identischen oder ähnlichen Zeichens, die die Unterscheidungskraft oder Wertschätzung der bekannten Marke ungerechtfertigt in unlauterer Weise ausnutzen oder beeinträchtigen. Bekannte Marken genießen auch ohne Ähnlichkeit der Produkte und ohne Bestehen einer Verwechslungsgefahr markenrechtlichen Schutz. Man kann in diesem Segment von einem umfassenden Goodwill-Schutz sprechen.

Vor der Einführung des MarkenG gewährte der BGH einen vergleichbaren Schutz aus wettbewerbsrechtlichen Gesichtspunkten als unbefugte Rufausnutzung, Rufbehinderung oder Rufschädigung gemäß § 1 UWG[236]. Soweit kein Wettbewerbsverhältnis vorlag, konnte ein Unterlassungsanspruch aufgrund eines ungerechtfertigten Eingriffs in den eingerichteten und ausgeübten Gewerbebetrieb (§§ 823 Abs. 1 i.V.m. 1004 BGB) geltend gemacht werden[237].

Anhaltspunkte für die Bestimmung einer bekannten Marke liefert das MarkenG nicht. In der Begründung zum MarkenG wird dargelegt, dass eine bekannte Marke ein qualitatives und ein quantitatives Kriterium erfüllen muss. In quantitativer Hinsicht ist ein nachweisbarer Verkehrsbekanntheitsgrad entsprechend § 8 Abs. 3 MarkenG für eintragungsunfähige Marken erforderlich, während in qualitativer Hinsicht ein „guter Ruf" nachgewiesen werden muss[238]. Wie bekannt eine Marke konkret sein muss, um den erweiterten Schutz in Anspruch nehmen zu können, muss im Einzelfall anhand der jeweiligen Umstände geprüft werden. Man wird

---

234 EuGH DB 1998, 2163, 2164 – Canon / CANNON –; BGH NJW-RR 1993, 553, 554 – apetito / apitta –.

235 EuGH DB 1998, 2163, 2164 – Canon / CANNON –; BGH GRUR 1992, 110, 111 – dipa / dib –.

236 BGH GRUR 1998, 550 – Dimple –; BGH GRUR 1983, 247 – Rolls Royce –.

237 BGH GRUR 1959, 182, 186 – Quick –; Piper, GRUR 1996, 429.

238 Begründung BT-Drs 12/3581, S. 148.

bei dieser Beurteilung jedoch auch von einer Wechselbeziehung zwischen dem Grad der Bekanntheit und den Umständen der unlauteren Nutzung ausgehen können. Es ist jedoch in jedem Fall erforderlich, dass der Ruf der Marke so stark ist, dass er auch auf die geschützte Dienstleistung ausstrahlt und als Reflex hieraus einen eigenen schützenswerten wirtschaftlichen Wert darstellt[239].

bb) Schranken des markenrechtlichen Schutzes

Das exklusive Nutzungs- und Abwehrrecht hinsichtlich einer Marke kann nur in dem Maße bestehen, wie der Schutz der Marke selbst reicht. Aus diesem Grund sind die Grenzen des Schutzes aufzuzeigen.

Die Marke verliert ihre Schutzfunktion und Abwehrfähigkeit, wenn sie innerhalb der letzten fünf aufeinander folgenden Jahre für die Dienstleistungen, für die sie eingetragen wurde, nicht benutzt wurde (§ 25, 26 MarkenG). Hierunter fallen sämtliche Nutzungen durch den Inhaber der Marke und Nutzungen, die mit seinem Einverständnis erfolgen. Hauptanwendungsfall ist die Lizenzvergabe, die für eine Nutzung genügt. Soweit die Eintragung einer kollidierenden prioritätsjüngeren Marke durch Widerspruch oder Löschungsklage nicht abgewehrt werden konnte, stellt § 22 MarkenG fest, dass der Schutz der älteren Marke nur soweit reichen kann, dass die Bestandskraft der jüngeren Marke nicht beeinträchtigt ist.

Die Abwehransprüche der §§ 14 bis 19 MarkenG verjähren mit Ablauf von drei Jahren ab Kenntniserlangung der Verletzung durch den Berechtigten. Unabhängig von der Kenntniserlangung tritt nach 30 Jahren nach Verletzung absolute Verjährung ein (§ 20 MarkenG).

Schließlich verwirkt der Inhaber einer Marke die Abwehransprüche, wenn er die kollidierende Nutzung eines jüngeren Zeichens während eines Zeitraums von fünf aufeinander folgenden Jahren in Kenntnis der Benutzung duldet (§ 21 Abs. 1 und 2 MarkenG). Eine Verwirkung aufgrund „allgemeiner Grundsätze" beispielsweise aufgrund von Treu und Glauben (§ 242 BGB) bleibt von dieser Regelung unberührt.

3. Gemeinschaftsmarken

Durch die Gemeinschaftsmarkenverordnung wurde ein Markensystem geschaffen, das es den Gewerbetreibenden ermöglicht, in einem einzigen Verfahren eine Gemeinschaftsmarke zu erwerben, die im gesamten Gebiet der Europäischen Union wirksam ist. Nach der Harmonisierung des nationalen Rechts durch die Markenrichtlinie bestehen zwischen dem materiellen Gemeinschaftsmarkenrecht und den nationalen Rechten der Unionsstaaten lediglich geringfügige Unter-

---

239 Berlit, MarkenR, Rn. 192.

schiede. Es besteht ein weitgehender Gleichlauf von Verordnung, Richtlinie und nationalem Recht[240], so dass für diese Arbeit auf die bisherige Darstellung verwiesen werden kann.

4. Schutz als geschäftliche Bezeichnung (§§ 5 Abs. 3, 15 Abs. 3 MarkenG)

Das MarkenG schützt neben Marken unter dem Oberbegriff der geschäftlichen Bezeichnungen auch Unternehmenskennzeichen und Werktitel.

a) Unternehmenskennzeichen

Unternehmenskennzeichen sind Zeichen, die im geschäftlichen Verkehr als Name, Firma oder besondere Bezeichnung eines Geschäftsbetriebes oder Unternehmens benutzt werden. Die Eintragung in das Handelsregister ist hierbei nicht konstitutiv[241]; es ist jedoch erforderlich, dass ein Unternehmensträger vorhanden ist[242]. Das Recht an Unternehmenskennzeichen entsteht durch Benutzungsaufnahme und der damit verbundenen Erlangung von Verkehrsgeltung. Es besteht ausschließlich für unterscheidungskräftige Bezeichnungen (§ 5 Abs. 2 MarkenG). Auch bei Unternehmenskennzeichen stehen Unterscheidungskraft und Schutzumfang zueinander im Verhältnis – je origineller die geschäftliche Bezeichnung, desto weiter der Schutzbereich hinsichtlich einer möglichen Verwechslungsgefahr.

Angaben, die lediglich den Zweck oder die Tätigkeit des Unternehmens betreffen, haben keine Unterscheidungskraft. In den meisten Fällen werden jedoch bereits kleine Abweichungen von der direkten oder wörtlichen Beschreibung des Unternehmenszwecks genügen, um ein schutzfähiges Unternehmenskennzeichen entstehen zu lassen. Dieser gewünschte Effekt kann durch einen verfremdeten Wortgebrauch oder den Einbau zusätzlicher Buchstabengruppen erzielt werden.

b) Werktitel

Auch Werktitel, also die Namen oder besonderen Bezeichnungen von Druckschriften, Filmwerken, Tonwerken, Bühnenwerken oder sonstigen vergleichbaren Werken (§ 5 Abs. 3 MarkenG), genießen Verwechslungs- (§ 15 Abs. 2 MarkenG) und Bekanntheitsschutz (§ 15 Abs. 3 MarkenG). Es stellt sich daher die Frage, ob beispielweise auch der abstrakte Werktitel eines Versicherungsproduktes (z.B. „Produktversicherung“) Werktitelschutz i.S.d. Markengesetzes erlangen kann.

---

240 Marx, MarkenR, Rn. 431.

241 BGH GRUR 1954, 271 – DUN –.

242 BGH GRUR 1957, 428 – Getränkeindustrie –; BGH GRUR 1993, 404 – Columbus –.

Eine ähnliche Fragestellung hat sich in den letzten Jahren verstärkt auf dem Sektor der Computerprogramme gestellt. Obwohl keine Entscheidung des BGH vorliegt, kann von einer gefestigten Rechtsprechung der Instanzgerichte, die den Titelschutz für Computerprogramme anerkennt, ausgegangen werden[243]. In der Literatur ist die Anerkennung hingegen nach wie vor umstritten[244]. Für Spiele hat der BGH in der Entscheidung „Zappel-Fisch“ noch unter § 16 Abs. 1 UWG a.F. einen Titelschutz nicht grundsätzlich ausgeschlossen. Im Interesse eines umfassenden Immaterialgüterschutzes müssen auch geistige Leistungen, soweit sie nach der Verkehrsanschauung bezeichnungsfähig erscheinen, einer Kennzeichnung im Rechtsverkehr zugänglich sein, so dass sie von anderen Leistungen geistiger Art unterscheidbar werden. Eine solche Kennzeichnung ist auch als schutzfähig anzusehen, da bezüglich immateriellen Gütern und materiellen Objekten ein gleiches Schutzbedürfnis anzuerkennen ist[245].

Für eine Beurteilung des vorliegenden Streitstandes ist auch die Novellierung des Markenrechts zu berücksichtigen. Nach dem Wortlaut des § 16 Abs. 1 UWG a.F. gewährte diese Regelung einen Titelschutz lediglich für Druckwerke. Es kann daher davon ausgegangen werden, dass die Ausdehnung des Titelschutzes durch die Rechtsprechung seitens des Gesetzgebers mit Erlass des MarkenG gebilligt wurde und eine weite Auslegung des Begriffes Werktitel gewollt war. Die bisherige Rechtsprechung ist daher auch nicht obsolet geworden, sondern hat im Gegenteil eine Aufwertung und Erweiterung erfahren. Werktitelschutz steht daher allen Werken offen, die im Regelfall zur Vermarktung im Verkehr mit einer besonderen Bezeichnung gekennzeichnet werden[246]. Hieraus ergibt sich zugleich der Schutzumfang, der die unternehmerische Leistung des Marketings und nicht die schöpferische Leistung des Urhebers umfasst. Der Titel braucht daher nicht neu oder verkehrsbekannt zu sein. Für die Entstehung des Titelschutzes ist ausreichend, dass dieser Titel auf dem Markt benutzt wurde, die bloße Nutzungsabsicht genügt nicht. Eine branchenübliche Einführung ist ausreichend[247]. Auf dieser Grundlage steht daher ein Titelschutz auch innovativen Versicherungsleistungen offen.

Soweit Dienstleistungen ihrem Wesen nach vorherrschend durch die geistige Idee bestimmt sind und als immaterielles Gut Gegenstand des Geschäftsverkehrs sind, müssen sie auch als bezeichnungsfähig angesehen werden, wobei dem Umstand der Körperlosigkeit Rechnung zu tragen ist[248]. Erforderlich ist jedoch, dass der Werktitel Unterscheidungskraft besitzt oder infolge Verkehrsgeltung Unterscheidungskraft erworben hat. Die Unterscheidungskraft muss sich weiterhin auf das Werk als solches beziehen. Unterscheidungskraft liegt vor, wenn der Titel nicht nur

---

243 HansOLG Hamburg CR 1995, 335 – Paurpoint –; LG München I CR 1995, 334 – FTOS –.
244 siehe hierzu Lehmann, GRUR 1995, 250; ablehnend jedoch Betten, GRUR 1995, 5.
245 BGH GRUR 1993, 767, 768 – Zappel-Fisch –.
246 Fezer, MarkenR, § 15 Rn. 157.
247 OLG München CR 1995, 599 – WINCAD –.
248 BGH GRUR 1993, 767, 768 – Zappel-Fisch –.

den Inhalt des Werkes beschreibt, sondern identifizierende Wirkung für das konkrete Produkt hat, so dass er das Werk von anderen unterscheidet. Auch hier kann die Entscheidung „Zappel-Fisch" des Bundesgerichtshofes als Richtlinie genutzt werden. Es ist zu prüfen, ob die Dienstleistung eine geistige Leistung in der Weise verkörpert, die für den Verkehr nicht den Warencharakter, sondern das immaterielle geistige Wesen der Dienstleistung in den Vordergrund treten lässt[249].

Auf dieser Grundlage ist es unwahrscheinlich, dass einem Werktitel, wie „Produktschutzversicherung", aufgrund des im Vordergrund stehenden beschreibenden Inhalts Werktitelschutz zugute kommt. Entsprechende Bezeichnungen lassen ohne weiteres einen Schluss auf das Produkt zu. Mangels Originalität wird zumeist auch ein geringer Grand an Unterscheidungskraft zu verneinen sein[250].

5. Bewertung der Schutzmöglichkeiten

Aus ökonomischer Sicht profitiert der Innovator von einer ganzen Reihe von Aufmerksamkeits-, Image- und Bekanntheitsvorteilen. Die Marke eines Erstanbieters wird von den Konsumenten bereitwilliger wahrgenommen, besser erinnert und insgesamt auch günstiger bewertet. Hinzu kommt, dass Kunden, die das Produkt in einem frühen Vermarktungsstadium erwerben, oft weniger risikoscheu, interessierter und aufnahmebereiter sind. Markt- und Produktpioniere hinterlassen ihren Imitatoren häufig ein nur schwer zu gewinnendes Marktsegment mit kaufunwilligen Kunden, die erst durch erheblichen Einsatz von Ressourcen zum Eingang einer Vertragsbindung motiviert werden müssen[251]. Obwohl kein direkter Produktschutz durch das Markenrecht erlangt werden kann, sollten die sich bietenden Schutzmöglichkeiten für Versicherungsinnovationen genutzt werden[252].

III. Patentrecht / Gebrauchsmusterrecht

Patente und Gebrauchsmuster werden nach §§ 1 Abs. 1 PatG, 1 GebrMG für Erfindungen erteilt, die neu sind, auf einer erfinderischen Tätigkeit beruhen und gewerblich anwendbar sind. Das Patent/Gebrauchsmuster gewährt kraft staatlicher Verleihung dem Erfinder ein ausschließliches Recht, Dritte von der Nutzung der Erfindung auszuschließen. Das Patent/Gebrauchsmuster ist gleichzeitig Ausschließungsbefugnis und Immaterialgut.

---

249 BGH GRUR 1993, 767, 768 – Zappel-Fisch –.

250 BGH GRUR 1993, 767, 768 – Zappel-Fisch –; Anders Nordemann, ZversWiss 1995, 129, 137.

251 von der Oelsnitz, Als Marktpionier zu dauerhaftem Erfolg, Havard Business Manager 1998, 24, 26.

252 Im Ergebnis daher zutreffend Nordemann, ZversWiss 1995, 129, 137.

1. Patentrechtsschutz

Der Begriff der Erfindung im Sinne des Patentrechts ist seit jeher Gegenstand einer fortlaufenden Diskussion. Gleichwohl besteht weitestgehend Einigkeit hinsichtlich der Elemente der Definition des Begriffs „Erfindung“[253]. Als Grundlage für die folgende Darstellung soll die Definition der Rechtsprechung dienen, wonach die Erfindung als Lehre zum planmäßigen Handeln unter Einsatz beherrschbarer Naturkräfte außerhalb der menschlichen Verstandestätigkeit zur unmittelbaren Herbeiführung eines kausalen übersehbaren Erfolgs zu bezeichnen ist[254]. Weitere Qualifikationen bestehen gemäß §§ 3-5 PatG darin, dass die Erfindung nicht zum Stand der Technik gehört (Neuheit), sich für einen Fachmann nicht in naheliegender Weise aus dem Stand der Technik ergibt (erfinderische Tätigkeit) und auf gewerblichen Gebiet hergestellt oder benutzt (gewerbliche Anwendbarkeit) werden kann.

Dem Patentgesetz ist der technische Charakter der Erfindung als Patentierungsvoraussetzung (§ 1 Abs. 1 PatG) zunächst nicht zu entnehmen[255]. Das Erfordernis einer technischen Lehre als Voraussetzung für die Patentfähigkeit lässt sich jedoch aus dem Regelungszusammenhang und insbesondere den Ausschlussbestimmungen des § 1 Abs. 2 und 3 PatG entnehmen[256]. Die Technizität als Voraussetzung für die Patentierbarkeit ist allgemein anerkannt[257]. Entsprechend nicht schutzfähig sind Erfindungen, die nicht auf dem Gebiet der Technik liegen und nur der Welt des Geistes entspringen.

Ansatzpunkte für eine Schutzunfähigkeit bietet § 1 Abs. 2 PatG, der nicht abschließend Beispiele aufzählt, in denen kein Patentschutz erlangt werden kann. Schutzunfähig sind unter anderem Entdeckungen, wissenschaftliche Theorien, mathematische Methoden (§ 1 Abs. 2 Nr. 1 PatG), aber auch Pläne, Regeln und Verfahren für gedankliche oder geschäftliche Tätigkeiten sowie Programme für die Datenverarbeitung (§ 1 Abs. 2 Nr. 3 PatG). Der Ausschluss derartiger Innovationen ist dadurch begründet, dass andernfalls Ausschlussrechte von nicht gewolltem und nicht

---

253 Benkard/Bruchhausen, § 1 Rn. 43; Hubmann/Götting, § 8 I, die jeweils zahlreiche Definitionsversuche der Literatur hinsichtlich ihrer Stärken und Schwächen beleuchten.

254 BGHZ 52, 74, 77, 79 – Rote Taube –; BGHZ 67, 22, 32 – Dispositionsprogramm –; BGH GRUR 1981, 39, 41 – Walzstababteilung –; BGH GRUR 1977, 152, 153 – Kennungsscheibe –; Mes, Patentgesetz, § 1 Rn. 7 ff.

255 Bereits Priester, S. 46, hat darauf hingewiesen, dass soweit man innovativen Dienstleistungsmodellen Erfindungscharakter zubilligt, nach dem Wortlaut scheinbar gute Schutzaussichten bestehen.

256 BGHZ 67, 22, 33 – Dispositionsprogramm –; Hubmann/Götting, § 8 II; Hinweise auf das Erfordernis der Technizität enthält das PatG weiter in §§ 3, 4, 35 Abs. 5, 36 Abs. 2 Nr. 2.

257 In der Definition des BGH dadurch zum Ausdruck, dass die Nutzung von Naturkräften erforderlich ist, BGHZ 67, 22, 32 – Dispositionsprogramm –; BGH GRUR 1965, 533, 534 – Typensatz –; Benkard/Bruchhausen, § 1 Rn. 44; Hubmann/Götting, § 8 II 2; Bernhardt/Kraßer, § 12; Tauchert, GRUR 1997, 149; Meising, Allgemene Versicherungsbedingungen im Spannungsfeld zwischen Grundwertungen des Rechts, S. 152.

übersehbarem Ausmaß entstehen könnten. Es besteht ein weitreichendes gesellschaftliches Interesse, die Grundsatzforschung für die Allgemeinheit freizuhalten[258]. Entsprechend können Anweisungen an den menschlichen Geist nicht geschützt werden. Darunter fallen alle Weisungen und Verfahrensarten, die ausschließlich zu einer bestimmten menschlichen Geistestätigkeit anleiten sollen, aber keine unmittelbare Einwirkung auf die Natur nach sich ziehen[259].

§ 1 Abs. 3 PatG stellt klar, dass Leistungen, aus dem Kreis der patentfähigen Erfindungen gemäß § 1 Abs. 2 PatG nur soweit ausgeschlossen sind, als sie „als solche" nicht patentierbar sind. Bei Lehren zum technischen Handeln, die mit derartigen Leistungen im unmittelbaren Zusammenhang stehen, kann jedoch Patentfähigkeit vorliegen[260]. Die Diskussion zur systematischen Einordnung und Anwendung dieser Ausnahme wurde in den letzten Jahren in erster Linie im Bereich der Computerprogramme geführt[261]. Sie ist jedoch auch für die vorliegende Arbeit von Interesse, da immer mehr Dienstleistungen computergestützt erbracht werden[262], so dass der Sach- und Streitstand in der gebotenen Kürze darzustellen ist.

Die Bedeutung der Einschränkung „als solche" wird im PatG nicht näher erläutert. Ausgehend vom Begriff der Erfindung und der Technizität entwickelte der BGH zur Abgrenzung zunächst die sogenannte „Kerntheorie". Die Prüfung erfolgt im Wege der Abschichtung zwischen technischen und untechnischen Teilen. Dabei wird zunächst der Inhalt der Lehre in Verhältnis zu dem bekannten Stand der Technik gesetzt. Der über den bekannten Stand der Technik herausragende Teil der Lehre wird anschließend – soweit erforderlich – in Teile zerlegt und hinsichtlich seines technischen Charakters untersucht[263]. Rechenprogramme für elektronische Datenverarbeitungsanlagen, die lediglich von einer in Aufbau und Konstruktion bekannten Datenverarbeitungsanlage bestimmungsgemäßen

258 Bernhardt/Kraßer, § 3 III 3.

259 Versteht man Computerprogramme als eine Vorschrift (Algorithmus), die genau festlegt, wie welche Daten zu manipulieren sind, wird deutlich, dass die Programme zu Datenverarbeitung auch systematisch zu den vom Patentschutz ausgeschlossenen Bereich des § 1 Abs. 2 Nr. 3 PatG gehören; Prasch, Softwarebezogene Erfindungen, in van Raden (Hrsg.), S. 75; 76.

260 Benkard/Bruchhausen, § 1 PatG Rn. 107; Hubmann/Götting, § 8 II 2a); Mes, PatG § 1 Rn. 57; Tauchert, GRUR 1997, 149.

261 Seit der Umsetzung der Richtline über den Rechtsschutz von Computerprogrammen vom 14. 05.1991 genießen Computerprogramme auch mit niedrieger Schöpfungshöhe Urheberrechtsschutz.

262 Nahezu jeder Wirtschaftsbereich ist bereits jetzt durch den Einsatz moderner Informationstechnik geprägt und ein weiteres Fortschreiten ist zu erwarten, Bundesministerium für Wirtschaft, Bericht der Bundesregierung, Info 2000, Deutschlands Weg in die Informationsgesellschaft, 1996, S. 54 ff. Siehe beispielsweise auch die Patentanmeldung für CMA durch Merrill Lynch, ausführlich hierzu die Darstellung des englischen Patentrechts.

263 BGH GRUR 1986, 531 – Flugkostenminimierung –; BGH GRUR 1981, 39 – Walzstababteilung –; BGH GRUR 1978, 420 – Fehlerortung –.

Gebrauch machen, sind daher auch dann nicht patentfähig, wenn mit Hilfe der Datenverarbeitungsanlage ein Herstellungs- oder Bewertungsvorgang mit bekannten Steuerungsmitteln unmittelbar beeinflusst wird oder wenn die Steuerungsmittel in erfinderisch neuer Form eingesetzt werden. So wurde einem Programm zur Flugkostenminimierung der Patentschutz versagt, da die betriebswirtschaftliche Optimierung unterschiedlicher Flugkosten zwar neu war, aber der Kern der Erfindung nicht technischer Natur sei[264].

Diese Rechtsprechung wurde in den letzten Jahren aufgeweicht und zunehmend durch den so genannten „Ganzheitsgrundsatz“ ersetzt[265]. So führte der BGH in der Entscheidung „Tauchcomputer“ aus, dass nicht einseitig auf die Rechenregeln abgestellt werden dürfe, sondern dass bei der Prüfung der gesamte Erfindungstatbestand unter Einschluss der etwaigen Rechenregeln zu berücksichtigen ist. Danach sind Programme einem Patentschutz zugänglich, wenn sie im Rahmen der Gesamtbetrachtung einen direkten Bezug zu technischen Gegenständen im klassischen Sinne aufweisen[266]. Im Rahmen dieser Rechtsprechung ist der Begriff des Computerprogramms „als solches“ dahin gehend zu verstehen, dass damit nur der Programmtext gemeint ist, der dem Urheberrecht zugänglich ist[267] und die Technizität hiervon getrennt zu untersuchen ist. Demgegenüber sind Ideen und Grundsätze, die dem Computerprogramm oder Elementen davon zugrunde liegen, gemäß § 69a UrhG nicht geschützt.

Es besteht daher das Abgrenzungsproblem, welche in dem Programm enthaltenen Lehren, Ideen oder Grundsätze dem Patentschutz zugänglich sind – in anderen Worten, wann diese einen direkten Bezug zu technischen Gegenständen aufweisen. Um festzustellen, ob ein unmittelbarer technischer Bezug gegeben ist, lassen sich Computerprogramme hinsichtlich ihrer Funktion in getrennte Gruppen aufgliedern. Der unmittelbare technische Bezug ist zunächst bei Computerprogrammen, deren Anwendung im Dialogbereich mit dem Anwender liegt, zu verneinen. Hierunter fallen insbesondere die große Anzahl von Computeranwendungen im gewerblichen, mathematischen oder wissenschaftlichen Bereich. Demgegenüber

---

264 BGH GRUR 1986, 531 – Flugkostenminimierung –.

265 BGH GRUR 1992, 430, 431, 432 – Tauchcomputer –; OLG Düsseldorf WRP 1998, 1202, 1210 – Wetterführungspläne –; Mees, PatG, § 1 Rn. 58.

266 BGH GRUR 1992, 430, 431, 432 – Tauchcomputer –; BPatG, CR 1991, 24 – Seismisches Auswertungsprogramm –; BPatG CR 1991, 26 – Chinesisches Textprogramm –; OLG Düsseldorf WRP 1998, 1202, 1210 – Wetterführungspläne –; Diesen Ansatz verfolgte der BGH bereits in der Entscheidung „ABS“, wo die Einbettung des Programms in den technischen Gesamtablauf hervorgehoben wurde, BGH GRUR 1980, 949, – ABS – Automatisches Bremssystem –; Tauchert, GRUR 1997, 149, 150.

267 Gemäß § 2 UrhG schützt das Urheberrecht Werke der Literatur, Wissenschaft und Kunst, insbesondere Sprachwerke wie Schriftwerke, Reden und Computerprogramme; OLG Düsseldorf WRP 1998, 1202, 1210 – Wetterführungspläne –; Prasch, Softwarebezogene Erfindungen, in van Raden (Hrsg.), S. 75, 80.

besteht bei Computerprogrammen, die unmittelbar ohne Beteiligung des Anwenders auf die Umwelt einwirken, der erforderliche technische Bezug.

Als Beispiel für diese Fallgruppe kann die Entscheidung „Antiblockiersystem" des BGH dienen[268]. Im Rahmen der zu beurteilenden Erfindung wurde während des Bremsvorganges die Geschwindigkeit des Rades durch das System selbst gemessen. Sobald das System keine Drehung des Rades (d.h. ein Blockieren) feststellen kann, wird ohne Beeinflussung durch den Fahrer der Bremsdruck verringert, so dass die Blockade des Rades beendet und der PKW wieder lenkbar wird. Patentierbarkeit ist schließlich als dritte Fallgruppe auch gegeben, wenn die Hardwarestruktur der Datenverarbeitungsanlage selbst programmgesteuert ist[269].

Durch die Änderung der Rechtsprechung durch den BGH hin zu einer offeneren Haltung besteht nunmehr auch wieder Konformität mit den Richtlinien des Bundespatentamtes[270]. Nach diesen Richtlinien sind Datenverarbeitungsprogramme dem Patenschutz zugänglich, wenn sie technischen Charakter haben[271]. Hierbei ist vom angemeldeten Gegenstand in seiner Gesamtheit auszugehen. Alle Merkmale, die zur Lösung der Aufgabe gehören, sind in die Betrachtung einzubeziehen, auch wenn es sich um untechnische Merkmale handelt[272]. Programmbezogene Erfindungen können auch dann technischen Charakter haben, wenn die zur Lösung herangezogenen Datenverarbeitungsanlagen bereits bekannt sind[273]. Mit Blick auf die restriktive Rechtsprechung ist die Auslegungsregel des Bundespatentamtes von besonderen Interesse, wonach verbleibende Zweifel allein zur Verneinung des technischen Charakters nicht ausreichen, wenn gute Gründe dafür sprechen, dass die Erfindung technisch ist[274].

Konzeptionen und Modelle für innovative Dienstleistungen, wie auch Versicherungsschutzmodelle, sind dem wirtschaftlich-juristischen Bereich zuzurechnen. Sie bilden zusammen mit kaufmännisch-organisatorischen Konstruktionen einen fast klassischen Bereich der Anweisungen an den menschlichen Geist und sind als solche von einem Patentschutz ausgeschlossen. Dieses wird im Ergebnis auch für computergestützte Dienstleistungen gelten müssen, da derartige Innovationen auch bei einer Gesamtbetrachtung die erforderliche Technizität nicht besitzen werden[275].

---

268 BGH GRUR 1980, 949, – ABS – Automatisches Bremssystem –.

269 Hinsichtlich der einzelnen Fallgruppen sehr instruktiv, Prasch, Softwarebezogene Erfindungen, in van Raden (Hrsg.), S. 75; 77; Tauchert, GRUR 1997, 149, 150.

270 Richtlinien für das Prüfungsverfahren vom 02.06.1995, Blatt f. PMZ, 1995, 269.

271 Richtlinien für das Prüfungsverfahren vom 02.06.1995, Blatt f. PMZ, 1995, 269, Ziffer 4.3.1.

272 Richtlinien für das Prüfungsverfahren vom 02.06.1995, Blatt f. PMZ, 1995, 269, Ziffer 4.3.3.

273 Richtlinien für das Prüfungsverfahren vom 02.06.1995, Blatt f. PMZ, 1995, 269, Ziffer 4.3.5.

274 Richtlinien für das Prüfungsverfahren vom 02.06.1995, Blatt f. PMZ, 1995, 269, Ziffer 4.3.6.

275 Priester, Nachahmungsschutz, S. 46 ff.; Meising, S. 153; Reimer, Patentrecht, § 1 Rn. 6 m.w.N.; Fricke, VersR 1997, 162, 165.

2. Gebrauchsmusterrechtsschutz

Das Gebrauchsmuster schützt Erfindungen, die neu sind, auf einem erfinderischen Schritt beruhen und gewerblich anwendbar sind (§ 1 Abs. 1 GebrMG). Aufgrund geringerer Anforderungen kann das Gebrauchsmuster als Vorstufe und Unterbau des Patents gesehen werden. Der Vorteil des Gebrauchsmusters liegt in erster Linie darin, dass im Gegensatz zum Patent auf eine vorgeschaltete materielle Prüfung verzichtet wird, so dass ein Schutz schnell und preiswert auch gerade von kleinen oder mittleren Unternehmen erlangt werden kann (§§ 11, 13 GebrMG). Gleichzeitig ist eine starke Annäherung des Gebrauchsmusters an das Patent unverkennbar.

Wie das Patent setzt auch das Gebrauchsmuster eine Erfindung voraus (§ 1 Abs. 1 GebrMG). Insoweit sind die Ausführungen zur Erfindung im Patentrecht auch auf das Gebrauchsmusterrecht übertragbar[276]. Allein an die Neuheit, die Erfindungshöhe und den erfinderischen Schritt, sind im Vergleich zum Patent geringere Anforderungen zu stellen. Es genügt, dass nach dem Stand der Technik ein geringer erfinderischer Überschuss vorliegt[277].

Ebenso wie Patentschutz können auch nur technische Erfindungen Schutz durch ein Gebrauchsmuster erlangen. Da der Begriff der technischen Erfindung dem im Patentrecht entspricht, können innovative Dienstleistungsmodelle auch keinen Schutz durch das Gebrauchsmusterrecht erfahren[278].

IV. Geschmacksmuster

Das Geschmacksmustergesetz gewährt dem Werkschaffenden ein Recht an Muster und Modellen (§ 1 Abs. 1 GeschmMG). Ähnlich dem Gebrauchsmusterrecht ist für die Schutzerlangung lediglich eine Anmeldung beim Patentamt erforderlich. Eine materielle Kontrolle findet seitens des Patentamtes ebenfalls nicht statt (§ 10 Abs. 2 GeschmMG). Ein Fehlen der materiellen Schutzvoraussetzungen

---

276 BGH GRUR 1977, 152 – Kennungsscheibe –; BGH GRUR 1975, 549 – Buchungsblatt –; Mes, § 1 GebrMG Rn. 2; Benkard/Bruchhausen, § 1 GebrMG Rn. 6.

277 Mes, § 1 GebrMG Rn. 6; Krieger, GRUR Int. 1996, 356.

278 Der Kataolg der ausgeschlossenen Gegenstände (§ 1 Abs. 2 GebrMG) entspricht § 1 Abs. 2 PatG. BGH GRUR 1969, 184, 186 – Lotterielos –; BGH GRUR 1975, 549 – Buchungsblatt –; BGH GRUR 1977, 152 – Kennungsscheibe –; Benkard/Bruchhausen, § 1 GebrMG Rn. 7; Fricke, VersR 1997, 162, 165; Wie hier weiterhin auch Priester, S. 48; Meising, S. 153, die jedoch primär auf das Raumerfordernis nach dem Gebrauchsmusterrecht bis 1990 abstellen. Für den Gebrauchsmusterschutz war bis zur Novelle im Jahr 1990 erforderlich, dass sich die erfinderische Regel in einer Raumform sinnlich wahrnehmbar manifestiert und durch diese Form ihre naturbeherrschende Wirkung entfaltet. In der Neuregelung ist das Raumerfordernis aufgegeben worden. Gleichzeitig sind jedoch Verfahren aus dem Schutzbereich des Gebrauchsmusters herausgenommen worden, Hubmann/Götting, § 11 II.

kann daher regelmäßig erst in einem entsprechenden Verletzungsprozess geprüft werden.

Geschützt wird die schöpferische Leistung, die in einer ästhetisch eigentümlichen Gestaltung verkörpert ist. Abstrakte Ideen, Gedanken, Stilrichtungen, ästhetische Lehren oder Methoden, Verfahrenstechniken oder Werkstoffe befinden sich außerhalb des Schutzbereiches des Geschmacksmusterrechts, da andernfalls die Schaffensfreiheit durch die Monopolisierung abstrakter Eigenschaften in unzulässiger Weise beschränkt werden würde[279]. Voraussetzung für einen Geschmacksmusterschutz ist eine konkrete äußere Formgebung, die in zwei- oder dreidimensionaler Form erfolgen kann. Als weitere Voraussetzung für einen Schutz ist erforderlich, dass sich die Gestaltung durch Neuheit und Eigentümlichkeit deutlich von dem bisher bekannten Formenbestand abhebt[280]. Die gemäß § 1 Abs. 2 GeschmMG notwendige Eigentümlichkeit besitzt ein Muster oder Modell nur dann, wenn es hinsichtlich der für die ästhetische Wirkung maßgeblichen Merkmale auf einer eigenpersönlichen, form- und farbschöpferischen Tätigkeit basiert, die über das Durchschnittskönnen eines im fraglichen Schaffensbereich kundigen Mustergestalters und das rein Handwerksmäßige hinausgeht[281].

Ein Konzeptionsschutz für innovative Dienstleistungen scheitert bereits am Formerfordernis. Aber auch hinsichtlich der konkreten äußeren Gestaltung von Schriftstücken, insbesondere Werbematerialien, wird ein Geschmacksmusterschutz im Regelfall an der erforderlichen Neuheit oder/und Eigentümlichkeit scheitern[282]. Soweit produktbeschreibende Schriftstücke die Voraussetzung der Eigentümlichkeit besitzen, wird ein Schutz bereits über das Urheberrecht gewährleistet sein.

V. Wettbewerbsrecht

Wie die bisherigen Ausführungen zu den speziellen Schutzrechten gezeigt haben, ist ein Schutz neuartiger Versicherungsvertragsmodelle durch gewerbliche

---

279 BGHZ 5, 1, 4 – Hummelfiguren –.

280 § 1 Abs. 2 GeschmMG. Neuheit bildet neben der Eigentümlichkeit im Vergleich zum Urheberrecht eine weitere Schutzvoraussetzung. Für beide Voraussetzungen ist es erforderlich, dass die Gestaltung sich vom bisherigen Bestand abhebt. Nach dem von der Rechtsprechung vertretenen objektiven Neuheitsbegriff ist ein Muster neu, wenn die seine Eigentümlichkeit prägenden Gestaltungsmerkmale im Zeitpunkt der Anmeldung den inländischen Fachkreisen weder bekannt sind noch bei zumutbarer Beachtung der auf den einschlägigen oder benachbarten Gewerbegebieten vorhandenen Gestaltungen bekannt sein konnte. Der für die Eigentümlichkeit nötige Abstand ist ebenfalls in einem Gesamtvergleich mit im Verkehr bestehenden Gestaltungen zu ermitteln, BGH GRUR 1978, 168, 169 – Haushaltsschneidemaschine –; BGH GRUR 1969, 90 , 91, 92 – Rüschenhaube –.

281 BGH GRUR 1960, 395, 396 – Dekorationsgitter –; BGH GRUR 1977, 547, 549 – Kettenkerze –; Eichmann/von Falckenstein, GeschmMG, § 1 Rn. 32.

282 In Bezug auf einen Schutz durch das Geschmacksmusterrecht etwas opimistischer, Fricke VersR 1997, 162, 166.

Sonderrechte und das Urheberrecht nur sehr eingeschränkt möglich. Umso bedeutender könnte daher ein wettbewerbsrechtlicher Schutz sein. Das Verhalten der Dienstleister ist wettbewerbsrechtlich aus drei verschiedenen Blickwinkeln zu untersuchen. Zu unterscheiden sind hierbei insbesondere die Schutzmöglichkeiten durch das allgemeine Wettbewerbsrecht, interne Verbandsvorschriften und Bestimmungen der Aufsichtsbehörden[283]. Ferner sind die Schutzmöglichkeiten von Geschäftsgeheimnissen gemäß §§ 17 ff. UWG darzustellen.

1. Allgemeines Wettbewerbsrecht

Die Entwicklung eines neuen Dienstleistungsmodells bis zur Marktreife sowie die Vermarktung der hierauf basierenden Dienstleistungen stellen aus Sicht des Dienstleisters und des Marktes einen Wettbewerbsvorteil dar. Durch die Imitation des Produktes wird dieser Wettbewerbsvorsprung eingebüßt. Mit Nachahmungen muss insbesondere der Produzent eines erfolgreichen Produktes rechnen. Trotzdem muss das Kopieren von Innovationen im Rahmen einer freien Marktwirtschaft zunächst wertungsneutral als „normale“ Wettbewerbshandlung beschrieben werden. Dieses basiert auf der Einsicht, dass jede Form von Wettbewerb aus der Sicht des Konkurrenten eine Beschränkung der eigenen Vorteile am Markt darstellt. Innerhalb einer freien Wirtschaftsordnung ist offensichtlich, dass trotz oder gerade aufgrund aller Freiheit auch dem Missbrauch dieser Freiheit begegnet werden muss. Die Wettbewerbsfreiheit als Ausformung der allgemeinen Handlungsfreiheit (Art. 2 Abs. 1 Satz 1 GG) kann nicht schrankenlos gewährleistet werden. Erreicht das Erwerbsstreben einzelner Teilnehmer im Wettbewerb ein besonderes Maß an Aggressivität, geht von diesem Verhalten eine Gefährdung der anderen Marktteilnehmer aus. Im Interesse dieser betroffenen Wettbewerber und der Allgemeinheit bedarf es einer staatlichen Intervention[284].

Diese Aufgabe wird in der Rechtsordnung hauptsächlich durch das Gesetz gegen Wettbewerbsbeschränkungen (GWB) und das Gesetz gegen den unlauteren Wettbewerb (UWG) wahrgenommen[285]. In Hinblick auf einen Schutz von innovativen Dienstleistungen ist die Frage zu stellen, ob die Nachahmung eines Dienstleistungsmodells oder einer isolierten neuartigen Dienstleistung nicht als unlauterer und damit verbotener Eingriff in den Wettbewerb gesehen werden kann. Zentrale Bedeutung kommt hierbei der Generalklausel des § 1 UWG in Verbindung mit § 12 UWG zu. Sie bestimmt, dass derjenige, der im geschäftlichen Verkehr zu Zwecken des Wettbewerbs Handlungen vornimmt, die gegen die guten Sitten verstoßen, auf Unterlassen und Schadensersatz in Anspruch genommen werden kann. Hieraus ergibt sich die Problemstellung, ob und unter welchen

---

283 Ramming, Das Verbandswettbewerbsrecht der Versicherungswirtschaft, VersR 1992, 409; Prölss/Schmidt/Kollhosser, VAG, Anh. I § 81 Rn. 1.

284 Jarass/Pieroth, Art. 2 Rn. 11; Dürig in Maunz/Dürig/Herzog/Scholz, Art. 2 I Rn. 56.

285 Hefermehl, FS GRUR, S. 902.

Umständen die Übernahme einer Dienstleistung gegen die guten Sitten verstößt und somit über die Generalklausel des UWG ein zusätzlicher Leistungsschutz begründet werden kann. In diesem Fall hätte der Erfinder eines neuen Dienstleistungsmodells die Möglichkeit, sich gegen Imitatoren zur Wehr zu setzen.

Wann verstößt jedoch eine Leistungsübernahme oder Nachahmung gegen das Anstandsgefühl aller verständigen und gewissenhaften Durchschnittsgewerbetreibenden[286]? Angesprochen ist hiermit eines der Hauptspannungsfelder des Wettbewerbsrechts. Der Innovator verlangt nach Schutz für seine Leistung, während die Konkurrenz möglichst weitgehend an der Neuheit partizipieren möchte. Als gegenläufige Ordnungskräfte stehen sich Leistungsschutz und Nachahmungsfreiheit gegenüber, die beide ein legitimes Anliegen innerhalb der Gesamtwettbewerbsordnung darstellen. Die Suche nach dem richtigen Verhältnis zwischen diesen beiden Polen steht zur Diskussion[287]. Weitgehend ist dieses Spannungsverhältnis durch den Gesetzgeber gelöst worden. Wenn jedoch Patentrecht, Markenrecht oder Urheberrecht keinen Schutz bieten, bleibt nur noch der Ruf nach dem Wettbewerbsrecht und einem ergänzenden Leistungsschutz.

Wenn es nachfolgend schwerpunktmäßig um die Konkretisierung des Begriffes der „guten Sitten“ in Bezug auf die Übernahme einer fremden Leistung geht, wird dieser Problemkreis häufig unter den Schlagwörtern „Schmarotzen“, „Anhängen“, „Anlehnen“, „Trittbrettfahren“, „Ausbeutung fremder Leistung“, „sklavische Nachahmung“ und „unmittelbare Leistungsübernahme“ erörtert[288]. Obwohl vorliegende Arbeit nach Schutzmöglichkeiten für innovative Dienstleistungen sucht, darf dieses den Blick nicht verstellen. Im Nachfolgenden soll daher auf Schlagworte, die eine wettbewerbsrechtliche Begründung überdecken, verzichtet werden[289].

a) Dogmatische Ansätze eines ergänzenden Leistungsschutzes in Deutschland

Jedes Wirtschafts- und Wettbewerbsrecht muss eine Entscheidung treffen, ob und welche Leistungen durch die Rechtsordnung Schutz erfahren sollen. Mit Regelungen im Bereich des Patentrechts, Markenrechts, Geschmacksmusterrechts und Urheberrechts ist der Gesetzgeber umfangreich tätig geworden. Es stellt sich daher die Frage, ob – und wenn ja – in welchem Umfang das Wettbewerbsrecht einen weitergehenden Schutz gewähren darf. Denkbar sind hier grundsätzlich zwei Ansätze. Zum einen ist es möglich, auf die unternehmerische Leistung als Schutzgut auch im Rahmen des Wettbewerbsrechts abzustellen. Der gegensätzli-

---

286 BGH GRUR 1955, 346, 349 – Progressive Kundenwerbung –; Baumbach/Hefermehl, Einl. UWG, Rn. 85 ff.; v. Godin, § 1 Rn. 57.

287 Müller-Laube, ZHR 156 (1992) 480, 481; Erdmann, GRUR 1996, 550, 551.

288 Emmerich, S. 159; Rößler, GRUR 1995, 549, 550.

289 Zur Problematik des Argumentationsersatzes siehe Tilmann, GRUR 1987, 865, 866; Kur, GRUR 1990, 1; Rößler, GRUR 1995, 549, 550.

che Ansatz wäre, dass sich ein wettbewerblicher Schutz erst aus einer von der Nachahmung isolierten, anderen wettbewerbsfremden Verhaltensweise ergeben kann. Mit anderen Worten, Leistungserfolge könnten, je nach dogmatischer Einordnung, direkten oder indirekten Schutz durch das Wettbewerbsrecht erhalten.

aa) Prinzip der Nachahmungsfreiheit außerhalb des gewerblichen Rechtsgüterschutzes

Nachahmungshandlungen, die nicht durch Sonderschutzrechte sanktioniert sind, bleiben grundsätzlich erlaubt, da sie durch die Nachahmungsfreiheit gedeckt sind.

Seit der Entscheidung *Zelluloid-Wickler*[290] des Reichsgerichts aus dem Jahr 1929 hat sich in Deutschland der wettbewerbstheoretische Ansatz durchgesetzt, dass einem innovativen Leistungsergebnis nur ein mittelbarer Schutz in Form eines Handlungs-, nicht jedoch eines Leistungsschutzes gewährt werden kann. Ein ergänzender Leistungsschutz im Rahmen des UWG ist immer nur als Reflex möglich, wenn dieser einem Leistungsergebnis zugute kommt[291].

Vor dieser Entscheidung hatte die Rechtsprechung einen gänzlich gegenläufigen Ansatz vertreten. Noch zu Beginn des Jahrhunderts gestattete das Reichsgericht einen umfassenden direkten wettbewerbsrechtlichen Leistungsschutz für herausragende Leistungsergebnisse. Als Begründung führte das Reichsgericht in seinen Entscheidungen an, dass es sittenwidrig wäre, die „mit Mühe und Kosten errungenen Arbeitsergebnisse“ eines anderen für den eigenen wirtschaftlichen Vorteil auszunutzen[292]. In Bezug auf die Übernahme fremder Leistungen ist somit ein Paradigmenwechsel der Einordnung von grundsätzlich wettbewerbsfremdem und somit verbotenem Verhalten zu einem grundsätzlich erlaubten Verhalten zu verzeichnen.

Das Prinzip der Nachahmungsfreiheit führt dazu, dass die Übernahme fremder Leistungsergebnisse grundsätzlich zulässig ist, soweit nicht Sonderschutzgesetze eingreifen oder Tatbestände vorliegen, die die Übernahme aus wettbewerbsrechtlicher Sicht unstatthaft erscheinen lassen[293]. Die Aneignung einer fremden Leistung kann regelmäßig die Sittenwidrigkeit nicht begründen. Das Wettbewerbsrecht kann keinen grundsätzlichen Schutz gewähren, wo die Immaterialgüterrechte versagen, da lediglich der Schutz von Mitbewerbern, Verbrauchern und

---

290 RG GRUR 1929, 483 – Zelluloid-Wickler –.

291 Ulmer/Reimer, Bd. III, Nr. 266 ff.; Baumbach/Hefermehl, § 1 Rn. 440; v. Godin, § 1 Rn. 92; Kur, GRUR 1995, 1; Knies, S. 54; Wiebe, S. 131; Koppensteiner, Wettbewerbsrecht, S. 457; Nerreter, GRUR 1957, 408 ff.; Emmerich, Wettbewerbrecht, S. 160; v. Gamm, GRUR 1978, 453, 456. Kehl, Wettbewerbsrecht, § 17; Rittner, Wettbewerbsrecht, S. 56 ff.

292 RG GRUR 1925, 280 – Käthe Kruse –; RGZ 115, 180, 182, 183 – Puppenjungen –; KG GRUR 1925, 40, 42 – Multigraph –; Zur Kritik an dieser Rechtsprechung siehe Benjamin, GRUR 1925, 36; ders., GRUR 1925, 296; Isay, GRUR 1928, 421, 422; Hillig, GRUR 1929, 247, 255.

293 Baumbach/Hefermehl, § 1 UWG Rn. 442.

der Allgemeinheit in dessen Schutzbereich fallen würde[294]. Die Schaffung von Ersatzschutzrechten kann daher nicht Aufgabe des Wettbewerbsrechts sein[295].

Die Nachahmungsfreiheit ist innerhalb dieses Ansatzes die zentrale Instanz. Um ihre Reichweite analysieren zu können, bedarf es einer eingehenden Betrachtung der fundamentalen Rechtfertigung der Nachahmungsfreiheit. Hierbei werden unterschiedliche Ansätze und Argumente aus verschiedenen Rechtsbereichen bemüht. Nachfolgend soll daher auch der Versuch unternommen werden, diese Ansätze zu systematisieren, um später eine differenzierte Betrachtung zu ermöglichen.

(1) Menschliches Schaffen

Ausgangspunkt kann zunächst eine rein tatsächliche Betrachtung eines jeden wettbewerblichen Handelns und der Schaffung von Leistungen sein. Jedem wirtschaftlichen oder kulturellen Schaffensprozess, wie grundsätzlich jedem anderen menschlichen Arbeitsergebnis, liegen Erfahrungen, Ideen und Ergebnisse anderer zugrunde. Dem entspricht spiegelbildlich die moralische Verpflichtung gegenüber der Allgemeinheit, Ergebnisse der eigenen geistigen Arbeit grundsätzlich weiterzugeben und nicht für sich selbst zu monopolisieren. Überspitzt formuliert, die Ausnutzung fremder Arbeitsergebnisse ist zwingende Voraussetzung für Neuschaffungen und in den meisten Fällen gerade der Ansatzpunkt einer innovativen Leistung[296].

In einem funktionsfähigen System dienen sowohl Innovation als auch Imitation dem Fortschritt. Durch Nachahmungen und Wettbewerb wird die Grundlage für weitere Innovationen gelegt. Beide stehen in einer Wechselbeziehung zueinander. Um die eigene Stellung im Markt zu verteidigen, muss ständig an der Verbesserung bestehender und der Entwicklung neuer Produkte und Verfahren gearbeitet werden (Innovationsspirale). Der durch die Gefahr des Verlustes von Marktanteilen bedingte Fortschritt würde bei einem generellen Nachahmungsverbot ausbleiben. Auf der anderen Seite ist das Vorliegen einer innovativen Leistung im gleichen Maße zwingende Voraussetzung für Nachahmungen, da sich durch die Neuheit des Produktes für die Imitatoren neue Marktchancen ergeben. Ohne die Möglichkeit der Verbesserung der eigenen Marktposition für den Konkurrenten würde auch die Nachahmung unterbleiben. Daher besteht auf Seiten der Plagiatoren das Anliegen, sich die innovative Leistung möglichst schnell zu Eigen zu machen[297].

---

294 Köhler/Piper, § 1 Rn. 259, 260; Wiebe, S. 131; Nordemann, UWG, Rn. 20 ff.

295 Tetzner, JR 1968, 324, 326; Walch, S. 24.

296 RGZ 135, 385, 394 – Künstliche Blumen –; Baumbach/Hefermehl, § 1 Rn. 440, spricht davon, dass jeder auf den Schultern seiner Vorgänger steht; Nordemann, UWG Rn. 353; Erdmann, GRUR 1996, 550, 555.

297 Fikentscher, Wirtschaftsrecht Bd. I, S. 941; Sambuc, S. 1; Callmann, GRUR 1928, 251, 252; ders, GRUR 1928, 430, 433.

Bereits diesen Erfahrungssätzen ist zu entnehmen, dass moderne Industriegesellschaften auf die Übernahme und Nachahmung von Innovationen angewiesen sind. Die Schaffung von „Ersatzausschließlichkeitsrechten" würde zu einer völlig unangemessenen Unterbrechung des wirtschaftlichen, technischen und kulturellen Fortschritts führen, der nicht hingenommen werden könne[298]. Es ist hierdurch nicht nur offensichtlich, dass jeglicher Versuch einer Abgrenzung zwischen erlaubter und unerlaubter Nachahmung in einem Umfeld ständigen Kopierens schwer fallen muss. Es wird vielmehr auch deutlich, dass der Prozess des menschlichen Schaffens sowohl nach einer umfassenden Nachahmungsfreiheit verlangt, als auch diese in gleiche Weise zu rechtfertigen vermag.

(2) Sonderschutzrechte / Kodifikationsgedanke

Hilfestellung bei der Eingrenzung des Anwendungsbereichs des Wettbewerbsrechts in Bezug auf Nachahmungen bzw. bei der Bestimmung der Reichweite der Nachahmungsfreiheit können und müssen die gewerblichen Sonderrechte geben. Enthalten sie eine abschließende Regelung, bleibt ein Rückgriff auf das Wettbewerbsrecht verwehrt. Zu betrachten ist hierbei der Patent-, Geschmacksmuster- und Urheberrechtschutz. In diesen Sonderrechten kommt der Wille des Gesetzgebers zum Ausdruck, bestimmte, für die Gesellschaft besonders wertvolle Leistungen unter Schutz zu stellen. Zunächst ist jedoch festzustellen, dass keines der gewerblichen Sonderrechte eine vollständig abschließende Regelung enthält. Die Nachahmungsfreiheit wurde in keinem der Gesetze, sei es innerhalb des gewerblichen Rechtschutzes oder des Wettbewerbsrechts, normiert[299]. So hat beispielsweise das Bundesverfassungsgericht in seiner Entscheidung „Bob Dylan" festgestellt, dass das Urheberrecht nur einen lückenhaften Schutz gewähren könne, der durch das UWG verbessert werden sollte[300]. Wenn daher die heute herrschende Meinung in Literatur und Rechtsprechung davon ausgeht, dass die Sonderrechte im Bereich der Leistungsübernahme eine abschließende Regelung enthalten, bedarf dieses einer weiteren Begründung.

Um im Spannungsverhältnis von Leistungsschutz und Nachahmungsfreiheit[301] zu einer interessengerechten Abgrenzung zu gelangen, muss daher zwischen zwei Situationen differenziert werden. Es ist zu fragen, wie die gewerblichen Schutzrechte einen Leistungsschutz nach § 1 UWG beeinflussen, je nachdem, ob der Schutzbereich des Schutzrechtes für die zu schützende Leistung eröffnet ist oder nicht[302].

---

298 Emmerich, S. 160.

299 Schulte-Beckhausen, S. 14.

300 BVerfG ZUM 1990, 285, 291 – Bob Dylan –.

301 v. Gamm, Kap. 21, Rn. 3.

302 Im Rahmen dieser Arbeit muss auf eine ausführliche Analyse der Schutzbereiche der einzelnen Sonderrechte aus wettbewerbsrechtlicher Sicht verzichtet werden, siehe hierzu die Darstellung der Sonderrechte und Schulte-Beckhausen, S. 65 ff.

(a) Schutzbereich eröffnet

Zunächst bedarf es einer Beurteilung der Fälle, in denen innovative Leistungen grundsätzlich sonderrechtlich geschützt wären, ein solcher Schutz aber nicht eingreift, weil der Erfinder z.B. kein Patent angemeldet hat[303]. Mit den Sonderschutzrechten wurde Leistungsschutz in Form von eigentumsrechtlichen Positionen gewährt. Für den Bereich des Leistungsschutzes handelt es sich hierbei gegenüber der wettbewerblichen Generalklausel um die spezielleren Normen. Aus dem Rechtssatz des Ausschlusses der allgemeineren zugunsten der spezielleren Norm[304] ergibt sich, dass ein Leistungsschutz aus § 1 UWG erst eingreifen kann, wenn die Verletzung von Sonderschutzrechten verneint wurde.

Den scharf definierten Schutztatbeständen der Sonderrechte und der klaren zeitlichen Begrenzung der Ausschließlichkeitsrechte ist weiterhin zu entnehmen, dass der Ausschluss eines wettbewerbsrechtlichen Leistungsschutzes nicht auf der Rechtsfolgenseite halt machen darf. Diese Wertung muss auch auf den Schutzbereich der unterschiedlichen Sonderrechte übertragen werden. Alle Sonderrechte begründen ihren Rechtsschutz in der Qualität der Leistung. Diese kann technischer, künstlerischer, ästhetischer oder sonstiger Art sein. Diese Entscheidung des Gesetzgebers muss respektiert werden. Innerhalb des jeweiligen Schutzbereichs müssen diese Regelungen als abschließend angesehen werden. Solange eine Leistung in den Schutzbereich fällt, ist ein Leistungsschutz gemäß UWG ausgeschlossen. Greift ein Sonderrecht trotz eröffneten Schutzbereichs nicht ein, muss die Nachahmungsfreiheit unbegrenzt Anwendung finden[305]. Das Wettbewerbsrecht darf auch nicht herangezogen werden, um einen nicht mehr bestehenden Sonderrechtsschutz zu ersetzen, da hierdurch die zeitlichen Begrenzungen des Schutzrechts umgangen werden würden[306]. Niemand wäre bereit, Sonderrechtsschutz – mit den damit verbundenen Kosten und dokumentarischem Aufwand – in Anspruch zu nehmen, wenn über § 1 UWG ein kostenloser und formfreier Schutz zur Verfügung stehen würde.

Dieses Teilergebnis hat für die Frage der Schutzmöglichkeit von Versicherungsmodellen keine negativen Auswirkungen, da Dienstleistungen, entsprechend der vorangegangenen Untersuchung, außerhalb des Schutzbereiches der Sonderrechte liegen.

---

303 Kann Sonderrechtsschutz erlangt werden, ist ein Schutz durch das Wettbewerbsrecht aus der Sicht der Praxis nicht interessant, da die Sonderrechte einen umfassenderen Schutz bereithalten, siehe §§ 97, 15 ff. UrhG, §§ 139, 9 PatG.

304 Lex specialis derogat legi generali; Larenz, Methodenlehre, S. 266 ff.

305 Emmerich, S. 160f.; Englert, Mitarbeiterfestschrift Eugen Ulmer, S. 297, 304; Sambuc Rn. 7 f.

306 BGH GRUR 1973, 478, 479 – Modeneuheiten –; BGHZ 44, 288, 296 – Apfel-Madonna –; Nordemann, UWG, Rn. 368; Englert, Mitarbeiterfestschrift Eugen Ulmer, S. 297, 298.

(b) Schutzbereich nicht eröffnet

Wie gerade gesehen, können die Sonderschutzrechte die Anwendung der wettbewerblichen Generalklausel in Bezug auf einen Leistungsschutz ausschließen. Klärung bedarf jedoch die Frage, ob dieser Ausschluss auch über den Anwendungsbereich der Sonderrechte hinausgehen kann. Aufgrund des nicht eröffneten Schutzbereiches vermag das Argument des Ausschlusses der allgemeineren Norm zugunsten der spezielleren Norm nicht die gleiche Tragkraft zu entfalten. Es wäre auch möglich, dass eine Situation der Normenkonkurrenz gegeben ist, sich die Tatbestände also nur teilweise decken. In diesem Fall müsste jeweils entschieden werden, ob eine Fallkonstellation der einen oder der anderen Norm unterfällt. Folge wäre aber auch eine nur begrenzte Sperrwirkung der gewerblichen Schutzrechte[307]. Eine eingehende Begründung ist aber für die vorliegende Untersuchung, welchen Schutz neuartige Versicherungsprodukte und Konzepte erlangen können, und das grundsätzliche Verständnis der dogmatischen Einordnung des ergänzenden Leistungsschutzes, von entscheidender Bedeutung. Enthält der gewerbliche Rechtsschutz eine negative Regelung zu Lasten eines ergänzenden Leistungsschutzes? Nur hierdurch lässt sich beantworten, warum das Wettbewerbsrecht keine Ersatzausschließlichkeitsrechte begründen darf.

Ein Hauptansatzpunkt zur Begründung der Ausschließlichkeit ist ein Umkehrschluss unter Fokussierung des gewerblichen Rechtsschutzes. Was durch diesen nicht geschützt ist, muss gemeinfrei sein[308]. Durch die umfangreichen Kodifikationen im Bereich des Leistungsschutzes habe der Gesetzgeber eine in diesem Bereich abschließende Regelung herbeigeführt. Bei anderen Leistungsergebnissen habe sich der Gesetzgeber nach sorgsamer Abwägung gegen einen Schutz entschieden. Daher müssen auch Leistungen, welche aufgrund der gesetzgeberischen Entscheidung nicht in den Schutzbereich der Sonderrechte fallen, im Interesse des gesellschaftlichen und wirtschaftlichen Fortschritts frei zur Nachahmung sein[309]. Die sich daraus ergebende Nachahmungsfreiheit kann nur dann vollständig gewährleistet werden, wenn die Sonderschutzrechte abschließend seien[310]. Auch würde es andernfalls zu einer Aushöhlung der Sonderrechte kommen und dieses nicht allein in Bezug auf einen UWG-Schutz, sondern auch im Rahmen des allgemeine Zivilrechts. Formvorschriften und materielle Anforderungen würden leer laufen[311].

Andererseits kann auch die Wettbewerbsordnung Ausgangspunkt der Betrachtung sein. Der gewerbliche Rechtsschutz und das Urheberrecht stellen hier Wett-

307 Hellenschmidt, S. 9.

308 Baumbach/Hefermehl, § 1 UWG Rn. 439; Ulmer/Reimer, Bd. III, Nr. 266; v.Gamm, Kap. 21, Rn. 3.

309 Emmerich, S. 160; Baumbach/Hefermehl, § 1 UWG Rn. 439.

310 Schulte-Beckhausen, S. 18.

311 Luchterhandt, GRUR 1969, 581, 582; Emmerich, S. 160; Baumbach/Hefermehl, § 1 UWG Rn. 439.

bewerbsbeschränkungen dar. Als solche bräuchten sie ein konkretes gesetzliches Fundament, wie es in den Kodifizierungen zum Ausdruck kommen würde. Durch den Zwang zur Kodifikation ergäbe sich jedoch auch der abschließende Charakter der Sonderschutzrechte[312].

Weiter seien unverkennbar Bestrebungen des Gesetzgebers zu sehen, die gesetzlichen Regelungen im Bereich des gewerblichen Rechtsgüterschutzes auf dem neuesten Stand zu halten, was deren abschließenden Charakter unterstreicht[313]. So habe der Bundestag die Bundesregierung bereits 1985 ersucht, alle drei Jahre einen Bericht über Entwicklungen im Bereich des geistigen Eigentums zu erstatten und geeignete Maßnahmen vorzuschlagen[314].

Schließlich wird die Anerkennung neuer Schutzrechte durch die Rechtsprechung als nicht zu rechtfertigender Eingriff in die „Prärogativen des Gesetzgebers“ gesehen[315]. Die Gewährung von Monopolen müsse dem Gesetzgeber vorbehalten bleiben.

(3) Funktion des Wettbewerbsrechts innerhalb der Rechtsordnung

Neben der Abgrenzung zu den gewerblichen Schutzrechten wird noch ein zweites systematisches Argument vorgebracht. Die Abgrenzung erfolgt hier von der Seite des Wettbewerbsrechts. Der wettbewerbliche Leistungsschutz erfasse einen anderen Aspekt als die gewerblichen Sonderschutzrechte. Der Wettbewerbsrechtsschutz soll die Funktionsfähigkeit der Wettbewerbsordnung im Interesse der Mitbewerber, Verbraucher und der Allgemeinheit durch das Aufstellen objektiver Verhaltensnormen sichern. Die Generalklausel des UWG sei daher funktional zu verstehen und anzuwenden[316]. Das Wettbewerbsrecht beziehe sich daher allein auf die Verhinderung von sittenwidrigen Ausnutzungshandlungen im wirtschaftlichen Bereich[317]. Ausschließlichkeitsrechte, wie die gewerblichen Sonderrechte, schützen Leistungen gegenüber jedermann. Entsprechendes müsste auch für die wettbewerblichen Ersatzrechte gelten. Solche Rechte könnten jedoch nicht auf der Basis des § 1 UWG entstehen, da hier der Unwert der einzelnen Handlung beurteilt wird[318]. Aufgabe des Gesetzes gegen den unlauteren Wettbewerb und somit auch der Generalklausel sei nicht die Schaffung von Ersatzausschließlichkeitsrechten, sondern die Ahndung bestimmter wettbewerbswidriger Verhaltensweisen.

---

312 Gewiese, GRUR 1935, 633, 634.
313 Schulte-Beckhausen, S. 24.
314 BT-Drucksache 10 / 3360, S. 3.
315 Emmerich, S. 160, 161.
316 Nordemann, UWG, Rn. 20 ff.; Baumbach/Hefermehl, Einl. UWG Rn. 73 ff.
317 Groh, Jura 1984, 586.
318 Tetzner, JR 1968, 324, 326; Walch, S. 24; v.Gamm, WRP 1970, 125, 128; ders., GRUR 1978, 453, 454.

(4) Marktorientierte Argumentation

Auch eine marktorientierte Sichtweise verlange nach einer möglichst weitgehenden Nachahmungsfreiheit. Zur Funktionsfähigkeit des Marktes würde es gehören, dass alle Beteiligten am Markt teilnehmen und über die benötigten Ressourcen verfügen dürfen. Die Marktteilnehmer müssten untereinander in einem Wettbewerbsverhältnis stehen, woraus bereits zu folgern sei, dass es aus Sicht des Marktes der Nachahmungsfreiheit bedarf. Die bloße Teilnahme am Markt sei jedoch nicht ausreichend, gefragt wäre Engagement. Um dieses zu erreichen, müssten Investitionsanreize geschaffen werden. Patente, Gebrauchsmuster, Warenzeichen und Urheberrechte würden solche Anreize darstellen und somit die Funktionsfähigkeit des Marktes fördern, obwohl sie auf den ersten Blick markt- und wettbewerbsbeschränkend wirkten[319]. Um die Auswirkungen auf den Wettbewerb zu begrenzen, wurden diese Sonderrechte nicht nur zeitlich beschränkt, sondern auch Instrumentarien zur Verhinderung von Missbräuchen, wie die Zwangslizenz, eingeführt. Im Umkehrschluss hieraus ergäbe sich, dass, wo diese Anreize nicht gewährt werden sollen, der Wettbewerb durch Ersatzschutzrechte nicht beschränkt werden darf. In anderen Worten, die Zubilligung subjektiver Ausschließlichkeitsrechte stelle die Ausnahme, die Gemeinfreiheit den Regelfall dar[320]. Außerhalb der Sonderrechte zum Schutze des geistigen Eigentums sei die Funktionsfähigkeit des Marktes allein den Marktkräften zu überlassen[321].

Im Übrigen habe jeder Unternehmer, der ein neuartiges Produkt auf den Markt bringt, einen natürlichen Vorsprung. Erst wenn er in die Vermarktungsphase eintritt und seine Innovation somit der Öffentlichkeit zugänglich macht, könne die Konkurrenz beginnen, gegebenenfalls durch Nachahmung, ihr eigenes Produkt zu gestalten. Bis das gegnerische Produkt auf den Markt kommt, kann der Produzent des Ursprungsproduktes den ihm gebührenden Gewinn erzielen, da er ein faktisches Monopol besitzt. Nachahmung sei hier als Korrektur zugunsten des Marktes notwendig, um die entstandene Monopolstellung abzubauen. Würde man auf der anderen Seite die Nachahmung unterbinden, würde das Monopol bestehen bleiben[322].

(5) Zusammenfassung

Außerhalb des gewerblichen Rechtsschutzes bleiben nach diesem dogmatischen Ansatz Nachahmungen grundsätzlich rechtmäßig. Dieses bezieht sich jedoch nur auf die Nachahmung selbst. Von einem generellen Anwendungsausschluss kann

---

319 Tilmann, S. 212; Sack, ZHR 160 (1996) 493, 494.

320 Hellenschmidt, S. 13.

321 Gewiese, GRUR 1935, 633, 634.

322 Hellenschmidt, S. 5; Englert, Mitarbeiterfestschrift zum 70. Geburtstag von Eugen Ulmer, S. 297, 302 ff.

nach diesem Ansatz nicht die Rede sein. Wenn zu der Verwertung weitere Unlauterkeitsmerkmale hinzutreten, ist ein reflexartiger, indirekter Schutz möglich. Der Kern des Unrechtsvorwurfs liegt dann im Handlungsunrecht außerhalb der Nachahmung. Für innovative Dienstleistungs- und Versicherungsprodukte bedeutet dieses, dass sie primär schutzlos bleiben. Soweit doch noch ein mittelbarer Schutz in Frage kommt, wird zu prüfen sein, inwieweit dieser einen effektiven Schutz gewähren kann.

bb) Lehre von der unternehmerischen Leistung

Der Schutz unternehmerischer Leistungsergebnisse ist originäre Aufgabe des Wettbewerbsrechts. Dieser Schutz ist im Rahmen der Generalklausel zu gewähren.

Die Lehre von der unternehmerischen Leistung wendet sich gegen die Reduzierung des Wettbewerbsrechts als „Lückenbüßer" im Bereich des Nachahmungsschutzes. Die Vertreter dieses Ansatzes[323] haben ein gesteigertes Schutzbedürfnis ausgemacht, das durch die klassischen Sonderrechte zum Schutze des geistigen Eigentums nicht befriedigt werden würde. Als Instrument zur Lösung dieses Konfliktes zwischen Anspruch und Rechtswirklichkeit im Bereich der Sonderschutzrechte wird das Wettbewerbsrecht, insbesondere § 1 UWG, als geeignet angesehen. Es sei die gesetzgeberische Vorgabe, dass das Wettbewerbsrecht den Leistungswettbewerb gegen den Behinderungswettbewerb schützen solle. Somit wäre es auch eine originäre Aufgabe des Wettbewerbsrechts, unternehmerische Leistungen zu schützen, wenn diese durch Behinderungen in Form von Nachahmungen bedroht würden[324].

(1) Tatsächliches Bedürfnis

Der Schutz unternehmerischer Leistungen durch die Sonderrechte zum Schutz des geistigen Eigentums sei nicht vollständig. Nicht alle Leistungen, die als schutzwürdig anerkannt werden, würden durch die Sonderrechte auch den nötigen Schutz erfahren[325]. Dieses habe auch der Bundesgerichtshof in seiner „Modeneuheiten-Rechtsprechung" anerkannt. Zu diesen mangelhaft geschützten Leistungen müsse auch der weite Bereich der Dienstleistungen gezählt werden. Weiterhin wird auch der Schutz unternehmerischer Leistungen außerhalb der Sonderrechte gegen identische oder fast identische Nachahmungen als unzureichend erachtet. Insbesondere Unternehmen, die von der Nachahmung ihrer Produkte be-

---

323 Allen voran Fezer, WRP 1993, 63 ff.; ders., FS GRUR, S. 939; Nirk, GRUR 1993, 247 jeweils mit weiteren Nachweisen.

324 Fezer, WRP 1993, 63.

325 Nirk, GRUR 1993, 247, 248; Fezer, WRP 1993, 63, 64. siehe hierzu auch den Ansatz in der Schweiz.

troffen seien, hätten die zurückhaltende Rechtsprechung kritisiert[326]. Die Regel-Ausnahme-Systematik der herrschenden Meinung führe in ihrer praktischen Anwendung zu unbefriedigenden Ergebnissen, die zum Teil den Wertungen durchschnittlicher Gewerbetreibender widersprächen[327]. So würde als besonders unbefriedigend empfunden werden, dass grundsätzlich immer besondere Umstände vorliegen müssten, um die Unlauterkeit zu begründen, während die Nachahmung und die damit für das Unternehmen verbundenen Folgen in den Hintergrund gerieten[328]. Es seien somit zwei unterschiedliche Ebenen zu unterscheiden, auf denen ein Schutzdefizit ausgemacht werden könne[329]. Als ein Bereich, der lange Zeit – und vielleicht immer noch – unzureichenden Schutz erfahren habe, sei hier nur die Softwaresparte genannt. Eng verbunden sei dieses Ergebnis mit Erfahrungen aus der Vergangenheit, wo ein zunächst wettbewerbsrechtlicher Schutz später in ein Sonderrechtsschutz durch den Gesetzgeber umgewandelt wurde.

(2) Systematische Stellung der Schutzrechte in der Wettbewerbsordnung

Aufgabe des Wettbewerbsrechts sei es, eine Marktordnung zu errichten oder zu bewahren, in der ein fairer Leistungswettbewerb stattfinden könne. Außerhalb der Schutzbereiche der Sonderschutzrechte sei daher das Wettbewerbsrecht zu einer Konfliktlösung zwischen Leistungsschutz und Nachahmungsfreiheit berufen. Über die Generalklausel wäre es die Aufgabe der Gerichte, über die Zulässigkeit von Nachahmungen nach wettbewerbsrechtlichen Grundsätzen zu urteilen. Insbesondere richtet sich diese Lehre gegen den Umkehrschluss, dass Leistungen, die im Rahmen der Immaterialgüterrechte unberücksichtigt geblieben sind, gemeinfrei sein sollen. Die Vorstellung, der Gesetzgeber habe den Bereich des geistigen Eigentums abschließend geregelt oder regeln wollen, sei ein Irrtum[330]. Interessant sei es in diesem Zusammenhang zu sehen, dass der Gesetzgeber und zum Teil auch die Gerichte offensichtlich selbst nicht mehr davon ausgehen, dass eine abschließende Regelung geschaffen wurde. Zu denken wäre auch hier an das Ersuchen des Bundestages an die Bundesregierung, alle drei Jahre einen Bericht über Entwicklungen im Bereich des geistigen Eigentums zu erstatten[331].

---

326 Eingabe betreffend den Referentenentwurf eines Gesetzes zur Änderung des Gesetzes über Urheberrecht und verwandte Schutzrechte der deutschen Vereinigung für gewerblichen Rechtsschutz und Urheberrecht, GRUR 1985, 867, 868.

327 Müller-Laube, 156 (1992) ZHR 480, 510.

328 Eingabe betr. den Referentenentwurf eines Gesetzes zur Änderung des Gesetzes über Urheberrecht und verwandte Schutzrechte der deutschen Vereinigung für gewerblichen Rechtschutz und Urheberrecht, GRUR 1985, 867, 868.

329 BJM Engelhard, Recht. Informationen des Bundesministeriums für Justiz Nr. 7/1985, 1 ff.; Krüger, GRUR 1986, 115; dieses entspricht der Unterscheidung der h.M., ob im Rahmen der Sonderschutzrechte der Schutzbereich eröffnet ist, hierzu oben.

330 Quiring, WRP 1985, 684, 686.

331 BT-Drucksache 10 / 3360, S. 3; siehe auch BVerfG ZUM 1990, 285, 291 – Bob Dylan –.

Die getrennte Kodifizierung von Immaterialgüterrechten und dem Sachenrecht des BGB sei rechtshistorisch bedingt, der nicht die Intension zugrunde lag, die anerkannten Ausschließlichkeitsrechte in einem einheitlichen Gesetzgebungsrahmen zu vereinigen. Etwas anderes ergäbe sich auch nicht aus der Zusammenfassung dieser Kodifikationen zum Rechtsgebiet des gewerblichen Rechtsschutzes / geistigen Eigentums, was bereits dadurch deutlich wird, dass die einzelnen Schutzrechte keineswegs durch ein einheitliches Schutzanliegen geeint sind. Diese Einteilung erfolgte erst später nach der Rechtssetzung[332]. Die formal-juristische Sichtweise der herrschenden Meinung basiere auf einer veralteten Sicht der Wettbewerbsordnung. Ein wettbewerbsrechtlicher Nachahmungsschutz habe einen anderen Schutzzweck als die Sonderschutzrechte. Das Wettbewerbsrecht diene dem Schutz und Erhalt des Leistungswettbewerbs gegen den Behinderungswettbewerb. Um einen Schutz des Leistungswettbewerbs zu gewährleisten, sei es erforderlich, die Schutzwürdigkeit der unternehmerischen Leistung anzuerkennen[333].

Zum anderen sei der gewerbliche Rechtsschutz integraler Bestandteil der objektiven Wettbewerbsordnung und stehe auf einer Stufe mit dem Schutz gegen den unlauteren Wettbewerb. Es wäre daher in diesem Zusammenhang verfehlt, den Monopol- / Privilegcharakter der gewerblichen Schutzrechte hervorzuheben und die hiermit verbundenen Beschränkungen der Wettbewerbsfreiheit zu betonen. Ein Leistungsschutz durch das Wettbewerbsrecht besitze nicht den Charakter eines Ausschließlichkeitsrechts, da er anders als die Sonderschutzrechte Dritten gegenüber keine Wirkung entfalte[334]. Auch das Argument des natürlichen zeitlichen Vorsprungs greife letztendlich nicht ein, da aufgrund der immer besseren Vervielfältigungstechniken ein solcher Vorsprung in Wirklichkeit nicht gegeben sei[335].

Weiterhin müsse gesehen werden, dass das Prinzip der Gewerbefreiheit und die darauf aufbauende Nachahmungsfreiheit aus einem gänzlich anderen wirtschaftlichen Umfeld stammen würde. Bei der Proklamation dieser Freiheiten wäre Deutschland, im Gegensatz zu heute, ein industrielles Entwicklungsland gewesen[336]. Beachtung müsse daher auch finden, dass es sich bei der Nachahmungsfreiheit nur um eine Ordnungskraft innerhalb des Wettbewerbs handeln würde, die nicht von Natur aus über anderen Kräften des Wettbewerbs stehe[337]. Anfang des 21. Jahrhunderts müsse der gewerbliche Rechtsgüterschutz (im weiteren Sinne) vielmehr als austariertes System zwischen Innovationsanreiz und der Erlaubnis der Nachahmung gesehen werden. Dieser Ausgleich habe in erster Linie den gesamtgesellschaftlichen Fortschritt zum Ziel. Ein solches Ergebnis könne je-

---

332 Nirk, GRUR 1993, 247, 251.
333 Fezer, WRP 1993, 63, 65.
334 Fezer, GRUR 1986, 485, 490; ders., FS GRUR, S. 939, 941; Quiring, WRP 1995, 684, 687.
335 Quiring, WRP 1985, 684, 687.
336 Krüger, GRUR 1986, 116, 122.
337 Müller-Laube, ZHR 156 (1992) 480, 496.

doch nur durch einen, in der objektiven Wettbewerbsordnung verankerten, fairen Leistungswettbewerb erreicht werden. Diese Wertung müsse daher auch außerhalb des Anwendungsbereiches des gewerblichen Rechtsschutzes im Auge behalten bleiben, so dass sich eine einseitige Beurteilung zugunsten des Innovators (Leistungsschutz) oder des Nachahmenden (Nachahmungsfreiheit) verbieten würde. Bei der Bewertung von Leistungsübernahmen solle daher im Gegensatz zur herrschenden Meinung und Rechtsprechung die Nachahmung nicht grundsätzlich von der Nachahmungsfreiheit gedeckt sein. Es wird vielmehr anerkannt, dass das Bedürfnis des Innovators nach Schutz und das Anliegen der Wettbewerber nach Erlaubnis der Nachahmung auf einer Ebene stehen[338]. Bei der vorgenannten Abwägung kommen einzelne Kommentatoren teilweise sogar zu dem Ergebnis, dass das Interesse des Unternehmers an einem Schutz seines Produktes das Interesse der Allgemeinheit an der Freiheit des Wettbewerbs und der Förderung des wirtschaftlichen Fortschritts überwiegen könne[339].

(3) Vorreiterfunktion in Vergangenheit und Zukunft

In der Vergangenheit sei deutlich geworden, dass die Sonderschutzrechte nicht alle Leistungen erfassen, die als schützenswert angesehen werden müssen. Auch wenn neue Schutzrechte dem System des gewerblichen Rechtsschutzes hinzugefügt worden seien, bestünde Einigkeit, dass der Gesetzgeber der tatsächlichen Entwicklung immer hinterherhinke[340]. Die ständigen technischen und sozialen Veränderungen seien durch den Gesetzgeber nie vollständig vorhersehbar, so dass meistens erst mit einer zeitlichen Verzögerung auf die Bedürfnisse der Praxis reagiert werden könne. Darüber hinaus wären bestimmte Leistungen, und hierzu gehören auch die Dienstleistungen im weitesten Sinne, von einem Schutz traditionell ausgeschlossen worden[341]. In diesem Zusammenhang sei auch zu sehen, dass das Wettbewerbsrecht in der Vergangenheit häufig eine Vorreiterrolle bei der Schaffung neuer Rechte und beim Schutz neuartiger Leistungen übernehmen musste und auch übernommen hat[342]. So entschied zum Beispiel das Reichsgericht, dass das Nachpressen von Schallplatten gegen § 1 UWG verstoße, bevor ein urheberrechtlicher Schutz für Künstler durch die Änderung des LUG vom 22. 05. 1910 verfügbar war[343]. Ein weiteres Beispiel für ein Ineinandergreifen von Wettbewerbsrecht und gewerblichem Rechtsgüterschutz ließe sich im Bereich des Patentrechts finden. Hier wurde durch die Gerichte ein wettbewerbsrechtlicher Schutz gewährt, als kriegsbedingt eine Patenterteilung

338 Müller-Laube, ZHR 156 (1992) 480, 495.

339 Hubmann, Lehrbuch gewerblicher Rechtsschutz § 50 I, vor 1; ders., GRUR 1975, 230, 235.

340 Sambuc, Rn. 6, Schulte-Beckhausen, S. 22; Sack, WRP 1985, 1, 2.

341 Eine bemerkenswerte Ausnahme ist die Dienstleistungsmarke.

342 Sack, WRP 1985, 1, 2; v. Gamm, Kap. 21, Rn. 1.

343 RGZ 73, 294, 297 – Schallplatten –; weitere Beispiele sind der Veranstalterschutz (§ 81 UrhG) und der Schutz von Sendeunternehmen (§ 87 UrhG), siehe auch v.Gamm, Kap. 21, Rn. 1.

nicht möglich war (Mai 1945 bis Oktober 1949)[344]. Bereits dieser unvollständige historische Rückblick offenbare, dass eine strikte Trennung von Wettbewerbsrecht und gewerblichem Rechtsschutz in der Vergangenheit nicht vorgenommen wurde und für die Zukunft nicht zwingend sei. Auch würde deutlich, dass die Rechtsprechung sich nicht immer an ihren eigenen Ansatz der Nachahmungsfreiheit auf der Basis der abschließenden Gestaltung der Sonderschutzrechte durch den Gesetzgeber gehalten habe. Würden die Gesetze zum Schutze des geistigen Eigentums grundsätzlich eine abschließende Regelung des Leistungsschutzes darstellen, hätte die Rechtsprechung in oben genannten Beispielen keinen Schutz gewähren dürfen[345].

(4) Anstandsformel / Schutz von Modeneuheiten

Der Rechtsprechung wird weiterhin entgegengehalten, sich zu weit von der eigenen „Anstandsformel“ entfernt zu haben. Definiert man einen Sittenverstoß als Verhalten, das dem Anstandsgefühl des Durchschnittsgewerbetreibenden widerspricht, so sei festzuhalten, dass aus Sicht der entsprechenden Kreise fast jeder Leistungsübernahme etwas Unredliches anhaftet. Auf dieser Grundlage müssten jedoch Leistungsübernahme und besondere Merkmale in einer wettbewerbsrechtlichen Bewertung anders gewichtet werden, als dieses durch die Rechtsprechung geschieht. Über § 1 UWG sei ein Leistungsschutz zulässig und geboten[346].

Eines der Hauptargumente für einen originären Leistungsschutz leitet die Lehre von der unternehmerischen Leistung aus der Rechtsprechung des Bundesgerichtshofes im Bereich der Modeneuheiten ab[347]. Die Rechtsprechung habe in einer Reihe von Entscheidungen, unter Aufgabe des Erfordernisses, dass weitere Unlauterkeitsmerkmale vorliegen müssen, einen „direkten“ Leistungsschutz angenommen. Hierbei wurde auf ein spezifisches Schutzbedürfnis mit einem befristeten wettbewerbsrechtlichen Schutz geantwortet[348]. Als rechtserheblich wurde allein das Vorliegen der Schutzwürdigkeit der Modeschöpfung und die Abwesenheit eines Rechtfertigungsgrundes für die Übernahme angesehen. Schutzwürdigkeit könne bei einer eigenartigen, über den Durchschnitt herausragenden Neu-

344 HansOLG Hamburg GRUR 1950, 82, 86 f. – Spulenwickelgeräte –.

345 Luchterhand, GRUR 1969, 581, 593; Emmerich, S. 160.

346 Knies, S. 88; Eingabe betreffend den Referentenentwurf eines Gesetzes zur Änderung des Gesetzes über Urheberrecht und verwandte Schutzrechte der deutschen Vereinigung für gewerblichen Rechtschutz und Urheberrecht, GRUR 1985, 867, 868; Der BGH hat dieses Problem zum Teil selbst erkannt und in BGH GRUR 1970, 250, 252, 253 ausgeführt, dass der Grundsatz der Nachahmungsfreiheit nicht überspannt werden darf. Ein nach dem Urteil eines ordentlichen Gewerbetreibenden anstößiges Verhalten dürfe nicht legalisiert werden; A.A. Tetzner, JR 1968, 324, 328.

347 Hierzu im Einzelnen siehe unter.

348 Krüger, GRUR 1986, 115, 116.

schöpfung bejaht werden[349]. Die Rechtfertigung der Schutzwürdigkeit liege aus Sicht der Rechtsprechung in der Kurzlebigkeit des Produktes, aufgrund welcher im Fall der Nachahmung dem Unternehmer die Möglichkeit der Amortisation der Kosten genommen wird. Aus Sicht der Vertreter der Lehre von der unternehmerischen Leistung lässt sich diese Rechtsprechung nicht allein auf den Textilbereich begrenzen, da es eine fast unüberschaubare Anzahl und Vielfalt kurzlebiger Produkte gebe[350]. Weiter würde für sämtliche neuartigen Produkte gelten, dass zum Zeitpunkt der Markteinführung eine besondere Störungsanfälligkeit gegen Nachahmungen bestehe. Würden Imitate zu diesem Zeitpunkt zu einem niedrigeren Preis auf den Markt gebracht, sei eine Amortisation der Kosten kaum noch möglich, da es keine Möglichkeit geben würde, das Originalprodukt hinreichend im Markt zu etablieren. Entsprechend wird zum Teil erwogen, den im Bereich der Modeneuheiten beschrittenen Weg zu einem umfassenden Schutz für Marktneuheiten auszubauen[351].

(5) Ausformungen des Rechtsschutzes

Wie soll jedoch ein unmittelbarer Schutz der unternehmerischen Leistung aussehen? Wie bei den kodifizierten Leistungsschutzrechten muss auch hier der Schutzbereich festgelegt werden. Hierüber kann auch die Tatsache nicht hinwegtäuschen, dass die richterrechtliche Flexibilität dieses Instrumentes erhalten bleiben sollte. Lösungsvorschläge unterscheiden zumeist zwischen kurzlebigen und langlebigen Produkten. Es wird gefordert, den von der Rechtsprechung entwickelten Modeneuheitenschutz auf sämtliche andere kurzlebige Produkte zu übertragen[352]. Hierbei werden zwei unterschiedliche Ansätze vertreten. Einerseits wird gefordert, dass ein wettbewerbsrechtlicher Nachahmungsschutz vom Vorliegen eines Schutztatbestandes und der Abwesenheit von Rechtfertigungsgründen abhängig sein soll[353]. Andere Vertreter wollen allein auf die Schutzwürdigkeit der Leistung abstellen[354].

Klärung bedarf noch die Frage, worin die Schutzwürdigkeit einer konkreten unternehmerischen Leistung liegen soll. Auch hier werden unterschiedliche Ansätze vertreten. Weitestgehend wird die Schutzwürdigkeit einer Leistung bei Vorliegen hinreichender Eigenart bejaht[355]. Wichtig ist zu sehen, dass der Begriff der Eigen-

---

349 BGHZ 60, 168, 170 – Modeneuheiten – = GRUR 1973, 478 ff.; HansOLG GRUR 1996, 83 –Übergangsbluse –.

350 Fezer, WRP 1993, 63, 68.

351 Krüger, GRUR 1986, 115, 122f.

352 Fezer, WRP 1993, 63, 68; ders., FS GRUR, S. 939, 949; Krüger, GRUR 1986, 115, 121, der jedoch für eine Begrenzung auf die Fälle der identischen oder quasi-identischen Nachahmung eintritt.

353 Fezer, WRP 1993, 63, 68; ders., FS GRUR, S. 939, 949; ders., WRP 1993, 559, 561.

354 Hubmann, GRUR 1975, 230, 235; Müller-Laube, 156 (1992) ZHR 480, 498 ff.

355 Fezer, WRP 1993, 63, 68, der sich stark an dem Begriff der Eigenart der Rechtsprechung in der Modenneuheiten-Entscheidung orientiert.

art hier nicht zwingend mit der wettbewerblichen Eigenart der herrschenden Meinung gleichgesetzt werden kann[356]. Um die konkrete Schutzwürdigkeit zu begründen, lassen sich sonst eine Vielzahl von Formulierungen finden. Diese reichen von der alten „Mühe-und-Kosten-Formel“[357] über „voll qualifiziertes Arbeitsergebnis“ im Sinne der Sonderrechte[358] bis hin zu „individueller Leistung“[359]. Um den Schutzbereich zu bestimmen, wird so zum Beispiel vorgeschlagen, die im Urheberrecht gewonnenen Maßstäbe zur Bewertung der Individualität heranzuziehen[360]. Rechtfertigende Wirkung kann insbesondere die Weiterentwicklung der Leistung oder des Produktes und die Investition eigener Ressourcen des Nachahmenden haben[361].

Problematisch ist der wettbewerbliche Neuheitenschutz insbesondere im Bereich der langlebigen Produkte. Der Amortisationsgedanke kommt hier nicht im gleichen Umfang zum Tragen, wie im Bereich der kurzlebigen Produkte. Trotzdem dürfe das Wettbewerbsrecht auch diesen Produkten einen Schutz nicht völlig verwehren. Die konkrete Ausformung dieses Schutzes ist derzeit innerhalb dieses Ansatzes nicht geklärt[362]. Sie dürfte jedoch eher durch restriktive Züge geprägt sein.

Ein weiterer Schwerpunkt liegt auf der Abgrenzung der unternehmerischen Leistung zur schutzlosen abstrakten Idee. Auch im Rahmen eines wettbewerblichen Leistungsschutzrechts darf es keinen Ideenschutz geben. Abstrakte Ideen müssen gemeinfrei bleiben. Dieses gilt auch für Werbe- oder Verkaufsideen. Eine Schutzwürdigkeit einer unternehmerischen Leistung ist jedoch dann gegeben, wenn diese Ideen durch den Innovator hinreichend Konkretisierung erfahren haben[363].

b) Einordnung und Ausformung eines wettbewerblichen Leistungsschutzes durch die Rechtsprechung

Rechtsprechung und die herrschende Meinung in der Literatur gehen bei der Beurteilung, ob eine wettbewerbseigene oder eine wettbewerbsfremde Aneignung eines Arbeitsergebnisses vorliegt, davon aus, dass die Nachahmung und wirtschaftliche Nutzung einer fremden Leistung grundsätzlich zulässig ist. Erst wenn weitere Ele-

---

356 Vgl. unten.

357 Reimer, GRUR 1933, 454, 461.

358 Nerreter, GRUR 1957, 525, 533; ähnlich Beater, S. 385 ff., der von einem äquivalent zu den Sonderschutzrechten spricht; Jersch, S. 71.

359 Hubmann, Gewerblicher Rechtsschutz, S. 297.

360 Müller-Laube, 156 (1992) ZHR 480, 501.

361 Müller-Laube, 156 (1992) ZHR 480, 506, der die Abwesenheit von Rechtfertigungsgründen jedoch nicht als konstitutiv für einen Leistungsschutz ansieht, sondern auf einer anderen Ebene ansiedelt.

362 Ein von Fezer, FS GRUR, S. 939, 950 geforderter allgemeiner Designschutz erscheint in diesem Zusammenhang als zu weitgehend.

363 Fezer, WRP 1993, 63, 69; ders., WRP 1993, 559, 561.

mente der Unlauterkeit unabhängig von der Übernahme der Leistung vorliegen, ist der Tatbestand von § 1 UWG verwirklicht[364]. Aus diesem Ansatz heraus hat die Rechtsprechung den grundsätzlichen Ansatz entwickelt, dass das Wettbewerbsrecht keinen unmittelbaren, sondern höchstens einen mittelbaren Leistungsschutz gewähren kann. Für Leistungen, die innerhalb des Schutzbereiches eines Sonderrechts liegen, kann ein ergänzender wettbewerbsrechtlicher Leistungsschutz *per se* nicht gewährt werden. Dieses gilt auch, wenn der Innovator den Sonderrechtschutz, z.B. ein Patent, für seine Leistung nicht in Anspruch genommen hat[365]. Ein ergänzender Leistungsschutz im Rahmen des UWG ist immer nur als Reflex zu sehen[366]. Die Tatsache, dass die Rechtsprechung sich selbst in einzelnen Fällen und Fallkonstellationen verdächtig weit von diesen Grundsätzen entfernt hat[367], wird im Rahmen einer späteren Beurteilung anzusprechen sein.

Das Wettbewerbsrecht kann grundsätzlich nur eingreifen in Hinblick auf die „Art und Weise“ der Aneignung einer fremden unternehmerischen Leistung. Es müssen zur Aneignung der fremden Leistung ergänzende, besondere wettbewerbsfremde Umstände hinzutreten, damit ein wettbewerbfremdes Verhalten im Sinne der Generalklausel vorliegt[368].

Die Ausbeutung fremder Leistungen und Arbeitsergebnisse hat das Reichsgericht und den Bundesgerichtshof aus wettbewerbsrechtlicher Sicht in der Vergangenheit in einer Vielzahl von Fällen beschäftigt, hieraus hat sich eine schwer übersehbare Kasuistik entwickelt[369]. Eine Strukturierung wird für eine Beurteilung der Schutzmöglichkeiten durch das Wettbewerbsrecht jedoch unentbehrlich sein.

Bei einer systematischen Durchsicht von Rechtsprechung und Literatur ist allen Fällen gemeinsam, dass ein Leistungsaneignungselement mit einem Unlauterkeitstatbestand zusammentrifft[370]. Zusätzlich fordert die Rechtsprechung, dass der

---

364 BGH GRUR 1996, 210, 211 – Vakuumpumpe –; BGH GRUR 1996, 140 – Minidress –; BGH GRUR 1988, 308, 309, – Informationsdienst –; BGHZ 5, 1, 10 – Hummelfiguren –; BGH GRUR 1976, 434 – Merkmalklötze –; BGH GRUR 1994, 732, 734 – McLaren – (ständige Rechtsprechung); OLG Karlsruhe ZIP 1997, 125 – D-Info Version 2.0 – Ulmer/Reimer, Bd. III, Nr. 266 ff.; Baumbach/Hefermehl, § 1 Rn. 440; v. Godin, § 1 Rn. 92; Emmerich, S. 160; Koppensteiner, Wettbewerbsrecht, S. 457 ff.; Rittner, Wettbewerbsrecht, S. 56 ff.; Kehl, Wettbewerbsrecht, § 17; Nerreter, GRUR 1957, 408 ff.; v. Gamm, GRUR 1978, 453, 456; zur Entwicklung der Rechtsprechung ders., Kap. 21, Rn. 3 jeweils m.w.N.

365 zuletzt BGH GRUR Int. 1997, 629, 631 – Prospekthalter –.

366 Kur, GRUR 1995, 1; Knies, S. 54.

367 Emmerich, Festschrift für Gernhuber, 857, 863; ders., Wettbewerbsrecht, S. 160; Siehe BGHZ 60, 168 ff. – Modeneuheiten – = GRUR 1973, 478 ff.

368 Ständige Rechtsprechung seit RG GRUR 1929, 483 – Zeluliod-Winker –; zuletzt in BGH GRUR 1996, 210, 211 -Vakuumpumpen –; BGH GRUR 1996, 141 – Minidress – jeweils mit weiteren Fundstellen.

369 Ulmer/Reimer, Bd. III, Nr. 266 ff.; Baumbach/Hefermehl, § 1 Rn. 440; Beater, S. 93.

370 BGH GRUR 1996, 210, 211- Vakuumpumpe –; BGH GRUR 1996, 140 – Minidress –; BGH GRUR 1988, 308, 309, – Informationsdienst –; BGHZ 5, 1, 10 – Hummelfiguren –;

unternehmerischen Leistung eine wettbewerbliche Eigenart innewohnen muss, damit ein ergänzender Rechtsschutz in Anspruch genommen werden kann[371].

Bei den ergänzend geforderten wettbewerbswidrigen Umständen handelt es sich bei weitem nicht um starre Werte und Größen, vielmehr ist hier ein Zusammenspiel wie „kommunizierende Röhren" zwischen Umständen der Aneignung, der wettbewerblichen Eigenart und den besonderen Umständen zu sehen. Hierdurch wird es möglich, unter Einbeziehung der gesetzlichen Wertungen und der konkreten Merkmale des Falles, wie Anlass, Zweck, Mittel, Begleitumstände und Auswirkungen, zu einer interessengerechten Abwägung zu gelangen[372]. In Extremfällen kann auf diese Weise auch das Nichtvorliegen der wettbewerblichen Eigenart kompensiert werden[373]. Die dogmatische Begründung hierfür lässt sich direkt aus der Nachahmungsfreiheit ableiten. Diese soll gewährleisten, dass technischer und kultureller Fortschritt weiter möglich ist und gefördert wird. Je mehr eigene Leistung daher in das Arbeitsergebnis desjenigen eingeflossen ist, der die fremde Leistung übernimmt, desto eher ist seine Aneignung durch die Nachahmungsfreiheit gerechtfertigt. Investiert demgegenüber der Plagiator keine oder kaum eigene Arbeitsleistung, so kann die Nachahmungsfreiheit sein Verhalten und seine Dienstleistungskopie auch nur entsprechend eingeschränkt rechtfertigen. Nachfolgend sollen zunächst die drei Säulen der BGH-Rechtsprechung untersucht und dargestellt werden, um vor einer kritischen Würdigung einen Überblick über bestehende Schutzmöglichkeiten für neuartige Dienstleistungsmodelle zu erhalten.

aa) Wettbewerbsverhältnis

Grundvoraussetzung für ein Eingreifen des Wettbewerbsrechts ist das Vorliegen eines konkreten Wettbewerbsverhältnisses zwischen dem Innovator und dem Imitator der Leistung. Nach der Rechtsprechung liegt ein Wettbewerbsverhältnis vor, wenn zwischen den Vorteilen, die jemand durch eine Maßnahme erlangt, und den Nachteilen, die ein anderer dadurch erleidet, eine Wechselbeziehung in dem Sinne besteht, dass der eigene Wettbewerb gefördert und der fremde Wettbewerb beeinträchtigt werden kann[374]. Stark vereinfacht formuliert, beide Anbieter müssen ihre Produkte im gleichen Marktsegment vertreiben und darüber

---

BGH GRUR 1976, 434 – Merkmalklötze –; BGH GRUR 1994, 732, 734 – McLaren –; OLG Karlsruhe ZIP 1997, 125 – D-Info Version 2.0 –.

371 BGHZ 21, 266, 272 = GRUR 1957, 37, 38 – Uhrenrohrwerke –; BGHZ 50, 125, 130 = GRUR 1968, 591, 593 – Pulverbehälter –.

372 BGH GRUR 1996, 210, 211 – Vakuumpumpen –; BGH GRUR 1986, 673, 675 – Bestellprogramm –; BGH GRUR 1984, 597, 598 – Vitra Programm –; AG Hamburg GRUR 1991, 384 – Modeschmuck –; Tilmann, GRUR 1987, 865 ff.; Baumbach/Hefermehl, § 1 Rn. 455; v. Gamm, GRUR 1978, 453, 454, 455; Nerreter, 1957, 525, 529; Sambuc, S. 71.

373 OLG Karlsruhe, ZIP 1997, 125, 126 – D-Info Version 2.0 –.

374 Ständige Rechtsprechung seit RGSt 32, 27, 29; ausdrücklich BGH GRUR 1985, 550, 552 – Dimple –; Baumbach/Hefermehl, Einl. UWG, Rn. 216.

einen vergleichbaren Abnehmer- oder Kundenkreis ansprechen[375]. Durch das Vorliegen des Wettbewerbsverhältnisses wird der Anwendungsbereich des § 1 UWG eröffnet, so dass auch Versicherungen und Dienstleistungen grundsätzlich in den Anwendungsbereich des ergänzenden Leistungsschutzes fallen.

Auch wenn das Erfordernis des konkreten Wettbewerbsverhältnisses in der Literatur angegriffen wird[376], hält die Rechtsprechung an diesem ungeschriebenen Tatbestandsmerkmal des § 1 UWG fest[377]. Der BGH ist jedoch, wie auch den Entscheidungen *Dimple*[378] und *Rolls-Royce*[379] zu entnehmen ist, bei der Konstruktion eines konkreten Wettbewerbsverhältnisses in tatsächlicher Hinsicht sehr großzügig. So kann es genügen, dass das Wettbewerbsverhältnis in der Zukunft gegeben oder zu erwarten sein wird[380]. Probleme entstehen hier höchstens, je weiter man sich vom konkreten Produkt entfernt. Wird eine neuartige Versicherung im Verhältnis 1:1 übernommen, wird die Kopie auch den gleichen Kundenkreis ansprechen. Größere Probleme entstehen bei Dienstleistungsmodellen. Diese zeichnen sich gerade dadurch aus, dass ihr Grundsystem als Basis für eine Vielzahl von Produkten dienen kann.

Aufgrund der sehr niedrigen Anforderungen, die von der Rechtsprechung an das konkrete Wettbewerbsverhältnis gestellt werden, ist jedoch nur in Ausnahmefällen davon auszugehen, dass es an einem solchen fehlt.

bb) Wettbewerbliche Eigenart

Ein ergänzender Leistungsschutz kann nur in Anspruch genommen werden, wenn dem Leistungsergebnis wettbewerbliche Eigenart innewohnt[381]. Dieses gilt grundsätzlich für alle Fälle des ergänzenden Leistungsschutzes[382], auch wenn je nach Grad der Aneignung der fremden Leistung unterschiedliche An-

---

375 BGH WRP 1976, 370 – Ovalpuderdose –.

376 Siehe hierzu Thomasberger, Rufausbeutung im Wettbewerb, S.219 ff.; Handbuch-Gloy, § 10 Rn. 1, jeweils mit weiteren Nachweisen, die argumentieren, dass der Schutzzweck des UWG über die Mitbewerber hinausgehen und auch Verbraucher und die Allgemeinheit mitumfassen muß.

377 BGH GRUR 1989, 430 – Kankentransportbestellung –; BGH GRUR 1988, 308, 309 – Informationsdienst –.

378 BGH GRUR 1985, 550 ff. – Dimple – , aus der sich ergibt, dass auch in der wirtschaftlichen Verwertung des Rufes einer anderen Ware das Wettbewerbsverhältnis liegen kann.

379 BGH GRUR 1983, 247 ff. – Rolls-Royce –.

380 BGH WRP 1976, 370, 371 – Ovalpuderdose –.

381 Der Begriff der wettbewerblichen Eigenart geht auf die Entscheidung des Reichsgrichts „Puppenjunge“, GRUR 1927, 132 zurück. Aus der neueren Rechtsprechung siehe BGH GRUR 1996, 210, 211 –Vakuumpumpe –; BGH GRUR 1996, 140 – Minidress –; BGH GRUR 1981, 517 – Rollhocker –; BGH GRUR 1982, 305 – Büromöbelprogramm –; BGH WRP 1986, 377 – Beschlagprogramm –.

382 BGH GRUR 1981, 517, 519 – Rollhocker –; BGH GRUR 1982, 305 – Büromöbelprogramm –; BGH WRP 1986, 377 – Beschlagprogramm –; Köhler/Piper, § 1 Rn. 266; v. Gamm, Kap. 21, Rn. 10; Raedeker, Rn. 45; Erdmann, GRUR 1996, 55, 556.

forderungen zu stellen sind[383]. In Fällen der systematischen und vollständigen Übernahme einer unternehmerischen Leistung, kann in Ausnahmefällen auf das Vorliegen wettbewerblicher Eigenart sogar gänzlich verzichtet werden. Hieraus ergibt sich, dass auch in diesem Zusammenhang eine isolierte Betrachtung nicht empfehlenswert ist, sondern stets sämtliche Umstände des konkreten Falles beachtet werden müssen[384].

Was unter wettbewerblicher Eigenart genau zu verstehen ist, lässt sich nicht exakt, sondern nur im Wege der Näherung ermitteln. Die Beurteilung der Eigenart ist jedoch allein auf wettbewerbliche Gesichtspunkte zu stützen[385]. Bereits aus der dogmatischen Begründung des ergänzenden Leistungsschutzes ist zwingend, dass die Möglichkeit eines Schutzes durch Sonderrechte kein Kriterium darstellen darf[386]. Hieraus ergibt sich weiterhin, dass das Objekt des ergänzenden Leistungsschutzes keine Neuheit aufweisen muss. Auch die Tatsache, dass zur Schaffung des Ergebnisses Mühe und Kosten aufgewandt wurden, genügt allein nicht für die Zubilligung eines ergänzenden wettbewerblichen Leistungsschutzes[387]. Diese Argumente können jedoch hilfsweise herangezogen werden, um im Einzelfall die Eigenart oder die Wettbewerbswidrigkeit zu begründen[388]. In Ausnahmefällen können solche Umstände die Eigenartigkeit auch indizieren[389].

Wettbewerbliche Eigenart besitzt eine unternehmerische Leistung, wenn die konkrete Ausgestaltung oder einzelne Merkmale geeignet sind, auf ihre gewerbliche Herkunft oder ihre Besonderheiten hinzuweisen[390]. Nicht erforderlich ist, dass diese Merkmale an dem Produkt selbst körperlich in Erscheinung treten[391]. Eine Eingrenzung oder Beschreibung der Ausgestaltung oder der Merkmale ist hierbei nicht möglich, sie können in der psychologischen, ästhetischen oder

---

383 BGH GRUR 1986 673, 675 – Bestellprogramm –; BGH GRUR 1984, 597, 598 – Vitra Programm –; BGHZ 51, 41, 47; die „Pulverbehälterentscheidung“ des Bundesgerichtshofes, BGHZ 50, 125, 131, die dieses verneinte, kann aus heutiger Sicht wohl mit ruhigem Gewissen als überholt angesehen werden.

384 OLG Karlsruhe, ZIP 1997, 125, 126 – D-Info Version 2.0 –.

385 Baumbach/Hefermehl, § 1 Rn. 452.

386 BGH WRP 1976, 370, 371 – Ovalpuderdose –; Englert, Mitarbeiterfestschrift für Eugen Ulmer, S. 297, 299; A.A. Reimer, Wettbewerbsrecht und Warenzeichenrecht, S. 530.

387 OLG Karlsruhe ZIP 1997, 125 – D-Info Version 2.0 –; BGH WRP 1976, 370, 371 – Ovalpuderdose –.

388 BGH GRUR 1988, 308, 309 – Informationsdienst –; BGH WRP 1976, 370, 371 – Ovalpuderdose –; BGH GRUR 1969, 618, 629 – Kunststoffzähne –.

389 BGH GRUR 1985, 876, 877 – Tchibo/Rolex – und die Anmerkungen von Klette, GRUR 1985, 878.

390 Ständige Rechtsprechung, vgl. BGH GRUR 1996, 210, 211 – Vakuumpumpe –; BGH GRUR 1996, 140 – Minidress –; BGH GRUR 1981, 517 – Rollhocker –; BGH GRUR 1982, 305 – Büromöbelprogramm –; BGH WRP 1986, 377 – Beschlagprogramm –; BGH WRP 1976, 370, 371 – Ovalpuderdose –; BGH GRUR 1966, 97, 100 – Zündaufsatz –; BGHZ 5, 1, 11 – Hummel-Figuren –; Köhler/Piper, § 1 Rn. 266; v. Gamm, Kap. 21, Rn. 10; Englert, Mitarbeiterfestschrift für Eugen Ulmer, S. 297, 299.

391 BGH GRUR 1966, 617, 619 – Saxophon –; Nordemann, UWG, Rn. 380.

auch technischen Ausgestaltung des Werkes begründet sein[392]. Es ist keine eigenpersönliche Schöpfung oder gar Erfindung erforderlich, wie diese im Urheber- oder Patentrecht vorausgesetzt wird. Entscheidend ist die *grundsätzliche Eignung einzelner oder mehrerer Merkmale*, bei dem in Frage kommenden Abnehmerkreis eine Güte- oder Herkunftsvorstellung hervorzurufen.

Versucht man in der Rechtsprechung eindeutige Kriterien zu finden, um hieran die Schutzmöglichkeiten für innovative Versicherungen zu messen, wird man enttäuscht. Der Werbeslogan „Wärme fürs Leben" besitzt Eigenart[393], während diese für den „Zauberwürfel" verneint wurde[394]. Die Rechtsprechung des BGH und der Instanzgerichte lässt sich höchstens auf abstrakte Positionen zurückführen[395].

Aus dem Begriff der Eignung lässt sich bereits herauslesen, dass es grundsätzlich auf Verkehrsgeltung oder Verkehrsbekanntheit[396] nicht ankommt[397]. Dieses würde anderenfalls zu dem fast absurden Ergebnis führen, dass neuartige Produkte und neu in den Markt einzuführende Produkte grundsätzlich von einem Schutz des Wettbewerbrechts ausgeschlossen wären. Ein entsprechender Besitzstand muss jedoch nicht vorliegen[398]. Auf der anderen Seite genügt, isoliert betrachtet, Neuheit oder ein faktisches Marktmonopol nicht, um wettbewerbliche Eigenart zu begründen[399].

Beispielsweise hat der BGH in seiner „Modeneuheiten"-Entscheidung bei Vorliegen „individueller ästhetischer Gestaltungsmerkmale" die wettbewerbliche Eigenart bejaht[400]. In der „Beschlagprogramm"-Entscheidung[401] wurde weiterhin ausgeführt, dass die Eigenart auch in der Gesamtheit eines Programms liegen kann, wenn eine wiederkehrende Formgebung mit charakteristischen Besonderheiten vorliegt. Die Bedeutung dieser Entscheidung wird deutlich, wenn man beachtet, dass die einzelnen Beschläge keine Eigenart besaßen.

---

392 BGH GRUR 1959, 351, 352 – Deutschlanddecke –; Baumbach/Hefermehl, § 1 Rn. 453.

393 BGH WM 1997, 1535, 1536 – Wärme fürs Leben –.

394 OLG Frankfurt GRUR 1982, 175 f. – Rubic's Cube –.

395 So schon Sambuc, GRUR 1986, 130.

396 So jedoch noch BGH GRUR 1954, 121 – Zählkassette –; GRUR 1963, 152, 155 – Rotaprint –; GRUR 1966, 617, 619, – Saxophon –.

397 BGH WM 1997, 1535, 1536 – Wärme fürs Leben –; BGH WRP 1976, 370, 371 – Ovalpuderdose –; Köhler/Piper, § 1 Rn. 270; v.Gamm, Kap. 21, Rn. 13.

398 Bei den unten näher zu erläuternden Umständen der vermeidbaren Herkunftstäuschung und der Rufausbeutung ist im Gegensatz zu den Tatbeständen der Behinderung, des Vertrauenbruchs und des Erschleichens die Verkehrsgeltung der eigenartigen Merkmale in der Gesamtabwägung zu berücksichtigen. Diese ist jedoch nicht zwingend, siehe BGH WM 1997, 1535, 1536 – Wärme fürs Leben –.

399 BGH GRUR 1970, 244, 245 – Spritzgußengel –; BGH GRUR 1970, 250, 253 – Fahrradschutzbleche –; Handbuch-Schmidt-Diemitz, § 42 Rn. 36; Baumbach/Hefermehl, § 1 Rn. 469.

400 BGHZ 60, 168, 170 – Modeneuheiten – = GRUR 1973, 478 ff.

401 BGH GRUR 1986, 673, 675 – Beschlagprogramm –.

Erzeugnisse, die keine konkreten Besonderheiten aufweisen, so dass im Geschäftsverkehr kein weitergehendes Interesse an der Ausgestaltung oder Herkunft der unternehmerischen Leistung entsteht, besitzen keine wettbewerbliche Eigenart. Derartige Allerweltsprodukte können keinen erweiterten Leistungsschutz durch das Wettbewerbsrecht erfahren, da allgemein übliche Leistungen anderen Wettbewerbern jederzeit ohne höheren Aufwand zugänglich sind. Insofern muss in Bezug auf diese Produkte auch die Nachahmungsfreiheit voll zur Geltung kommen. Weiterhin dürfte für einen Schutz weder Veranlassung noch Bedürfnis bestehen[402].

Daher kann die wettbewerbliche Eigenart auch als wettbewerbliche Schutzwürdigkeit verstanden werden[403]. Wichtig ist es, den Begriff der allgemein üblichen Leistung nicht misszuverstehen. Hiermit sind nicht zwingend Massengüter gemeint[404]. Wettbewerbliche Eigenart kann auch bei einer ganz und gar durchschnittlichen Formgebung vorliegen, wenn diese dennoch durch Etablierung auf dem Markt für den Verbraucher eine Herkunftsfunktion erfüllt[405]. Entscheidendes Abgrenzungskriterium ist in diesem Zusammenhang allein die konkrete Besonderheit, die zu einer Schutzwürdigkeit führt. Hieraus ergibt sich, dass die Anforderungen auf ein Minimum gesenkt werden können. Von einem Nachahmungsschutz ausgeschlossen sind daher Erzeugnisse, die keinen ästhetischen Eindruck hinterlassen, den Stand der Technik repräsentieren oder lediglich abstrakte Ideen oder Stilrichtungen verkörpern[406]. Wichtig ist auch in diesem Zusammenhang die Abgrenzung zwischen der bloßen Idee und einem schützenwerten Merkmal. Eine gewisse Parallelität zum Urheberrecht ist hier nicht zu übersehen. Abstrakte Ideen können keine wettbewerbliche Eigenart begründen. Der Schutz durch das UWG kann sich daher nur auf die konkreten Merkmale beziehen, die die Güte- oder Herkunftsfunktion verkörpern, und darf darüber hinaus nicht weitergehen[407].

Für Versicherungsprodukte und Dienstleistungen lässt sich folgern, dass diese, wenn sie in der konkreten Gestaltung charakteristische Merkmale aufweisen, den Kriterien der wettbewerblichen Eigenart grundsätzlich genügen sollten[408]. Durch die Liberalisierung des Versicherungsmarktes und der dadurch ermöglichten und markttechnisch erzwungenen kreativen und unterschiedlichen Ges-

---

402 BGH GRUR 1996, 140, 141 – Minidress –; BGH GRUR 1979, 119, 120 – Modeschmuck –; v. Gamm, Kap. 21, Rn. 19.

403 Walch, Ergänzender Rechtsschutz nach § 1 UWG, S. 1; v. Gamm, Kap. 21, Rn. 19.

404 Besonders deutlich BGH GRUR 1986, 673, 675 – Beschlagprogramm –; siehe auch BGH GRUR 1979, 119, 120 – Modeschmuck –.

405 BGH GRUR 1962, 144, 150 – Buntstreifensatin –.

406 BGHZ 18, 175, 183 – Werbeidee –; BGH GRUR 1977, 547, 551 – Kettenkerze –; BGH GRUR 1979, 119, 120 – Modeschmuck –; Müller-Laube, ZHR 156 (1992) 480, 488.

407 BGH GRUR 1955, 598, 600 – Werbeidee –; HansOLG Hamburg GRUR 1983, 436 – Puckman –; Köhler/Piper, § 1 Rn. 269.

408 So bereits Priester, S. 65.

taltung von Versicherungsprodukten sollte ein hinreichender Spielraum gegeben sein, dass es auch zu wettbewerblich eigenartigen Leistungen auch im Versicherungsbereich kommen kann. Soweit mehrere Policen im Paket angeboten werden, kann auch hierin die Eigentümlichkeit begründet sein[409]. Je deutlicher die eigenartigen Züge im einzelnen Versicherungsprodukt verkörpert sind, desto eher wird ein Schutz möglich sein. Es sind schließlich exakt diese eigenartigen Merkmale des Versicherungsproduktes, die geschützt sind. Wichtig ist es auch in Zweifelsfällen, die Wechselwirkung mit den anderen Voraussetzungen im Auge zu behalten. Hier taucht ein aus dem Urheberrecht bekanntes Problem auf. Wettbewerbliche Eigenart besitzt und geschützt werden kann nur das konkrete Versicherungsprodukt, nicht jedoch das zugrundeliegende Dienstleistungsmodell.

cc) Aneignungstatbestände

Abstrakt dargestellt, ist im Rahmen des Nachahmungstatbestandes der Abstand zwischen Original und Nachbildung festzustellen[410]. Im Rahmen der rechtlichen Beurteilung der Aneignung einer fremden Leistung ist zunächst noch einmal zu unterstreichen, dass aufgrund der Übernahmefreiheit der Tatbestand der Nachahmung aus Sicht der Rechtsprechung für sich isoliert gesehen noch keine wettbewerbsfremde Handlung darstellt. Jedoch gewinnt durch die ebenfalls bereits geschilderte gegenseitige Beeinflussung eine möglichst genaue Beschreibung der unterschiedlichen Aneignungstatbestände an Bedeutung, da diesen im Rahmen der Gesamtbeurteilung des Verhaltens ein maßgebliches Gewicht zufällt[411]. Je geringer der Beitrag des Plagiators, desto eher wird dessen Verhalten innerhalb der Nachahmungsfreiheit als verwerflich anzusehen sein[412]. Dieser Leistungsbeitrag wird sich maßgeblich in der Art und Weise der Aneignung und der Ähnlichkeit des Imitats zur ursprünglichen innovativen Leistung manifestieren. Auf der anderen Seite ist das Aufstellen scharf umrissener Fallgruppen fast unmöglich. Die Nähe zwischen Original und Imitation kann immer nur in einem relativen Verhältnis zu anderen Fällen dargestellt werden. Aber gerade da, wo die Übergänge fließend sind, kann sich die Bildung von Fallgruppen anhand von objektiven Kriterien für die richtige Bewertung des Einzelfalls als entscheidender Vorteil erweisen.

Diesem Umstand tragen Rechtsprechung und Lehre Rechnung, indem sie im hier relevanten nicht technischen Bereich[413] zwischen der Nachahmung (auch

---

409 BGH GRUR 1986, 673, 675 – Beschlagprogramm –.

410 Bopp, GRUR 1987, 34, 36.

411 BGHZ 51, 41, 45 – Reprint –; BGH GRUR 1979, 119, 120 – Modeschmuck –; v. Gamm, GRUR 1978, 453, 454, 455.

412 BGH WRP 1976, 370, 371 – Ovalpuderdose –.

413 Im technischen Bereich spricht man allgemein von Nachbau, siehe hierzu Baumbach/Hefermehl, § 1 Rn. 441.

sklavische Nachahmung) und der unmittelbaren Übernahme einer fremden Leistung differenzieren.

(1) Unmittelbare Übernahme

Bei der unmittelbaren Übernahme liegt eine Aneignung einer fremden Leistung in unveränderter Form, ohne jede nennenswerte eigene Leistung, vor[414]. Beispiele aus der Rechtsprechung sind der photomechanische Nachdruck von urheberrechtlich nicht geschützten Werken[415] und Formularen[416] oder die Übernahme einer Oberflächengestaltung mittels eines Abtastapparates zur Gestaltung des eigenen Produktes[417]. Ob eine „technische Vervielfältigung" im engeren Sinne erforderlich ist, scheint nicht abschließend geklärt[418], kann im Ergebnis für die vorliegende Untersuchung jedoch auch offen bleiben. Der unmittelbaren Übernahme gleichgestellt sind durch die Rechtsprechung die Fälle der identischen und fast / quasi identischen Übernahme fremder Leistungen[419].

Unter der fast identischen Übernahme eines Arbeitsergebnisses wird die Aneignung ohne nennenswerte eigene Leistung verstanden, wobei Original und Plagiat einen sehr hohen Grad an Übereinstimmung aufweisen[420]. Auch wenn eine Aneignung einer fremden Leistung im Wege der unmittelbaren oder identischen Übernahme nicht zu einer Wettbewerbswidrigkeit *per se* führt[421], so sind sich doch Rechtsprechung und Literatur einig, dass bei diesen Konstellationen geringere Anforderungen an die wettbewerbliche Eigenart oder die besonderen Umstände, die die Unlauterkeit begründen, zu stellen sind[422].

Die Rechtsprechung ist aber zum Teil noch weiter gegangen, indem sie innerhalb dieser Fallgruppe eine Umkehrung der Darlegungs- und Beweislast angenommen hat[423]. Auch wenn diese Umkehrungsregel nicht verallgemeinert werden kann, wie die Rechtsprechung auch selbst betont, so trifft im Rahmen der unmittelbaren oder fast identischen Übernahme den Hersteller des Originalproduktes doch nur eine erleichterte Darlegungs- und Beweislast, wodurch jeweils

---

414 BGH GRUR 1960, 617 – Figaros Hochzeit –; Baumbach/Hefermehl, § 1 Rn. 495, 496.

415 BGHZ 51, 41, 45 – Reprint –.

416 BGH GRUR 1972, 127, 128 – Formulare –.

417 BGH WRP 1976, 370, 371 – Ovalpuderdose –.

418 Grützmacher, CR 1997, 85, Anm. zu LG Mannheim, CR 1996, 411 – D-Info 2.0 –.

419 BGH GRUR 1988, 620, 621f. – Vespa-Roller –; BGH GRUR 1979, 119, 120 – Modeschmuck –; Nirk, Zur Figur des wettbewerblichen Leistungsschutzes, GRUR 1993, 247, 249; A.A. AG Hamburg GRUR 1991, 384, 385 – Modeschmuck –.

420 BGH GRUR 1988, 308, 310 – Informationsdienst –.

421 BGH WRP 1976, 370, 371 – Ovalpuderdose –; BGHZ 51, 41, 45, 46 – Reprint –; AG Hamburg GRUR 1991, 384 – Modeschmuck –.

422 BGH GRUR 1996, 210, 211 – Vakkumpumpen –; BGH GRUR 1988, 308, 309 – Informationsdienst –; BGH GRUR 1986, 673, 675 – Beschlagprogramm –.

423 BGH GRUR 1969, 618, 620 – Kunststoffzähne –; für ästhetische Schöpfungen BGH WRP 1976, 370, 371 – Ovalpuderdose –; kritisch Luchterhandt, GRUR 1969, 581, 590.

den Umständen des Falles Rechnung getragen werden kann[424]. Es kann daher auch die Pflicht des Übernehmers sein, Gründe darzulegen, aus denen sich ergibt, dass die Leistungsübernahme im konkreten Fall gerade wettbewerbskonform war[425]. Begründet wird diese Umkehrung oder Erleichterung der Darlegungs- und Beweislast mit dem Argument, dass es mit den Regeln des Wettbewerbs unvereinbar ist, die Fälle der unmittelbaren Leistungsübernahme in gleicher Weise wie die nachschaffenden Tatbestände zu würdigen.

Die Nachahmungsfreiheit baut auf dem Gedanken auf, dass jeglicher Fortschritt auf Leistungen anderer in der Vergangenheit beruht. Diesem Leitbild steht die unmittelbare Übernahme entgegen. So hat bereits das Reichsgericht ausgeführt, dass durch eine unmittelbare Übernahme einer Leistung keine Bereicherung der Allgemeinheit erfolge und dieses in die Beurteilung einfließen müsse[426]. In den Fällen der unmittelbaren Leistungsübernahme ist die Gefahr besonders hoch, dass aufgrund der Übernahme eine ungerechtfertigte Wettbewerbsbehinderung entsteht, wodurch in einer ökonomischen Gesamtschau Initiativen zu Innovationen und Investitionen unterdrückt werden könnten[427]. Der BGH hat in diesem Zusammenhang ausgeführt, dass der Grundsatz der Nachahmungsfreiheit nicht derart überspannt werden darf, dass ein, nach der Auffassung eines vernünftigen Gewerbetreibenden, anstößiges Verhalten legalisiert wird[428].

Interessante Ansätze sind im Bereich der neuen Medien unter dem Stichwort „D-Info 2.0“ zu finden. Hierbei handelt sich um eine Reihe von Fällen, in denen Telefonbücher abgescannt oder abgeschrieben und anschließend als Datenbanken auf CD-ROM auf den Markt gebracht wurden. In diesem Zusammenhang hat das LG Stuttgart[429] das Abschreiben als unmittelbare Leistungsübernahme qualifiziert und ist zur Wettbewerbswidrigkeit der Übernahme gelangt. Weiterhin wurde den Telefonbüchern Eigenart aufgrund der ständigen Aktualität bescheinigt. Andere Gerichte[430] haben die Wettbewerbswidrigkeit anders konstruiert.

(2) Nachahmende Tatbestände

Der Unterschied zwischen der Aneignung im Wege der (einfachen) Nachahmung zu den Fällen der unmittelbaren Übernahme liegt darin, dass eine Nachahmung grundsätzlich als eigene Leistung zu charakterisieren ist, auch wenn sie nach einem fremden Vorbild geschaffen wurde. Ein fremdes Leistungsergebnis

---

424 BGH GRUR 1996, 210, 211 – Vakuumpumpen –.

425 BGH GRUR 1969, 618, 620 – Kunststoffzähne –; BGH WRP 1976, 370, 371 – Ovalpuderdose –.

426 RG GRUR 1930, 813 – Graf Zeppelin –.

427 BGH GRUR 1969, 618, 620 – Kunststoffzähne –.

428 BGH GRUR 1970, 250, 252 – Hummel III –.

429 LG Stuttgart CR 1997, 83 – D-Info 2.0 –.

430 OLG Karlsruhe ZIP 1997, 125 – D-Info 2.0 –.

wird mehr oder weniger als Vorlage für das eigene Produkt benutzt[431]. Der Gegenstand der Nachahmung ist der Art nach nicht begrenzt. Hierbei kann es sich um unternehmerische Leistungen jeglicher Art handeln, gleich, ob technisch oder nicht-technisch. Eine Nachbildung in sämtlichen Einzelheiten ist nicht erforderlich. Entscheidend ist die Nachahmung wesentlicher Elemente, so dass das Original in der Nachahmung wiederzuerkennen ist und vorgenommene Abweichungen oder Modifikationen nicht ins Gewicht fallen[432]. Die Entscheidung, ob im Einzelfall eine Nachahmung vorliegt, muss durch den Tatrichter getroffen werden.

Der Nachahmungstatbestand muss immer in enger Verbindung mit der wettbewerblichen Eigenart und dem subjektiven Bewusstsein des Nachahmenden gesehen werden. Eine Nachahmung setzt zwingend die Kenntnis des Originals und der wettbewerblich eigenartigen Merkmale voraus. Auch muss sich die Nachahmung in erster Linie auf die eigenartigen Merkmale beziehen. In der Praxis wird häufig als Folgerung aus den objektiven Tatumständen die positive Kenntnis des Originals unterstellt werden können[433]. Die Anforderungen, die seitens der Rechtsprechung an die wettbewerbsfremden Umstände gestellt werden, sind entsprechend höher im Rahmen der Nachahmung im Vergleich zur unmittelbaren Übernahme.

dd) Unlauterkeitstatbestände

Grundüberlegung zum ergänzenden wettbewerblichen Leistungsschutz ist es, dass keine Konkurrenzsituation zu den gewerblichen Schutzrechten entstehen darf, womit die Nachahmungsfreiheit grundsätzlich anerkannt wurde. Diese Prämisse legt zum einen die Basis, dass ein Leistungsschutz über § 1 UWG nur bei Vorliegen besonderer Umstände möglich ist, zum anderen setzt bereits hier eine Konkretisierung dieser Umstände ein. Auch wenn Fälle denkbar sind, in denen bereits die Übernahme einer fremden Leistung als Verstoß gegen die guten Sitten gesehen werden kann[434], darf die Übernahme und damit verbundene Umstände allein, da zwingend mit der Leistungsaneignung zusammenhängend, nicht zu einem Wettbewerbsverstoß führen. Die besonderen Umstände müssen eigenstän-

---

431 v. Gamm, Neue höchstrichterliche Rechtsprechung zum Wettbewerbsrecht (UWG) S. 109; Baumbach/Hefermehl, § 1 Rn. 446.

432 BGH GRUR 1963, 152, 153 – Rotaprint –; Baumbach/Hefermehl, § 1 Rn. 446.

433 BGH GRUR 1986, 673, 675, – Beschlagprogramm –; BGH GRUR 1982, 305, 307 – Büromöbelprogramm –.

434 Siehe hierzu den österreichischen OGH 04.03.1980, SZ 53/35 und Art 5 (c) des schweizerischen Gesetz gegen den unlauteren Wettbewerb, vgl. unten „Rechtsvergleich".

dig zu der Übernahmehandlung hinzutreten[435]. Weiterhin ist zu beachten, dass diese Umstände außerhalb der sondergesetzlichen Tatbestände liegen müssen[436].

Durch diese erste Bestimmung ist jedoch noch nicht viel erreicht. Denn für die Frage, unter welchen Umständen Versicherungsvertrags- oder Dienstleistungsmodelle im Rahmen des Wettbewerbsrechts Schutz erfahren können, wird eine negative Abgrenzung nicht ausreichen; eine positive Beschreibung ist nötig. Um diese zu erreichen, hat die Lehre seit jeher[437] versucht, Fallgruppen zu bilden, um so eine Systematisierung der eigentlichen Unlauterkeitstatbestände zu erreichen[438]. Trotz des großen Vorteils, den eine Systematisierung in Fallgruppen mit sich bringt, tritt der Nutzen nur zu Tage, wenn es zu einer richtigen Anwendung kommt. Dieses bedeutet insbesondere, dass es in jedem Einzelfall einer tatrichterlichen Prüfung bedarf, ob die konkreten Umstände des Falles wettbewerbswidrig sind. Aus diesem Grund hat der BGH es auch lange abgelehnt, pauschal Fallgruppen anzuerkennen, in denen vom Vorliegen der Unlauterkeit ausgegangen werden kann[439]. Hierdurch wird deutlich, dass die nachfolgende Übersicht über die Fallgruppen der Rechtsprechung nur ein erster Schritt sein kann, entscheidend wird es sein, den konkreten Unlauterkeitsvorwurf herauszuarbeiten.

Es lassen sich vornehmlich vier Hauptgruppen unterscheiden: die vermeidbare Herkunftstäuschung, die Ausnutzung fremden Rufs, die Behinderung im Wettbewerb sowie als letzte Fallgruppe die Erschleichung und der Vertrauensbruch. Zumindest in diesen Fallgruppen soll ein Verstoß gegen das Anstandsgefühl aller verständigen und gewissenhaften Durchschnittsgewerbetreibenden gegeben sein. Aufgrund der Reflexartigkeit des ergänzenden Leistungsschutzes ergibt sich, dass der Unlauterkeitsvorwurf immer gegenüber demjenigen vorliegen muss, der die Leistung nachgeahmt hat. Schutzberechtigt ist regelmäßig nur der Hersteller des neuen Produktes[440].

(1) Vermeidbare Herkunftstäuschung

Als isolierte Fallgruppe innerhalb des ergänzenden Leistungsschutzes hat die vermeidbare Herkunftstäuschung die Rechtsprechung in der Vergangenheit ver-

---

435 Knies, S. 20, 21.

436 BGH GRUR 1991, 223, 224 – Finnischer Schmuck –; BGH GRUR 1988, 907, 908 – Hufeisenuhr –; Nirk, GRUR 1993, 247, 249.

437 Siehe z.B.: aus dem Jahr 1929 Callmann, Der unlautere Wettbewerb, S: 119 Rn. 48, dem damals das Reichsgericht gefolgt ist, RG GRUR 1932, 751, 754 – Künstliche Blumen –.

438 Nirk, GRUR 1993, 247, 250.

439 Es ist jedoch nicht zu übersehen, dass sich der BGH trotzdem in seiner Rechtsprechung an diesen Fallgruppen orientiert hat, Sambuc, GRUR 1986, 130, 132.

440 Köhler/Piper, § 1 Rn. 263.

vermutlich am meisten beschäftigt[441]. In einer wirtschaftlichen Umgebung, in der Ruf und Herkunft des Produktes zum Teil wichtiger sind als die Qualität des Produktes selbst, kann daher die vermeidbare Veranlassung des Verkehrs, die Nachahmung habe den gleichen Ursprung, als wettbewerbsfremdes Verhalten gesehen werden[442]. Der „gute" Ruf dient als Identifikationsmittel und ist als solches insbesondere für Dienstleistungsunternehmen und ihre Produkte häufig ein wesentlicher, wenn nicht sogar der einzige, Ansatzpunkt für eine Leistungsbeurteilung. Aufgrund der fehlenden Körperlichkeit ist gerade bei Dienstleistungen eine Qualitätsbeurteilung vor Vertragsschluss sehr schwer. Leistungen der Versicherer sind für den ungeübten Leser in fast undurchdringbaren und unverständlichen Vertragswerken (AVB) untergebracht, so dass ein abschließender Überblick über das Gesamtangebot im Markt selbst für den Fachmann fast unmöglich ist. Dem Ruf kommt daher eine Doppelfunktion zu, in dem nicht nur der Inhaber, sondern auch der Verbraucher profitiert. Durch die Herkunftsfunktion wird seine Orientierung erleichtert. Positive wie negative Erfahrungen brauchen nicht selbst gemacht werden, es können vielmehr Informationen aus anderen Quellen genutzt werden[443].

Im Mittelpunkt des Unlauterkeitsvorwurfes steht daher auch der Verbraucher. Seine Kaufentscheidung soll geschützt werden. Der Verbraucher soll das von ihm gewollte Produkt erhalten und nicht mit einem anderen Produkt eines unbekannten Herstellers bedient werden. Die Kaufentscheidung soll nicht auf der Basis unzutreffender Vorstellungen erfolgen[444]. Qualität und Preis von Original und Nachahmung spielen hierbei keine Rolle. Der Produzent des Originalproduktes ist zwar in Bezug auf den Ruf Anspruchsberechtigter, er wird jedoch nur mittelbar geschützt[445]. Für den Bereich der Dienstleistungen und auch für den Versicherungssektor muss mit Blick auf die fortschreitende Technologisierung die Möglichkeit der Herkunftstäuschung mehr als in der Vergangenheit in Betracht gezogen werden. Bei grenzüberschreitenden Online-Diensten und Telefon-Maklern, die auch Versicherungen vermitteln oder direkt anbieten, kann das Vorspiegeln einer fremden Herkunft zu einem immer größeren Risiko werden. Dass Täuschungen und Nachahmungen von neuartigen Versicherungs- und

---

441 Siehe hierzu zum Teil m.w.N. BGH GRUR 1996, 140 – Minidress –; BGH GRUR 1986, 673 – Beschlagprogramm –; BGH GRUR 1982, 305 – Büromöbelprogramm –; BGH GRUR 1981, 517, 519 – Rollhocker –; BGH GRUR 1979, 119 – Modeschmuck –; BGH GRUR 1976, 434, 436 – Merkmalklötze –; BGH GRUR 1967, 315 – skai-cubana –; BGH GRUR 1966, 97, 100 – Zündaufsatz –; BGH GRUR 1963, 152, 155 – Rotaprint –; BGH GRUR 1962, 144, 149 – Buntstreifensatin –; BGH GRUR 1954, 337, 339 – Radschutz –; BGH GRUR 1952, 516 – Hummelfiguren II –; RG GRUR 1934, 370, 371 – Hosenträger –; RG GRUR 1928, 289, 292 – Huthaken –.

442 Bopp, GRUR 1997, 34.

443 Tilmann, Wirtschaftsrecht, § 10 I 5.

444 Sambuc, Rn. 82.

445 Baumbach/Hefermehl, § 1 Rn. 460.

Dienstleistungsprodukten hier für den Plagiator besonders lukrativ sind, versteht sich von selbst. Dieses gilt insbesondere, wenn der Plagiator selbst im Markt keinen eigenen Ruf besitzt. Grundvoraussetzung für den Unlauterkeitstatbestand der vermeidbaren Herkunftstäuschung ist das Vorliegen einer objektiven Verwechslungsgefahr[446]. Zu dieser Verwechslungsgefahr muss sodann das weitere Kriterium der Vermeidbarkeit hinzutreten.

(a) Verwechslungsgefahr

Die Gefahr einer Herkunftsverwechslung besteht grundsätzlich, wenn Original und Imitat übereinstimmende Merkmale tragen, die über die Herkunft des Produktes Aufschluss geben. Hierbei kann es sich direkt um Herkunftskennzeichnungen oder sonstige Merkmale handeln, soweit diese geeignet sind, auf die Herkunft des Produktes hinzuweisen. Die vorausgesetzte wettbewerbliche Eigenart muss im Rahmen dieses Unlauterkeitstatbestandes Herkunftsfunktion besitzen[447]. Hierin unterscheidet sich die Herkunftstäuschung von der nicht wettbewerbswidrigen „bloßen Warenverwechslung“[448]. Die Herkunftsfunktion der Merkmale ist zwingend, da die Nachahmung sonstiger Merkmale noch durch die Nachahmungsfreiheit gedeckt ist[449]. Bei der Verwechslungsgefahr im Rahmen der Herkunftstäuschung handelt es sich jedoch wiederum keineswegs um eine starre Größe, es sind vielmehr graduelle Abweichungen zu unterscheiden, die zunächst in gebotener Kürze dargestellt werden müssen[450].

Potentiellen Imitatoren stehen verschiedene Kombinations- und Abstufungsmöglichkeiten zur Verfügung. Eine Verwechslungsgefahr kann sich ergeben in Bezug auf Produkt/Leistung und/oder Hersteller/Anbieter.

Die stärkste Gefahr einer Verwechslung besteht in den Fällen der 1:1-Kopien. Kann ein Produkt im Geschäftsverkehr nicht vom Plagiat unterschieden werden, liegt fast zwingend – Eigenart vorausgesetzt – auch die Gefahr der Herkunftsverwechslung vor. Zu denken ist jedoch auch an die Fälle, in denen Plagiat und Originalprodukt zwar nicht identisch oder verwechselbar sind, jedoch solche Ähnlichkeiten vorliegen, die für den Verbraucher ausschließlich den Schluss auf den gleichen Produzenten erlauben. Letztlich sind noch Fälle zu berücksichtigen, in denen nur noch bei produktunabhängigen Merkmalen Ähnlichkeiten auftreten, die für den Konsumenten nur dadurch erklärbar sind, dass zwischen dem Hersteller des Originals und dem der Nachahmung eine enge wirtschaftli-

---

446 BGH GRUR 1996, 140, 141 – Minidress –; Baumbach/Hefermehl, § 1 Rn. 457.

447 v. Gamm, Kap. 21, Rn. 26; Emmerich, S. 162.

448 BGH GRUR 1985, 876, 877 – Tchibo/Rolex –; BGH GRUR 1983, 377, 378 – Brombeer-Muster –.

449 BGH GRUR 1963, 152, 156 – Rotaprint –; Baumbach/Hefermehl, § 1 Rn. 459.

450 Soweit sich die Verwechslungsgefahr lediglich auf das Produkt als solches bezieht, ist dieses auch im Rahmen der Rufausbeutung (siehe unten) relevant.

che, organisatorische oder sonstige Verbindung bestehe, die die Leistungsübernahme gestattet[451].

In jedem dieser Bereiche ist das Vorliegen einer Verwechslungsgefahr grundsätzlich zu bejahen, zumal die konkrete Kenntnis des Anbieters/Erzeugers seitens des Verbrauchers nicht notwendig ist[452].

(b) Verkehrsbekanntheit

Unklar ist in diesem Zusammenhang, ob die eigentümlichen Merkmale der nachgeahmten Waren im Verkehr bekannt sein müssen. Auch die Rechtsprechung des Bundesgerichtshofes, der grundsätzlich von „Eignung" spricht, war in diesem Bereich lange Zeit uneinheitlich[453]. Eine Nachahmung kann, nach dem allgemeinen Sprachgebrauch, nur mit dem Original verwechselt werden, wenn bereits eine der Verwechslung fähige Vorstellung beim nachfragenden Verbraucher besteht[454]. Dieses würde jedoch auf der anderen Seite dazu führen, dass neuartigen Produkten ein wettbewerblicher Schutz im Herkunftsbereich gänzlich verwehrt würde[455]. Als gesichert kann angesehen werden, dass eine dem Markenrecht entsprechende Verkehrsgeltung nicht erforderlich ist[456]. Folgerichtig erscheint es auch hier zwingend, sämtliche Aspekte des Einzelfalls zu berücksichtigen.

Dabei sollte nicht auf einzelne Kriterien abgestellt, sondern die gegenseitige Beeinflussung von Eigenart, Nachahmung und Unlauterkeitskriterium in den Mittelpunkt der Beurteilung gestellt werden. Aus dieser Sichtweise muss in Anschluss an die Entscheidungen *Ovalpuderdose* und *Buntstreifensatin II*[457], bei Vorliegen ausgeprägter Eigenart, Schutz auch unabhängig von der Verkehrsbekanntheit gewährt werden. Es kann daher auf die Verkehrsbekanntheit der wettbewerblich eigenartigen Merkmale verzichtet werden, wenn die Merkmale als solche bereits geeignet sind, auf einen bestimmten Anbieter hinzuweisen. Dieses wurde durch den BGH in seiner Entscheidung *Wärme fürs Leben* noch einmal ausdrücklich hervorgehoben[458]. Wichtig ist in diesem Zusammenhang ab-

---

451 BGHZ 21, 266, 276 – Uhrenrohwerk –; BGH GRUR 1963, 152, 156 – Rotaprint –.

452 Handbuch-Schmidt-Diemitz, § 42 Rn. 43.

453 Siehe BGH GRUR 1963, 152, 156 – Rotaprint –, in der Verkehrsbekanntheit gefordert wurde. Aber auch BGH WRP 1976, 370, 371 – Ovalpuderdose –, in der ausgeführt wurde, dass die Verkehrsbekanntheit durch eine erhöhte Eigenart ausgeglichen werden kann.

454 BGH GRUR 1968, 591, 593 – Pulverbehälter –; Handbuch-Schmidt-Diemitz, § 42 Rn. 38; Emmerich, S. 164.

455 Köhler/Piper, § 1 Rn. 280.

456 BGH GRUR 1963, 152, 156 – Rotaprint –; Sambuc, Rn. 93; siehe aber RG GRUR 1928, 289 – Huthaken –.

457 BGH WRP 1976, 370, 371 – Ovalpuderdose –; BGH GRUR 1969, 292, 293 – Buntstreifensatin II –; siehe auch die Anm. von Reimer.

458 BGH WM 1997, 1535, 1536 – Wärme fürs Leben –; BGH WRP 1976, 370, 371 – Ovalpuderdose –; BGHZ 34, 341, 348 – Buntstreifenstin I –.

schließend die richtige Einordnung des Begriffes der Gefahr, denn die begründete Befürchtung genügt.[459]

(c) Vermeidbarkeit

Der Unlauterkeitsvorwurf liegt jedoch, wie bereits angedeutet, nicht ausschließlich in der Verwechslungsgefahr. Der Plagiator muss es, obwohl es zumutbar gewesen ist, unterlassen haben der Verwechslungsgefahr entgegenzuwirken[460]. Dass zur Verwechslungsgefahr weitere Kriterien hinzutreten müssen, lässt sich ebenfalls aus dem Grundsatz der Nachahmungsfreiheit ableiten. Nachahmung und Übernahme fremder Leistung ziehen eine Verwechslungsgefahr fast zwangsläufig nach sich, wodurch deutlich wird, dass es sich hierbei nicht um das alleinige Kriterium der Unlauterkeit handeln kann. Vermeidbarkeit setzt in erster Linie voraus, dass grundsätzlich eine andere Gestaltung des Produktes möglich gewesen wäre. Gibt es aus objektiver Sicht nur eine mögliche Lösung für die Gestaltungsweise des Produktes und greift kein Sonderschutzrecht ein, kann ein Schutz auch nicht über einen ergänzenden Leistungsschutz erreicht werden[461].

Diese Konstellationen dürften jedoch bei Versicherungen und Dienstleistungen die Ausnahme bilden, und in den meisten Fällen sollte eine alternative Gestaltung des Produktes möglich sein. Hierdurch rückt die Frage der Zumutbarkeit einer alternativen Gestaltung, durch die die Verwechslungsgefahr ausgeschlossen werden könnte, in den Vordergrund. Die Antwort ist im Rahmen einer Interessenabwägung zu finden. Gegenüber stehen sich hierbei die Interessen des Initiators eines neuartigen Produktes an einer konkurrenzlosen Vermarktung und die Interessen der Allgemeinheit an einem möglichst leistungsfähigen Wettbewerb[462]. Allgemein wird hierbei eine Trennung zwischen den technischen und den nichttechnischen Bereichen vorgenommen[463]. Dem liegt die Erfahrung zugrunde, dass aufgrund der Variationsbreite in nicht-technischen Bereichen eine vom Original abweichende Gestaltung des Produktes eigentlich immer möglich sein dürfte. Dieser Erfahrungssatz hat sich innerhalb der Rechtsprechung manifestiert zu einem Rechtssatz, nachdem im nicht-technischen Bereich „kein sachlich gerechtfertigter Grund zu einer fast identischen Übernahme“ vorliegen kann[464]. Auch bei unkörperlichen Dienstleistungen sollte es immer möglich sein, auf die konkrete Herkunft des Produktes hinzuweisen, so dass zumindest für dieses Segment von der Richtigkeit des dargelegten Rechtssatzes auszugehen ist.

---

459 BGHZ 21, 266, 276 – Uhrrohwerk –; BGH GRUR 1963, 152, 156 – Rotaprint –.
460 BGH GRUR 1996, 140, 141 – Minidress –; BGH GRUR 1984, 597 – Vitra Programm –.
461 BGH GRUR 1966, 617, 619 – Saxophon –.
462 Baumbach/Hefermehl, § 1 Rn. 470.
463 Nordemann, UWG, Rn. 386.
464 BGH GRUR 1979, 119, 120 – Modeschmuck –; BGH GRUR 1969, 292, 293 – Buntstreifensatin II –.

Im Rahmen der Zumutbarkeitsabwägung sind sämtliche Umstände des Einzelfalls heranzuziehen, insbesondere auch die Umstände der Übernahme und die Eigenartigkeit des Originals. Merkformelhaft lässt sich festhalten: je eigenartiger das Original, desto größer muss der Abstand des Plagiats sein[465]. Vereinzelt wurde der Versuch einer weiteren Konkretisierung unternommen. So wurde zum Beispiel in der Entscheidung *Buntstreifensatin II*[466] das „sklavische Anklammern" als Kriterium der Wettbewerbswidrigkeit angeführt. Es ist jedoch auch ersichtlich, dass durch diese Formel nichts gewonnen worden ist, da hierdurch der Vorwurf der Unlauterkeit und die Leistungsaneignung miteinander vermengt werden.

Entscheidend muss jedoch stets die Gesamtbeurteilung der Umstände des Einzelfalls bleiben[467]. In einem funktionsfähigen Wettbewerb ist es auf der anderen Seite aber auch nicht zumutbar, dass ein Konkurrent auf bekannte Merkmale oder Elemente der konkreten Ausgestaltung verzichtet, wenn diese über einen längeren Zeitraum nicht benutzt wurden[468]. Weiter ist zu beachten, dass der Zeitgeschmack oder wirtschaftliche Trends Parallelentwicklungen nach sich ziehen können. Gerade für den Bereich der Dienstleistungen erscheint es daher bedeutsam festzustellen, dass ein Erstanbieter, der sich bei der Kreation seines neuen Produktes aus einer mehr oder weniger bekannten Formvielfalt bedient hat, akzeptieren muss, dass Konkurrenten ähnliche Produkte auf den Markt bringen[469]. Dieses kann auch ohne eine Leistungsübernahme erfolgt sein, soweit ein Konkurrent das gleiche gesellschaftliche Bedürfnis erkannt hat[470]. Entscheidende Kriterien bei einer Beurteilung werden Eigenart und Ähnlichkeit sein.

(2) Rufausbeutung

Ein weiterer Fall des ergänzenden Leistungsschutzes, der durch Rechtsprechung und Literatur anerkannt wird, stellen die Fälle der Rufausbeutung dar[471]. Der Antrieb für eine Rufausbeutung liegt in der besonderen Güte und dem erworbe-

---

465 Jersch, S. 15, spricht in diesem Zusammenhang sogar von Summierungsformel:"Je eigenartiger die Gestaltung, je bekannter im Verkehr und je verwechslungsfähiger die Nachbildung, umso größer ist die Gefahr der Irreführung"; Dieser Ansatz mag in die richtige Richtung gehen, ist im Endeffekt jedoch zu weitgehend um die Rechtsprechung darzustellen, da er im Kern sich zuweit von der Unlauterkeit im Wettbewerb entfernt.

466 BGH GRUR 1969, 292, 293 – Buntstreifensatin II –.

467 Baumbach/Hefermehl, § 1 Rn. 470, Handbuch-Schmidt-Diemitz, § 42 Rn. 46.

468 BGH GRUR 1970, 244, 246 – Spritzgußengel –.

469 BGH GRUR 1961, 581, 583 – Hummelfiguren II –; BGH GRUR 1969, 292, 293 – Buntstreifensatin II –.

470 Vgl. oben „Produktinnovation".

471 BGH GRUR 1994, 732 – McLaren –; BGH GRUR 1985, 876 – Tchibo/Rolex –; BGH GRUR 1984 453, 454 – Hemdblusenkleid –; BGH GRUR 612, 614 – Klemmbausteine I –; BGH GRUR 1962, 144, 149 – Buntstreifensatin I –; Baumbach/Hefermehl, § 1 Rn. 542; v.Gamm, Kap. 21, Rn. 35.

nen Ruf eines Produktes begründet, die beide auf die Vorstellung eines Konsumenten einwirken und so mittelbar auf das Kaufverhalten Einfluss nehmen.

(a) Abgrenzung zur Herkunftstäuschung

Es ist zu beobachten, dass eine Rufausbeutung häufig mit einer Herkunftstäuschung einhergehen wird[472]. Trotzdem ist eine Abgrenzung möglich und erforderlich. Dieses ergibt sich bereits aus der Tatsache, dass die eigenartigen Merkmale im Rahmen der Herkunftstäuschung auch Herkunftsfunktion besitzen müssen. Innerhalb der Fallgruppe der Rufausbeutung liegt der Unlauterkeitsvorwurf hingegen nicht in der Nutzung der Herkunftsfunktion einzelner Merkmale des Produktes. Anknüpfungspunkt sind vielmehr die eigenartigen Merkmale des Produktes selbst, die den besonderen Ruf begründen, der durch die Nachahmung für den eigenen Absatz ausgenutzt werden soll[473]. Hierdurch wird dem Umstand Rechnung getragen, dass der Kaufentschluss des Verbrauchers, ein bestimmtes Produkt zu erwerben, auf der Herkunft (vermeidbare Herkunftstäuschung) oder produktimmanenten Merkmalen (vermeidbare Rufausbeutung) beruhen kann[474].

(b) Rufausbeutung

Die Übertragung des Rufes eines fremden Produktes kann durch die Übernahme wesentlicher Merkmale oder durch Anlehnung erfolgen. Im Rahmen der Anlehnung wird der Ruf des Produktes durch Bezugnahme in der Werbung oder durch Ähnlichkeiten in z.B. Bezeichnung oder Verpackung auf ein fremdes Produkt übergeleitet, ohne dass es zu einer Herstellerverwechslung kommt. Die Ausbeutung des Rufes, den ein Produkt genießt, kann dementsprechend auf verschiedenen Ebenen erfolgen: verdeckt oder offen. Für die vorliegende Arbeit und den inhaltlichen Schutz von Versicherungsvertrags- und Dienstleistungsmodellen ist lediglich die auf Nachahmung oder Übernahme aufbauende (verdeckte) Rufausbeutung von Bedeutung[475].

(c) Rufausbeutung bei Leistungsübernahme

Die Wettbewerbswidrigkeit der Rufausbeutung wird vom Unlauterkeitskern her durch Rechtsprechung und Literatur ähnlich begründet, wie die Unlauterkeit im Bereich der vermeidbaren Herkunftstäuschung. Schutzgegenstand ist wieder der Kaufentschluss des Verbrauchers, der aufgrund der eigenartigen Merkmale eine

---

472 BGHZ 5, 10 – Hummelfiguren I –; Baumbach/Hefermehl, § 1 Rn. 460.
473 v.Gamm, Kap. 21, Rn. 35.
474 BGH GRUR 1985, 875, 878 – Tchibo/Rolex –; anders jedoch Knies, S. 33, der die Rufausbeutung als eigenständige Fallgruppe ablehnt.
475 Zur Rufausbeutung durch Anlehnung und zur Unterscheidung offene / verdeckte Rufausbeutung siehe Knies, S. 33 ff.; Sambuc, Rn. 323 ff.

Gütevorstellung besitzt. Die Wettbewerbswidrigkeit wird dadurch begründet, dass Gütevorstellungen, die in Bezug auf Eigenarten und Besonderheiten des Originalproduktes bestehen, der Nachahmung zugute kommen, weil der Verkehr Original und Imitat verwechselt[476]. Erforderlich hierfür ist die Gefahr einer qualifizierten Warenverwechslung, die sich negativ auf den Ruf des Originalproduktes auswirkt. Es stellt sich hier das Problem der Abgrenzung der „qualifizierten" zur „bloßen oder einfachen" Warenverwechslung. Letztere ist durch die Nachahmungsfreiheit gedeckt[477]. Die Tatsache, dass ein Produkt einen „guten" Ruf besitzt, kann allein für sich ebenfalls nicht zur Wettbewerbswidrigkeit der Nachahmung führen[478]. Es bedarf einer weiteren Qualifikation. Entscheidend ist folgendes Kriterium: Die eigenartigen Merkmale begründen gerade den besonderen Ruf des Produktes; das Imitat ahmt diese Merkmale nach und die Verwechslungsgefahr / die Täuschung des Verbrauchers beruht auf diesem Umstand[479].

Trotz Nachahmung kann eine Verwechslungsgefahr durch hinreichende Kennzeichnung ausgeschlossen werden. Womit auch im Bereich der Rufausbeutung das Kriterium der Vermeidbarkeit besteht. Ist die Nachahmung notwendig, wird sie durch die Nachahmungsfreiheit gedeckt sein. In Bezug auf die Bekanntheit der eigenartigen Merkmale ist auf die Diskussion im Rahmen der Herkunftstäuschung zu verweisen[480].

Negative Auswirkungen auf die Reputation eines Produktes durch Ausnutzung des Rufes eines fremden Produktes sind seitens der Rechtsprechung in einer Reihe von Fällen anerkannt worden. Hierzu zählt das Unterschieben von Nachahmungen, bei denen der Verbraucher glaubt, das Originalprodukt erworben zu haben[481]. Das Einschieben in eine fremde, auf Fortsetzungsbedarf ausgerichtete Serie[482] und das unverschleierte Vertreiben billiger Nachahmungen, bei denen vom Käufer unabhängige Dritte annehmen, dass es sich um das Originalprodukt handelt[483].

---

476 Köhler/Piper, § 1 Rn. 282.
477 BGH GRUR 1985, 876, 877 – Tchibo/Rolex –.
478 v.Gamm, Kap. 21, Rn. 35.
479 BGH GRUR 1984, 453, 454 – Hemdblusenkleid –; BGH GRUR 1979, 119 – Modeschmuck –; BGHZ 35, 341, 349 ff. – Buntstreifensatin I –; BGHZ 5, 10 ff. – Hummelfiguren –; v.Gamm, Kap. 21, Rn. 36, 37; Köhler/Piper, § 1 Rn. 282.
480 Siehe dort.
481 BGH GRUR 1984, 453, 454 – Hemdblusenkleid –; BGH GRUR 1968, 49, 51 – Zentralschloßanlage –.
482 BGH GRUR 1992, 619, 620 – Klemmbausteine II –; BGH GRUR 1964, 621, 624 – Klemmbausteine I –.
483 BGH GRUR 1985, 876, 877 – Tchibo/Rolex –.

(3) Systematische Behinderung des Wettbewerbs

Die Nachahmung fremder Arbeitsergebnisse kann sich im Einzelfall auch als sittenwidriger Behinderungswettbewerb darstellen[484]. Grundsätzlich ist jedoch davon auszugehen, dass jede Form von Wettbewerb sich nachteilig auf die eigene Position im Markt auswirkt. Daher kann das Inverkehrbringen einer übernommenen Leistung allein noch nicht einen besonderen Umstand der Unlauterkeit begründen und vorschnelle Urteile sind fehl am Platz[485]. Wenn jedoch der Leistungswettbewerb in einen Verdrängungs- oder Behinderungswettbewerb umschlägt, wenn also nicht die Förderung der eigenen Leistung, sondern die Störung und Beeinträchtigung eines konkurrierenden Betriebes bis zur Vernichtung desselben im Vordergrund steht, ist das Verhalten als unlauter anzusehen[486]. Hauptfall der unlauteren Behinderung ist die systematische Nachahmung vom Produkten der Konkurrenz. Von Literatur und Rechtsprechung wird auch hier unterschieden, ob das oder die nachgeahmten Produkte wettbewerbliche Eigenart besitzen[487].

Die gesonderte Hervorhebung der wettbewerblichen Eigenart an dieser Stelle erklärt sich dadurch, dass die systematische Behinderung im Rahmen des ergänzenden Leistungsschutzes nur eine Ausformung des allgemeinen Behinderungs- und Verdrängungswettbewerbes ist. Entsprechend dieser Aufteilung sind unterschiedliche Anforderungen an die Qualität der Behinderung zu stellen. Besitzt die übernommene Leistung keine wettbewerbliche Eigenart, so genügt die vorsätzliche und wiederholte Nachahmung nicht, es muss vielmehr eine systematische Behinderung vorliegen, die das Ziel hat, den Konkurrenten völlig aus dem Markt zu drängen[488]. Dieses gilt jedoch nicht bei Vorliegen wettbewerblicher Eigenart[489]. Bei deren Vorliegen sind im Rahmen einer umfassenden Gesamtwürdigung auch die Wechselwirkungen zwischen der Eigenart, den Umständen der Leistungsübernahme in Bezug auf die besonderen Umstände zu berücksichtigen. Das planmäßige und zielstrebige Anhängen an eine fremde Leistung ist daher ausreichend, um wettbewerbsfremde besondere Umstände zu bejahen.

Wichtig ist jedoch, nicht nur den Grad der Eigenart und die Umstände der Übernahme zu betrachten, sondern auch alle übrigen Umstände in die Bewertung einfließen zu lassen[490]. Hat die systematische Leistungsübernahme eine Verringerung

---

484 BGH GRUR 1996, 210, 211 – Vakuumpumpe –; BGH GRUR 673, 675 – Beschlagprogramm –; BGH GRUR 1988, 308, 310 – Informationsdienst –; BGH GRUR 1969, 618, 619 – Kunststoffzähne –.

485 Baumbach/Hefermehl, § 1 Rn. 480; v.Gamm, Kap. 21, Rn. 40.

486 Reimer/Ulmer, Bd. III, S. 209; Baumbach/Hefermehl, § 1 Rn. 208.

487 BGH GRUR 1996, 210, 211 – Vakuumpumpen –; Baumbach/Hefermehl, § 1 Rn. 480.

488 Baumbach/Hefermehl, § 1 Rn. 480.

489 So ausdrücklich BGH GRUR 1996, 210, 213 – Vakuumpumpe –; A.A. Ulmer/Reimer, Bd. III, Nr. 291, der davon ausgeht, dass im Rahmen dieser Fallgruppe es auf das Erfordernis der Eigenart nicht ankommt.

490 BGH GRUR 1996, 210, 213 – Vakuumpumpe –; BGH GRUR 1969, 618, 619 – Kunststoffzähne –.

des Kundenkreises zur Folge, dass der Hersteller des Originalproduktes um die „Früchte seiner Arbeit“ gebracht wird und geht hiervon eine Existenzgefährdung für den Betrieb aus, ist die Übernahme als unlauter gemäß § 1 UWG anzusehen[491].

Einer genaueren Betrachtung bedarf jedoch noch das Kriterium des systematischen oder planmäßigen Anhängens. Hier sind zwei Ansätze möglich. Zum einen kann hiermit eine objektive Häufung der Übernahmehandlungen gemeint sein. Demgegenüber könnte die Planmäßigkeit jedoch auch subjektive Züge tragen, so dass unter Umständen auch eine isolierte Handlung genügen könnte, um die Unlauterkeit der Übernahme zu begründen. Eine exakte Übernahme sämtlicher Produkte oder eines Sortiments wird hier sicher nicht zu fordern sein[492].

Sicherlich der falsche Ansatz ist es, die Anzahl der Übernahmetatbestände in eine Relation zu der Produktpalette zu setzen. Dieses würde zu einer unangemessenen Privilegierung von Unternehmen mit einer beschränkten Produktanzahl führen. Hier wäre bei einer geringen Anzahl von Übernahmehandlungen bereits eine planmäßige Übernahme zu bejahen, während bei einer entsprechend größeren Produktvielfalt eine Behinderung zu verneinen wäre[493]. Auf der anderen Seite kann auch ein rein subjektiver Maßstab nicht zu einem befriedigenden Ergebnis führen, da dieses zu einer grundsätzlichen Abkehr vom Grundsatz der Nachahmungsfreiheit führen würde.

Eine interessengerechte Lösung kann sich nur aus dem Vorwurf der Unlauterkeit ableiten, der hinter dieser Fallgruppe steht. Hierbei handelt es sich um einen speziellen Fall des „allgemeinen Behinderungswettbewerbes“. Folglich ist eine Leistungsübernahme dann sittenwidrig, wenn im konkreten Fall eine Beeinträchtigung der Vermarktung des Originals gegeben ist. Wobei von Qualität und Quantität der übernommenen eigenartigen Merkmale des Originals unter Berücksichtigung sämtlicher anderer Tatumstände auf die Zweckgerichtetheit der Übernahme geschlossen werden muss[494]. Wann die objektiven Gegebenheiten des Einzelfalles eine zweckgerichtete Behinderung indizieren, bleibt Feststellung des Tatrichters.

(4) Geheimnis- oder Vertrauensbruch

Die besonderen Umstände der Unlauterkeit können auch durch Vertrauensbruch und Erschleichen begründet werden[495]. Gemeinsam ist beiden Konstellationen, dass die für die Produktimitation erforderlichen Informationen auf unredliche

---

491 BGH GRUR 1988, 308, 310 – Informationsdienst –.

492 BGH GRUR 1996, 210, 213 – Vakuumpumpe –.

493 Sambuc, Rn. 430.

494 In diesem Sinne ist auch die Entscheidung des BGH GRUR 1996, 210, 213 – Vakuumpumpe – zu verstehen.

495 BGH GRUR 1983, 377 ff. – Brombeermuster –; BGH GRUR 1958, 351, 353 – Deutschlanddecke –; Baumbach/Hefermehl, § 1 Rn. 476.

Art erlangt wurden. Dieses kann auf vielfältigem Wege erfolgen. Während beim Erschleichen die Wettbewerbswidrigkeit in der unredlichen Art der Kenntnisverschaffung liegt[496], sind die Fälle des Vertrauensbruchs anders gelagert. Hier wurden dem späteren Nachahmer im Rahmen eines Vertrauensverhältnisses Informationen anvertraut, die dieser entgegen dem Offenbarungszweck gerade gegen den Mitteilenden einsetzt. Der Unlauterkeitsvorwurf liegt im Bereich des Erschleichens in der Erlangung, beim Vertrauensbruch in der Verwendung. Der ergänzende Leistungsschutz tritt erweiternd neben den Schutz aus §§ 17, 18, 19 UWG. Dadurch wird diese Fallgruppe auch für den Schutz innovativer Versicherungen interessant. Sollte ein Schutz des „fertigen" Versicherungsproduktes nicht möglich sein, ist maximale Geheimhaltung vor Beginn der Vermarktung von größter Bedeutung.

Ein ergänzender Leistungsschutz erfordert in dieser Fallgruppe, dass es zu einer Nachahmung auf der Basis der erlangten Kenntnisse, Informationen oder Betriebsgeheimnisse gekommen ist. Es muss zu einer Umsetzung gekommen sein[497]. Es ist jedoch nicht erforderlich, dass die zusätzlichen Tatbestandsvoraussetzungen der §§ 17 ff. UWG vorliegen[498]. § 1 UWG verlangt lediglich ein objektiv sittenwidriges Vorverhalten, so dass auf diesem Wege Lücken geschlossen werden können[499].

Einer Konkretisierung bedarf die Qualität der erlangten Information. Hierbei darf es sich wie im Bereich des allgemeinen Geheimnisschutzes nicht um Offenkundiges handeln. Dieses sind sämtliche Informationen, zu denen der Nachahmende nicht ohne weiteres Zugang hatte und die einen wirtschaftlichen Wert darstellen[500]. Wurden Betriebsgeheimnisse im Rahmen eines Arbeitsverhältnisses einem Arbeitnehmer offenbart, so ist es nicht wettbewerbswidrig, wenn dieses Wissen nach Ausscheiden aus dem Betrieb für den weiteren beruflichen Werdegang benutzt wird[501]. Ist das Betriebsgeheimnis jedoch auf unreelle Art erschlichen worden, liegt ein sittenwidriges Verhalten vor[502]. Jedoch sind die Fälle des Erschleichens bei weitem nicht auf Arbeitsverhältnisse beschränkt. Die Rechtsprechung hat auch beim Vortäuschen von ernsthaftem Interesse an einem Vertragsabschluß, um die für die Nachahmung erforderlichen Kenntnisse zu erlangen, ein Erschleichen bejaht[503]. Fälle des Vertrauensbruches sind die Verwen-

---

496 RG JW 1926, 48 – Preisliste – „Auf nicht einwandfreie Weise".

497 Die gesonderte Erwähnung der Umsetzung erklärt sich aus den Unlauterkeitsvorwurf, der in der Art der Informationsbeschaffung liegt. Eine Hervorhebung ist jedoch an sich überflüssig, da andernfalls bereits kein Wettbewerbsverhältnis vorliegt.

498 Vgl. hierzu unten.

499 BGH GRUR 1963, 367, 369 – Industrieböden –.

500 BGH GRUR 1964, 31, 32 – Petromax II –; Baumbach/Hefermehl, § 1 Rn. 477; Köhler/Piper, § 1 Rn. 286.

501 Vgl. hierzu unter „Geheimnisschutz durch Wettbewerbs- und Arbeitsrecht.

502 Baumbach/Hefermehl, § 1 Rn. 478; Köhler/Piper, § 1 Rn. 286.

503 BGH GRUR 1992, 523 – Betonsteinelemente –.

dung der offenbarten Informationen nach Scheitern der Vertragsverhandlungen[504] oder nach Rückabwicklung eines Vertrages[505]. Diese Situationen können auch im Vorfeld der Vermarktung innovativer Versicherungsprodukte entstehen.

(5) Modeneuheiten

Eine gesonderte Betrachtung bedarf die Rechtsprechung des Bundesgerichtshofes im Bereich der Modeneuheiten. In den vorangegangenen Fallgruppen wurde lediglich ein mittelbarer, reflexartiger Leistungsschutz gewährt in den Fällen, in denen weitere unlautere Merkmale zu der Übernahmehandlung hinzugetreten sind. Abweichend hiervon lässt sich im Bereich der Modeneuheiten ein unmittelbarer Leistungsschutz finden. Diese Rechtsprechung basiert auf der Grundsatzentscheidung *Modeneuheiten*[506] aus dem Jahre 1973.

Die Beklagte hatte als Herstellerin von Konfektionsbekleidung eine Stoffkombination eines Unternehmens der Haute Couture (Klägerin) unter leichten Abweichungen kopiert. Aus den kopierten Stoffen wurde Konfektionsware gefertigt und in hoher Stückzahl über eine Warenhauskette auf den Markt gebracht. Die Klägerin erlitt hierdurch erhebliche Umsatzeinbußen bei diesen Modellen.

Hervorzuheben ist in diesem Zusammenhang zunächst, dass Modeschöpfungen grundsätzlich auch ein sonderrechtlicher Schutz durch das Urheberrecht und das Geschmacksmusterrecht offen steht[507]. Trotzdem sah der Bundesgerichtshof eine Lücke im System des gewerblichen Rechtsgüterschutzes. Für einen urheberrechtlichen Schutz würde es im Modebereich häufig an einer persönlich geistigen Schöpfung fehlen. Ein geschmacksmusterrechtlicher Schutz wurde durch den BGH für diesen Industriezweig ebenfalls als nicht sachgerecht angesehen. Die Erfordernisse der objektiven Neuheit und der Hinterlegung trügen den Schutzbedürfnissen der Modeindustrie nicht hinreichend Rechnung[508].

Ausgangspunkt der wettbewerbsrechtlichen Prüfung ist die Feststellung, dass zwischen Original und Nachahmung eine weitgehende und offensichtliche Übereinstimmung vorliegt. Nachfolgend wiederholt der BGH, dass der ergänzende Leistungsschutz nur eingreifen kann, wenn weitere besondere Umstände hinzutreten. Nachdem das Gericht festgestellt hat, dass die Stoffe der Klägerin wettbewerbliche Eigenart besitzen, wird die Schutzwürdigkeit / Wettbewerbswidrigkeit der Übernahme begründet. Durch das Kopieren der Stoffmuster wird dem Hersteller die Möglichkeit genommen, die investierten Kosten auszugleichen und einen Gewinn zu erzielen. Aus der Saisonbedingtheit von Modeerzeugnissen er-

---

504 BGH GRUR 1983, 377, 379 – Brombeermuster –.
505 BGH GRUR 1956, 284 – Rheinmetal-Borsig II –.
506 BGHZ 60, 168 ff. – Modeneuheiten – = BGH GRUR 1973, 478 ff.
507 Hierauf ausdrücklich hinweisend Englert, Mitarbeiterfestschrift für Eugen Ulmer, S. 297, 298.
508 BGHZ 60, 168, 171 – Modeneuheiten – = BGH GRUR 1973, 478 ff.

gibt sich, dass eine Vermarktung der gleichen Muster in der nächsten Saison ausgeschlossen ist. Durch die Nachahmung wird der Hersteller der Originalstoffe „um die Früchte seiner Arbeit gebracht“[509]. Spiegelbildlich steht auf der Seite des Nachahmers die Ersparnis der Entwicklungskosten. Die Schutzdauer hat der BGH auf eine Saison beschränkt.

Durch die Entscheidung *Hemdblusenkleid*[510] wurde der Modeneuheitenschutz weiter konkretisiert. Hiernach steht fest, dass sich die Schutzwürdigkeit allein aus den individuellen Gestaltungsmerkmalen ableitet. Erforderlich ist lediglich, dass es sich um eine den Durchschnitt überragende Neuerscheinung handelt, wobei auch eine Rekombination klassischer Elemente diesen Anforderungen genügt[511].

Die Übertragung des Moderechtsschutzes auf andere kurzlebige Produkte ist seitens der Rechtsprechung bislang weitestgehend abgelehnt worden[512]. Eine Ausnahme stellt hier lediglich das AG Hamburg dar, das in Bezug auf Modeschmuck feststellte: „Es ist kein Grund ersichtlich, weshalb die wettbewerbliche Leistungsschutzdauer insoweit nicht entsprechend derjenigen bei der Textilmode beurteilt werden sollte“[513].

Es ist jedoch davon auszugehen, dass ein derartiger Schutz zur Zeit noch nicht für innovative Versicherungsprodukte zur Verfügung steht.

ee) Subjektive Voraussetzungen

Auf subjektiver Ebene ist es bei sämtlichen vorangegangenen Fallgruppen des ergänzenden Leistungsschutzes ausreichend, wenn dem Plagiator alle tatsächlichen Umstände bekannt sind, aus denen die Wettbewerbswidrigkeit gefolgert wird[514]. Die sich aus den Umständen ergebende Sittenwidrigkeit der Nachahmung muss dem Nachahmenden nicht bewusst gewesen sein. Der BGH lässt hier bedingten Vorsatz ausreichen. Dieser ist gegeben,

> „wenn der Täter mit der Möglichkeit rechnet, es könne ein objektiv sittenwidriger Sachverhalt vorliegen, er sich aber der Kenntnis der rechtserheblichen Tatumstände unter Verletzung einer ihm obliegenden Prüfungspflicht bewusst verschließt“[515].

---

509 BGHZ 60, 168, 171 – Modeneuheiten – = GRUR 1973, 478 ff.
510 BGH GRUR 1984, 453 ff. – Hemdblusenkleid –.
511 BGH GRUR 1984, 453 ff. – Hemdblusenkleid –; HansOLG GRUR 1986, 83 f. – Übergangsbluse –.
512 OLG Frankfurt GRUR 1982, 175 ff. – Rubic's Cube –.
513 AG Hamburg GRUR 1991, 384, 385 – Modeschmuck –.
514 BGH WRP 1976, 370, 371 – Ovalpuderdose –.
515 BGH GRUR 1991, 914, 916 – Kuppelmuffenverbindung –; BGH GRUR 1969, 292, 293 – Buntstreifensatin II –; Köhler/Piper, § 1 Rn. 294; Sambuc, Rn. 739 ff.

Eine besondere Täuschungs-, Behinderungs-, Ausbeutungs-, oder Schädigungsabsicht ist nicht erforderlich[516]. Das Vorliegen derartiger Absichten kann jedoch innerhalb der objektiven Tatbestände als unterstützendes Beweisanzeichen benutzt werden[517].

ff) Schutzdauer

In Bezug auf die Schutzdauer ist davon auszugehen, dass ein ergänzender Rechtsschutz solange gewährt wird, wie das Originalprodukt wettbewerbliche Eigenart besitzt und bei der Vermarktung der Imitation die weiteren Merkmale der Unlauterkeit vorliegen. Solange die angesprochenen Verkehrskreise die Eigenart zur Kenntnis nehmen, besteht der Schutz des Wettbewerbsrechts. Dieser kann in Einzelfällen durchaus 10 Jahre betragen[518]. Verliert das Produkt seine Eigenart, entfällt auch der Schutz[519]. Kann das Gericht den Zeitpunkt des Wegfallens des wettbewerblichen Schutzes nicht abschätzen, so steht dem potentiellen Nachahmer die Möglichkeit der Vollstreckungsabwehrklage gemäß § 767 ZPO offen[520].

Das Problem der Schutzdauer ist seitens der Rechtsprechung insbesondere im Bereich des Modeneuheitenschutzes konkretisiert worden. Im Vordergrund steht hier der Amortisationsgedanke. Hieraus ergibt sich, dass die Schutzdauer dem Zeitraum entspricht, der zur Einbringung der aufgewandten Kosten nötig ist. Im Rahmen der Modeneuheiten-Rechtsprechung sind insbesondere die Marktsituation (Saisonware) und die Höhe der aufgewandten Kosten berücksichtigt worden[521].

gg) Sanktionen

Der ergänzende Leistungsschutz fußt in § 1 UWG, entsprechend stehen dem Berechtigten gegen den Imitator zunächst der Unterlassungsanspruch und der Schadensersatzanspruch zur Verfügung. Die Rechtsprechung hat das Schutzinstrumentarium jedoch erweitert. Der Unterlassungsanspruch richtet sich gegen den weiteren Vertrieb des Imitates und kann sich sowohl gegen Hersteller als auch gegen Händler richten, soweit Bösgläubigkeit vorliegt[522]. In Verbindung mit dem Unterlassungsanspruch gewährt die Rechtsprechung auch einen Beseitigungsanspruch, um den durch Wettbewerbsverstoß entstandenen oder fortdau-

---

516 BGH GRUR 1963, 152, 157 – Rotaprint –; BGH GRUR 1961, 581, 583 – Hummelfiguren II –; BGH WRP 1976, 370, 371 – Ovalpuderdose –; A.A. Nordemann, UWG, Rn. 374.

517 BGH GRUR 1963, 152, 157 – Rotaprint –.

518 Nirk GRUR, 1993, 247, 253 mit dem Hinweis auf nicht veröffentlichte Entscheidungen des OLG Frankfurt.

519 BGH GRUR 1985, 876, 878 – Tchibo/Rolex –.

520 OLG Düsseldorf GRUR 1983, 748, 750 – HEWI-Bestellprogramm –.

521 BGHZ 60, 168, 170 – Modeneuheiten – = GRUR 1973, 487 ff.

522 BGH GRUR 1988, 690, 693 – Kristallfiguren –; Köhler, S. 262.

ernden Störungen entgegenzutreten. Dieser Beseitigungsanspruch umfasst jedoch nicht die Vernichtung der Imitate, da die Herstellung als solche noch nicht wettbewerbswidrig ist, so dass es sich beim Beseitigungsanspruch um ein relativ stumpfes Schwert handelt[523].

Im Rahmen des Schadensersatzanspruchs hat die Rechtssprechung auch für den ergänzenden Leistungsschutz anerkannt, dass die dreifache Schadensberechnung Anwendung findet. Hierunter versteht man, dass dem Verletzten drei unterschiedliche Berechnungsmethoden zur Ermittlung der Schadenshöhe zur Verfügung stehen[524]. Auf dieser Grundlage kann der Berechtigte zwischen konkreter Schadensberechnung, Lizenzanalogie und Verletzergewinn wählen. Bei dem konkreten Schaden erfolgt die Berechnung nach den Regeln des bürgerlichen Rechts (§§ 249 bis 252 BGB) einschließlich des entgangenen Gewinnes. Im Rahmen der Lizenzanalogie entspricht der Schaden dem Betrag, der unter Berücksichtigung von Umfang und Dauer der Benutzung als Lizenzgebühr angemessen wäre. Schließlich kann auch die Herausgabe des durch die widerrechtliche Benutzung erzielten Gewinnes gefordert werden.

In einzelnen Entscheidungen hat der BGH sogar eine gewisse richterliche Schätzung zur Ermittlung des Verletzergewinnes zugelassen[525]. Das Wahlrecht kann durch Haupt- und Hilfsanträge im Prozess ausgeübt werden, wodurch sichergestellt wird, dass der Verletzte den höchstmöglichen Betrag erhält[526]. Ob dem Verletzten auch ein Bereicherungsanspruch gegen den Imitator zusteht, wie dieses von seiten der Literatur gefordert wird[527], ist von der Rechtsprechung bisher offengelassen worden[528]. Um seine Ansprüche geltend machen zu können, steht dem Verletzten ein erweiterter Auskunftsanspruch zu. Dieser umfasst sowohl den Anspruch auf Rechnungslegung und Mitteilung der Vertriebswege gegenüber dem Hersteller, als auch möglicherweise den Anspruch auf Auskunft über Namen und Anschrift des Herstellers gegenüber Händlern[529]. Aufgrund der gleichen Interessenlage ist eine Analogie zu §§ 97 Abs. 1 Satz 2, 101a UrhG, § 14a Abs. 1 Satz 2 und Abs. 3 GeschmMG und § 24 GebrMG gerechtfertigt[530].

---

523 Köhler, S. 263, der eine analoge Anwendung von § 14a Abs. 3 GeschmMG fordert, da eine identische Sach- und Interessenlage vorliegt.

524 BGH GRUR 1993, 55, 57 – Tchibo/Rolex II –; BGH GRUR 1981, 517, 520 – Rollhocker –; BGHZ 60, 168, 172 – Modeneuheiten –; Köhler, S. 264.

525 BGH GRUR 1993, 55, 59 – Tchibo/Rolex II –.

526 BGHZ 57, 116, 117 ff. – Wandsteckdose II –.

527 Teplitzky, Kap. 40, Rn. 7; Großkommentar UWG/Köhler, Vor § 13 B, Rn. 365 ff.

528 BGH GRUR 1991, 914, 916 – Kastanienmuster –.

529 Letzterer Anspruch ist für den Hersteller des Originalproduktes von besondern Interesse, wenn der Hersteller des Plagiates unbekannt ist.

530 OLG Frankfurt WRP 1992, 797, 799.

hh) Verjährung

Ob die sechsmonatige Verjährung gemäß § 21 UWG auch auf den ergänzenden Leistungsschutz Anwendung findet, ist soweit ersichtlich von der Rechtsprechung bisher noch nicht entschieden worden. Andererseits lassen sich Stimmen in der Literatur finden, die eine dreijährige Verjährungsfrist entsprechend § 102 UrhG befürworten[531]. Dieses ist jedoch sowohl aus systematischen als auch aus Verkehrsschutzerwägungen abzulehnen, so dass es bei der sechsmonatigen Verjährungsfrist gemäß § 21 UWG bleiben sollte.

c) Kritische Würdigung

An dieser Stelle soll die Rechtsprechung des BGH im gebotenen Rahmen kritisch beleuchtet werden, wobei in erster Linie auf systemimmanente Fragestellungen eingegangen werden soll. Untersuchungsgegenstand ist somit nicht der dogmatische Ansatz, sondern die Rechtsprechung des BGH auf der Basis der Lehre von der Nachahmungsfreiheit als dessen Ausformung[532]. Für die nachfolgende Untersuchung sei somit unterstellt, dass der von der Rechtsprechung gewählte Ausgangspunkt richtig sei.

Prämisse eines Leistungsschutzes durch das Wettbewerbsrecht ist, dass dieser auf dem wettbewerblichen Handlungsunrecht der Übernahmehandlung und nicht in der Übernahme selbst begründet ist. Die Art der Aneignung dürfte daher streng genommen keinen Einfluss auf die wettbewerbsrechtliche Beurteilung haben. Vom Grundsatz der Nachahmungsfreiheit erscheinen insbesondere Erleichterungen der Beweislast oder eine Beweislastumkehr im Falle der unmittelbaren Übernahme daher nicht gedeckt. Die Abgrenzung zwischen einfacher Nachahmung und der unmittelbaren oder quasi-identischen Übernahme erscheint willkürlich. Die Übergänge sind nicht scharf definiert, wie die Rechtsprechung suggeriert, sondern fließend. Auch hat der technische Wandel gezeigt, dass die Definition der unmittelbaren Übernahme auf Basis der rein mechanischen Reproduktion nicht mehr zu sachgerechten Ergebnissen führt. Die unterschiedliche Bewertung führt hier zu Rechtsunsicherheiten. Auch wenn es – aus moralischer Sicht – grundsätzlich verständlich ist, die Fälle der unmittelbaren Übernahme strenger zu beurteilen, ist dieser Ansatz doch systemfremd, so dass die Einteilung insgesamt hinterfragt werden muss[533].

Legt man das Prinzip der Nachahmungsfreiheit zugrunde, ist hierdurch die Übernahme jeglicher Leistung gerechtfertigt. Eine grundsätzliche Differenzierung in Leistungen mit und ohne wettbewerbliche Eigenart, die als Bedingung für einen

---

531 Köhler, S. 267.
532 Siehe dort.
533 Sack, ZHR 160 (1996) 493, 495; Fezer, WRP 1993, 63, 70, der von einer „dogmatischen Ungereimtheit" spricht.

ergänzenden Leistungsschutz gefordert wird, muss daher als systemfremdes Element angesehen werden[534].

Das dogmatische Fundament der Nachahmungsfreiheit und das darauf basierende Regel-Ausnahme-Verhältnis vermag die von Rechtsprechung und Lehre entwickelten Fallgruppen nicht zu tragen. Besonders auffällig ist dieses, wie oben bereits beschrieben, im Bereich der *Modeneuheiten-Rechtsprechung* des BGH. Der hier begründete originäre Leistungsschutz kann innerhalb der Nachahmungsfreiheit nicht erklärt werden. Auch eine Beschränkung des Schutzes auf die Modeindustrie ist nicht einleuchtend.

Aber auch die anderen Unlauterkeitsgruppen können hinterfragt werden. Mit den Fallgruppen der vermeidbaren Herkunftstäuschung und Rufausbeutung glauben Literatur und Rechtsprechung einen wettbewerbswidrigen Umstand gefunden zu haben. Schutzgegenstand ist der „gute Ruf" des Produktes oder des dahinterstehenden Unternehmens. Der gute Ruf ist die Summe aller positiven Erwartungen der betroffenen Konsumenten. Diese Assoziationen der maßgeblichen Verkehrskreise sind in einem modernen wirtschaftlichen Umfeld der Lohn zahlreicher unternehmerischer Anstrengungen, wie überdurchschnittliche Produktqualität, Werbung und Kundenservice. Der gute Ruf ist das Ergebnis dieser Leistungen, denen auch ein konkreter Wert innewohnt[535]. Durch Investitionen des Unternehmens wird ein unternehmerischer Wert geschaffen. Somit ist auch der gute Ruf eines Produktes oder eines Unternehmens als unternehmerische Leistung oder Arbeitsergebnis zu qualifizieren[536].

Wenn aber ein Leistungs- und Ergebnisschutz den gewerblichen Sonderschutzrechten vorbehalten sein soll, ist nicht verständlich, dass das Leistungsergebnis „Ruf" hiervon eine Ausnahme darstellen soll. Eine Begründung, worin sich „Ruf" oder „Goodwill" und andere Arbeitsergebnisse unterscheiden sollen, sind Rechtsprechung und Literatur bislang schuldig geblieben. Es stellt sich daher in diesem Zusammenhang die Frage, ob einige Leistungen schützenswerter als andere Leistungen sind. Auch darf nicht vergessen werden, dass der Ruf eines Unternehmens oder eines Produktes bereits im Rahmen des Markenrechts geschützt ist. Denkt man diesen Gedanken konsequent zu Ende, müssen innerhalb des ergänzenden Leistungsschutzes die Fallgruppen der vermeidbaren Herkunftstäuschung und der Rufausbeutung mit der Rechtsprechung des BGH im Bereich Modeneuheiten auf eine Stufe gestellt werden. Auch hier wird ein originärer Leistungsschutz begründet, der durch den dogmatischen Ansatz nicht gedeckt ist.

---

534 Kur, GRUR 1990, 1.

535 Dieser wird zum Beispiel bei Unternehmensveräußerungen in Form des „Goodwills" berücksichtigt.

536 Rößler, GRUR 1995, 549, 550.

d) Anwendungen auf neuartige Versicherungen und Dienstleistungsmodelle

Bereits bei der Darstellung des ergänzenden Leistungsschutzes wurde zum Teil auf die Auswirkungen für einen Schutz neuartiger Versicherungsvertragstypen und Dienstleistungen hingewiesen. Trotzdem ist an dieser Stelle eine zusammenfassende Übersicht geboten.

Geschütztes Rechtsgut des wettbewerbsrechtlichen Leistungsschutzes ist im Gegensatz zu den Immaterialgüterrechten nicht das konkrete Arbeitsergebnis. Auch innovative Versicherungsprodukte können daher grundsätzlich frei durch die Konkurrenz übernommen werden. Der ergänzende Leistungsschutz greift erst ein, wenn das Versicherungsprodukt wettbewerbliche Eigenart besitzt und zu der Übernahme weitere Elemente der Unlauterkeit hinzutreten.

Es ist daher zunächst erforderlich, dass die Versicherungsprodukte / -konzepte Merkmale besitzen, die geeignet sind, auf ihre gewerbliche Herkunft oder ihre Besonderheiten hinzuweisen (wettbewerbliche Eigenart). Betrachtet man die Entwicklung auf dem Versicherungssektor, ist eine Tendenz festzustellen, die sich am besten durch eine Entwicklung der Versicherungsprodukte von der Uniformität weg und hin zu maßgeschneiderten Produkten – also hin zu einem höheren Grad an Kreativität und Individualität – beschreiben lässt. Dieses ist das Ergebnis fortschreitender Liberalisierung und Internationalisierung im Versicherungsbereich, aber auch der Tatsache, dass bei geringeren Wachstumsraten ein immer härter werdender Verdrängungswettbewerb zu beobachten ist.

Ausländische Versicherungsunternehmen, Großbanken, zum Teil aber auch branchenfremde Unternehmen versuchen, sich auf dem Versicherungssektor zu etablieren[537]. Maßgeblichen Anteil an dieser Entwicklung hat die Dienstleistungsfreiheit innerhalb der Europäischen Union. Es wird daher in Zukunft in noch stärkerem Maße das Bestreben der Versicherer sein, Versicherungsprodukte anzubieten, die sich in ihrer Gestaltung von denen der Mitbewerber entweder abheben oder deren Produkte mitbeinhalten. In diesem Zusammenhang ist auch zu berücksichtigen, dass es auf absehbare Zeit zu einer wesentlich engeren Verknüpfung mit anderen Dienstleistungen im Wege der Allfinanzkonzepte kommen wird. Im Rahmen dieser Konvergenz wird der gesamte „Strauß“ von Versicherungsleistungen und andere Finanzdienstleistungen aus der Hand nur eines Anbieters erhältlich sein. Auch durch diese Verknüpfung mit versicherungsfremden Dienstleistungen können sich besondere Merkmale der Produkte herausbilden.

Aufgrund der jetzt durch den BGH gefestigten Rechtsprechung, dass eine Verkehrsbekanntheit der Merkmale nicht erforderlich ist, sondern die bloße Eignung genügt, können auch innovative und damit unbekannte Versicherungen herkunfts- oder besonderheitsbegründende Merkmale tragen. Gerade durch die

---

537 Hertel, Neue Produkte im Firmengschäft, VW 1996, 562.

erweiterten Gestaltungsspielräume können auch Versicherungsprodukte wettbewerblich eigenartige Merkmale aufweisen. Ein entscheidender Vorteil für den Marktpionier besteht darin, dass er die Auswahl wichtiger Produktmerkmale selbst treffen und deren Ausgestaltung in seinem Sinne beeinflussen kann[538]. Er ist in der Lage, entscheidende innovative Marktstandards zu setzen, die sich als wettbewerblich eigenartige Merkmale darstellen lassen. Je deutlicher hierbei die eigenartigen Züge der Versicherung hervortreten, desto umfassender kann der wettbewerbliche Leistungsschutz eingreifen, da hierdurch die Grundbedingung der wettbewerblichen Eigenart erfüllt wird.

Von Bedeutung ist weiterhin die Art und der Grad der Übernahme. Da die Rechtsprechung trotz Kritik weiterhin zwischen der unmittelbaren Leistungsübernahme und sonstigen Nachahmungen differenziert und unterschiedliche Anforderungen mit diesen Übernahmetatbeständen verknüpft, ist die richtige Einordnung von zentraler Bedeutung. Versicherungskonzepte und Dienstleistungen können durch ihre Körperlosigkeit sehr einfach übernommen werden. Exakte Kopien können durch Konkurrenten innerhalb kürzester Zeit auf dem Markt platziert werden. Es stellt sich daher die Frage, ob die durch das OLG Karlsruhe in der *D-Info 2.0-Entscheidung* aufgestellten Grundsätze auf andere Dienstleistungen zu übertragen sind. Die Übernahme der Daten aus Telefonbüchern der Telekom auf eine CD-Rom wurde in dieser Entscheidung als unlauter eingestuft. Hervorzuheben ist hierbei, dass das Gericht selbst davon ausging, dass Telefonbücher keine wettbewerbliche Eigenart besitzen würden. Der Unlauterkeitsvorwurf basierte allein auf der systematischen und vollständigen Übernahme des Datenwerkes unter Missachtung der wettbewerblichen Wertzuordnung[539].

Im Bereich der vermeidbaren Herkunftstäuschung und der Rufausbeutung besteht bei ästhetisch eigenartigen Gestaltungen Einigkeit, dass in den wenigsten Fällen eine sachliche Begründung für eine identische oder quasi-identische Übernahme des Arbeitsergebnisses gegeben sein wird. Es ist daher davon auszugehen, dass auch bei Dienstleistungen regelmäßig kein sachlich gerechtfertigter Grund für eine identische oder nahezu identische Übernahme von eigenartigen Elementen der Dienstleistung bestehen wird. Wie jedoch am Beispiel der Versicherungen verdeutlicht werden kann, gilt dieses nur für die eigenartigen Elemente. Soweit zum Beispiel der versicherungsmathematische Ansatz für alle Mitbewerber gleich ist, kann dieser auch nicht Gegenstand des Schutzes sein. Die Übereinstimmungen müssen also darüber hinausgehen.

Mit Blick auf die Liberalisierung des Versicherungsmarktes innerhalb der Europäischen Union kann auch die Fallgruppe der systematischen oder planmäßigen Behinderung Bedeutung erlangen. Vor Entwicklung einer eigenen Produktpalette

---

538 von der Oelsnitz, Als Marktpionier zu dauerhaftem Erfolg, Havard Business Manager 1998, S. 24, 26.

539 OLG Karlsruhe, ZIP 1997, 125, 126.

für den Versicherungsmarkt eines anderen EU-Landes könnte ein inländischer oder ausländischer Konkurrent versucht sein, einfach das gesamte Angebot eines einheimischen Anbieters zu übernehmen. Bei Vorliegen hinreichender wettbewerblicher Eigenart werden die Gerichte sicher Schutz gewähren.

Wie der BGH erst jüngst wieder in der Entscheidung zum Fall „Vakuumpumpe"[540] noch einmal hervorgehoben hat, müssen die Wechselwirkungen zwischen den einzelnen Elementen der Unlauterkeit und die Umstände des Einzelfalls berücksichtig werden. Auch wenn Wertungselemente nicht gerade zu mehr Rechtssicherheit führen, kann gerade hierdurch die Unlauterkeit begründet werden[541]. Dieses darf jedoch nicht dazu führen, dass die Augen vor dem immer noch vorhandenen Prozessrisiko verschlossen werden. Die Unschärfe der Rechtsprechung in Bezug auf die wettbewerbliche Eigenart und bei der Abgrenzung der Aneignungstatbestände[542] führen dazu, dass auch nach ausgiebiger Sichtung der Rechtssituation eine präzise Voraussage über den Prozessausgang nur schwer möglich sein wird.

2. Wettbewerbsrichtlinien der Versicherungswirtschaft

In den einzelnen Dienstleistungsbranchen, wie insbesondere auch im Bereich der Versicherungswirtschaft, sind Wettbewerbsregeln durch Verbandsübereinkunft getroffen worden. Gemäß § 24 Abs. 1 GWB können Wirtschaftsvereinigungen für ihren Bereich Wettbewerbsregeln aufstellen. Ziel dieser Wettbewerbsregeln muss es sein, einem den Grundsätzen des lauteren oder der Wirksamkeit eines leistungsgerechten Wettbewerbs zuwiderlaufenden Verhalten im Wettbewerb entgegenzuwirken und ein diesen Grundsätzen entsprechendes Verhalten anzuregen, § 24 Abs. 2 GWB. Die Klarstellung der Wettbewerbsregeln, welche Verhaltensweisen im Wettbewerb zulässig und welche unzulässig sind, trägt erheblich zur Rechtssicherheit und Rechtsklarheit bei und ermöglicht es in Grenzfällen den nicht-wettbewerbsrechtlich versierten Branchenangehörigen sich rechtmäßig im Wettbewerb zu verhalten[543].

Im Bereich der Wettbewerbsregeln kann die Versicherungswirtschaft auf eine weit zurückreichende Tradition zurückblicken. So schlossen beispielsweise die Gegenseitigkeitsanstalten Gothaer, Leipziger, Karlsruher und Stuttgarter bereits 1900 ein Abkommen, in welchem sie sich zur gemeinsamen Bekämpfung bestimmter Wettbewerbsmissstände verpflichteten[544]. Im Bereich der Versiche-

540 BGH GRUR 1996, 210 – Vakkuumpumpe –.
541 Wie hier auch Bopp, GRUR 1997, 34.
542 Hierauf ausdrücklich hinweisend Köhler, S. 250.
543 Schnorbus, VersR 1999, S. 932.
544 Schnorbus, VersR 1999, S. 932, 933.

rungen bestehen weiterhin mehrere Verbandsübereinkommen[545]. Die umfangreichste und wichtigste Regelung des Wettbewerbs findet sich in den „Wettbewerbsrichtlinien für die Versicherungswirtschaft“ (WV), die unter Führung des Gesamtverbandes der Deutschen Versicherungswirtschaft e.V. (GDV) in Zusammenarbeit mit den angeschlossenen Fachverbänden entwickelt worden sind[546]. Die WV wurden auf der Grundlage des allgemeinen Wettbewerbsrechts und der Anordnungen des Bundesaufsichtsamtes für das Versicherungswesen aufgestellt und haben das Ziel, den lauteren Wettbewerb zu fördern.

Die WV entfalten zwar keine materielle Gesetzeskraft, es geht jedoch eine starke Indizfunktion hinsichtlich der Konkretisierung etwaiger Generalklauseln von ihnen aus. Die Übernahme einer Wettbewerbsregel durch einen Verband zeigt für diesen Bereich auf, wie das Anstandsgefühl des durchschnittlichen Gewerbetreibenden gelagert ist, so dass die Weichen im Hinblick auf § 1 UWG bereits gestellt sind[547]. Demgegenüber geht die Rechtssprechung davon aus, dass die Richtlinien nur denjenigen binden, der sich vertraglich zur Einhaltung verpflichtet. Für ein wettbewerbswidriges Handeln genügt der bloße Verstoß gegen die Richtlinie nicht immer. Zum Teil hat die Rechtsprechung das Hinzutreten weiterer Merkmale der Unlauterkeit verlangt[548]. Für jede Wettbewerbshandlung wird im Einzelfall zu prüfen sein, ob der Verstoß gegen die Richtlinie gleichzeitig auch einen Verstoß gegen die guten Sitten darstellt[549].

Hierdurch ist jedoch für denjenigen, der ein innovatives Versicherungsprodukt auf den Markt bringt, noch nichts gewonnen. Wettbewerbliche Regelungen zum Tatbestand der Imitation von Versicherungsprodukten sind in den WV nicht oder nur in Generalklauseln zu finden. Der Schwerpunkt der Regelungen der WV liegt im Bereich des kundenbezogenen Geschäfts der Versicherungsunternehmen. Einschlägig für die vorliegende Problemkonstellation sind die Regeln über den „Fairen Leistungswettbewerb“ (Ziffer 1) „Der Wettbewerb zwischen den Versicherungsunternehmen einschließlich ihrer Vertreter beruht allein auf dem Leistungsprinzip und darf nur sachlich mit ehrlichen und anständigen Mitteln geführt werden.“

---

545 Beispiel sind das „Jenaer Abkommen – Wettbewerbsabkommen für die Hagelversicherung“; die „Wiesbadener Vereinigung – Abkommen der Versicherungsunternehmen zur Durchführung rechtlich begründeter Provisionsregelungen –“ sowie der „Punktekatalog zur Vermeidung einer mißbräuchlichen Ausgestaltung von Maklerverträgen, sämtlich wiedergegeben in Prölss/Schmidt/Kollhosser, VAG, § 81 Anh. I Rn. 56 ff.

546 Fassung vom 15.12.1977 wiedergegeben bei Prölss/Schmidt/Kollhosser, VAG, § 81 Anh I Rn. 56.

547 Ramming, Das Verbandswettbewerbsrecht der Versicherungswirtschaft, VersR 1992, 409, 412; offen gelassen LG Frankfurt VersR 1987, 37, da weitere Unlauterkeitsmerkmale vorlagen.

548 Für das Ausspannen von Kunden so ausdrücklich das OLG Köln, WRP 1990, 846; Offen gelassen LG Frankfurt VersR 1987, 37, da weitere Unlauterkeitsmerkmale vorlagen.

549 Schnorbus, VersR 1999, S. 932, 934.

Derartig allgemein gehaltene Regelungen sind nicht geeignet, bei einer Konkretisierung der Generalklausel § 1 UWG zu helfen, so dass sich eine wettbewerbsrechtliche Betrachtung allein auf die allgemeingültigen von der Rechtsprechung entwickelten Grundsätze im Bereich des Nachahmungsschutzes stützen kann.

3. Äußerungen der Aufsichtsbehörden

Dem Bundesamt für das Versicherungswesen obliegt die umfassende Missbrauchsaufsicht über Unternehmen der Versicherungswirtschaft. Die Aufsichtsbehörde überwacht den gesamten Geschäftsbetrieb, § 81 Abs. 1 VAG. Das VAG sieht in § 81 Abs. 2 VAG umfangreiche Eingriffsbefugnisse vor. Über dieses Eingriffsinstrumentarium wäre das Bundesamt für das Versicherungswesen daher auch in der Lage, das wettbewerblich zulässige Verhalten der Versicherungsunternehmen näher zu konkretisieren[550]. Das BAV hat sich jedoch, soweit ersichtlich, noch nicht zum Komplex der Leistungsübernahmen geäußert. Diese Haltung des Bundesamtes erklärt sich für die Vergangenheit (vor 1994) durch die Wettbewerbssituation auf dem Versicherungssektor.

Aufgrund der präventiven Kontrolle der Versicherungsbedingungen durch das BAV war der Wettbewerb im Bereich der Versicherungswirtschaft in erster Linie durch einen Prämien- und Beziehungswettbewerb geprägt[551]. Um einen hohen Grad an Markttransparenz zu gewährleisten, bestand die Bestrebung, im Wege der präventiven Kontrolle zu einheitlichen Bedingungen für die Versicherungsbranche zu gelangen. Es war daher erforderlich, vorab die Bedingungen zu veröffentlichen und meistens auch in den Verbänden zur Diskussion zu stellen. Weiterhin war bis 1994 aus Gründen der Markttransparenz die Übernahme der Bedingungen durch die Versicherungswirtschaft gewünscht, wodurch offensichtlich wird, dass hinsichtlich der Übernahme innovativer Versicherungskonzepte in der Vergangenheit seitens des BAV keine Bedenken bestanden.

Aber auch nach der Liberalisierung des Binnenmarktes bestehen zunächst keine Anhaltpunkte, dass das BAV Richtlinien für die Übernahme von Versicherungsprodukten aufstellt. Dieses ergibt sich aus der Zielsetzung und dem Auftrag des BAV durch den Gesetzgeber. Versicherungsaufsicht ist Verbraucherschutz. Aufgabe der Versicherungsaufsicht ist es sicher zu stellen, dass Versicherungsverträge im Leistungsfall auch wirklich erfüllt werden können[552]. Ein Eingreifen des BAV ist regelmäßig nur möglich soweit Interessen der Versicherungsnehmer tangiert sind. Ein Eingreifen kommt jedoch nicht in Betracht, wenn lediglich ein Schutzinteresse eines anderen Versicherungsunternehmens

550 Schnorbus, VersR 1999, S. 932.
551 Siehe hierzu auch im Rahmen der Einleitung die Darstellung über den Wettbewerb und die Entwicklung des Aufsichtsrechts.
552 Müller, BB 1999, 1178, 1179.

oder -vermittlers bejaht werden kann. Nach dem Selbstverständnis des BAV sind Handlungen der Behörde aber nur insoweit gerechtfertigt, wie diese durch den Auftrag des Schutzes des Versicherungsnehmers gedeckt sind[553]. Es besteht aber die Möglichkeit, dass Maßnahmen des BAV zur Wahrung von Belangen der Versicherungsnehmer indirekt auch für oder gegen dritte Versicherungsunternehmen wirken[554]. Solange jedoch die Erfüllung geschlossener Versicherungsverträge oder anderer Interessen der Versicherungsnehmer nicht in Frage gestellt ist, besteht grundsätzlich auch kein Handlungsbedarf seitens des BAV.

In jedem Fall sind gegenüber dem allgemeinen Wettbewerbsrecht keine erweiterten Schutzmöglichkeiten für innovative Dienstleistungsprodukte zu erwarten.

VI. Geheimnisschutz durch Wettbewerbs- und Arbeitsrecht

1. Einleitung

Die bisherige Darstellung hat gezeigt, dass der gewerbliche Rechtsgüterschutz und das Urheberrecht, wenn überhaupt, nur einen unzureichenden Schutz für innovative Dienstleistungen bieten. Wo eine Innovation quasi schutzlos ist, kann es für den Erfolg der getätigten Anstrengungen von entscheidender Bedeutung sein, dass potentielle Mitbewerber erst mit Markteinführung des Produktes von der Innovation Kenntnis erlangen. Geheimhaltung gewinnt einen zentralen Stellenwert, um auf diese Weise einen Wettbewerbsvorsprung zu erzielen. Wo kein hinreichender Geheimnisschutz besteht, kann dieses zu einem schwerwiegenden Innovationshemmnis werden[555]. Deshalb ist nachfolgend darzustellen, inwieweit dieses Interesse der Unternehmen an Geheimhaltung durch Wettbewerbs- und Arbeitsrecht unterstützt wird. Neben dem zivilrechtlichen Schutz ist auch der Schutz durch strafrechtliche Verbotsnormen zu untersuchen. Von seiner Natur her kann ein Geheimnisschutz immer nur ergänzenden Charakter haben. Sollten daher Sonderschutzrechte bestehen, tritt der Geheimnisschutz ergänzend hinzu.

Der wettbewerbsrechtliche Geheimnisschutz hat in den §§ 17 bis 20a UWG traditionell eine überwiegend strafrechtliche Ausgestaltung gefunden[556]. Demgegenüber steht die relativ geringe praktische Relevanz. Der zivilrechtliche Schutz ist in erster Linie aus diesen strafrechtlichen Normen abzuleiten. Überleitungsnorm des UWG ist § 19 UWG, die dem verletzten Geheimnisinhaber einen Anspruch auf Schadensersatz gibt, soweit die Tatbestände der Strafnormen erfüllt sind. Ein Schutz kann sich weiterhin auch aus §§ 1 UWG, 823 Abs. 2 BGB, 826 BGB in

---

553 Angerer, Grundlinien der Versicherungsaufsicht, S. 12.

554 Prölss/Schmidt/Kollhosser, VAG, § 81 Rn. 12; Peters, Zu den Grenzen der staatlichen Versicherungsaufsicht, Festschrift für Lehmann, S. 898; Goldberg/Müller, VAG, § 81 Anh. B Rn. 5.

555 Handbuch-Harte-Bavendamm, § 44 Rn. 1.

556 Zur historischen Entwicklung in diesem Bereich siehe Pfeiffer, FS für Nirk, S. 861-864.

Verbindung mit §§ 17, 18 UWG ergeben. Schließlich ist auch ein ergänzender und erweiterter Schutz direkt aus den Generalklauseln der § 1 UWG oder § 823 Abs. 1 BGB denkbar[557].

Die folgende Darstellung bezieht sich zunächst auf die strafrechtlichen Vorschriften, erst im Anschluss daran werden die zivilrechtlichen Ansprüche dargestellt, um auf diese Weise der Verflechtung von straf-, zivil-, wettbewerbs- und arbeitsrechtlichen Themenkomplexen gerecht zu werden.

2. Strafrechtlicher Geheimnisschutz §§ 17, 18 UWG

§ 17 UWG enthält drei Tatbestände, Geheimnisverrat durch Beschäftigte (Abs. 1), Betriebsspionage (Abs. 2 Nr. 1) und die sogenannte Geheimnishehlerei (Abs. 2 Nr. 2). Diese Tatbestände werden ergänzt durch § 18 UWG, der Regelungen für selbständige Vertragspartner hinsichtlich der „Vorlagenfreibeuterei" trifft. Durch § 20 UWG wird der strafrechtliche Geheimnisschutz auf bestimmte Vorbereitungshandlungen einer Geheimnisverletzung erweitert, wie beispielsweise den Versuch zur Verleitung zum Geheimnisverrat. Gemeinsame Voraussetzung für das Eingreifen des gesetzlichen Geheimnisschutzes ist zunächst das Vorliegen eines Geschäfts- oder Betriebsgeheimnisses.

a) Geschäfts- oder Betriebsgeheimnis

Das Gesetz selbst enthält keine Definition des Rechtsbegriffs „Geschäfts- oder Betriebsgeheimnis". Nach der von der Rechtslehre anerkannten Definition der Rechtssprechung sind Geschäfts- und Betriebsgeheimnisse alle Tatsachen, die im Zusammenhang mit einem Geschäftsbetrieb stehen, nur einem eng begrenzten Personenkreis bekannt, also nicht offenkundig sind und nach dem bekundeten Willen des Betriebsinhabers geheimgehalten werden sollen, weil er hieran ein berechtigtes wirtschaftliches Interesse hat[558]. Der Geheimnisbegriff ist einheitlich in Straf- und Zivilrecht. Eine genaue Abgrenzung zwischen Geschäfts- und Betriebsgeheimnissen ist weder möglich noch erforderlich, soweit das Geheimnis nur in einem Zusammenhang mit einem Geschäftsbetrieb steht. Dem Geheimnisschutz unterliegt nicht eine geheime Tatsache als solche. Das Geheimnis muss eine erkennbare Verbindung zum Schutzgut, der ungestörten Ausübung des Geschäftsbetriebes, aufweisen. Der Geschäftsbetrieb und das Geheimnis müssen derart miteinander in

---

557 BGH GRUR 1964, 31, 32 – Petromax II –; Emmerich, Wettbewerbsrecht, S. 113, Hubmann/Götting, § 54II.

558 BayObLG GRUR 1991, 694, 695 – Geldspielautomat –; BGH GRUR 1961, 40, 43 – Wurftaubenpresse –; BGH GRUR 1955, 424, 425 – Möbelwachspaste – unter Hinweis auf die ständige Rechtsprechung des Reichsgerichts seit RGZ 149, 334; OLG Frankfurt CR 1990, 589, 590; Emmerich, Wettbewerbsrecht, S. 113; Baumbach/Hefermehl, § 17 Rn. 3-8; Hubmann/Götting, § 54 II 1a); v. Gamm, Wettbewerbsrecht, Kap 50., Rn. 13; Erfurt-Komm/Preis, 230 BGB Rn. 996; Schönke/Schröder-Lenkner, § 203 Rn. 5.

Beziehung stehen, dass die Geheimhaltung für den Bestand der Position des Unternehmens im Wettbewerb erforderlich oder erheblich ist[559].

Neben der beschriebenen Verbindung zwischen Geheimnis und Betrieb hat das Erfordernis der Nichtoffenkundigkeit zentrale Bedeutung. Ein Geschäfts- oder Betriebsgeheimnis erfordert nicht Neuheit, wie beispielsweise das Patentrecht. Offenkundigkeit tritt mit Mitteilung an die Öffentlichkeit oder eine unbegrenzte Anzahl von Personen ein. Die Veröffentlichung in einer Fachzeitschrift genügt[560]. Nicht offenkundig ist hingegen eine Tatsache, wenn sie nur einem eng begrenzten Personenkreis bekannt und nicht derart zugänglich ist, dass für Interessierte die Möglichkeit besteht, unter Zuhilfenahme legaler Mittel ohne größere Schwierigkeiten sich von der Tatsache Kenntnis zu verschaffen[561]. Die Größe des Personenkreises, dem das Geheimnis bekannt ist, muss im Einzelfall bestimmt werden. In jedem Fall muss gegenüber Dritten das Geheimnis gewahrt bleibt. Es ist erforderlich, dass die Mitwisser einen geschlossenen Kreis bilden[562]. Auch mit Vermarktung des Produktes, soweit seine Beschaffenheit ohne höheren Zeit- und Arbeitsaufwand in Erfahrung gebracht werden kann, tritt Offenkundigkeit ein. Hingegen wird eine Tatsache nicht dadurch offensichtlich, dass der Täter das Geheimnis unter erheblichen Anstrengungen selbst hätte entdecken können[563]. Bei aufwendigen Produktentwicklungen kann hieraus ein nicht unbeachtlicher Schutz gezogen werden. Solange die Beziehung zwischen Tatsache und Geschäftsbetrieb besteht, kann die geheimzuhaltende Tatsache sogar darin bestehen, dass ein bestimmtes Produkt hergestellt werden soll[564].

Erst durch den Geheimhaltungswillen des Betriebsinhabers wird die nicht offenkundige Tatsache zu einem Geheimnis. Der Geheimhaltungswille muss bestehen und erkennbar gemacht worden sein[565]. Hierfür genügt es, dass sich der Geheimhaltungswille aus den Umständen ergibt. Bei innerbetrieblichen Vorgängen, die für den Erfolg des Unternehmens erheblich sind, wird dieses in aller Regel gegeben

---

559 RGZ 149, 329, 332, 333 – Stiefeleisenpresse – in einem anderen Zusammenhang (S. 334) führte das Gericht aus, dass die geheimzuhaltende Tatsache dem Betrieb eigentümlich sein muß; Köhler/Piper, § 17 Rn. 4; Baumbach/Hefermehl, § 17 Rn. 2; Handbuch-Harte-Bavendamm, § 44 Rn. 8; Soweit eine Unterscheidung vorgenommen wird, beziehen sich Geschäftsgeheimnisse auf den kaufmännischen Geschäftsverkehr, während Betriebsgeheimnisse auf den technischen Betriebsablauf abzielen.

560 RGSt 40, 407 bei entsprechendem Leserkreis; Allgemein bejahend Baumbach/Hefermehl, § 17 Rn. 3.

561 BayObLG GRUR 1991, 694 – Geldspielautomat –; GK UWG-Otto, § 17 Rn. 12-14.

562 BGH GRUR 1955, 424, 425 – Möbelwachspaste –; Baumbach/Hefermehl, § 17 Rn. 3; Pfeiffer, FS für Nirk, S. 861, 866.

563 BGH GRUR 1958, 297 – Petromax I –; GK UWG-Otto, § 17 Rn. 14.

564 BGH GRUR 1955, 424, 425 – Möbelwachspaste – führte aus, dass das Geheimnis auch darin bestehen könnte, dass ein Produkt unter Nutzung eines bestimmten allgemein bekannten Verfahrens gefertigt wird, solange von Interesse ist, dass geheim bleibt, dass gerade dieses Verfahren genutzt wird.

565 RGZ 149, 329, 332, 333 – Stiefeleisenpresse –; BGH GRUR 1969, 463, 464; BGH GRUR 1964, 31 -Petromax II –; Hubmann/Götting, § 54 II 1b).

sein[566]. Maßstab ist der Empfangshorizont eines durchschnittlichen Beschäftigten. Für diesen muss der Wille des Geheimnisinhabers zur Geheimhaltung erkennbar gewesen sein[567].

Schließlich muss hinter dem Geheimhaltungswillen ein berechtigtes wirtschaftliches Interesse an der Geheimhaltung bestehen[568]. Ob ein solches Interesse vorliegt, ist anhand eines objektiven Maßstabes der sachgemäßen Unternehmensführung zu beurteilen. Ein berechtigtes wirtschaftliches Interesse kann grundsätzlich immer dann bejaht werden, wenn die Wettbewerbsfähigkeit des Unternehmens betroffen ist. Es liegt also vor, wenn die Mitteilung geeignet ist, die Position mindestens eines Mitbewerbers zu stärken und/oder die eigene Position im Wettbewerb zu schwächen[569]. Ein Geheimhaltungsinteresse kann sich daher auch auf an sich bekannte Tatsachen beziehen, solange nur ein Interesse besteht, dass beispielsweise die Nutzung dieser Tatsachen durch das Unternehmen geheim bleibt[570].

Im Dienstleistungsbereich konnten beispielsweise Tatsachen und Unterlagen in Bezug auf Marketingkonzepte, Geschäfts-, Vertriebspläne, Strategien und Werbemethoden Geheimnisschutz erlangen[571].

b) Geheimnisverrat durch Beschäftigte (§ 17 Abs. 1 UWG)

Im systematischen Zusammenhang stellt der Gesetzgeber in §§ 17 ff. UWG den Beschäftigten in den Mittelpunkt. Hierdurch wird dem Umstand Rechnung getragen, dass zwischen Geheimnisinhaber und dem Dritten, der die erlangten Kenntnisse verwerten will, ein Bindeglied erforderlich ist. Dieses kann jeder Träger des Geheimnisses sein. Trägereigenschaft wird im Regelfall jedoch nur derjenige erwerben, der mit dem Geheimnisinhaber in einer Sonderbeziehung, zumeist einem Arbeitsverhältnis, steht. Die Betriebsspionage ist im Vergleich hierzu mit einem deutlich höheren Aufwand verbunden[572].

---

566 BGH GRUR 1977, 539, 540.

567 RGZ 29, 430; Baumbach/Hefermehl, § 17 Rn. 5.

568 Weder die reine Willenstheorie (Degen, MuW 1928, 431, 432), die allein auf den Geheimhaltungswillen des Inhabers abstellte, noch die ausschließlich ein wirtschaftlich berechtigtes Interesse voraussetzende Interessentheorie (RG JW 1911, 869, 870) konnte sich durchsetzen. Es besteht heute ganz überwiegend Konsens, dass Wille und berechtigtes Interesse an der Geheimhaltung zusammentreffen müssen, um den Anwendungsbereich des Straftatbestandes nicht ausufern zu lassen, BayObLG GRUR 1991, 694, 695 – Geldspielautomat –; BGH GRUR 1961, 40, 43 – Wurftaubenpresse –; BGH GRUR 1955, 424, 425 – Möbelwachspaste –; RGZ 149, 329, 332, 333 – Stiefeleisenpresse –; Baumbach/Hefermehl, § 17 Rn. 2; Hubmann/Götting, § 54 II 1a); Im Ergebnis auch Pfeiffer, FS Nirk, 861, 867.

569 Baumbach/Hefermehl, § 17 Rn. 6; GK UWG-Otto, § 17 Rn. 15 jeweils m.w.N.

570 BGH GRUR 1955, 424, 425 – Möbelwachspaste –.

571 RGSt 48, 12, 14f. wo die Tragweite des Geheimnisses sehr deutlich herausgearbeitet wird; Baumbach/Hefermehl, § 17 Rn. 9; GK UWG-Otto § 17 Rn. 21 jeweils m.w.N.

572 Die Betriebsspionage durch Einschleusung von Mitarbeitern oder Dritten erfüllt ebenfalls den Tatbestand der Sittenwidrigkeit, § 1 UWG. Dieses gilt bereits von dem Zeitpunkt an,

aa) Normadressaten / Geheimnisträger

Während der Wortlaut des § 17 Abs. 1 UWG nur Angestellte, Arbeiter oder Lehrlinge innerhalb eines bestehenden Dienstverhältnisses umfasst, besteht Einigkeit, dass der Kreis der als Täter in Betracht kommenden Geheimnisträger weiter zu ziehen ist. Die Aufzählung ist exemplarisch zu verstehen und soll zum Ausdruck bringen, dass jeder Beschäftigte eines Unternehmens das Sonderdelikt verwirklichen kann[573]. Beschäftigter ist jeder, der seine Arbeitskraft ganz oder teilweise dem Geschäft eines anderen widmet. Entscheidend ist allein die Widmung der Arbeitskraft und das Bestehen einer vertraglichen Treuepflicht, nicht jedoch Art, Umfang, Weisungsabhängigkeit, Dauer und Bezahlung der Tätigkeit[574], so dass auch Vorstandsmitglieder und Geschäftsführer juristischer Personen, unselbständige Handelsvertreter, aber auch Zeitarbeiter und Praktikanten erfasst sind[575]. Der Inhaber eines Betriebes ist hingegen genauso wenig Adressat der Norm wie die Gesellschafter eines Unternehmens. Selbständige Handelsvertreter, Vertragshändler und Freiberufler, wie Rechtsanwälte, Steuerberater und Unternehmensberater sind mangels Beschäftigungsverhältnis ebenfalls nicht Adressaten der Norm[576].

Zeitlich ist der Schutz auf den Zeitraum beschränkt, in dem ein rechtlich wirksames Dienstverhältnis besteht. In diesem Zusammenhang sind zwei Punkte hervorzuheben. Zunächst kommt es allein auf den rechtlichen, nicht den tatsächlichen Bestand des Dienstverhältnisses an. Weiterhin zeigt der Term Dienstverhältnis, dass mögliche nachvertraglichen Wettbewerbs- oder Geheimhaltungsklauseln nicht mitumfasst werden[577]. Nach Beendigung des Beschäftigungsverhältnisses steht es dem Geheimnisträger grundsätzlich frei, die erworbenen Kenntnisse und Fähigkeiten zu verwerten. Hierdurch wollte der Gesetzgeber einen Ausgleich zwischen dem erforderlichen Geheimnisschutz und den Interessen der Arbeitnehmer an einem beruflichen Vorankommen schaffen. Einer zeitlichen Ausweitung des Geheimnisschutzes ist insbesondere die Rechtsprechung entgegengetreten, die sich streng an die Vorgaben des Gesetzgebers gehalten hat[578]. Es darf jedoch nicht übersehen werden, dass auch nach Beendigung des Vertragsverhältnisses ein Geheimnisverrat gemäß § 17 Abs. 2 UWG möglich ist.

---

an dem mit der sittenwidrigen Einschleusung in Wettbewerbsabsicht begonnen wird, BGH GRUR 1973, 483 –Betriebsspionage –.

573 Hubmann/Göttung, § 54 II 1b; Nichtbeschäftigte können nur als Anstifter § 26 StGB oder Gehilfen § 28 StGB an der Tat des Sonderpflichtigen teilnehmen.

574 Pfeiffer, FS Nirk, 861, 869; Köhler/Piper, § 17 Rn. 12; Baumbach/Hefermehl, § 17 Rn. 10.

575 Es muß davon ausgegangen werden, dass durch das Gesetz zu Korrekturen in der Sozialversicherung und zur Sicherung der Arbeitnehmerrechte vom 19.12.1998 (KorrG), BGBl. I, 3843 der Kreis der Normadressaten erweitert wurde. Auf die Bestimmtheitsproblematik kann im Rahmen dieser Arbeit nur hingewiesen werden.

576 Zu beachten sind die möglichen Sondernormen für diese Berufsgruppen, §§ 203 Abs. 1 Nr. 3 StGB, 333 HGB, 404 Abs. 1 Nr. 2 AktG.

577 Emmerich, Wettbewerbsrecht, S. 114.

578 RGZ 65, 333; BGHZ 38, 391, 395; Pfeiffer, FS Nirk, S. 861, 874, 875 m.w.N.

Schließlich ist es erforderlich, dass das Geheimnis dem Beschäftigten im Rahmen des Dienstverhältnisses anvertraut wurde oder zugänglich geworden ist. Das Beschäftigungsverhältnis muss ursächlich für die Kenntniserlangung des Beschäftigten gewesen sein. Dieses kann durch aktive Mitteilung unter Auferlegung einer Geheimhaltungspflicht (Anvertrauen) oder auf sonstige Weise (zugänglich geworden) erfolgen[579].

bb) Sanktionierte Handlungen

Die deliktische Handlung ist die unbefugte Mitteilung des Geheimnisses an einen Dritten. An die Person des Mitteilungsempfängers sind keine Anforderungen zu stellen. Mitteilung ist jede Handlung, die zu einer Kenntniserlangung des Geheimnisses durch einen Dritten führt. Eine Nutzung durch den Beschäftigten selbst, ohne dass eine Offenbarung an Dritte damit einhergeht, erfüllt den Tatbestand daher noch nicht. In welcher Form die Bekanntgabe erfolgt, ist ebenfalls gleichgültig. Diese kann in einer mündlichen oder schriftlichen Äußerung oder der Zugänglichmachung von Dokumenten liegen. Grundsätzlich ist auch eine Mitteilung durch Unterlassen möglich. Eine Rechtspflicht zur Verhinderung der Kenntnisnahme wird sich in der Regel zumindest bei leitenden Angestellten aus dem Beschäftigungsverhältnis herleiten lassen[580]. Unbefugt ist diese Mitteilung jedoch erst, wenn sie unter Verstoß gegen die auf dem Beschäftigungsverhältnis basierende Geheimhaltungspflicht erfolgt und keine Rechtfertigungsgründe vorliegen.

Hinsichtlich des subjektiven Tatbestandes muss der Beschäftigte vorsätzlich handeln. Weiterhin muss die Mitteilung alternativ zu Zwecken des Wettbewerbs, aus Eigennutz, zugunsten eines Dritten oder in der Absicht, dem Inhaber des Geschäftsbetriebes Schaden zuzufügen, erfolgt sein. Eine eigene Verwertung des Geheimnisses durch den Geheimnisträger erfüllt den Tatbestand erst, wenn durch die Verwertung eine Offenbarung erfolgt[581]. Die Tat ist erst dann vollendet, wenn die Mitteilung dem Empfänger zur positiven Kenntnis gelangt ist. Verstehen oder Verwertung durch den Empfänger sind nicht erforderlich. Gelangt die Mitteilung nicht in den Kenntnisbereich des Unbefugten, bleibt die Tat als Versuch strafbar, § 17 Abs. 3 UWG[582].

---

579 Köhler/Piper, § 17 Rn. 13-15; Baumbach/Hefermehl, § 17 Rn. 12.

580 Münchkomm-Müller-Gloge, § 611 Rn. 442; Einschränkend hinsichtlich einer Garantenpflicht jedoch, Köhler/Piper, § 17 Rn. 16.

581 In diesen Fällen erfolgt eine Sicherung des Geheimnisinhabers über das Wettbewerbsverbot, hierzu ausführlich im Rahmen der zivilrechtlichen Ansprüche.

582 Baumbach/Hefermehl, § 17 Rn. 24; Köhler/Piper, § 17 Rn. 25.

c) Betriebsspionage und Geheimnishehlerei (§ 17 Abs. 2 UWG)

aa) Normadressaten

Im Vergleich zu § 17 Abs. 1 UWG ist der Adressatenkreis der Betriebsspionage und der Geheimnishehlerei erheblich weiter gefasst. Täter kann grundsätzlich jedermann sein, also auch Angestellte, die bereits unter § 17 Abs. 1 UWG fallen. Zwischen den Absätzen gilt der Grundsatz der Spezialität, so dass die Betriebsspionage verdrängt wird, wenn die Mitteilung zu einem Zeitpunkt erfolgt, zu dem ein Dienstverhältnis bestand.

bb) Betriebsspionage (§ 17 Abs. 2 Nr. 1 UWG)

Als Tathandlung erfordert der Tatbestand der Industriespionage ein unbefugtes Sichverschaffen oder Sichern eines Geheimnisses mit Hilfe bestimmter Tatmittel. Während ein Verschaffen bereits bei jeder Erlangung der tatsächlichen Sachherrschaft über eine körperlichen Sache, die das Geheimnis verkörpert, und in den übrigen Fällen bei Kenntniserlangung vorliegt, sind die Fälle der Sicherung eines Geheimnisses anders gelagert. Der Täter kennt das Geheimnis bereits. Es kommt nunmehr auf die Schaffung genauer und gleichbleibender Kenntnis durch Materialisierung seines Wissens, in dem er Aufzeichnungen oder Kopien fertigt oder das Geheimnis in einer sonstigen Form materialisiert, die es dem Täter ermöglichen, später leicht darauf zurückzugreifen[583]. Um dem Bestimmtheitsgebot des Strafrechts zu genügen, wurde nicht die bloße Ausspähung unter Strafe gestellt, sondern nur bestimmte typische und besonders gefährliche Formen der Betriebsspionage. Das Erfordernis bestimmter Tatmittel führte zu einer Schärfung der Tatbestände[584]. Besondere Gefährlichkeit geht von drei Gruppen von Tatmitteln aus, derer sich der Täter zur Verschaffung oder Sicherung gegen den Willen des Geheimnisinhabers bedienen muss. Dieses sind die Anwendung technischer Mittel, die Herstellung verkörperter Wiedergaben des Geheimnisses und die Wegnahme der Sache, in der das Geheimnis verkörpert ist, selbst[585].

cc) Geheimnishehlerei (§ 17 Abs. 2 Nr. 2 UWG)

Die unbefugte Verwertung oder Mitteilung eines Geschäfts- oder Betriebsgeheimnisses (Geheimnishehlerei) stellt denjenigen unter Strafe, der ein Geheimnis unbefugt nutzt oder weiterleitet, von dem er zuvor in gesetzlich sanktionierter Weise Kenntnis erlangt hat. Unter § 17 Abs. 2 Nr. 2 UWG fallen drei alternative Wege der Kenntniserlangung. Neben dem Verrat durch einen Beschäftigten

---

583 GK UWG-Otto, § 17 Rn. 66, 67; Emmerich, Wettbewerbsrecht, S. 116, 117.

584 BT-Drcks. 10/5058 S. 40; GK UWG-Otto, § 17 Rn. 64.

585 Hinsichtlich subjektiver Tatbestandsvoraussetzungen und der Strafbarkeit des Versuchs kann auf die Ausführungen zum Geheimnisverrat durch Beschäftigte verwiesen werden.

(§ 17 Abs. 1 UWG) kann die Kenntniserlangung auch durch eigene oder fremde Betriebsspionage (§ 17 Abs. 2 Nr. 1 UWG) oder durch sonstige unbefugte Verschaffung oder Sicherung erfolgt sein. Das bloße Innehaben eines in beschriebener Weise erlangten Geheimnisses führt jedoch allein zu keinerlei Konsequenzen. Es ist erforderlich, dass der Täter das Geheimnis verwertet oder einem anderen mitteilt. Eine Verwertung ist in jeder wirtschaftlichen Nutzung des Geheimnisses zum Zwecke der Gewinnerzielung zu sehen. Dieses gilt auch dann, wenn das Geheimnis für eine eigenständige Entwicklung oder Weiterentwicklung des Verwenders mitursächlich war[586].

Demgegenüber liegt eine Mitteilung bei jeder Weitergabe des Geheimnisses an einen Dritten vor[587]. Abschließend ist zu beachten, dass diese Verwertung oder Mitteilung unbefugt erfolgt sein muss. Dieses setzt voraus, dass durch die vorangegangene Tat, auf der die Kenntniserlangung beruht, keine Offenkundigkeit eingetreten ist[588].

d) Vorlagenfreibeuterei (§ 18 UWG)

§ 18 UWG ergänzt den Geheimnisschutz des § 17 UWG, indem der Unternehmer auch im Außenverhältnis gegen die Veruntreuung von Geheimnissen durch Geschäftspartner geschützt wird[589]. Hinsichtlich des Tatobjekts stellt die Vorschrift auf anvertraute Vorlagen oder Vorschriften technischer Art ab und nicht auf Geheimnisse. Vorlagen sind Gegenstände, die bei der Herstellung eines neuen Produktes oder einer neuen Sache als Grundlage oder Vorbild dienen können[590]. Demgegenüber sind Vorschriften technischer Art aufgezeichnete mündliche oder schriftliche Anweisungen über technische Vorgänge. Überschneidungen sind auch hier möglich. In diesen Vorlagen oder Vorschriften werden in der Regel Geschäfts- oder Betriebsgeheimnisse, also nicht offensichtliche Gedanken oder Tatsachen, materialisiert sein[591]. Hierunter fallen auch Dienstleistungskonzeptio-

---

586 BGH GRUR 1985, 294, 296 – Füllanlagen –, soweit das Geheimnis nicht nur eine völlig untergeordnete Rolle spielt.

587 Ob der Verkauf eines Geheimnisses als Verwertung (so Köhler/Piper, § 17 Rn. 35) oder eine Mitteilung zu qualifizieren ist, (so GK UWG-Otto, § 17 Rn. 85) kann aus Konkurrenzgründen im Ergebnis offen bleiben.

588 Köhler/Piper, § 17 Rn. 36; Baumbach/Hefermehl, § 17 Rn. 38.

589 Durch die Einfügung dieser Vorschrift im Rahmen der Novelle des UWG (1909) wurde die Lücke geschlossen, wodurch der Verrat oder die zweckwidrige Verwertung von Vorlagen straflos blieb, die der Unternehmer betriebsfremden Personen zur Nutzung überlassen hatte, Lampe, BB 1977, 1477, 1478.

590 KG GRUR 1988, 702, 703 – Corporate Identity –; RGSt 45, 385; Baumbach/Hefermehl, § 18 Rn. 3.

591 Entsprechend § 17 UWG ist lediglich eine nicht offenkundige Idee erforderlich. Auch die Möglichkeit die Vorlage durch eigenes Nachdenken und eigene Arbeit selbst herzustellen, rechtfertigt die unbefugte Verwertung einer fremden Vorlage nicht, BGH GRUR 1958, 297, 298 – Petromax I –; BGH GRUR 1960, 554, 556 – Handstrickverfahren –; Hubmann/Götting, § 54 II 3.

nen, wie Entwürfe für Werbekampagnen oder Tarifierungsunterlagen für Versicherungen. Solche Vorlagen und Vorschriften sind jemanden anvertraut, wenn sie mit der vertraglichen oder außervertraglichen, ausdrücklichen oder sich aus den Umständen ergebenden Verpflichtung überlassen wurden, dass eine Verwertung nur im Interesse des Anvertrauenden erfolge[592]. Durch die Anvertrauung entsteht ein Vertrauensverhältnis, das die Geheimhaltungspflicht begründet.

Die Vorlagenfreibeuterei setzt immer eine Beziehung nach außen voraus. Dieses kommt auch durch das Erfordernis des geschäftlichen Verkehrs zum Ausdruck. Für den Täterkreis bedeutet dieses, dass grundsätzlich jeder, dem Vorlagen oder Vorschriften technischer Art anvertraut werden, Normadressat ist. Geschäftlicher Verkehr im Sinne der Vorschrift besteht nicht nur zwischen verschiedenen Unternehmen und ihren Beschäftigten, Freiberuflern, wie Rechtsanwälten, Steuer- und Unternehmensberatern, sondern auch mit Privaten[593]. Einschränkungen bestehen lediglich hinsichtlich der eigenen Angestellten des Anvertrauenden. Soweit neben dem Beschäftigungsverhältnis keine selbständige geschäftliche Beziehung besteht, stehen sie nicht im geschäftlichen Verkehr zu ihrem Beschäftigungsgeber.

Als Tathandlung kommt wie im Rahmen der Geheimnishehlerei die unbefugte Verwertung oder Mitteilung an Dritte in Betracht. Von Interesse ist weiterhin die Dauer des strafrechtlichen Schutzes, da die Vorschrift selbst keine zeitliche Beschränkung vorsieht. Unproblematisch endet die Pflicht zur Geheimhaltung mit Offenkundigkeit oder Wegfall des Geheimhaltungswillens des Anvertrauenden. Liegen diese besonderen Umstände nicht vor, ist anerkannt, dass das zur Geheimhaltung verpflichtende Vertrauensverhältnis nicht mit Ende der Vertragsdauer erlischt. Es ist vielmehr im Einzelfall zu ermitteln, ob zunächst eine nachwirkende Treupflicht besteht, und falls dieses der Fall ist, über welchen Zeitraum sich diese erstreckt[594].

e) *Strafrechtliche Sondernormen*

Neben dem allgemeinen Geheimnisschutz des UWG bestehen für eine Reihe von Personengruppen oder Sondersachverhalte besondere Geheimhaltungsverpflichtungen. Hinsichtlich des Schutzes innovativer Dienstleistungen sind besonders die Spezialvorschriften bezüglich Personen hervorzuheben, denen gesetzlich oder vertraglich innerbetriebliche Prüfungs- und Aufsichtsrechte eingeräumt wurden, wie Mitgliedern des Betriebsrates (§ 79 BetrVG), Vorstandes oder Aufsichtsrates (§§ 93, 116 AktG). Rechtsanwälte, Notare, Wirtschaftsprüfer,

---

592 KG GRUR 1988, 702, 703 – Corporate Identity –.

593 Hubmann/Götting, § 54 II 3; GK UWG-Otto, § 18 Rn. 5-8; Köhler/Piper, § 18 Rn. 9 jeweils m.w.N., in Bezug auf Private a.A. OLG Karlsruhe WRP 1986, 623, 625.

594 Köhler/Piper, § 18 Rn. 10; GK UWG-Otto, § 18 Rn. 15; Baumbach/Hefermehl, § 18 Rn. 8.

Steuerberater und Amtsträger können im Fall des Geheimnisverrats oder der Geheimnisverwertung strafrechtlich belangt werden, §§ 203, 204 StGB.

f) Strafrechtliche Sanktionen

Auf der Grundlage der bisherigen Betrachtung wurde erkennbar, dass der strafrechtliche Geheimnisschutz in nicht zu unterschätzendem Umfang geeignet ist, vor Verrat zu schützen. In diesem Zusammenhang darf auch die präventive Wirkung der strafrechtlichen Sanktionen nicht unterschätzt werden. Hierfür spricht auch der mit Freiheitsstrafe bis zu drei Jahren oder Geldstrafe hohe Strafrahmen, gemessen am Strafrahmen der §§ 203, 204 StGB, der lediglich eine Freiheitsstrafe von bis einem Jahr oder Geldstrafe vorsieht.

Besonderheiten bestehen hinsichtlich des Strafmaßes, wenn der Täter bei Mitteilung weiß, dass das Geheimnis im Ausland verwertet werden soll, oder er das Geheimnis selbst im Ausland verwerten will. Das Gesetz geht im Regelfall von einem besonders schweren Fall aus, der mit Freiheitsstrafe bis zu 5 Jahren oder Geldstrafe zu ahnden ist[595]. Zur Strafverfolgung ist ein Strafantrag erforderlich, soweit kein öffentliches Interesse an der Strafverfolgung besteht, § 22 Abs. 1 UWG. Als Nebenfolgen der Straftat kommen Verfall und Einziehung gemäß § 73 ff. StGB in Betracht. In allen Fällen besteht die Möglichkeit der Privatklage[596]. Verjährung tritt nach 5 Jahren ein[597].

3. Zivilrechtliche Ansprüche

Wie bereits angedeutet, setzt sich der zivilrechtliche Geheimnisschutz aus einem Konglomerat von vertraglichen, arbeitsrechtlichen, handelsrechtlichen und wettbewerbsrechtlichen Bestimmungen zusammen. Schwerpunkt der folgenden Darstellung soll daher auf den jeweiligen Schutzrichtungen liegen.

a) Vertragliche Ansprüche / Wettbewerbsverbote

Ein Geheimnisverrat setzt im Regelfall ein Bindeglied zwischen dem Geheimnisinhaber und dem Wettbewerber als Verwerter voraus. Dieses können Angestellte oder Dritte sein, denen das Geheimnis offenbart wurde. Für Angestellte ist insbesondere zu untersuchen, welche Beziehungen nach Beendigung des Vertragsverhältnisses bestehen.

---

595 § 17 Abs. 4 UWG; im Vergleich zum Regelstrafmaß von bis zu drei Jahren Freiheitsstrafe oder Geldstrafe in Fällen des § 17 UWG oder bis zu 2 Jahren Freiheitsstrafe oder Geldstrafe bei § 18 UWG.

596 § 374 Abs. 1 Nr. 7 StPO.

597 § 78 Abs. 2 Nr. 4 StGB.

aa) Angestellte

(1) Abwehransprüche bei bestehendem Arbeitsverhältnis

Während der Dauer des Beschäftigungsverhältnisses sind Geschäfts- und Betriebsgeheimnisse durch zivilrechtliche Ansprüche gesichert, die neben das strafrechtliche Schutzinstrumentarium treten und dieses zum Teil erheblich überschreiten.

(a) Vertraglicher Schutz

Aus dem Arbeitsverhältnis ergibt sich vertragsimmanent die Pflicht zur Verschwiegenheit, als spezielle Ausprägung der Treuepflicht des Arbeitnehmers gegenüber dem Arbeitgeber. Unter die Verschwiegenheitspflicht fallen nicht nur Geschäfts- oder Betriebsgeheimnisse, sondern generell alle Tatsachen, deren Geheimhaltung im innerbetrieblichen Interesse liegen[598]. Auch hinsichtlich der Kenntniserlangung bestehen keine besonderen Anforderungen. Die Pflicht zur Geheimhaltung besteht gleich, ob eine besondere Anvertrauung erfolgte oder eher zufällig betriebliche Vorgänge aufgedeckt wurden. Voraussetzung für die Verschwiegenheitspflicht hinsichtlich einer konkreten Tatsache ist allein das Geheimhaltungsinteresse und der Geheimhaltungswille des Arbeitgebers. Maßstab für das Geheimhaltungsinteresse ist die Bedeutung des Geheimhaltungsgegenstandes für die Wettbewerbsfähigkeit des Unternehmens[599].

Vertragliche Ansprüche des Arbeitgebers entstehen bereits durch leicht fahrlässige Verletzungen der Verschwiegenheitspflicht, wobei entsprechend der betrieblichen Stellung und des Aufgabenbereiches der konkrete Sorgfaltsmaßstab festzulegen ist. Primäre Anspruchsgrundlage ist bei Verletzung der Verschwiegenheitspflicht die positive Vertragsverletzung (pVV) des Arbeitsvertrages. Aufgrund der Vertragsimmanenz ist eine ausdrückliche Abrede nicht erforderlich, jedoch können durch Bestimmungen im Arbeitsvertrag die Geheimhaltungspflichten konkretisiert und erweitert werden. Eine Erweiterung der Nebenpflichten ist grundsätzlich möglich, soweit hierdurch keine willkürliche Ausdehnung über die Belange des Betriebes hinaus bezweckt ist, die in unvertretbarer Weise den Arbeitnehmer an der Ausübung eigener Interessen hindert. Beschränkungen ergeben sich aus § 138 BGB und der Fürsorgepflicht des Arbeitgebers gegenüber dem Arbeitnehmer[600].

---

598 MünchKomm-Müller-Glöge, § 611 Rn. 443.
599 LAG Hamm, DB 1989, 783, 784.
600 LAG Hamm, DB 1989, 783, 784; ErfurtKomm-Preis, 230 BGB Rn. 999.

(b) Konkurrenzverbot §§ 60, 61 HGB

In den §§ 60, 61 HGB befindet sich für Handelsgehilfen ein Wettbewerbsverbot, dass es kaufmännischen Angestellten untersagt, mit ihrem Arbeitgeber in Konkurrenz zu treten. Aus der vertraglichen Treuepflicht gegenüber dem Arbeitsgeber ergibt sich die entsprechende Nebenpflicht des Arbeitnehmers selbst, von einer Verwertung der geheimzuhaltenden Tatsachen abzusehen, so dass der Rechtsgedanke der § 60, 61 HGB über § 242 BGB auch auf sonstige Arbeitnehmer anzuwenden ist[601]. Die Art und Weise, in welcher der Arbeitnehmer mit dem Arbeitgeber in Konkurrenz tritt, ist hierbei unbeachtlich. Untersagt ist jegliche Tätigkeit, die dem Arbeitgeber Schaden zufügen kann[602]. Von diesem Konkurrenzverbot zu unterscheiden ist die grundsätzlich erlaubte Vorbereitung eines künftigen Handelsgewerbes, solange die Geschäftstätigkeit nicht aufgenommen wird und eine Beeinträchtigung des Geschäftsbetriebes des Arbeitgebers nicht erfolgt[603]. Auch kann im Einzelfall der Bruch der Verschwiegenheitspflicht durch das Grundrecht auf freie Meinungsäußerung, Art. 5 GG, gerechtfertigt sein[604].

Als Rechtsfolge eines Verstoßes kann der Arbeitgeber zunächst den Erfüllungsanspruch auf Unterlassung des wettbewerbswidrigen Verhaltens geltend machen oder das Beschäftigungsverhältnis kündigen[605]. Weiterhin steht dem Arbeitgeber ein Schadensersatzanspruch zu. Nach seiner Wahl kann der Arbeitgeber ein Eintrittsrecht in die Konkurrenzgeschäfte geltend machen oder aufgrund der unerlaubten Konkurrenztätigkeit den Arbeitnehmer verpflichten, hinsichtlich Art und Umfang der Tätigkeit Auskunft zu erteilen, gegebenenfalls Rechenschaft zu legen, und das Erlangte herauszugeben[606].

(2) Abwehransprüche nach Beendigung des Arbeitsverhältnisses

Nach Beendigung des Arbeitsverhältnisses kommt der Interessenkonflikt zwischen Arbeitgeber und Arbeitnehmer, zwischen Geheimhaltung und ungehindertem beruflichen Fortkommen voll zur Entfaltung. In diesem Zusammenhang ist zu berücksichtigen, dass beide Interessen Verfassungsrang besitzen[607]. Auch können hinter dem Geheimhaltungsinteresse und dem Interesse am beruflichen

---

601 BAG NJW 1977, 646; MünchKomm-Müller-Glöge, § 611 Rn. 424, 445; MünchKomm-HGB-v.Hoyningen-Huene, § 60 Rn. 8; ErfurtKomm-Preis, BGB 230 Rn. 1005.

602 § 60 HGB ist im Rahmen einer teleologischen Reduktion dahingehend auszulegen, dass lediglich die Tätigkeit für Konkurrenzunternehmen untersagt ist, BAG NJW 1970, 1941; K. Schmidt, HR § 17 I; MünchKomm-HGB-v.Hoyningen-Huene, § 60 Rn. 32.

603 BGH GRUR 1983, 179, 180 – Stapel-Automat –; BGH GRUR 1955, 402, 405 – Anreißgerät –.

604 ErfurtKomm-Preis, BGB 230 Rn. 1000.

605 Röhricht/Graf von Westphalen/Wagner, § 61 Rn. 24.

606 BAG NJW 1977, 646; ErfurtKomm-Preis, BGB 230 Rn. 1006.

607 In Betracht kommen die Grundrechte der Art. 1, 2, 5, 12, 14 GG.

Fortkommen unterschiedliche Motive stehen, wie auch der wirtschaftliche Wert im Einzelfall stark divergieren kann. In jede Bewertung muss jedoch zusätzlich die Entscheidung des Gesetzgebers einfließen, dass das berufliche Fortkommen des Arbeitnehmers nicht ungerechtfertigt beschränkt werden darf[608].

(a) Nachvertraglicher Schutz

Aus dem Arbeitsverhältnis ergeben sich Pflichten des Arbeitnehmers, die über die Beendigung des Vertrages hinaus bestehen bleiben[609]. Mitglieder des Betriebsrates werden ausdrücklich durch § 79 BetrVG zur Verschwiegenheit in Bezug auf Betriebs- und Geschäftsgeheimnisse über ihr Ausscheiden hinaus verpflichtet. Ein solcher Grundsatz befand sich auch in § 80 Abs. 1, 3 des Entwurfs des Arbeitsgesetzbuches 1977. Als Nachwirkung der betrieblichen Treuepflicht kann für den Arbeitnehmer grundsätzlich die Pflicht bestehen, Betriebs- und Geschäftsgeheimnisse auch nach Beendigung des Beschäftigungsverhältnisses geheim zuhalten. Aufgrund dieser nachvertraglichen Verschwiegenheitspflicht darf der Beschäftigte die erlangten Geheimnisse nicht veräußern und auf diese Weise für sich verwerten, soweit dieses zumutbar ist. Aus der Verschwiegenheitspflicht folgt jedoch kein weitergehendes Wettbewerbsverbot, die erlangten Kenntnisse, einschließlich Betriebs- und Geschäftsgeheimnissen, selbst für das eigene gewerbliche / beruflichen Vorankommen zu nutzen[610].

Es muss daher im Vergleich zur Verschwiegenheitspflicht während des Vertragsverhältnisses nach Beendigung des Beschäftigungsverhältnisses in zweierlei Hinsicht differenziert werden. Zunächst umfasst die Verschwiegenheitspflicht nur Betriebs- oder Geschäftsgeheimnisse. Weiterhin besteht ein Nutzungsverbot nur noch hinsichtlich der entgeltlichen oder unentgeltlichen Weitergabe an Dritte, ohne dass der Einsatz der Informationen konkret und in gerechtfertigter Weise dem Fortkommen des Angestellten dient. Die Geheimhaltungsverpflichtung sowie ihr Umfang sind daher im Rahmen einer umfassenden Interessenabwägung unter Einbeziehung sämtlicher Umstände des Einzelfalls zu ermitteln[611].

Rechtsklarheit kann in diesem Zusammenhang durch die Vereinbarung einer nachvertraglichen Geheimhaltungspflicht getroffen werden. Diese ist im Gegen-

---

608 BGH GRUR 1963, 367, 369 – Industrieböden –.

609 BAG NJW 1983, 134, 135; So auch bereits BGH GRUR 1963, 367, 369 – Industrieböden –; BGH GRUR 1983, 179, 181 – Stapel-Automat –, wo jeweils der eng begrenzte Umfang dieser Nachwirkung betont wurde.

610 BAG AP § 611 BGB Betriebsgeheimniss Nr. 1 und Nr. 5; ErfurtKomm-Preis, BGB 230 Rn. 1003; Handbuch-Harte-Bavendamm, § 44 Rn. 34; Baumbach/Hefermehl, § 17 Rn. 59; Die Gegenansicht, dass nach Beendigung des Arbeitsverhältnisses grundsätzlich keine nachvertragliche Verschwiegenheitspflicht besteht, beispielsweise Kraßer, GRUR 1977, 177, 187, MünchKomm-Müller-Glöge, § 611 Rn. 487, hat sich aufgrund der eindeutigen Rechtsprechung des BAG nicht durchsetzen können.

611 BGH GRUR 1963, 367, 369 – Industrieböden –; Handbuch-Harte-Bavendamm, § 44 Rn. 34.

satz zu Wettbewerbsverboten auch ohne Karenzentschädigung wirksam[612]. Es ist jedoch zu beachten, dass durch eine solche Vereinbarung kein Wettbewerbsverbot geschaffen werden darf[613]. Als Wettbewerbsverbot gilt jede Vereinbarung, die die spätere Betätigungsfreiheit beschränkt[614], so dass bei einer generell gehaltenen Pflicht zur Geheimhaltung von einem Wettbewerbsverbot auszugehen ist. Hiervon zur Unterscheiden ist die Vereinbarung einer Geheimhaltungspflicht hinsichtlich eines konkreten Geheimnisses, die kein Wettbewerbsverbot enthält, da es dem Beschäftigten weiter erlaubt ist, mit dem Arbeitgeber in Konkurrenz zu treten. Die Begründung liegt darin, dass das Fortkommen des Arbeitnehmers regelmäßig nicht dadurch behindert wird, dass er seinen zukünftigen beruflichen Erfolg gerade nicht auf die Nutzung des konkret definierten Betriebsgeheimnisses stützen kann[615].

Weitergehende Beschränkungen bestehen lediglich, wenn der Arbeitnehmer einem Wettbewerbsverbot unterliegt oder sein Verhalten aufgrund der benutzten Mittel oder Methoden gegen die Redlichkeit im Rechtsverkehr verstößt.

(b) Nachvertragliches Wettbewerbsverbot

Für Arbeitnehmer besteht für die Zeit nach Beendigung des Arbeitsverhältnisses ohne besondere Vereinbarung grundsätzlich kein Wettbewerbsverbot. Auch darf er die erlangten Informationen und Geheimnisse uneingeschränkt für sich nutzen[616]. Dieses wird gerade in Hinblick auf den Schutz von Unternehmensgeheimnissen als unzureichend empfunden[617]. Diesem Befund kann jedoch aktiv durch die Vereinbarung eines nachvertraglichen Wettbewerbsverbotes entgegengetreten werden. Die Wirksamkeit eines nachvertraglichen Wettbewerbsverbotes ist dabei auf der Grundlage der §§ 74 ff. HGB zu beurteilen, da diese entgegen dem Wortlaut nicht nur auf Handlungsgehilfen, sondern auf alle Arbeitnehmer Anwendung finden[618].

Als Wettbewerbsverbot ist jede Beschränkung des späteren Betätigungsfeldes in sachlicher, örtlicher oder zeitlicher Hinsicht zu verstehen[619]. Die Möglichkeiten der rechtlichen Ausgestaltung eines nachvertraglichen Wettbewerbsverbotes ist zugunsten des Arbeitnehmers durch eine Reihe zwingender Vorschriften,

---

612 OLG Frankfurt CR 1990, 589, 591; v.Gamm, Kap. 50 Rn. 10.

613 Zu den Voraussetzung für die wirksame Vereinbarung eines Wettbwerbsverbotes siehe unten.

614 BAG AP § 611 BGB Betriebsgeheimnis Nr. 5 m.w.N.

615 BAG 1988, 1689; BAG NJW 1983, 134, 135; OLG Frankfurt CR 1990, 589, 591; K. Schmidt, HaR § 17 I 2a)aa).

616 BGH WM 1977, 619, 620; MünchKomm-HGB-v.Hoyningen-Huene, § 74 Rn. 1.

617 BGH WM 1977, 618, 620; Winterstein, NJW 1989, 1463.

618 BAGE 22, 6; 125, 324; BAG NJW 1990, 1870; Baumbach/Duden/Hopt, § 74 Rn. 3; Röhricht/Graf von Westphalen, § 74 Rn. 14.

619 BAG NJW 1988, 1686; BAG AP § 611 BGB – Betriebsgeheimnis Nr. 5 –; Röhricht/Graf von Westphalen, § 74 Rn. 24.

§ 75 d HGB, beschränkt worden. Nach Beendigung des Vertragsverhältnisses sind die Parteien jedoch frei, ohne Berücksichtigung der §§ 74 ff. HGB ein Wettbewerbsverbot zu vereinbaren. Durch die gesetzlichen Regelungen sollen lediglich Beschäftigte aufgrund der wirtschaftlichen Abhängigkeit geschützt werden. Nach Beendigung des Beschäftigungsverhältnisses besteht diese Abhängigkeit nicht mehr, so dass es auch keines besonderen Schutzes mehr bedarf. Aus dem gleichen Grund gelten die Schutzvorschriften der § 74 ff. HGB ebenfalls nur eingeschränkt für Organmitglieder[620].

(aa) Voraussetzungen

Für die Wirksamkeit eines Wettbewerbsverbotes ist formell beiderseitige Schriftlichkeit, § 126 BGB, zwingend vorgeschrieben. Diese unterzeichnete Wettbewerbsvereinbarung muss dem Beschäftigten ausgehändigt werden, § 74 Abs. 1 HGB. Materiell muss ein berechtigtes Interesse an der Vereinbarung eines Wettbewerbverbotes bestehen, und der Arbeitgeber muss sich bereits bei Abschluss zur Zahlung einer Karenzentschädigung verpflichten. In zeitlicher Hinsicht sieht § 74 a Abs. 1 Satz 3 HGB eine Höchstdauer von 2 Jahren vor.

Wettbewerbsverbote dürfen keinen Selbstzweck erfüllen, so dass in jedem Fall ein berechtigtes Interesse des Arbeitgebers an einer Vereinbarung vorliegen muss. Auch wird ein Schutz des Arbeitnehmers vor Willkür und Schikane des Arbeitgebers geboten. Ein hinreichendes Interesse kann jedoch bereits bejaht werden, wenn aufgrund der durch den Beschäftigten erworbenen Kenntnisse die Gefahr der Weitergabe betrieblicher Geheimnisse oder eine Schwächung der Position im Wettbewerb erwartet werden kann. Das bloße Interesse, Konkurrenz einzuschränken, genügt jedoch nicht[621]. Ein Wettbewerbsverbot ist nur verbindlich, wenn sich der Arbeitgeber verpflichtet, für die Dauer des Verbots eine Entschädigung zu zahlen, § 74 Abs. 2 HGB. Wettbewerbsabreden, in denen von dieser Verpflichtung des Arbeitgebers abgewichen wird, sind unverbindlich und im Falle eines völligen Ausschlusses einer Entschädigung unwirksam. Die Höhe der Entschädigung muss für jedes Jahr des Verbots mindestens die Hälfte der zuletzt vom Beschäftigten bezogenen Bezüge erreichen.

In diesem Zusammenhang ist auch darauf hinzuweisen, dass sogenannte bedingte Wettbewerbsverbote aufgrund ihres Umgehungscharakters nichtig sind. Bei bedingten Verboten wird dem Arbeitgeber eine Art Optionsrecht eingeräumt. Im Falle des Ausscheidens aus dem Betrieb könnte der Arbeitgeber zwischen der Einhaltung des Wettbewerbsverbotes (bei Zahlung der Karenzentschädigung) oder der Nichteinhaltung (unter Wegfall der Entschädigung) wählen.

---

620 BAG BB 1968, 1120; BGH NJW 1992, 1892; Baumbach/Duden/Hopt, § 74 Rn. 3 und Rn. 5; Winterstein, NJW 1989, 1463, 1464.

621 BAG BB 1996, 379; Röhricht/Graf von Westphalen, § 74a Rn. 2.

Der Grund für die Unzulässigkeit liegt darin, dass der Arbeitnehmer einer Unsicherheit hinsichtlich des neuen Arbeitsplatzes ausgesetzt wird, die sich in unverhältnismäßiger Weise zu seinem Nachteil auswirkt[622].

(bb) Rechtsfolgen

Verstößt ein ehemaliger Arbeitnehmer, mit dem ein Wettbewerbsverbot vereinbart wurde, gegen dieses Verbot, kann der Unternehmer zunächst den vertraglichen Erfüllungsanspruch durchsetzen. Er kann Beseitigung der Störung durch Unterlassen der verbotswidrigen Handlung oder Tätigkeit verlangen. Um diesen Anspruch auszulösen, ist kein Verschulden des Arbeitnehmers erforderlich, da sich der Anspruch unmittelbar aus der vertraglichen Vereinbarung als Primäranspruch ergibt. Die Vollstreckung erfolgt gemäß § 870 ZPO[623].

Daneben kann der Arbeitgeber aufgrund des wettbewerbswidrigen Verhaltens auch Sekundäransprüche in Form der §§ 320 ff. BGB geltend machen. Zunächst ist dieser Anspruch auf Schadensersatz gerichtet, § 323 BGB. Weiter kann der Arbeitgeber von der vertraglichen Abrede zurücktreten, so dass der Anspruch auf die Karenzentschädigung erlischt. Zur Aufklärung des entstandenen Schadens besteht ein Anspruch auf Nennung des neuen Arbeitgebers, sobald ein hinreichender Verdacht besteht, dass ein Wettbewerbsverstoß vorliegt. Demgegenüber besteht im Gegensatz zum Wettbewerbsverbot gemäß § 61 HGB kein Anspruch auf Eintritt oder Herausgabe des erzielten Gewinns[624]. Unabhängig hiervon kann bei entsprechender vorheriger Vertragsgestaltung auch ein Anspruch auf Zahlung einer Vertragsstrafe bestehen[625].

bb) Sonstige Vertragspartner

Auch im Verhältnis zu sonstigen Vertragspartnern besteht eine Geheimhaltungspflicht, soweit diese Kenntnis von Geheimnissen erlangen. Die Pflicht zur Geheimhaltung besteht auch bei Scheitern der Vertragsverhandlungen oder nach Beendigung des Vertragsverhältnisses. Grundlage dieser Pflicht ist die gemäß Treu und Glauben, § 242 BGB, bestehende gegenseitige Rücksichtspflicht, die sich Vertragspartner schulden. Für das Bestehen der Geheimhaltungspflicht unerheblich ist die Art des Vertrages, es kann sich beispielsweise um einen Beratungs-, Geschäftsbesorgungs- oder Lizenzvertrag handeln[626]. Hinsichtlich bestehender Abwehransprüche kann daher auf die Darstellung der Ansprüche gegen Beschäftigte verwiesen werden.

---

622 BAG NJW 1983, 2896; Winterstein, NJW 1989, 1463, 1465 jeweils m.w.N.

623 BAG BB 1970, 801; Baumbach/Duden/Hopt, § 74 Rn. 10.

624 BAG NJW 1986, 1192; Baumbach/Duden/Hopt, § 74 Rn. 10 bis 15.

625 Siehe hierzu im einzelnen unter Bezugnahme auf die Rechtssprechung des BAG, Winterstein, NJW 1989, 1463, 1466; Baumbach/Duden/Hopt, § 75c.

626 Palandt-Heinrichs, § 242 Rn. 23, 26; Köhler/Piper, § 19 Rn. 7.

Gleichwohl empfiehlt es sich, zur Absicherung die Geheimhaltungspflicht vertraglich in Form eines Wettbewerbsverbotes festzuhalten. Zu beachten sind hierbei jedoch die Kartellverbote des § 1 GWB und gegebenenfalls auch Art. 85 EGV, da derartigen Vereinbarungen grundsätzlich eine wettbewerbsbeschränkende Funktion zukommt. Der Gesetzgeber hat das Kartellverbot als striktes Verbot mit Ausnahmevorbehalt geregelt. In den § 2 ff. GWB sind mögliche Freistellungen geregelt. Die allgemeinen Kartellverbote sind von der Praxis und Lehre durch ungeschriebene Ausnahmen durchbrochen worden. Eine solche Ausnahme bilden die sogenannten vertragsimmanenten Wettbewerbsbeschränkungen[627]. Eine Durchbrechung dieser starren Strukturen ist in den Fällen erforderlich, in denen die Durchsetzung des Kartellverbotes den Bestand oder die Wirksamkeit anderer durch die Rechtsordnung gebilligter Vereinbarungen gefährden würde[628].

Beispielhaft verdeutlichen lässt sich dieses anhand des bereits oben erläuterten § 60 HBG. Das Wettbewerbsverbot für Handlungsgehilfen widerspricht grundsätzlich dem Wettbewerbsverbot des § 1 GWB. Hauptanwendungsfall der Immanenztheorie sind wettbewerbsbeschränkende vertragliche Nebenpflichten. Wettbewerbsverbote sind daher entgegen dem Wortlaut des § 1 GWB zulässig, soweit sie für die Erreichung eines vertraglichen Hauptzweckes, der selbst keine Wettbewerbsbeschränkung darstellt, erforderlich sind und sich in gegenständlicher, räumlicher wie auch in zeitlicher Hinsicht auf das hierfür nötige Maß beschränken. Eine Beurteilung, ob diese Voraussetzungen vorliegen, ist im jeweiligen Einzelfall zu treffen[629].

b) Schadensersatzanspruch aus §§ 19 UWG, 823 Abs. 2 BGB

Das UWG selbst vernachlässigt auf den ersten Blick die Möglichkeit eines zivilrechtlichen Geheimnisschutzes. § 19 UWG gewährt allein einen Schadensersatzanspruch bei Zuwiderhandlungen gegen die Strafvorschriften §§ 17, 18 UWG[630]. Unterlassungs- oder Beseitigungsansprüche sind nicht vorgesehen. Um die Einheitlichkeit der Rechtsordnung zu gewährleisten, setzt auch der Schadensersatzanspruch aufgrund des strafrechtlichen Analogieverbotes die vollständige Verwirklichung des objektiven und subjektiven Tatbestandes der

---

627 Der Begriff der Immanenztheorie wurde erstmals durch Steindorf, BB 1977, 570 geprägt und hat sich in Rechtsprechung, und Literatur durchgesetzt, siehe beispielsweise BGHZ 70, 331 – Gabelstapler –, Emmerich, Kartellrecht, § 4 Ziffer 4; K. Schmidt, ZHR 149, 1, 10; Immenga/Mestmäcker, GWB, § 1 Rn. 350 ff.

628 Immenga/Mestmäcker, GWB, § 1 Rn. 351.

629 Immenga/Mestmäcker, GWB, § 1 Rn. 354; Emmerich, Kartellrecht, § 4 Ziffer 4a).

630 Diese Rechtsfolge ergibt sich auch aus § 1 UWG, § 823 Abs. 2 BGB, da ein Verstoß gegen §§ 17, 18 UWG gleichzeitig auch einen Verstoß gegen die guten Sitten oder ein Schutzgesetz des § 823 Abs. 2 BGB darstellt, Baumbach/Hefermehl, § 19 Rn. 1, woraus überwiegend gefolgert wird, dass § 19 UWG eigentlich überflüssig ist.

§§ 17 oder 18 UWG voraus[631]. Als Schutzgesetze des § 823 Abs. 2 BGB definieren die §§ 17 ff. UWG neben ihrer strafrechtlichen Funktion auch gleichzeitig den Kernbereich des zivilrechtlichen Schutzes, der über den Schutz des § 19 UWG nicht hinausgeht. Unterschiede ergeben sich lediglich auf der Rechtsfolgenseite, da § 823 Abs. 2 BGB über § 1004 BGB auch Unterlassungs- und Beseitigungsansprüche zulässt.

c) Ergänzender Geheimnisschutz über §§ 1 UWG, 823 Abs. 1, 826, 1004 BGB

Die Regelung der §§ 17 f., 19 UWG, 823 Abs. 2 BGB stellen hinsichtlich der zivilrechtlichen Schutzmöglichkeiten keine abschließende Regelung dar, so dass ein ergänzender Schutz, basierend auf Normen des UWG oder BGB, möglich ist. Dieses gilt sowohl für die Tatbestands- wie auch für die Rechtsfolgenseite[632]. Der durch diese Normen gewährleistete Kernbereich kann durch die deliktischen Normen §§ 1 UWG, 826, 823 Abs. 1 BGB erweitert werden, soweit Wettbewerbsverhältnis oder Schädigungsabsicht vorliegen. Insbesondere können auch Abwehransprüche bei lediglich fahrlässigem Verhalten bestehen.

aa) Ehemalige Beschäftigte

Abwehransprüche des Arbeitgebers gegen seinen ehemaligen Arbeitnehmer bestehen gemäß §§ 1 UWG, 826 BGB, wenn „ganz besondere Umstände vorliegen“[633], also durch die Wahl von Mittel oder Methoden gegen die guten Sitten verstoßen wird. Ein Verstoß gegen die guten Sitten hat der BGH in einer Reihe von Fällen bejaht, die folgend in der gebotenen Kürze analysiert werden.

In der Entscheidung „Industrieböden“ hob der BGH hervor, dass es dem Anstandsgefühl des durchschnittlichen Gewerbetreibenden widerspräche, wenn ein leitender Angestellter mit herausragender Vertrauensstellung den Betrieb nach kurzer Zeit verlässt, um unmittelbar darauf folgend das für den Betrieb im Wettbewerb entscheidende Geheimnis zu nutzen. Die Dauer der betrieblichen Zugehörigkeit sei daher ein entscheidendes Kriterium, da der Arbeitswert eines Beschäftigten durch die bisherige Tätigkeit geprägt wird. Je länger die betriebliche Zugehörigkeit besteht, desto eher ist die Nutzung erworbener Kenntnisse und Fertigkeiten für ein berufliches Fortkommen erforderlich. Von Bedeutung war ebenfalls, dass der Angestellte an der Erarbeitung des Geheimnisses keinen

---

631 BGH GRUR 1983, 179, 180 – Stapel-Automat –.

632 BGH GRUR 1983, 179, 181 – Stapel-Automat –; BGH GRUR 1960, 554, 556 – Handstrickverfahren –; BGH GRUR 1961, 40, 41 – Wurftaubenpresse –; BGH GRUR 1963, 367, 369 – Industrieböden –; GK UWG-Köhler, § 19 Rn. 6; Handbuch-Harte-Bavendamm, § 44 Rn. 37.

633 BGH GRUR 1983, 179, 181 – Stapel-Automat –; OLG Frankfurt CR 1990, 589, 591 jeweils unter Hinweis auf die ständige Rechtsprechung von RG und BGH.

Anteil hatte. Unerheblich sei die Tatsache, dass die Kündigung durch den Arbeitgeber ausgesprochen worden war.

Weiter kommt, wie die Entscheidung „Milchfahrer“[634] zeigt, ein Sittenverstoß im Fall des Vernichtungswettbewerbs in Betracht. Letzteres liegt bei der schlagartigen Wegnahme des gesamten Kundenkreises unmittelbar nach Einstellung der Tätigkeit für den bisherigen Arbeitgeber und der Belieferung mit Konkurrenzerzeugnissen durch einen ehemaligen Mitarbeiter vor, wenn dadurch die wirtschaftliche Grundlage des früheren Dienstherrn vernichtet wird. Dieses Verhalten richte sich mit dem Zweck der Vernichtung offensichtlich gegen die wirtschaftliche Grundlage des früheren Dienstherrn und sei daher sittenwidrig.

In der Entscheidung „Stapel-Automat“[635] hatte der Arbeitnehmer schon während des Beschäftigungsverhältnisses für einen konkreten Abnehmer ein bestimmtes Produkt konstruieren und herstellen lassen, womit er über die erlaubte Vorbereitung eines Konkurrenzbetriebes hinausging. Einen Verstoß gegen die guten Sitten vermochte der BGH hierin allein nicht zu sehen. Sittenwidrig wurde das Verhalten erst dadurch, dass der Arbeitnehmer sich zur Herstellung eines Betriebsgeheimnisses des Arbeitgebers bediente und zwei weitere leitende Angestellte zum Vertragsbruch verleitete.

Die dargestellten Beispiele haben nicht den Charakter einer abschließenden Aufzählung. Wie der BGH in den genannten Entscheidungen stets hervorgehoben hat, ist in jedem Einzelfall eine umfassende Abwägung der Interessen auf Arbeitgeber- und Arbeitnehmerseite erforderlich[636]. Es stellt sich die Frage, wie weit das Unternehmen mit einer Geheimsphäre umgeben werden darf, ohne dadurch die Angestellten des Unternehmens in der Benutzung der erlangten Kenntnisse und Fertigkeiten, die zum beruflichen Fortkommen erforderlich sind, zu beeinträchtigen[637]. Ein Ausgleich dieser divergierenden Interessen, die jeweils mit Verfassungsrang ausgestattet sind, kann nur darin liegen, im Einzelfall zu untersuchen, welchen konkreten Stellenwert die Geheimnisverwertung für das berufliche Fortkommen des Arbeitnehmers besitzt. Besteht kein innerer Zusammenhang zwischen beruflichem Fortkommen und der Nutzung des Geheimnisses, wird regelmäßig ein sittenwidriges Verhalten anzunehmen sein. Bei Vorliegen eines inneren Zusammenhangs kann sich die Sittenwidrigkeit unter Berücksichtigung weiterer Elemente, wie der konkreten Bedeutung des Geheimnisses für das Unternehmen, der Dauer der Betriebszugehörigkeit und dem Grad der Einschränkung des Fortkommens bei Nichtnutzung ergeben. Gleiches

---

634 BGH GRUR 1964, 215; bestätigt durch BAG AP § 611 BGB – Betriebsgeheimniss Nr. 5 –.

635 BGH GRUR 1983, 179, 181 – Stapel-Automat –.

636 BGH GRUR 1983, 179, 181 – Stapel-Automat –; BGH GRUR 1963, 367, 369, 370 – Industrieböden –; OLG Frankfurt CR 1990, 589, 591. Die Frage, ob konkrete Fallgruppen, unter Umständen in Anlehnung an den Nachahmungsschutz, gebildet werden können, ist nicht Gegenstand dieser Arbeit, siehe hierzu Fezer, Festschrift Traub, S. 81, 95.

637 Eb. Schmidt, Verhandlungen des 36. Deutschen Juristentages 1930, Bd. 1, 101, 140.

gilt, wenn Geheimhaltungsverpflichtungen missachtet wurden oder/und weitere schwere und offensichtlich unlautere Verhaltensweisen auftreten[638].

In der Rechtsprechung ist anerkannt, dass Betriebsgeheimnisse zum Gewerbebetrieb gehörende Vermögensgegenstände gemäß § 823 Abs. 1 BGB sind, an denen ein Ausschließlichkeitsrecht bestehen kann[639]. Nutzung und Verrat können daher einen Eingriff in den eingerichteten und ausgeübten Gewerbebetrieb darstellen. Ein gegenüber der bisherigen Darstellung weitergehender Schutz betrieblicher Geheimnisse lässt sich jedoch nicht ableiten, da im Rahmen der Rechtswidrigkeit ebenfalls eine Interessenabwägung vorzunehmen wäre, die der für §§ 1 UWG, 826 BGB erforderlichen entspräche[640].

bb) Abwehransprüche gegen Dritte

Dritte erhalten im Regelfall nur durch Mitwirkung von Beschäftigten des Geheimnisinhabers Kenntnis von Betriebs- oder Geschäftsgeheimnissen. Um diesem Umstand entgegen zu wirken, hat der Gesetzgeber in §§ 17 Abs. 2 Nr. 2, 18 UWG, 203, 204 StGB einen sehr weiten Schutzrahmen gesetzt. Ein ergänzender Geheimnisschutz kann daher nur dort eingreifen, wo der Geheimnisbruch eine redlich erlangte Tatsache nach Beendigung des Beschäftigungsverhältnisses betrifft. Jede andere Form der Kenntniserlangung ist bereits durch § 17 Abs. 2 Nr. 2 UWG abgedeckt. Große Bedeutung gewinnt in diesem Zusammenhang die nachvertragliche Geheimhaltungspflicht. Soweit ein ehemaliger Beschäftigter unter Bruch dieser Geheimhaltungspflicht einen Dritten in die Lage versetzt, das Geheimnis für die eigene Produktion zu nutzen, und ein Wettbewerbsverhältnis besteht, kann hierin ein Verstoß gegen die guten Sitten liegen. In Betracht kommen dabei als unerlaubte Handlungen insbesondere das Verleiten zum Vertragsbruch und die Ausnutzung eines fremden Vertragsbruchs.

Das Verleiten zum Vertragsbruch umfasst jegliches Hinwirken auf den Vertragsbruch eines anderen. Erfasst wird also im Vergleich zur strafrechtlichen Anstiftung ein weiterer Rahmen des Förderns fremden Vertragsbruchs. Unerheblich ist weiterhin, ob der Geheimnisträger bereits zum Geheimnisbruch entschlossen war. Da bei leitenden Angestellten überwiegend von einer Pflicht zur Wahrung von Geheimnissen ausgegangen werden kann, liegt ein Verstoß gegen die guten Sitten im Regelfall vor, wenn zu Wettbewerbszwecken die Mitteilung oder Verwertung

---

638 OLG Frankfurt CR 1990, 589, 591; Handbuch-Harte-Bavendamm, § 44 Rn. 38; BGH GRUR 1963, 367, 369 – Industrieböden –, in der der BGH darauf hingewiesen hat, dass die Abwägung der hinsichtlich der nachwirkenden Verschwiegenheitspflicht entspricht.

639 BGHZ 16, 172, 175 – Geheimverfahren –; Hubmann/Götting, § 54 II.

640 So bereits BGH GRUR 1963, 367, 369 – Industrieböden –; Handbuch-Harte-Bavendamm, § 44 Rn. 39.

von Geheimnissen veranlasst oder gefördert wird. Ein Verleiten zum Vertragsbruch scheidet jedoch aus, wenn der Geheimnisbruch bereits erfolgt ist[641].

Im Gegensatz zum Verleiten zum Vertragbruch ist die Ausnutzung eines bereits erfolgten Vertragsbruches nur dann als sittenwidrig einzuschätzen, wenn weitere besondere Umstände hinzutreten. Es bestehen daher grundsätzlich keine Abwehransprüche gegen Mitbewerber, wenn diese ein Geheimnis verwerten, das ohne aktives Mitwirken unter Verstoß einer Geheimhaltungspflicht in ihren Kenntnisbereich gelangt ist. Besondere Umstände, die die Ausnutzung gleichwohl als unlauter erscheinen lassen, können sich insbesondere aus Aufklärungspflichten und branchenspezifischen Eigenheiten ergeben. Insbesondere darf der Dritte seine Augen nicht davor verschließen, dass der Beschäftigte unter Umständen unter einer Geheimhaltungsverpflichtung oder einem Wettbewerbsverbot steht. Bei der Festlegung der Unlauterkeitsmerkmale kann die Grenze zur Förderung und damit zum Verleiten zum Vertragsbruch fließend sein. Eine spätere Kenntniserlangung vom Geheimnisbruch ist jedoch regelmäßig unschädlich[642].

d) Rechtsfolgen

aa) Schadensersatz

Nach Verletzung der Geheimhaltungspflicht besteht seitens des Geheimnisinhabers ein Anspruch auf Schadensersatz. Hinsichtlich der Bemessung hat nach anfänglichem Zögern[643] die Rechtsprechung auch für den Schadensersatzanspruch bei Verletzung von Geschäfts- und Betriebsgeheimnissen die dreifache Schadensberechnung zugelassen. Bei der Berechnung des Schadens hat der Kläger somit die Wahl zwischen dem konkreten Schaden, einer angemessenen, fiktiven Lizenzgebühr oder auf Herausgabe des Verletzergewinns[644].

bb) Unterlassung / Beseitigung

Neben dem Schadensersatz können auch Ansprüche auf Unterlassung oder Beseitigung geltend gemacht werden. Diese Ansprüche können sich parallel aus §§ 17, 18, 20 UWG als Schutzgesetze des § 823 Abs. 2 BGB, § 826 BGB und bei Handlungen in Wettbewerbsabsicht auch aus § 1 UWG ergeben. Über § 13 Abs. 4 UWG kann der Unterlassungsanspruch des § 1 UWG auch gegen Inha-

641 Handbuch-Harte-Bavendamm, § 44 Rn. 39; Baumbach/Hefermehl, § 1 Rn. 698 jeweils m.w.N.

642 BGH GRUR 1980, 296, 287- Konfektions-Stylist –; Köhler/Piper, § 19 Rn. 7; Baumbach/Hefermehl, § 1 Rn. 704.

643 BGH GRUR 1960, 554, 555 – Handstrickverfahren –.

644 BGH GRUR 1977, 539 – Prozeßrechner –; KG GRUR 1988, 702, 703 – Corporate Identity –.

ber eines Betriebes geltend gemacht werden, wenn die Zuwiderhandlung in seinem Betrieb erfolgte.

Um die Vollstreckbarkeit zu gewährleisten, sind bereits im Klage- oder Verfügungsantrag die Umstände und Besonderheiten des Geheimnisses hineichend genau zu beschreiben, § 253 Abs. 2 Nr. 2 ZPO. Soweit bei Erlass des Unterlassungsgebotes mit hinreichender Wahrscheinlichkeit ein Zeitpunkt bestimmt werden kann, zu dem die Weitergabe oder Nutzung nicht mehr der Geheimhaltungspflicht unterliegt, ist ein zeitlich begrenztes Unterlassungsgebot zu beantragen und durch das Gericht auszusprechen. Andernfalls besteht bei Erlass eines unbefristeten Unterlassungsgebotes die Möglichkeit der Vollstreckungsabwehrklage gemäß § 767 ZPO, mit der der Wegfall der Geheimhaltungsverpflichtung oder der Sittenwidrigkeit geltend gemacht werden kann[645].

Der Beseitigungsanspruch besteht in Bezug auf Gegenstände, die unter Nutzung des fremden Geschäfts- oder Betriebsgeheimnisses erstellt wurden, soweit deren weitere Verwendung sittenwidrig ist. Hierunter können auch Broschüren oder Vertragsvordrucke fallen. Ein Beseitigungsanspruch in Form eines Vernichtungs- oder Herausgabeanspruchs besteht auch hinsichtlich Aufzeichnungen und Unterlagen, die ein Angestellter unbefugt zur Weitergabe oder Nutzung über des Geheimnis gefertigt hat[646].

4. Ergebnis / Anwendbarkeit auf innovative Dienstleistungen

Es hat sich gezeigt, dass innovative Dienstleistungen einem Geheimnisschutz in straf- und zivilrechtlicher Hinsicht zugänglich sind. Dieser Schutz kann während der Dauer eines Beschäftigungsverhältnisses als umfassend bezeichnet werden. Nach Beendigung des Beschäftigungsverhältnisses ist der Arbeitnehmer zum Wohle seines eigenen beruflichen Fortkommens berechtigt, die erlangten Fertigkeiten und Kenntnisse zu nutzen. Beschränkungen bestehen lediglich, soweit im Rahmen einer umfassenden Abwägung ein Verstoß gegen den lauteren Wettbewerb festgestellt werden kann. Umfassende Abwehransprüche wurden seitens der Rechtsprechung anerkannt für den Fall, dass ehemalige Beschäftigte unter Missachtung einer nachträglichen Geheimhaltungsverpflichtung, also durch Nutzung des Geheimnisses, ein in der Zusammensetzung nahezu identisches und wirkungsgleiches Produkt auf den Markt brachten und damit in Konkurrenz zu dem Produkt traten, mit dem der bisherige Arbeitgeber aufgrund der Geheimhaltung bisher konkurrenzlos auf dem Markt war[647]. Die Verletzung

---

645 KG WRP 1982, 153, 157 –; Aus der Parallele zu vertraglichen Wettbewerbsverboten wurde geschlossen, dass auch gesetzliche Unterlassungsansprüche auf Geheimhaltung nicht unbegrenzt möglich sein können; BGH GRUR 1983, 179, 181 – Stapel-Automat –; GK UWG-Otto, § 19 Rn. 27.

646 BGH GRUR 1958, 297, 299 – Petromax I –; RG 1929, 1227, 1228.

647 OLG Frankfurt CR 1990, 589, 591.

des Anstandsgefühls der durchschnittlichen Gewerbetreibenden liegt darin, dass auf diese Weise ein ungerechtfertigter Vorsprung gegenüber anderen Marktteilnehmern erreicht werden kann.

Übertragen auf die Dienstleistungsbranche, bedeutet dieses, dass Konkurrenz durch Wissensnutzung durch ehemalige Beschäftigte nur dort möglich ist, wo diese eine Entwicklung wie jeder Dritte auch hinter sich haben. Voraussetzung ist jedoch, dass eine wirksame nachvertragliche Geheimhaltungsverpflichtung zwischen den Parteien vereinbart wurde. Bereits auf dieser Basis sollte ein hinreichender Marktvorsprung erreicht werden können.

Nach Beendigung des Arbeitsverhältnisses kann durch die Vereinbarung einer Geheimhaltungspflicht oder eines Wettbewerbsverbotes ebenfalls ein umfangreicher Schutz erreicht werden. Ein sehr ähnliches Bild bietet sich in Bezug auf unabhängige Vertragspartner.

4. Teil

Schutz innovativer Dienstleistungen in England / Wales

I. Allgemeines

Bei der Darstellung des englischen Rechts sind aufgrund einer von der kontinentalen erheblich verschiedenen Rechtstradition einige Besonderheiten zu beachten, die zunächst zum Verständnis der nachfolgenden Erläuterungen in der gebotenen Kürze aufgezeigt werden sollen.

Im Gegensatz zur Bundesrepublik Deutschland und anderen Rechtsordnungen kontinentaler Prägung besitzt das Vereinigte Königreich keine einheitliche Rechtsordnung. Es bestehen vielmehr einzelne, nach wie vor autonome, Jurisdiktionen für England/Wales, Schottland, Nordirland und die Kanalinseln. Auch die Rechtszüge sind unabhängig, lediglich das „House of Lords“ ist einheitlich für das gesamte Königreich das oberste Rechtsmittelgericht. Auch in der Gesetzgebung bestehen neuerdings wieder teil-autonome Kompetenzen der Parlamente von Schottland und Nordirland, die auch die Möglichkeit einer eigenen Steuergesetzgebung umfassen[648]. Entsprechend kommt es bisweilen vor, dass Gesetze die in Westminster beschlossen werden, sich ausschließlich auf Schottland oder England beziehen. Diese Aufsplitterung lässt sich in erster Linie historisch damit erklären, dass England und Schottland bis zum Beginn des 18. Jahrhunderts selbständige Königreiche innerhalb des britischen Empires waren[649].

Weiterhin bestehen hinsichtlich der Rechtsquellen signifikante Unterschiede. Das englische Recht unterteilt sich in drei große Rechtsquellen. Die älteste ist das „gemeine Recht“ oder „common law“[650]. Erst später entwickelte sich als zweiter Pfeiler der englischen Rechtsordnung das Billigkeitsrecht „equity“. Neben diesen beiden Rechtsquellen steht das Gesetzesrecht, das sogenannte „statutory law“[651]. Das common law umfasst nach heutiger Einordnung alle zivil- und

---

648 Süddeutsche Zeitung vom 02.06.1999, Schotten warteten 292 Jahre auf ihr Parlament, S. 6.

649 Zweigert/Kötz, Einführung in die Rechtsvergleichung, S. 198, 199.

650 Der Begriff „common law“ wird in verschiedenen Bedeutungen gebraucht. Zunächst als Abgrenzung zu den kontinentalen Rechtsordnungen, den „civil law Staaten“. Innerhalb des Richterrechts kann er jedoch auch in Abgrenzung zum Billigkeitsrecht „equity“ verwendet werden. Schließlich kann common law auch die Bedeutung des Richterrechts, einschließlich „equity“ besitzen, so dass hier der Gegensatz zum statutory law hervorgehoben wird. Im Rahmen dieser Arbeit wird der Begriff common law in jeder seiner dargestellten Bedeutungen verwendet, seine konkrete Bedeutung ergibt sich aus dem Zusammenhang.

651 Gewohnheitsrecht und Rechtswissenschaft haben als Rechtsquellen keinen Stellenwert, Blumenwitz, S. 53, 54. So sagt beispielsweise Harman L.J. in Duple Motor Bodies v. IRC [1960] 2 AllER 110, 119, dass „broad academic aguments are quite unsuited to the processes of the English law.“

strafrechtlichen Tatbestände, die nicht einem der beiden anderen Rechtsquellen zugeordnet werden können[652].

Historisch war das common law zunächst ein rein aktionsrechtliches System. Rechtsprechung und Rechtsentwicklung lagen bei den Royal Courts. Bis zur Mitte des 19. Jahrhunderts folgte das materielle Recht dem Rechtsbehelf, so dass die Klageform Vorrang vor dem materiellen Recht hatte[653]. Weiterhin kannte das common law lediglich Schadenersatz als Rechtsfolge. Im Gegensatz zu den Kodifizierungen der kontinental-europäischen Staaten entwickelte sich das Recht in England von Fall zu Fall, so dass eine Sammlung von Einzelfallentscheidungen an die Stelle der Gesetzesniederschriften trat[654]. Um die durch dieses zum Teil starre System entstandenen Unbilligkeiten zu überwinden, bestand seit dem späten Mittelalter neben den Royal Courts eine eigene Rechtssprechung in Form des Billigkeitsrechts „equity" der „chancery", der Kanzlei des Königs. Im Konfliktfall hatte equity Vorrang vor den Normen des common law.

Diese bis dato voneinander unabhängigen Gerichtszweige wurden durch die „Judicature Acts" 1873 und 1875 vereinigt, und die getrennten Rechtsquellen sind seither einheitlich allen Gerichten hinsichtlich Anwendung und Fortbildung zugewiesen. Aus dieser geschichtlichen Entwicklung erklärt sich auch die herausragende Stellung des Richters im englischen Rechtssystem. Gesetzgeber und Rechtswissenschaft haben bei der Entwicklung des englischen Rechts eine vergleichsweise untergeordnete Rolle gespielt. So hat die Gesetzgebung erst im 20. Jahrhundert zu einer Eindämmung des Richterrechts geführt. Gesetzesnormen verdrängen Normen des common law und equity. Einer der wichtigsten Rechtssätze stammt aus 1701 von *Holt C.J.* in *City of London v. Wood*[655]: „... an Act of parliament can do no wrong, though it may do several things that look pretty odd ..."

Sinngemäß kann das Parlament nicht im Unrecht sein, auch wenn es manchmal so aussehen mag. Hierdurch entsteht für die Gerichte eine starke Bindung an den Wortlaut, die in dieser Form im deutschen Recht unbekannt ist. Nach dem englischen Rechtsverständnis sind Gesetzesnormen sowohl in Bezug auf ihre Voraussetzungen, als auch hinsichtlich der Rechtsfolgen sehr restriktiv auszulegen. Hieraus ergibt sich eine ungleich andere Wirkung zwischen Gesetzes- und

---

652 Zweigert/Kötz, Einführung in die Rechtsvergleichung, S. 184, 185.

653 Zweigert/Kötz, Einführung in die Rechtsvergleichung, S. 196; Erst der „Common Law Procedure Act" von 1852 beseitigte die 500 Jahre alte Regel „The writ determines the right", dass der Erfolg der Klage zwingend an die richtige Wahl des vom Sachverhalt her erforderlichen Antrages (writ) gebunden ist.

654 Radbruch, beschrieb den Rechtsfindungsprozeß folgendermaßen: „Dort steigt die Rechtsfindung vom Rechtssat zum Einzelfall herab, hier vom Einzelfall aufwärts zum Rechtssatz. Dort wird Recht geschaffen auf Grund der Gesetze und des Geistes, hier auf Grund des Rechtslebens und der Natur der Sache ...", S. 8

655 [1701] 12 Mod.Rep. 669, 687, 688.

Fallrecht. Dieses methodische Verständnis basiert auf der Vorgabe, zum einen den Wertungen des Gesetzgebers zu entsprechen, andererseits aber auch dem Fallrecht als eigene Rechtsquelle einen breiten Anwendungsbereich zu sichern. Zum Erhalt dieser Tradition ist der englische Gesetzgeber bemüht, seine Gesetzgebung in das Fallrecht möglichst genau einzupassen. Der Erlass von Generalklauseln ist somit bereits systembedingt auf seltene Ausnahmefälle beschränkt. Bei größeren Gesetzeswerken besteht zumeist in weiten Bereichen inhaltlicher Gleichklang zwischen Gesetzgebung und bisherigem Fallrecht. Dieses ermöglicht eine Kontinuität des Rechts, wodurch das bisherige Richterrecht weiter zu Auslegung der Gesetze herangezogen werden kann[656].

Die Funktionsfähigkeit des Richterrechts als ungeschriebenes Gesetz wird durch die „rule of precedent" sichergestellt. Alle Gerichte, einschließlich Court of Appeal und House of Lords, sind durch eigene Entscheidungen und Urteile der höheren Gerichte gebunden. Diese Bindungswirkung tritt jedoch nur bei den „rationes decidendi" ein. Sie besteht nicht bei „obiter dicta", Minderheitsvoten oder soweit der vorliegende Fall von bestehenden Urteilen differenziert betrachtet werden muss („distinguishing"). Die Bindung tritt nur dort ein, wo die tragenden Gründe auch den vorliegenden Streitgegenstand erfassen. Ob dieses der Fall ist, muss in jeder einzelnen Entscheidung durch den Richter geprüft werden, so dass gegebenenfalls eine Anpassung an veränderte soziale Umstände erreicht werden kann.

In den letzten Jahren ist eine (leichte) Aufweichung der „rule of precedent" erkennbar. Ausgangspunkt und bisheriger Höhepunkt war das „Practice Statement" des Lord Chancellors im Namen der anderen Lords, in dem das House of Lords als oberstes „Revisionsgericht" die rule of precedent rechtfertigte, aber gleichzeitig die zwingende Bindung an seine Vorentscheidungen außer Kraft setzte:

> „Their Lordships regard the use of precedent as an indispensable foundation upon which to decide what is law and its application to individual cases. It provides at least some degree of certainty upon which individuals can rely in the conduct of their affairs, as well as a basis for orderly development of legal rules.
>
> Their Lordships nevertheless recognise that too rigid adherence to precedent may lead to injustice in a particular case and also restrict the proper development of the law. They propose, therefore, to modify their present practice and, while treating former decisions of this House as normally binding, to depart from previous decisions when it appears right to do so. [...]
>
> This announcement is not intended to affect the use of precedent elsewhere than in this House."[657]

Hervorzuheben ist, dass diese Ausnahme ausschließlich für Entscheidungen des *House of Lords* gelten soll.

---

656 Zweigert/Kötz, S. 259, 260; Für Beispiele im Gebiet des Marken- und Urheberrechts siehe Beater, S. 193.

657 Practice Statement [1966] 1 WLR 1234.

II. Urheberrecht

Das englische Recht erkennt das Urheberrecht als ein Eigentumsrecht an, das an „ursprünglichen literarischen Werken" besteht, Section 1(1) Copyright, Designs and Patent Act 1988 [CDPA 1988][658]. Als ein Verbandsstaat der Berner Union ist seit 1911 weder die Eintragung in ein Register, noch ein vergleichbares Erfordernis für einen Schutz erforderlich. Vor der Gesetzesänderung von 1911 war sowohl für den Erwerb als auch für die Durchsetzung des Urheberrechts die Registrierung bei der „Stationers' Company" erforderlich[659].

Eine Legaldefinition des Terms „literarische Werke" befindet sich in Section 3(1) CDPA 1988 lediglich in Form einer Negativabgrenzung. Hiernach fällt unter diese Kategorie jedes Werk, das nicht zu den Kategorien der dramatischen Werke und der Musik gehört, einschließlich Verzeichnissen, Zusammenstellungen und Computerprogrammen. Weiterhin ist in Section 3(3) CDPA 1988 festgelegt, dass ein urheberrechtlicher Schutz erst besteht, wenn das Werk in Schriftform oder auf andere Weise aufgezeichnet und dadurch in einer dauerhaften Form festgelegt worden ist[660]. Die Festlegung der Anforderungen an ein schutzfähiges Werk obliegt somit weiterhin den Gerichten.

Auch hinsichtlich des englischen Urheberrechts soll für Vertragsbedingungen und grundlegende Konzepte getrennt untersucht werden, inwieweit ein Schutz bestehen kann.

1. Copyright für Vertragsbedingungen

Betrachtet man zunächst die Werkgruppen literarischer, dramatischer oder musikalischer Werke, so ist offensichtlich, dass Vertragsbedingungen unter erstere Werkgruppe fallen[661]. Die Gruppe der literarischen Werke umfasst alle Druckwerke unabhängig von Stil und Qualität[662]. So hob *Peterson J.* in *University of London Press*

---

658 S1(1) CDAP 1988: Copyright is a property right which subsist in accordance with this Part in the following descriptions of work
(a) original literary, dramatic, musical or artistic works, [...]

659 Zur historischen Entwicklung des Urheberrechts in England siehe Cornish, Festgabe für Schricker, S. 644 ff.

660 Section 3(1) CDAP 1988:
In this Part -
„literary work" means any work, other than a dramatic or musical work, which is written, spoken or sung, and accordingly includes -
(a) a table or compilation, and
(b) a computer program; [...]

661 Morcom, Zissu, Mostert, [1994] 1 EIPR 6.

662 Cornish, Intellectual Property , 10-05.

v. University Tutorial Press[663] hervor: „...work which is expressed in print or writing, irrespective of the question whether the quality or style is high."

Die Anforderung der dauerhaften Formgebung in einem Druckwerk sollte für innovative Dienstleistungen kein Problem darstellen, da die Gestaltung der Produkte in den Vertragsbedingungen gerade ihren Niederschlag finden wird. Die Beschreibung in Vertragsbedingungen ist vielmehr die einzige Möglichkeit der Darstellung des Produktes und seiner Eigenschaften oder Funktionen.

Unter der Bedingung der Ursprünglichkeit müssen zwei verschiedene Voraussetzungen unterschieden werden. Ursprünglichkeit bedeutet zunächst, dass das Werk vom Autor stammt und nicht seinerseits eine Kopie darstellt. Hingegen ist nicht erforderlich, dass eine Neuheit oder eine Erfindung vorliegt. *Pearce L.J.* führte in *Ladbroke (Football) Ltd. v. William Hill (Football) Ltd.*[664] aus: „... the work should not be copied but should originate from the author."

Weiterhin ist das Vorliegen der Werkqualität im Sinne von „Eigentümlichkeit"[665] erforderlich, damit das fragliche Werk urheberrechtlich schutzfähig ist. Vereinfacht gesagt, besteht das Copyright nicht an dem Gedanken, sondern an dem Ausdruck dieses Gedankens. Da somit ein Copyright nicht an Ideen oder Fakten bestehen kann, ist es die Summe von Fähigkeiten und Bemühungen, die der Autor in sein Werk investiert hat, die Schutz durch das Urheberrecht erfahren[666]. Im englischen Richterrecht lassen sich hierfür verschiedene, hinsichtlich der materiellen Anforderungen jedoch weitestgehend identische, Formeln finden. Am häufigsten werden seitens der englischen Gerichte dabei die folgenden Definitionen verwendet: „labour, skill and capital"[667], „skill, labour and judgement"[668] oder „skill and labour"[669].

Die Literatur bietet ein ähnliches Bild. Während einzelne Vertreter der Lehre den Schwerpunkt stark auf die Bemühungen *(labour)* des Autors legen[670], fügen andere weitere – zumeist jedoch sehr ähnliche – Kriterien hinzu, die sich auch in der Rechtsprechung finden[671]. Es besteht jedoch Einigkeit, dass Fähigkeit und Bemühen (*skill and effort*) seitens des Autors erforderlich sind, bevor ein Werk

663 University of London Press v. University Tutorial Press [1916] 2 Ch 601, 609, 610.

664 [1964] 1 WLR 273, 291.

665 Der Begriff Eigentümlichkeit in diesem Sinne darf jedoch nicht mit dem Begriff aus dem deutschen Urheberrecht gleichgesetzt werden.

666 Copinger Skone James, 3-27; Cornish, Intellectual Property , 10-04.

667 Lord Atkinson in Macmillan & Co. Ltd. v. Cooper (K. & J.) [1923] 93 LJPC 113, 117.

668 Ibcos Computers Ltd. [1994] FSR 275, 291; Ladbroke (Football) Ltd v. Walter Hill (Football) Ltd. [1964] 1 WLR 273, 281 (Lord Evershed).

669 Ebenfalls Ladbroke (Football) Ltd v. Walter Hill (Football) Ltd. [1964] 1 WLR 273, 287 (Lord Hodson); Elnaco Products Ltd. v. Mandrops [1979] FSR 46, 57 (Lord Buckley).

670 Prime, S. 5.

671 Cornish, Intellectual Property , S. 269 beispielsweise hält in Annäherung an die Rechtsprechung „skill, judgement and labour" für die entscheidenden Kriterien.

Urheberrechtsschutz genießt. Es muss ein Mindeststandard an Bemühungen und Einsatz des Autors vorliegen, um den Urheberrechtsschutz zu rechtfertigen[672]:

> „To secure copyright for the product it is necessary that labour, skill, and capital should be expended sufficiently to import to the product some quality or character which the raw material did not possess, and which differentiates the product from the raw material“[673].

Eine exakte Festlegung dieser Grenze ist nicht möglich. Auch Einfachheit des Werkes ist kein geeignetes Kriterium und kann einen Urheberrechtsschutz nicht ausschließen, außer es handelt sich um eine gerade Linie oder einen Kreis[674]. Hinsichtlich der Anforderungen oder Standards, die an diese Bemühungen und Fähigkeiten zu stellen sind, ist zu berücksichtigen, dass beispielsweise auch Zeitungsartikel[675], Fernsehprogramme[676], Handelskataloge[677], Examensaufgaben[678] und Geschäftsbriefe[679] Schutz durch das Urheberrecht erhalten haben. Urheberrechtsschutz, aufgrund Nichterreichen der Mindestvoraussetzungen, wurde lediglich bei Werbung, die aus vier allgemeinen Sätzen bestand, Titeln von Büchern und Filmen verneint[680], so dass im Gegensatz zu diesen Minimalschöpfungen davon auszugehen ist, dass sich aufgrund ihrer Komplexität Vertragsbedingungen innovativer Dienstleistungen grundsätzlich für einen Schutz durch das Urheberrecht qualifizieren können. Diese Ansicht ist insbesondere dann gerechtfertigt, wenn es sich bei den Bedingungen um größere Werke handelt, deren Inhalt auf eine Vielzahl von Arten und Möglichkeiten wiedergegeben werden kann. Wird ein solcher Text oder werden nur einzelne Bausteine daraus übernommen, kann sich der Urheber dagegen zur Wehr setzen[681].

2. Copyright für grundlegende Konzeptionen

Wenn Vertragsbedingungen Copyright-Schutz genießen, stellt sich die Frage, inwieweit auch die dahinterstehenden Konzeptionen und Modelle geschützt werden können. Auf einen ersten Blick wäre man vorschnell geneigt, diese Frage zu verneinen, denn in vielen englischen Gerichtsentscheidungen und Lehrbüchern findet sich häufig der bereits oben dargelegte Merksatz, „copyright

672 Cornish, Intellectual Property , 10-04.
673 Lord Atkinson in Macmillan & Co. Ltd. v. Cooper (K. & J.) [1923] 93 LJPC 113, 117.
674 Karo Step Trade Mark [1977] RPC 255; British Northrop Ltd. v. Texteam Blackburn Ltd. [1974] RPC 57.
675 Walter v. Lane [1900] AC 539.
676 Independent Television Publications v. Time Out [1984] FSR 64.
677 Collins v. Cater [1866] 78 LT 613; Purefoy v. Sykes Boall [1955] 72 RPC 89, C.A.
678 Kelly v. Morris [1866] LR 1 Eq. 697.
679 British Oxygen Co. Ltd. v. Liquid Air Ltd. [1925] Ch 383.
680 Kirk v. Fleming [1928-1935] Mac. C.C. 44.; Francis Day v. Twentieth Century Fox [1940] A.C. 112, 123.
681 Lubbock [1996] 5 EIPR 249, 250; Morcom/Zissu/Mostert, [1994] 1 EIPR 6, 11.

protects the expression of an idea and not the idea itself', dass Copyright den Ausdruck einer Idee, aber nicht die Idee selbst schützt, häufig auch als „idea/expression dichotomy" bezeichnet[682]. Wie jedoch bei anderen Merksätzen lässt sich auch hier beobachten, dass das Recht zu stark vereinfacht wird und daher bei direkter Anwendung zu Konfusion und falschen Ergebnissen führen würde. Das Problem liegt darin, dass die Idee/Ausdruck-Problematik an zahlreichen Schnittstellen des Urheberrechts entsteht und sich eine pauschale Lösung verbietet. Beispielsweise ist diese Abgrenzung bei Fragen der Werkqualität, der Autorenschaft, der Ursprünglichkeit und der Verletzung von zentraler Bedeutung. So besteht auch im englischen Recht Einigkeit, dass der Schutz des Copyrights über die konkrete Ausdrucksweise hinausgeht. Plastisch lässt sich dieses am Beispiel eines Romans festmachen. Erstellt eine dritte Person auf der Basis des Romans einen Film, so liegt eine Urheberverletzung vor, obwohl sich der Dritte einer gänzlich anderen Form des Ausdrucks bedient hat als der Autor des Romans. Einzige Verbindung zwischen den beiden Werken ist das dem Roman zugrunde liegende Konzept, die Information und Idee der Arbeit[683].

Es ist daher eine detailliertere Beschreibung notwendig, die aus folgenden Eckpunkten bestehen könnte: (1) Copyright schützt keine Ideen, Gedanken oder Fakten, die ausschließlich im menschlichen Geist existieren; (2) Copyright schützt weiterhin keine allgemeinen Ideen, Konzepte oder Informationen, welche die Grundlage für ein Werk bilden, das selbst schutzfähig ist; (3) jedoch besteht Schutz für detailliertere Sammlungen von Ideen und Konzepten oder Sammlungen von Informationen, so dass der Ausdruck dieser in einer anderen Form eine Verletzung darstellt; (4) ob im Einzelfall eine Idee detailliert genug ist, hängt vom konkreten Grad und den Fakten des Einzelfalls ab[684]. Durch dieses Stufenmodell wird sicher gestellt, dass eine hinreichende Konkretisierung der abstrakten Ideen vorliegt.

Es ist offensichtlich, dass auf dieser theoretischen Grundlage die praktische Grenzziehung zwischen schutzunfähigen und schutzfähigen Konzepten schwer fallen muss, wie sich auch anhand folgender Zitate belegen lässt: „Nobody has ever been able to fix that boundary and nobody ever can"[685] oder „As the late Professor Joad used to observe it all depends on what you mean by „idea"[686].

In Bezug auf den Entstehungsprozess eines Werkes lässt sich dieses folgendermaßen übertragen. Der Autor eines Werkes durchläuft unterschiedliche Phasen und Abstraktionsgrade von der ersten groben Idee bis zur Fertigstellung des

682 Laddie, Prescott & Vitoria, 2.73 mit zahlreichen Nachweisen aus der Rechtsprechung.
683 Beispiel nach Laddie, Prescott & Vitoria, 2.52.
684 Laddie, Prescott & Vitoria, 2.52.
685 Jacobs J. in Ibcos Computers Ltd. [1994] FSR 275, quoting the judge in the American case Nichols v. Universial Pictures (1930) 45 F.(2d.) 119.
686 Per Lord Hailham in LB Plastics v. Swish Products [1979] RPC 611 at 629.

Werkes. Entsprechend besteht das Problem festzulegen, von welchem Abstraktionsgrad an Urheberschutz besteht.

Die Anforderungen, die seitens der Gerichte an den Grad der Konkretisierung gestellt werden, sollen nachfolgend analysiert werden. Vorangestellt sollte jedoch werden, dass sich in der englischen Rechtsprechung unterschiedlich strenge Anforderungen finden lassen. Auch ist zu unterscheiden, hinsichtlich welcher Frage die Abgrenzung vorgenommen wird. Es besteht Anlass zu der Annahme, dass sich die Herangehensweise der Gerichte unterscheidet, je nachdem ob die Frage der allgemeinen Schutzfähigkeit, der Autorenschaft, der Ursprünglichkeit oder der Verletzung zu beurteilen ist[687]. Schließlich lässt sich eine Tendenz der englischen Gerichte erkennen, die Anforderungen an einen Copyright-Schutz für zugrunde liegende Konzepte zu lockern.

Der restriktive Ansatz englischer Gerichte kann anhand von zwei Fällen illustriert werden. In der Entscheidung *Tate v. Thomas*[688] hatte der Beklagte den Kläger engagiert, die Musik zu dem Stück „Lads of the Village“ zu schreiben, während die Texte von anderen Autoren stammten. Der Name des Stücks, die Hauptcharaktere, Teile des Bühnenbilds und einige Catchlines waren vom Beklagten vorgegeben worden, der ein Urheberrecht an dem Stück behauptete. Das Gericht sah den Beklagten jedoch nicht als Co-Autor des Werkes an. Er habe lediglich durch einen unerheblichen Beitrag bei der Erstellung des Stückes geholfen, so dass auch kein Copyright seinerseits bestehe.

Die Entscheidung *Ashmore v. Douglas*[689] betraf einen Kläger, der den Beklagten aufgefordert hatte, den Entwurf für den vierten Akt eines Stückes zu schreiben, während der Kläger die ersten drei Akte entwerfen würde. Da die Arbeit des Beklagten dem Kläger nicht gefiel, wurde sie nicht benutzt. Einige Jahre später baute der Beklagte den Entwurf in eines seiner eigenen Stücke ein. Obwohl der Kläger die Idee zu dem Akt geliefert hatte und aufgrund der ersten drei Akte auch weitere Vorgaben, verneinte *Mervin Davis Q.C.* ein Urheberrecht seitens des Klägers.

Diese beiden Entscheidungen zeigen, dass auch bereits sehr detaillierte Konzepte, die eine dauerhafte Formgebung gefunden haben, bisweilen keinen Urheberrechtsschutz erlangt haben. Wie bereits angedeutet, gibt es jedoch auch Entscheidungen, die eine weitere Konzeption eines urheberrechtlichen Schutzes für Ideen und grundlegende Konzepte nahe legen, so dass innovative Dienstleistungen hierdurch Schutz erlangen könnten.

Als grundsätzlicher Ausgangspunkt kann hierbei die bekannte Beobachtung von *Peterson J.* in *University of London Press Ltd v. University Tutorial Press*

---

687 Laddie, Prescott & Vitoria, 2.74.
688 [1921] 1 Ch 503.
689 [1987] FSR 553.

Ltd.[690] dienen: „[…] there remains the rough practical test that what is worth copying is prima facie worth protecting.“

Es sei jedoch an dieser Stelle ausdrücklich darauf hinzuweisen, dass Peterson J. selbst erkannte, dass dieses Zitat nicht das geltende Recht wiedergibt und lediglich als ein erster Eindruck herangezogen werden kann[691].

Wie weit der Urheberrechtsschutz hinsichtlich Zusammenstellungen gehen kann, zeigt der Fall *Elanco Products Ltd. v. Mandrops*[692]. Elanco war der Inhaber des abgelaufenen Patents für ein Herbizid (Trifluralin). Dieser neue Typ Schädlingsmittel war aufgrund eines neuartigen Mechanismus nur bei bestimmten Pflanzen wirksam. Die Gebrauchsanweisung, die eine Zusammenstellung von Informationen über das Produkt enthielt, war daher für die Anwendung des Produktes und damit auch für seine Wirkungsweise von besonderer Wichtigkeit. Diese Produktinformationen erlangte Elanco durch zahlreiche langwierige Feldversuche, sie waren jedoch auch durch Veröffentlichungen verfügbar. Nach Ablauf des Patents brachte der Mitbewerber Mandrops ebenfalls ein Trifluralin-Produkt auf den Markt, zusammen mit einem Informationsblatt, das eine Kopie der Produktinformation von Elanco war. Nach Beschwerden ersetzte Mandrops die Gebrauchsanweisung durch eine zweite und dritte Version, die sich hinsichtlich Sprache und Layout unterschieden, aber weiterhin dieselben Informationen wie Elanco`s Produktinformation enthielten. Elanco beantragte eine einstweilige Verfügung, da ihr Urheberrecht verletzt sei. Diese wurde durch die Untergerichte mit dem Argument abgelehnt, dass die Zusammenstellung der Informationen zu einer öffentlichen Quelle zurückverfolgt werden könne. Erst das House of Lords erließ die einstweilige Verfügung. *Lord Goff* stützte sein Urteil unter anderem auf einen Ausspruch in *Scot v. Stamford*[693]: „No man is entitled to avail himself of the previous labour of another […]“

Lord Buckley stützte sein Urteil auf die folgenden Gründe:

> „[..] the defendants were fully entitled to make use of any information, [..], which was available to them in the public domain, [..], but they were not entitled to copy the plaintiffs' label or trade literature thereby making use of the plaintiffs' skill and judgement and saving themselves the trouble, and very possibly the cost of assembling their own information, […].“[694]

Aus dieser Entscheidung lassen sich zwei Folgerungen ziehen. Zunächst wird angedeutet, dass ein Urheberrecht an Informationen und Zusammenstellungen bestehen kann, zu denen die Öffentlichkeit keinen Zugang hat, solange sie nicht durch eigene Arbeit erlangt wurden. In anderen Worten, es besteht Grund zu der

---

690 [1916] 2 Ch 601, 609/ 610.

691 Insoweit unvollständig Beater, S. 257.

692 Elanco Produkts Ltd. v. Mandrops (Agrichemical Specialist) Ltd. [1979] FSR 46.

693 [1866] L.R. 3 Eq. 723.

694 Elanco Produkts Ltd. v. Mandrops (Agrichemical Specialist) Ltd. [1979] FSR 46, 57.

Annahme, dass unter Umständen das Urheberrecht nicht nur am Ausdruck, sondern auch an der zugrunde liegenden Idee oder Informationszusammenstellung besteht, soweit diese einen hohen Grad an Komplexität aufweisen. Zweitens kann der Anbieter einer innovativen Dienstleistung sich gegen andere Anbieter schützen, wenn er zeigen kann, dass (1.) sein Werk durch den Dritten genutzt wurde, (2.) keine eigene Arbeit des Dritten in das Produkt eingeflossen ist, (3.) im Wesentlichen die gleichen Informationen, Ideen, Ansätze oder Konzepte eingeflossen sind, wobei Änderungen in Sprache, Layout oder Erscheinung keinen Einfluss haben[695]. Auf dieser Grundlage erscheint ein Schutz für innovative Dienstleistungen, die auf speziellen Informationen basieren, zumindest gegen (unmittelbare) Leistungsübernahmen möglich.

Eine weitere wichtige Entscheidung in diesem Zusammenhang ist *Ibcos Computers Ltd. v. Barclays Mercantile Highland Finance Ltd.*[696] Der Fall beschäftigte sich mit der Frage, inwieweit ein Urheberrecht an Computerprogrammen oder Teilen davon bestehen kann. Neben allgemeinen Wertungen wurde auch aufgezeigt, unter welchen Voraussetzungen und mit welcher Reichweite computergestützte Dienstleistungen Schutz erfahren können. Der Entscheidung lag der Sachverhalt zugrunde, dass P ein Buchhaltungsprogramm geschrieben hatte, dass er an C lizenzierte und von PK vermarktet wurde. Von 1982 bis 1986 war P der einzige Angestellte und Geschäftsführer von PK. Im Jahre 1986 verließ P die Firma PK und unterzeichnete einen Vertrag, dass sämtliche Software Alleineigentum der PK sei, und verpflichtete sich für die Dauer von 2 Jahren, keine ähnlichen Produkte zu verkaufen oder für Unternehmen mit ähnlichen Produkten zu arbeiten. Während dieser zwei Jahre schrieb P ein neues Buchhaltungsprogramm, das konzipiert war, um mit dem Programm seiner alten Firma in Wettbewerb zu treten. Da beide Programme von derselben Person geschrieben worden und für denselben Einsatz bestimmt waren, trat offensichtlich zu Tage, dass die grundlegenden Ideen und Konzepte identisch waren.

Jacob J. hatte somit zu entscheiden, ob das neue Programm eine urheberrechtlich relevante Verletzung des ersten Werkes darstellt. Um floskelartige Ungenauigkeiten zu vermeiden, schlug er den folgenden Test vor: (1.) An welchen Werken behauptet der Kläger ein Urheberrecht zu besitzen? (2.) Ist jedes dieser Werke ursprünglich? (3.) Wurde aus diesen Werken kopiert? (4.) Soweit kopiert wurde, betraf dieses wesentliche Teile des Werkes?

Dieser Test ist geeignet, eine Antwort auf die Frage zu geben, inwieweit ein Urheberrechtsschutz für softwaregestützte Dienstleistungen erlangt werden kann. Die ersten beiden Fragen betreffen die Urheberrechtsqualität des einzelnen Werkes. In Bezug auf Informationssammlungen, die einen separaten Bestandteil des Computerprogramms bilden, kann aus Sicht von *Jacob J.* auch ein

695 Morcom, Zissu, Mostert, S. 8.
696 [1994] FSR 275.

gesondertes Urheberrecht bestehen[697]. In Bezug auf innovative Dienstleistungen könnte, bei zugrundeliegenden komplexen Daten- oder Informationssammlungen, diesbezüglich ein selbstständiges Urheberrecht bestehen. Hinsichtlich der Abgrenzung zwischen Idee und Ausdruck führt *Jacob J.* aus, dass dieses von der Konkretheit und somit dem Grad der Ausformung abhängt:

> „The true position is that where an 'idea' is sufficiently general, then even if an original work embodies it, the mere taking of that idea will not infringe. But if the 'idea' is detailed, then there may be infringement. It is a question of degree."[698]

Die dritte Frage betrifft die Übernahme durch den Beklagten. Der Kläger trägt die Beweislast dafür, dass Teile seines Werkes und Teile des Werkes des Beklagten übereinstimmen. Hierbei handelt es sich um eine Tatfrage. Weiterhin muss der Kläger nachweisen, dass der Beklagte die Möglichkeit besaß, das klägerische Werk zu kopieren[699]. Jedoch stellt nicht jede Art des Kopierens eine Urheberverletzung dar, weshalb die vierte Frage erforderlich ist, ob erhebliche Teile des Ausgangswerkes kopiert wurden. Da im vorliegenden Fall die grundlegenden Ideen und Konzepte der beiden Programme identisch waren, stellte sich die Frage, ob unter diesen Bedingungen eine rechtmäßige Übernahme der Idee oder eine urheberrechtswidrige Übernahme vorliegt. *Jacob J.* war der Ansicht, dass auch hierbei auf den Grad der Übernahme abzustellen sei, wobei ein Dritter sich der Fähigkeiten, Arbeit und Entscheidungen nicht über Gebühr bedienen dürfe: „It is a question of degree where a good guide is the notion of overborrowing of the skill, labour and judgement which went into the copyright work."[700]

Es zeigt sich, dass englische Gerichte, obwohl die Gemeinfreiheit von Ideen und Gedanken anerkannt ist, bei besonderen Fallkonstellationen auch weiterhin geneigt sind, wirtschaftliche Erwägungen in ihre Entscheidungen einfließen zu lassen[701]. Es kann daher angenommen werden, dass innovative Dienstleistungen, die auf komplexem Datenmaterial basieren, unter denselben Voraussetzungen Schutz genießen können, insbesondere, wenn fremde Arbeitsergebnisse über einen vernünftigen Rahmen hinaus für das eigene wirtschaftliche Fortkommen genutzt wurden. Auf der anderen Seite bedeutet dieses auch, dass kein Schutz besteht, soweit eigene Bemühungen zu dem gleichen Ergebnis geführt haben. Der Innovator erreicht somit gegenüber seinen Mitbewerbern zumindest einen Zeitvorsprung.

---

697 Ibcos Computers Ltd. [1994] FSR 275, 289, 290.

698 Ibcos Computers Ltd. [1994] FSR 275, 291.

699 Ibcos Computers Ltd. [1994] FSR 275, 296, 297.

700 Ibcos Computers Ltd. [1994] FSR 275, 302.

701 Cornish, Intellectual Property, 10-09; Auf den Ausspruch von Peterson J. in University of London Press v. University Tutorial Press [1916] 2 Ch 601, 609, 610 wurde bereits hingewiesen.

Trotz Vereinfachungen bei der Beweisführung, die durch die englischen Gerichte gewährt werden, steht auf tatsächlicher Seite das Problem der Beweislastverteilung einem effektiven Rechtsschutz im Wege. Auch wenn lediglich bewiesen werden muss, dass erhebliche Teile mit dem geschützten Werk übereinstimmen und die Möglichkeit des Kopierens gegeben war, besteht hinsichtlich der grundlegenden Datenauswahl weiter das Problem der Beweisbarkeit, da diese in Dienstleistungsprodukten regelmäßig nicht offen zu Tage treten.

3. Inhaber des Copyrights

Die Rechte an einem Werk stehen grundsätzlich dem Urheber zu, Section 11(1) CDPA 1988. Das Urheberrecht an einem gemeinschaftlichen Werk gebührt allen Miturhebern. Der Begriff gemeinschaftliches Werk („work of joint authorship") ist in Section 10(1) CDPA 1988 definiert als Werk, das durch die Zusammenarbeit von zwei oder mehreren Autoren entstanden ist, wobei die Beiträge jedes Autors nicht von denen der anderen getrennt werden können. Für Arbeitnehmer, die im Rahmen ihres Arbeitsverhältnisses ein literarisches Werk schaffen, trifft der CDPA 1988 in Section 11(2) eine abweichende Zweifelsregelung. Soweit keine abweichende Vereinbarung getroffen wurde, wird der Arbeitgeber erster Inhaber jeglichen Urheberrechts an dem entstandenen Werk („first owner of any copyright"). Eine gesonderte Übertragung ist somit nicht erforderlich[702]. Es ist jedoch zu beachten, dass der Arbeitgeber lediglich Inhaber, aber nicht selbst Urheber wird. Entsprechend ist beispielsweise die Schutzdauer des Urheberrechts auf Basis der Lebensdauer des Arbeitsnehmers als Urheber und nicht des Arbeitgebers als Inhaber des Rechts zu bemessen[703].

4. Zusammenfassung

Auf der Basis obiger Analyse ist offensichtlich, dass Urheberrechte an Dokumenten bestehen können, die mit einer innovativen Dienstleistung einhergehen, soweit diese selbst Ursprünglichkeit besitzen und in einem Medium Ausdruck gefunden haben. Ebenso evident ist, dass dem Urheberschutz Grenzen hinsichtlich der Konzepte, die in diesen Druckwerken enthalten sind, gesetzt sind. Für den Bereich der geschäftlichen Anwendungen bestehen keine Unterschiede zu anderen Bereichen, in denen die menschliche Kreativität zum Ausdruck kommt.

Die abstrakte Idee hinter dem Dienstleistungsprodukt ist nicht schutzfähig. Soweit beispielsweise buchhalterische Methoden oder rechtliche Konzepte einem innovativen Serviceprodukt zugrunde liegen, können diese jederzeit durch an-

---

702 Zum Urhebervertragsrecht in Großbritannien außerhalb eines Arbeitsverhältnisses, siehe Cornish, Festgabe für Schricker, S. 644 ff.

703 Cornish, Festgabe für Schricker, S. 644, 650.

dere genutzt werden, soweit diese Dritten sich einer anderen sprachlichen Formgebung für ihr Produkt bedienen. Auch reines Datenmaterial steht grundsätzlich der Nutzung durch Dritte offen, da die Ausdrucksmöglichkeiten aufgrund ihrer Natur stark beschränkt sind. Ausdrücke und Formulierungen, die dem Branchenstandard oder Allgemeingebrauch entsprechen, unterliegen ebenfalls nicht dem Urheberrecht.

Wenn demgegenüber ein Werk eine solche Ursprünglichkeit besitzt, dass die Summe der Fähigkeiten und Bemühungen des Autors über ein Mindestmaß hinausgeht, ist dieses Werk auch schutzfähig. Die Ursprünglichkeit kann auch darin bestehen, dass allgemein bekannte Formulierungen und Vertragsklauseln auf neuartige Art und Weise miteinander kombiniert werden. Entsprechend kann das Urheberrecht auch in dieser neuartigen Kombination bereits bekannter Klauseln liegen.

Als Richtschnur für eine Bewertung von Copyrightverletzungen im Dienstleistungsbereich kann hervorgehoben werden, dass direkte oder sklavische Übernahmen durch Wettbewerber mit Sicherheit durch die englischen Gerichte unterbunden werden. Der durch die Rechtsprechung gewährte Schutz geht jedoch weiter über die direkte Übernahme hinaus. Eine Verletzung liegt ebenfalls vor, wenn eine erhebliche Übernahme aus der Substanz des ursprünglichen Werkes vorliegt. In jedem Fall sind die eigenen Investitionen des Nachahmers zu berücksichtigen. Dessen Investitionen an Fähigkeiten, Bemühungen und anderen insbesondere finanziellen Ressourcen sind mit denen des Urhebers zu vergleichen. Tritt innerhalb dieses Vergleichs ein Missverhältnis zugunsten des Urhebers zu Tage, kann in der Regel davon ausgegangen werden, dass eine Urheberrechtsverletzung gegeben ist. Abkürzungen oder Verkürzungen der eigenen Entwicklung durch Dritte durch Übernahme fremder Arbeitsergebnisse und somit auf Kosten des Innovators, führen zu Abwehransprüchen des Urhebers. In anderen Worten, es ist hervorzuheben, dass bei der Beurteilung urheberrechtlicher Sachverhalte im hohen Maß auch Aspekte wie Fairness im Geschäftsverkehr und die Gesamtumstände des Einzelfalls zu berücksichtigen sind, wodurch der Dienstleistungspionier eine recht komfortable Stellung erreicht. Zumindest ein zeitlicher Vorsprung ist ihm gewiss[704].

III. Patentrecht

Seit dem 01.06.1978 kann Patentschutz für das Gebiet des Vereinigten Königreiches sowohl durch Anmeldung beim British Patent Office [BPO] als auch

704 Scott v. Stamford [1866] L.R. 3 Eq 723; Elanco Produkts Ltd. v. Mandrops (Agrichemical Specialist) Ltd. [1979] FSR 46; Ibcos Computer Ltd. [1994] FSR 275, 302; Morcom/Zissu/Mostert, [1994] 1 EIPR 6, 12.

dem Europäischen Patentamt [EPA] erlangt werden[705]. Um nach englischem Recht auf der Grundlage des Patent Act 1977 [PA 77] Patentschutz zu erlangen, muss (1.) die Erfindung[706] neu sein, (2.) einen erfinderischen Schritt beinhalten und (3.) industriell anwendbar sein. Von einem Patentschutz ausgeschlossen sind Pläne, Regeln und Verfahren in Bezug auf gedankliche Tätigkeiten, Spiele oder geschäftliche Tätigkeiten sowie Computerprogramme, jedoch nur insoweit, wie sich der Patentschutz auf diese Gegenstände selbst beziehen würde[707].

Da es sich bei einer innovativen Dienstleistung regelmäßig um ein Verfahren hinsichtlich einer geschäftlichen Tätigkeit handelt, scheidet trotz Neuheit regelmäßig ein Patentschutz aus[708]. Versuche, für Dienstleistungen im weitesten Sinne Patenschutz zu erlangen, gab es hauptsächlich im Zusammenhang mit Patentanmeldungen für Computerprogramme.

Wegweisend sind in diesem Bereich die Entscheidungen, die aufgrund der Patentanmeldung des „Cash Management Account (CMA)“ durch Merrill Lynch ergangen sind[709]. CMA ist ein datenverarbeitungsgestütztes Computersystem, das einen automatisierten Börsenplatz für den Handel von Wertpapieren aufbaut. Das System erkennt und speichert Aufträge, vergleicht aktuell Angebot und Nachfrage und führt die Aufträge bei Übereinstimmung aus, wobei der Kunde unmittelbar Nachricht über den Geschäftsabschluss erhält. Weiterhin

---

705 Folgende Darstellung beschränkt sich auf die Darstellung des Patentrechtschutzes durch Anmeldung beim BPO; Auf den Rechtschutz auf europäischer Ebene wird im Rahmen der Rechtsvergleichung eingegangen.

706 Im Gegensatz zu seinen Vorgängern (Patentgesetze der Jahre 1623/1624, 1852, 1882, 1907, 1949) enthält der PA 77 keine Definition des Begriffes „Invention“. Vorher enthielten die englischen Patentgesetze seit dem Statute of Monopolis 1623/1624 die Definition wonach „any manner of new manufacture“ eine patentierbare Erfindung darstellte. Der PA 77 enthält lediglich eine Negativabgrenzung.

707 Section 1 PA 77 lautet:

(1) A patent may be granted for an invention in respect of which the following conditions are satisfied, that is to say -
  (a) the invention is new;
  (b) it involves an inventive step;
  (c) it is capable of industrial application;
  (d) the grant of a patent for it is not excluded by subsections (2) and (3) below

(2) It is hereby declared that the following (among other things) are not inventions for the purpose of this Act, that is to say, anything that consist of –
  [...]
  (c) a scheme, rule or method for performing a mental act, playing a game or doing business, or a program for a computer;
  [...]
  but the foregoing provision shall prevent anything from being treated as an invention for the purpose of this Act only to the extent that a patent or application for a patent relates to that thing as such.

708 Lubbock, [1996] EIPR 249.

709 Merrill Lynch's Application [1988] RPC 1 (Patent Court Urteil durch Falconer J.); [1989] RPC 561 (Court of Appeal).

überwacht das System den Profit und den Eigenbestand des Marktsponsors Merrill Lynch. Mit anderen Worten: CMA ist eine automatisierte Dienstleistung für den Handel von Wertpapieren. Die Anmeldung muss auch vor dem Hintergrund gesehen werden, dass Merrill Lynch in den Vereinigten Staaten CMA bereits erfolgreich als Patent angemeldet hatte[710].

Das BPO wies die Patentanmeldung für CMA ab, da es sich um keine patentierbare Erfindung handelte. Im Rahmen der Berufung musste *Falconer J.* die Frage beantworten, wie die Ausnahme zu den von der Patentierbarkeit ausgeschlossene Gegenständen („as such") zu konstruieren sei. Er kam zu dem Ergebnis, dass die Frage, ob eine Erfindung in die ausgeschlossenen Kategorien fällt, dadurch zu beantworten ist, dass die ausgeschlossenen Elemente von den nicht ausgeschlossenen zu trennen sind und die weitere Beurteilung der Patentierbarkeit ausschließlich hinsichtlich der nicht ausgeschlossenen Merkmale zu erfolgen hat.

> „I am of the opinion that this wording ... should be understood as meaning that anything which is in an excluded category is not to be treated as an invention and consequently its inclusion cannot be considered to contribute to the required novelty and inventive step."[711]

> „I endorse, therefore, the view of the principal examiner that in determination of whether or not an application relates to an excluded thing it is necessary to take into account whether the non-excluded features are already known or obvious."[712]

Nachdem *Falconer J.* diesen Test im Fall angewandt hatte, kam er zu dem Ergebnis, dass CMA nicht patentierbar sei, da die nicht ausgeschlossenen Elemente keine Neuheit in Bezug auf den Stand der Technik besaßen.

Nachdem diese enge Konstruktion bereits durch den *Court of Appeal* in der Entscheidung *Genetech Inc's Patent*[713] in einem *obiter dictum* und seitens der Rechtslehre kritisiert worden war, wandte der *Court of Appeal* zum Teil unter Bezugnahme auf Patentrichtlinien des Europäischen Patentamtes in der Berufung seitens Merril Lynch den so genannten „Gesamtheitsgrundsatz" an. Da-

---

710 Paine, Webber, Jackson and Curtis Inc. v. Merrill, Lynch, Pierce, Fenner and Smith Inc. 564 F. Supp. 1358 (D. Del. 1983); Weitere Beispiele für dienstleistungsorientierte Patente in den USA sind „Methods and Apparatus for Finding Future Liability of Uncertain Cost" (US Patent No. 4,722,055), „System for Enhanced Management of Pension Backed Credit" (US Patent No. 5,206,803), „Securities Brokerage Cash Mangement System" (US Patent No. 4,376,978). Gerade aufgrund der sehr starken Software-Industrie besteht in den USA ein erheblicher Druck, Software verstärkt in den Schutzbereich des Patentrechts einzubeziehen, da der bisherige Schutz – durch das Urheberrecht – als nicht ausreichend erachtet wird. Erste Vorschläge seitens des US Patent Office in dieser Richtung sind bereits erfolgt. Beobachter erwarten, dass in Zukunft professionelle Dienstleistungsprodukte verstärkt Patentschutz erlangen werden, Lubbock, [1996] 5 EIPR 249, 250.

711 Diese Sichtweise des BPO, vertreten durch M.F. Pilgram, wurde durch Falconer J. ausdrücklich bestätigt, [1988] RPC 1, 3, 14.

712 [1988] RPC 1, 12 (Falconer J.).

713 [1989] RPC 149, 207 (Purchas L.J.).

nach können auch Elemente, die grundsätzlich von einem Patentschutz ausgeschlossen sind, zur erfinderischen Tätigkeit beitragen, solange ein neuartiges technisches Ergebnis erreicht wird und dieses Ergebnis selbst nicht in die ausgeschlossenen Kategorien fällt. Gleichwohl wurde der Berufung nicht stattgegeben. Das Gericht stellte fest, dass bei einheitlicher Betrachtung der Anmeldung sich CMA als eine Form von geschäftlicher Tätigkeit darstellt, die vom Patentschutz ausgeschlossen ist[714].

> „Matter excluded from patentability by section 1(2) could contribute the inventive step required to make an invention patentable; there must be a new technical result and the result must not itself be an excluded by section 1(2)"[715].

> „Decisive is what technical contribution the invention makes to the known art. There must, I think, be some technical advance on the prior art in the form of a new result"[716].

In der neueren Rechtsprechung wurde die Anwendung des Gesamtheitsgrundsatzes durch *Laddie J.* in *Fujitsu Ltd.'s Application* bestätigt[717].

Hierauf aufbauend kann geschlossen werden, dass Dienstleistungen, auch wenn sie auf einem Computerprogramm basieren oder durch ein Computersystem kontrolliert werden, nicht den nötigen technischen Charakter besitzen, um Patentschutz zu erlangen[718].

IV. Markenrecht

In Umsetzung der Markenrechtsrichtlinie[719] hat der britische Gesetzgeber mit dem Trade Mark Act 1994 [TMA] das bisherige Markengesetz aus dem Jahr 1938 vollständig ersetzt, so dass auch Großbritannien dem Madrider Protokoll beitreten konnte. Die bisherige Zweiteilung des Markenregisters wurde aufgehoben. Der TMA unterscheidet nicht mehr zwischen Marken für Güter und Dienstleistungen, Section 1(1) TMA.

Um Markenrechtsschutz für ein Zeichen zu erlangen, muss dieses graphisch darstellbar sein und Unterscheidungsfähigkeit besitzen, Section 1(1) TMA[720]. „In this Act a „trade mark" means any sign capable of being represented graphi-

---

714 [1989] RPC 561, 569 (Fox L.J.).

715 [1989] RPC 561 (Fox L.J.).

716 Fox L.J., der den ersten Satz aus der Entscheidung Vicom zitiert, [1989] RPC 561, 569.

717 [1996] 6 EIPR 240.

718 Lubbock, [1996] 5 EIPR 249.

719 Erste Richtlinie 89/104/EWG des Rates vom 21. Dezember 1988 zur Angleichung der Rechtsvorschriften der Mitgliedsstaaten über Marken, Abl. Nr. L 040 vom 11.02.1989. Aufgrund der aus der Rechtsangleichung entstandenen Entsprechungen zum deutschen Recht, kann auf dieses verwiesen werden.

720 Hinsichtlich der weiteren Voraussetzungen, insbesondere auch der Eintragungshindernisse und Ungültigkeitsgründe, wird auf die Darstellung des deutschen Markenrechts verwiesen.

cally which is capable of distinguishing goods or services of one undertaking from those of another undertaking."

Im Vergleich zum Trade Mark Act 1938 ist das neue Markenrecht stark erweitert, was insbesondere dadurch zum Ausdruck kommt, dass nunmehr jedes graphisch darstellbare Zeichen markenfähig ist („any sign"). Durch diese sehr offene Formulierung sollte ein flexibles System geschaffen werden, das den wirtschaftlichen Interessen entspricht und leicht an zukünftige Anforderungen angepasst werden kann[721]. Jedoch kann auch das britische Markenrecht keinen umfassenden Schutz für innovative Dienstleistungen gewähren. Wirtschaftlich und rechtlich beschränkt sich die Funktion des Trade Marks darin, über die Herkunft eines Produktes Auskunft zu erteilen. Anhand dieser Funktion lässt sich auch der Schutzumfang des Trade Marks ableiten. Geschützt ist die Marke, nicht das Produkt. Auf dieser Grundlage sind gleichwohl in England für zahlreiche Dienstleistungen Marken eingetragen worden, wodurch teilweise im konkreten Markt ein Namens- und Gattungsschutz erreicht wurde, wie er sonst gemeinhin nur bei Marken wie Tempo oder Coca Cola erwartet wird[722]. Neben dem markenrechtlichen Schutz existiert weiterhin der Zuordnungsschutz durch die „action for passing-off"[723].

V. Wettbewerbsrecht

1. Einleitung

Bereits die Überschrift Wettbewerbsrecht würde mit großer Wahrscheinlichkeit bei einem englischen Rechtsanwender zu einigen Irritationen führen. Ein Wettbewerbsrecht kontinentaler Prägung ist dem common law fremd, der Begriff der „unfair competition" unbekannt[724]. Die Ursache hierfür liegt in einem klassischen Wirtschaftsliberalismus begründet, der auch die Rechtsprechung im höchsten Maß geprägt hat. Unter Einfluss der großen britischen Nationalökonomen, wie *Smith* und *Ricardo*, hat sich eine *Laissez-faire*-Haltung gegenüber den Gewerbetreibenden gebildet, die dazu führte, dass Wettbewerbshandlungen in einem hohem Maß staatlichen Eingriffen und Kontrollen entzogen sind[725]. Im Gegensatz

---

721 Morcom, A Guide to the Trade Mark Act 1994, 2.2.

722 „PERQS" (Preferred Equity Redeemable Quarterly pay Shares), „LYONS" (Liquid Yield Option Notes), „PERLS" (Reverse Principal Exchange Rate Linked Securities) sind beispielsweise bekannte Namen für Finanzinnovationen und zu gängigen Abkürzungen bzw. gebräuchlichen Gruppenbezeichnungen in der Finanzwelt geworden. Die genannten Beispiele sind Marken von Merrill Lynch.

723 Siehe hierzu unten.

724 Cohn, Die angrenzenden Rechte im englischen Recht, S. 13; Baumbach-Hefermehl, Einl. 5a; Robertson/Horton, [1995] EIPR 568.

725 Boyle, WRP 1990, 159, 160.

zum deutschen Recht besteht daher kein allgemeines Verbot des unlauteren Wettbewerbes[726].

Der Ausgangspunkt für diese Haltung zugunsten einer weitgezogenen Gewerbefreiheit findet sich im 17. Jahrhundert. Bis hierhin besaß die Krone das Recht, einzelnen Personen, zumeist Angehörigen des Adels oder der Krone, Monopole auf Produkte des Grundbedarfs zu gewähren. Dieses Privileg wurde 1624 durch das „Statute of Monopolis" abgeschafft und gleichzeitig die Grundlage für eine allgemeine Gewerbefreiheit gelegt[727].

Diese Tradition ist durch die Rechtsprechung in der Entscheidung *Mogul Steamship Co., Ltd v. McGregor, Gow & Co., Ltd.*[728] fortgesetzt worden. Mit der Klage wollte sich ein Nichtmitglied eines Kartells gegen einen gegen ihn gerichteten Vernichtungswettbewerb wehren. Das *House of Lords* lehnte es jedoch ab, den fairen oder unfairen Wettbewerb als rechtserhebliches Verhalten zu qualifizieren. Jede Handlung im Wettbewerb würde der Position der Konkurrenten schaden, so dass Fairness oder Unfairness im Wettbewerb nicht als Kriterium herangezogen werden könnten. Die Rechtswidrigkeit einer Handlung müsse sich vielmehr aus dem bestehenden Recht ableiten lassen. Weiterhin wurde es als Kompetenzüberschreitung seitens des Gerichts gesehen, wenn dieses den Versuch unternehmen würde, die Grenze zwischen fairen und unfairen, angemessenen und unangemessenen Wettbewerbshandlungen zu ziehen. Das *House of Lords* schloss sich dem Votum von *Lord Bowen* und *Lord Fry* an:

> „[...] There seem to be no burdens or restrictions in law upon a trader which arises merely from the fact that he is a trader, and which are not equally laid on all other subjects of the Crown. His right to trade freely is a right which the law recognises and encourages, but it is one which places him at no special disadvantage as compared with others. No man, whether a trader or not, can however, justify damaging another in his special business by fraud or misrepresentation. [...]"[729].
>
> „To draw a line between fair and unfair competition, between what is reasonable and unreasonable, passes the power of the courts"[730].

Durch diese Doppelstruktur der Verneinung des Bedürfnisses nach einer rechtlichen Sanktion von Wettbewerbswidrigkeit und der Verneinung der Kompetenz des Gerichts diese festzustellen, verhinderte das *House of Lords* mit der *Mogul*-Entscheidung somit die Entstehung eines generalklauselhaften Gebots des fairen Verhaltens im Wettbewerb. Eine Korrektur durch den Gesetzgeber oder gegenläufige Tendenzen in der Rechtsprechung liegen bis zum heutigen

---

726 v. Westerholt und Gysenberg, Das Recht des unlauteren Wettbewerbs in den Mitgliedsstaaten der EWG, herausgegeben von E. Ulmer, Bd. VI, S. 11.

727 Cornish, Intellectual Property, 3-04.

728 [1892] AC 25, H.L.

729 [1891-1894] AllER Rep. 279 (Bowen L.J.).

730 [1892] AC 25, 49; Zitat per Lord Bramwell aus der Urteilsbegrundung durch Fry L.J.

Tage grundsätzlich nicht vor[731]. Im Gegenteil, das House of Lords steht auch weiterhin zur Tradition des möglichst weitreichenden Wettbewerbs, wie an der Rede von *Lord Templeman* im *Coca-Cola Trade Mark*[732] Fall zu sehen ist: „My Lords, this is another attempt to expand the boundaries of intellectual property and to convert a protective law into a source of monopoly".

Entsprechend wurde die Regulierung des Wettbewerbes den Gewerbetreibenden selbst überlassen. Diese Selbstregulierung erfolgt durch den Zusammenschluss in Berufsverbänden, die unter Mitwirkung des *Directors General of Fair Trading*[733] Verhaltenskodizes entwickeln, denen sich die Mitglieder unterwerfen. Verstößt ein Mitgliedsunternehmen gegen den „Code of Practice", kann der Verband disziplinarische Maßnahmen ergreifen, ohne dass staatliche Stellen bemüht werden müssen.

Im Bereich der Versicherungswirtschaft bildete sich bereits sehr früh ein „Tariff-Market" heraus, der durch Abstimmung unter den Gesellschaften vernünftige Bedingungs- und Tarifregeln entwickelte, so dass bisweilen zwischen den unterschiedlichen Versicherungsunternehmen eine bemerkenswerte Bedingungseinheitlichkeit besteht[734]. Ein Verhaltenskodex, der der Nachahmung von Produkten und Dienstleistungen entgegenwirken soll, besteht jedoch, soweit ersichtlich, in keiner Branche.

Zivilrechtlicher Schutz gegen Formen des unlauteren Wettbewerbs kann in England vielmehr nur nach den Regeln des „law of torts", dem Recht der unerlaubten Handlung, gewährt werden. Nur in diesem Bereich wurden klagbare Tatbestände entwickelt, die dem Rechtsschutzinteresse des Wettbewerbers entsprechen. Wichtigste Beispiele dieser Entwicklung sind die Deliktsansprüche „passing-off" (Zuordnungsschutz) und „injurious falsehood" (Anschwärzung), die durch die Tatbestände „breach of confidence" (Verletzung von Geheimhaltungspflichten), „interference with contractual relations" (Beeinträchtigung vertraglicher Beziehungen), „procuring a breach of contract" (Verleitung zum Vertragsbruch) und „intimidation" (Einschüchterung) ergänzt werden. Im Rahmen der vorliegenden Arbeit ist ausschließlich auf „passing-off" und „breach of confidence" einzugehen.

Erst in letzter Zeit ist zusätzlich der Gesetzgeber aktiv geworden. Ansatzpunkt der meisten Gesetzesinitiativen war die Stärkung des Verbraucherschutzes. In großem Maße beruht diese Gesetzgebung auf Richtlinien der Europäischen Union, deren

---

731 Auch das Wettbewerbsgesetz vom 03.04.1980 hat keine Änderung gebracht, da sich dieses hauptsächlich gegen Wettbewerbsbeschränkungen wendet, Bericht in GRUR Int. 1980, 318, 319.

732 [1986] 1 WLR 695, 697.

733 § 124 (3) Fair Trading Act 1973, der eine Zusammenarbeit zugunsten der Öffentlichkeit und der Verbraucher ausdrücklich vorsieht.

734 Haasen, Internationale Versicherungsmärkte – Freier Zugang – Freier Wettbewerb, VW 1987, 26, 32.

Umsetzung in nationales Recht sich auch der englische Gesetzgeber nicht entziehen konnte. Schutztatbestände gegen Nachahmung sind aus dieser Gesetzgebung jedoch nicht hervorgegangen[735].

2. Nachahmungsschutz / Passing off

Wie dem common law ein Verbot unfairer Wettbewerbshandlungen unbekannt ist, besteht auch kein ergänzender Leistungsschutz im englischen Recht. Versuche einzelner Gelehrter, im Bereich der Nachahmung ein Problembewusstsein zu schaffen, scheiterten, ohne dass Begriffe wie „product simulation" oder „slavish copying" auch nur Bestandteil des rechtlichen Sprachgebrauchs geworden wären[736].

Lediglich die „action for passing-off" als unerlaubte Handlung bietet einen reflexartigen Leistungs- / Nachahmungsschutz.

a) Systematische Einordnung innerhalb des Common law / Equity

In Großbritannien ist das Zeichenrecht seit jeher ein Bestandteil des Richterrechts. Die Rechtsprechung und ihre Grundsätze sind auch nicht durch die spätere Kodifikation des Markenrechts verdrängt worden, sondern bestehen neben diesen Regelungen parallel[737]. Die action for passing-off hat sich aus dem *law of torts* entwickelt[738], das für bestimmte Tatbestände unerlaubter Handlung, wie beispielsweise Betrug, die Möglichkeit einer Klage vorsah. Der Ausdruck passing-off" stellt die Verkürzung des Rechtsgedankens dar, der vollständig lautet: „it is unlawful for a trader to pass off his goods as the goods of another", dass niemand das Recht habe, seine Waren als die eines anderen anzubieten. Eine der Grundsatzentscheidungen im Bereich *passing-off* stammt aus dem Jahre 1896. Im Fall *Reddaway v. Banham*[739] führte *Lord Halsbury L.C.* aus: „... nobody has any right to represent his goods as the goods of somebody else ...".

Der Unterschied zum Betrug liegt darin, dass der Anspruchsberechtigte als *„Goodwill"-Inhaber* und der Getäuschte, im Regelfall der Verbraucher, nicht identisch sind[740]. Die „action for passing-off" gewährt einen Zuordnungsschutz,

---

735 Auch jüngste Reformen haben im Bereich des „allgemeinen Wettbewerbsrechts" keine Änderung gebracht, vgl. RIW 1998, 881; Grundlegende Änderungen sind aufgrund der bereits aufgezeigten systematischen Gründen auch nicht wahrscheinlich, siehe Robertson/Horton, [1995] EIPR 568; Kur, Ansätze zur Harmonisierung des Lauterkeitsrechts im Bereich des wettbewerblichen Leistungsschutzes, GRUR Int. 1998, 711.

736 Ewans, [1968] 31 MLR 642 ff.; Cornish, [1972] 12 JSPTL 126 ff.; v. Westerholt und Gysenberg, Das Recht des unlauteren Wettbewerbs in den Mitgliedsstaaten der EWG, herausgegeben von E. Ulmer, Bd. VI, S. 171.

737 Sec. 2 Trade Marks Act 1938 stellte beispielsweise ausdücklich fest, dass das Gesetz die Rechtsprechung im Bereich passing-off unberührt läßt.

738 Kerly, §§ 712, 713.

739 [1896] A.C. 198, 204.

740 Singer v. Wilson [1876] 2 Ch D 434, 453.

der, da er keine Monopole verleiht, mit den gewerblichen Sonderrechten und dem Urheberrecht nicht vergleichbar ist.

Passing-off hat sich als Bestandteil des law of torts sowohl aus dem *common law* als auch aus *equity* entwickelt[741] und besaß jeweils unterschiedliche Voraussetzungen als auch Rechtsfolgen. Wie bereits dargelegt, kannte das *common law* als Rechtsfolge lediglich den Schadensersatz, wodurch gerechtfertigt war, hohe Anforderungen an den subjektiven Tatbestand der Täuschungshandlung zu stellen. Während unter dem *common law* Täuschungsabsicht erforderlich war, genügten geringere subjektive Elemente bei Ansprüchen aus *equity*, deren Rechtsfolge zumeist auf Unterlassung gerichtet war[742]. In der Entwicklung der *action for passing-off* haben sich die Grenzen zwischen diesen beiden Regimen immer weiter verwischt, so dass sich eine *passing-off* Klage heute nach einheitlichen Tatbestandsvoraussetzungen beurteilt und eine Reihe von Rechtsfolgen dem Geschädigten zur Verfügung stehen. Hierzu zählen sowohl Unterlassung in den Formen der „qualified injunction" bzw. der „absolute injunction" und Schadensersatz als eigener entgangener Gewinn (*damages*) oder den Gewinn des Verletzers (*account of profit*).

b) Schutzvoraussetzungen

Die Voraussetzungen für einen Schutz durch *passing-off* wurden von *Lord Diplock* in *Warnink BV v. Townend & Sons Ltd.*[743] niedergelegt, die nachfolgend einzeln erläutert werden sollen:

> „(1) a misrepresentation (2) made by a trader in the course of trade, (3) to prospective customers or ultimate consumers of the goods or services supplied by him, (4) which is calculated to injure the business or goodwill of another trader (in the sense that it is a reasonably foreseeable consequence) and (5) which causes actual damage to a business or goodwill of the trade by whom the action is brought or (in a quia timet action) will probably do so."

aa) Irreführung / Misrepresentation

Entscheidendes Kriterium für eine erfolgreiche „passing-off action" ist die Irreführung der Öffentlichkeit. Es muss eine falsche Zuordnungsvorstellung ausgelöst werden. Die *action for passing-off* beschränkt sich nicht auf einen Kennzeichenschutz, denn die Verkehrsvorstellung hinsichtlich Unternehmensidentität und Unternehmensherkunft knüpft sich nicht notwendig an Namen und Zeichen. Auch andere Merkmale und Gegebenheiten vermögen eine entsprechende Vorstellung bei den beteiligten Verkehrskreisen auszulösen.

---

741 Sykes v. Sykes [1824] 107 ER 834 (Common Law); Millington v. Fox [1838] 40 ER 956 (Equity).

742 Marsh, GRUR 1964, 493, 496, 497; Beater, S. 203 jeweils m.w.N.

743 [1979] FSR 397, 398; Eine ähnliche Definition liefert auch Lord Oliver in Reckitt & Colman v. Borden [1990] RPC 340 H.L.

In *Redaway v. Banham*[744] verkaufte der Kläger Gürtelstoffe, die als „Camel-Hair-Belting“ auf dem Markt bekannt waren. Als der Beklagte Gürtelstoffe, die ebenfalls aus Kamelhaar gefertigt waren, unter der selben Bezeichnung vertrieb, stellte sich die Frage, ob dieses zulässig sei. Der *Court of Appeal* war der Ansicht, dass niemand daran gehindert werden dürfe, im Wettbewerb wahrheitsgemäße Aussagen hinsichtlich seines Produktes zu treffen. Das *House of Lords* stellte hingegen darauf ab, dass der Term „Camel-Hair-Belting“ neben seinem Wortsinn aufgrund der Verkehrsgeltung eine weitere Bedeutung erlangt habe. Die beteiligten Verkehrskreise würden in erster Linie auf die weitere / sekundäre Bedeutung abstellen, so dass auch von einer Produktbeschreibung eine Täuschung und Verwechslungsgefahr ausgehen kann. Gleichzeitig wurde das Objekt der Irreführung konkretisiert:

> „The fundamental rule is that one man has no right to put off his goods for sale as the goods of a rival trader, and he cannot therefore be allowed to use names, marks, letters, or other indicia, by which he may induce purchasers to believe that the goods which he is selling are the manufacture of another person. It is in my opinion this fundamental rule which governs all cases, whatever be the particular mode adopted by any man for putting off his goods as those of a rival trader, whether it is done by use of a mark which has become a Trade Mark, or in any other way.“

Aus diesem Zitat wird deutlich, dass nicht der Vertrieb selbst, sondern die falsche werbende Behauptung als Deliktshandlung angesehen wird. In Bezug auf Nachahmung bedeutet dieses, dass ein Schutz nur möglich ist, soweit die Nachahmung so genannte nicht-funktionale Bereiche oder Elemente des Dienstleistungsproduktes betrifft. *Passing-off* setzt weiter voraus, dass die nicht-funktionalen Merkmale unterscheidungskräftig sind, denn nur der Gebrauch einer unterscheidungskräftigen Angabe kann zu einer Irreführung der beteiligten Verkehrskreise führen. Hinsichtlich der möglichen Erscheinungsformen der Irreführung hat das englische Richterrecht keine abstrakten Fallgruppen gebildet.

Nur soweit die Goodwill-Verletzung aufgrund einer Irreführung hinsichtlich nicht-funktionaler Merkmale erfolgt, ist ein Schutz innovativer Dienstleistungen möglich. Ein weitergehender Schutz bleibt verwehrt, wie sich eindrucksvoll an einem Fall aus der Werbebranche, der sogenannten „Pub Squash“-Entscheidung[745] zeigt. Der *Privy Council*[746] entschied, dass grundsätzlich ein Anspruch aus *passing-off* gegen nachahmende Werbung bestehen kann. Erforderlich sei jedoch, dass diese dem Produkt einen gänzlich eigenen Charakter gibt, da es andernfalls zu einer übermäßigen Beschränkung der Werbe- und Wettbewerbsfrei-

---

744 [1896] AC 198, 204.

745 Cadbury Schweppes v. Pub Squash, [1981] 1 WLR 193.

746 Diesen australischen Fall entschied der Privy Council als letztinstanzliches Gericht für Streitigkeiten in Ländern des Commonwealth, dem Spruchkörper gehören auch Richter des House of Lords an.

heit käme. Die bloße Nachahmung fremder Güter, Aufmachungen, Vertriebs- oder Werbemethoden erzeugt keine Rechtswidrigkeit, da hierdurch allein keine Irreführung bewirkt wird. In den Worten von *Powell J.*[747]: „[...] the court must be on its guard against finding fraud merely because there has been an imitation of another's goods, get-up, method, of training or trading style."

In der Entscheidung *Parker Knoll Ltd. v. Knoll International Ltd.* stellte das House of Lords klar, dass kein Täuschungsvorsatz erforderlich ist, sondern eine objektive Warenunterschiebung bereits genügt, um den Tatbestand des *passing-off* zu erfüllen[748]:

> „In the interest of fair trading and in the interest of all who may wish to buy or sell goods the law recognises that certain limitations upon freedom of action are necessary and desirable. In some situations the law has had to resolve what might at first appear to be conflicts between competing right. In solving the problems which have arisen there has been no need to resort to any abstruse principles but rather to the straight-forward principle that trading must not only be honest but must not even unintentional be unfair[749].

bb) Vorliegen eines Wettbewerbsverhältnisses

Weiterhin ist grundsätzlich erforderlich, dass zwischen den Parteien des *passing-off*-Verfahrens ein Wettbewerbsverhältnis besteht[750]. Dieses war bei den meisten früheren Entscheidungen aufgrund der Struktur der *action for passing-off* offensichtlich.

Problematisiert wurde diese Voraussetzung erstmals in der Entscheidung *Dereck McCulloch v. Lewis A. May (Production Distributors) Ltd.*[751] Der Kläger Dereck McCulloch sprach in einer BBC-Kindersendung den Charakter „Uncle Mac" mit einem durchschlagenden Erfolg. Aufgrund seiner Beliebtheit produzierte er später die Radiosendung, Schallplatten und schrieb Kinderbücher, jeweils unter Nutzung des Charakters „Uncle Mac". Auch karitative Spendenaufrufe fanden ein äußerst positive Echo in der Bevölkerung. Die Beklagte vertrieb durch eine Tochtergesellschaft Puffweizen unter der Bezeichnung „Uncle Mac's Puffed Wheat", dem Slogan „Uncle Mac loves children and children love Uncle Mac" sowie einer Werbefigur „Uncle Mac". Die Beklagte hatte die Kampagne in der Hoffnung ersonnen, dass in Verbindung mit einer Kindern sympathischen Figur sich das Produkt besser verkaufen würden. Ob dieses vorsätzlich erfolgte, spielte in der Entscheidung von *Wynn-Parry J.* keine Rolle, wenn es an einem

---

747 Cadbury Schweppes v. Pub Squash, [1981] 1 WLR 193, 203.

748 Cornish, Intellectual Property, 16-22; Gillette v. Edenwest [1994] RPC 274, hinsichtlich der unwissentlichen Einfuhr nachgemachter Rasierklingen.

749 Parker Knoll Ltd. v. Knoll International Ltd. [1962] RPC 265, 278 H.L.

750 Lindsell & Clerk on Torts, 30-38 mwN.

751 Dereck Mc Culloch v. Lewis A. May (Production Distributors) Ltd. [1947] 1 AllER 845, 851 (Wynn-Parry J.).

entsprechenden Wettbewerbsverhältnis fehlen würde. Verwechslungsgefahr könne nur dort vorliegen, wo Vergleichbarkeit gegeben ist: „The element of confusion is essential, but the element of confusion necessitates comparison.“

Daher sei es erforderlich, dass die Tätigkeitsbereiche der betroffenen Unternehmen sich in irgendeiner Weise decken.

> „I have listed with care to all the cases that have been cited and upon analysis I am satisfied that here is discoverable in all those in which the Court has intervened this factor namely, that there was a common field of activity in which, however remotely, both the Plaintiff and the Defendant were engaged and that it was the presence of this factor that accounted for the jurisdiction of the Court.

Der Kläger hatte keinerlei Aktivitäten im Lebensmittelbereich, so dass der Antrag auf Erlass einer einstweiligen Verfügung verworfen wurde.

Die *action for passing-off* hat jedoch teilweise einen weiteren Anwendungskreis erhalten, da beispielsweise im Fall *Royal Institute of Architects v. Hindle*[752] ein Unterlassungsanspruch auch ohne Vorliegen eines Wettbewerbsverhältnisses vorlag. Konkret wurde dem Institut ein Unterlassungsanspruch gegen denjenigen zugebilligt, der sich ohne Berechtigung den Titel des Mitglieds des Royal Institute of Architects zulegt, obwohl das Institut selbst keiner wirtschaftlichen Tätigkeit nachgeht. Diese so genannten „Professional-Association-Fälle“ wurden seitens *Wynn-Parry J.* in *McCulloch v. May* als äußerster Bereich gesehen, in dem ein Wettbewerbsverhältnis noch bejaht werden kann. In Bezug auf diese Fallgruppe ist darauf hinzuweisen, dass zumindest zwischen den berechtigten Mitgliedern des Berufsverbandes und dem Scheinmitglied ein Wettbewerbsverhältnis vorliegt[753]. Eine weitere Ausdehnung über die Berufsverbände hinaus ist nicht erfolgt. Aufgrund dieser restriktiven Handhabung sollten derartige Ausnahmefälle nicht dahin gehend interpretiert werden, dass auf eine Deckung der Interessenkreise gänzlich verzichtet werden kann[754].

cc) Schutzobjekt der action for passing off

Schutzobjekt des *passing-offs* ist der Goodwill eines Unternehmens. Nicht Zeichen oder Handelsname selbst stehen unter dem Schutz des *passing-offs*, sondern die vorhandenen Assoziationen der Verkehrskreise zwischen Zeichen und der gekennzeichneten Ware. Auch aufgrund der Darlegungs- und Beweislasten des Inhabers kommt der konkreten Bestimmung des Goodwills zentrale Bedeutung zu. Seit der Entscheidung *Alain Bernadin et Cie v. Pavillion Properties Ltd*[755] wird zur Beschreibung des *Goodwills* auf die steuerrechtliche Entschei-

---

[752] [1925] S.J. 365; Siehe auch Institute of Chartered Accountants v. Hardwick [1919] 35 TLR 342; Lindsell & Clerk on Torts, 30-38 m.w.N.

[753] Westerholt, Die Passing-off-Klage im englischen Recht, S. 32, sieht hierin ein indirektes Wettbewerbsverhältnis.

[754] Cohn, S. 17.

[755] [1967] RPC 581, 583 (Pennycuick V.C.).

dung des *House of Lords* in *Commissioners of Inland Revenue v. Muller & Co.'s Margarine, Ltd.*[756] zurückgegriffen. Das Gericht stand vor der Frage, ob der *Goodwill* eines Unternehmens ein rechtlich relevantes Vermögen darstellen kann. *Lord MacNaghten* lieferte folgende Umschreibung:

> „It [Goodwill] is a thing very easy to describe, but very difficult to define. It is the benefit and advantage of a good name, reputation and connection of a business. It is the attractive force which brings in custom. It is the thing which distinguishes an old business from a new business at its first start. The Goodwill of a business must emanate from a particular source. However widely extended or diffused its influence may be, goodwill is worth nothing unless it has power of attraction sufficient to bring customers whom to the source from which it emanates. Goodwill is composed of a variety of elements. It differs in its composition in different trades and in different businesses in the same trade. [...] For Goodwill has no independent existence. It can not subsist in itself. Destroy the business and the Goodwill perishes with it, though elements remain which may perhaps be gathered up and be revived again."

Lord Lindlay ergänzte:

> „Goodwill regarded as property has no meaning except in connection with some trade, business or calling. In that connection I understand the word to include whatever adds value to a business by reason of situation, name and reputation, connection, introduction to old customers, and agreed absence of competition, or any of these things, and there may be others which do not occur to me. In this wide sense, Goodwill is inseparable from the business to which it adds value, and, in my opinion exists where the business is carried on."[757]

Dieser Beschreibung des *Goodswills* haben sich die Rechtsprechung und Literatur auch für andere relevante Rechtsbereiche, darunter auch der *action for passing-off*, angeschlossen[758].

Goodwill ist zunächst ein wirtschaftlicher Wert (Geldwert), ein Bestandteil des Vermögens des Inhabers. Gleichzeitig auch ein Tatsachenbegriff, der zum Wirtschaftsleben gehört und daher im jeweiligen wirtschaftlichen Umfeld zu bestimmen ist. *Goodwill* ist auch nur im konkreten Fall bestimmbar, wobei die Eigenschaft, einen Geldwert zu verkörpern, gerade konstitutive Wirkung hat. Weiterhin kann *Goodwill* nur in Abhängigkeit / Akzessorietät zu einem Unternehmen bestehen und besteht zumeist aus einer Vielzahl von immateriellen Positionen, die allein einen Wert besitzen oder erst in ihrer Gesamtheit einen solchen verkörpern.

Eine wichtige Einschränkung des *Goodwill*-Schutzes entsteht dadurch, dass die *action for passing-off* nur dort eingreift, wo der *Goodwill* in England verortet

---

756 [1901] AC 217, H.L.

757 Übersetzung beider Zitate bei Westerholt, Die Passing-off-Klage im englischen Recht, S. 73/74.

758 Lindsell & Clerk on Torts, 30-38.

ist[759] und eine nicht unerhebliche Benutzungsintensität vorliegt. Durch die räumliche und zeitliche Nutzung muss ein gewisser Grad von Verkehrsbekanntheit geschaffen worden sein. Diese Verkehrsgeltung kann auch vor Einführung des Produktes erworben werden, wie in der Entscheidung *BBC v. Talbot Motors Co. Ltd. („Carfax")* festgestellt wurde[760]. BBC hatte im Jahre 1977 Verkehrsfunkempfanggeräte unter der Marke „Carfax" entwickelt und führte ab 1979 Versuchsstudien im Londoner Umland durch. Die Beklagte wollte die Bezeichnung als Marke für Autoersatzteile benutzen und bot ausdrücklich an, keine Autoradios zu vertreiben. Bei gleichzeitiger Nutzung durch die Beklagte wären der Klägerin jedoch staatliche Zuschüsse verloren gegangen. Das Gericht bejahte das Vorliegen schützenswerten *Goodwills.* Aufgrund von Presseveröffentlichungen und Fernsehreportagen war die Bezeichnung „Carfax" bereits als unterscheidungskräftiges Kennzeichen für die Klägerin anerkannt, so dass bereits vor Produkteinführung ein hinreichender *Goodwill* vorlag.

Bedeutung gewinnt diese Ausweitung der Rechtsprechung auch durch die bereits in früheren Fällen erfolgte großzügige Gewährung inländischen *Goodwills,* wenn die wirtschaftlichen Aktivitäten des Inhabers schwerpunktmäßig im Ausland lagen. In diesem Zusammenhang genügen der Abschluss einzelner unternehmensbezogener Geschäfte, um einen inländischen Goodwill zu erwerben.[761].

dd) Schaden

Die *passing-off* Regeln entlasten den Goodwill-Inhaber grundsätzlich von der Darlegungs- und Beweislast hinsichtlich des Schadens. Wird der Goodwill des Klägers durch Täuschung im Geschäftsverkehr verletzt, wird die Schädigung des klägerischen Unternehmens unterstellt, wie bereits *Goddard L.J.* in *Draper v. Trist* feststellte: „The law assumes, or presumes, that if the goodwill of a man's business has been interfered with by passing off of goods, damage results therefrom."[762]

Erst wenn die Schadensvermutung widerlegt ist, muss ein tatsächlicher oder wahrscheinlicher Schaden bewiesen werden. Mit diesem Problem hatte sich die Rechtsprechung ebenfalls in der bereits dargestellten „Carfax"-Entscheidung[763] zu beschäftigen, da die Beklagte zugesagt hatte, die strittige Marke nicht für Autoradios zu benutzen. Sie trug deshalb vor, dass der Klägerin kein Geschäft entgehen würde, so dass auch kein Schaden entstehen würde. Der Privy Court entschied jedoch, dass neben einer negativen Rufübertragung oder Verwechslungsgefahr der Schaden auch darin liegen könne, dass der Geschäftswert des

---

759 Lindsell & Clerk on Torts, 30-38.
760 [1981] FSR 228 Ch. D.
761 Kroher, GRUR Int. 1982, 92, 100 m.w.N.
762 Draper v. Trist [1939] 3 AllER 513, 526 (C.A.).
763 BBc v. Talbot Motors Co. Ltd (Carfax) [1981] FSR 228 Ch.D.

Kennzeichens verringert wird. Durch die Nutzung der Bezeichnung „Carfax" durch die Beklagte sei die Nutzung durch die Klägerin wirtschaftlich unrentabel. Der Schaden könne daher auch in dem vergeblichen Werbeaufwand der Klägerin liegen. Unerheblich ist hierbei, dass durch die Nutzung durch die Beklagte die Verkehrsbekanntheit des Zeichens gesteigert wird, da diese Steigerung zugunsten der Beklagten erfolge.

c) *Anwendbarkeit auf innovative Dienstleistungen*

Es ist festzustellen, dass der *passing-off* Schutz auch innovative Dienstleistungen schützen kann. Voraussetzung ist das Auslösen einer falschen Zuordnungsvorstellung bei den beteiligten Verkehrskreisen. Hierfür ist es erforderlich, dass unterscheidungskräftige Merkmale eines fremden Produktes auf das eigene Erzeugnis übertragen wurden. Diese Merkmale müssen lediglich in der Lage sein, über die Unternehmensherkunft eines Erzeugnisses Auskunft zu geben.

Der Nachahmungsschutz durch die *action for passing-off* findet seine Grenzen dort, wo das Dienstleistungsprodukt lediglich hinsichtlich seiner funktionalen Elemente nachgeahmt wird. Auf diese Weise ist jedoch gesichert, dass der Innovator die Früchte seiner Marketinganstrengungen ungestört ernten und sich und sein Produkt auf diese Weise am Markt etablieren kann.

3. Geheimnisschutz / Breach of Confidence

a) *Strafrechtlicher Geheimnisschutz*

Auch der strafrechtliche Geheimnisschutz ist in großem Maße durch die wettbewerbsrechtliche Grundhaltung geprägt. Zu Beginn der industriellen Revolution basierte diese Grundhaltung auf dem Gedanken des Merkantilismus, der als eine Art staatliche Planwirtschaft genaue Regeln für alle Aspekte des Wirtschaftslebens aufstellte. Bestandteil dieses Gedankenguts war der Aufbau einer wirtschaftlichen und technologischen Vormachtsstellung vor anderen Staaten. Entsprechend galt es den Abfluss technologischen Wissens ins Ausland zu verhindern. Zu diesem Zwecke wurden zwischen 1700 bis 1786 eine Vielzahl von Gesetzen erlassen, die in erster Linie die Abwerbung und Abwanderung von Arbeitern, Handwerkern und Technikern sanktionierten[764]. Mit dem ab 1830 einsetzenden Liberalismus wurden bestehende Gesetze aufgehoben und auch der Schutz betrieblicher Geheimnisse

764 Ein bekanntes Beispiel ist der „Act to prevent the Inconvenience Arising from Seducing Artificers in the Manufacturers of Great Britain into Foreign Parts" aus dem Jahre 1719, 5 Geo I, c. 27.

auf die Basis der privat-rechtlichen Selbsthilfe gestellt. Parallel zu dieser Entwicklung entstand der zivilrechtliche Geheimnisschutz[765].

Ausgehend von dieser liberalen Haltung kennt das englische Recht bis heute keine generalklauselartige Bestimmung für den Verrat oder die unbefugte Nutzung fremder Geschäfts- und Betriebsgeheimnisse. Dieses gilt sowohl für das common law als auch für das kodifizierte Gesetzesrecht. Es bestehen lediglich eine Reihe von Verratsvorschriften, die jedoch sowohl hinsichtlich des Täterkreises als auch in Bezug auf mögliche Verratsobjekte sehr eng begrenzt sind. Diese Begrenzung des Geheimnisschutzes basiert auf der Annahme, dass ein Unternehmen im Regelfall diejenigen Personen, denen *trade secrets* anvertraut werden, sorgfältig aussuchen und geeignete Maßnahmen gegen einen Geheimnisverrat ergreifen kann. Soweit über diesen selbst gewählten Kreis von Personen aufgrund eines gesetzlichen Gebotes eine Offenbarung auch an Dritte zu erfolgen hat, muss der Gesetzgeber auch dafür Sorge tragen, dass diese Dritten die auf diese Weise erlangten Informationen nicht unbefugt nutzen. Auf diese Weise hat der Schutz von trade secrets in eine Vielzahl von Gesetzen Einzug gehalten[766]. Häufig erfolgt im Rahmen dieser Strafnormen der Schutz der trade secrets auch nur als Reflex auf andere unter Strafe gestellte Handlungen.

Auch den allgemeinen Strafnormen ist mit Ausnahme des „Prevention of Corruption Act“ 1906 kein nennenswerter strafrechtlicher Geheimnisschutz zu entnehmen. Unter dem „Theft Act“ ist ein Diebstahl von geheimen Informationen nur dann strafrechtlich relevant, wenn ein körperlicher Gegenstand mit der Absicht der dauerhaften Enteignung weggenommen wurde[767]. Geschäfts- und Betriebsgeheimnissen fehlt es jedoch in der Regel gerade an der Körperlichkeit. Aber auch wenn die geheime Information in einem Gegenstand verkörpert ist, bezieht sich der Diebstahl lediglich auf den Gegenstand und nicht auf die Information. Diese ist nicht eigentumsfähig[768]. Schließlich bestehen Bedenken hinsichtlich des Enteignungselementes, da der Geheimnisinhaber regelmäßig sein Wissen um die Tatsachen nicht verlieren wird. Nach dem „Prevention of Corruption Act“ 1906 macht sich ein Angestellter strafbar, der etwas in korrupter Weise von einem anderen als finanziellen oder sonstigen Anreiz oder Belohnung für die Vornahme oder Unterlassung einer Handlung annimmt, die sich auf den Geschäftsbetrieb oder Angelegenheiten des Geschäftsherrn bezieht. Jedoch nicht nur der Angestellte, sondern auch der Vorteilsgeber kann strafrecht-

---

765 Ausführlich zur historichen Entwicklung Ambrosch, Der strafrechtliche Schutz des Geschäfts- und Betriebsgeheimnisses, S. 129 bis 135.

766 Ambrosch, S. 145-147 hat beispielsweise 42 Gesetze ausgemacht, in denen die gesetzliche Pflicht zur Offenbarung seitens des Unternehmens mit der Pflicht zur Geheimhaltung seitens des Empfängers gekoppelt ist.

767 Archbold, Pleadings, Evidence & Practice in Criminal Cases, 18-02.

768 Wasik, Computer Crimes and Other Crimes against Technology in the United Kingdom, in Information Technology Crimes, hrsg. von Sieber, 489, 490.

lich zur Rechenschaft gezogen werden. Ebenfalls unter Strafe gestellt ist das parteiische Verhalten, wodurch im Zusammenhang mit den Geschäften des Dienstherrn durch den Angestellten einzelne Personen ohne sachliche Rechtfertigung entweder bevorzugt oder benachteiligt werden[769].

Reformen, die zu einem umfangreicheren Schutz führen könnten, sind in diesem Bereich, soweit ersichtlich, nicht in Angriff genommen worden.

b) Zivilrechtlicher Geheimnisschutz

Im Gegensatz zum Nachahmungsschutz ist der zivilrechtliche Geheimnisschutz unter dem Richterrecht (*equity*) sehr viel weiter entwickelt. Die Entstehung des zivilrechtlichen Geheimnisschutzes markierte, wie bereits angedeutet, gleichzeitig das historische Ende des strafrechtlichen Geheimnisschutzes. Wie im Falle der Verletzung anderer gewerblicher Sonderrechte besteht ein effektives Rechtsschutzsystem, innerhalb dessen der Geschädigte eine einstweilige Verfügung („interlocutory injunction")[770] erwirken oder Schadensersatz verlangen kann. Die Voraussetzungen für eine Haftung im Rahmen des Geheimnisschutzes wurden in der Entscheidung *Coco v. Clark*[771] durch *Megarry J.* dargelegt:

> „First, the information itself, [..], must 'have the necessary quality of confidence about it.' Secondly, that information must have been imparted in circumstances importing an obligation of confidence. Thirdly, there must be an unauthorised use to the detriment of the party communicating it".[772]

Die Grundvoraussetzung für einen Geheimnisschutz liegt in der Qualität einer Information, in ihrer Vertraulichkeit, begründet. Die Information muss die Geheimhaltungsnotwendigkeit in sich tragen[773]. In diesem Zusammenhang wird nicht zwischen unterschiedlichen Arten von Informationen unterschieden. Technische, gewerbliche, private und persönliche Geheimnisse sind gleichermaßen geschützt[774], solange sie der Öffentlichkeit nicht zugänglich sind. Der Geheimnisschutz erfordert nicht Neuheit im Sinne des Patentrechts, sondern dass die Information nur einem beschränkten Personenkreis zugänglich ist. Sobald eine Information oder ein Geheimnis der Öffentlichkeit zugänglich ist, entfällt der Geheimnisschutz.

Der Geheimnisschutz bezieht sich unmittelbar auf die konkrete Information. Es ist nicht erforderlich, dass die Information einen bestimmten Ausdruck gefunden

---

769 Huber/Beck, Länderbericht Englang und Wales, in Korruptionsbekämpfung durch Strafrecht, hrsg. von Eser, Überhofen, Huber, S. 69, 84.

770 Hinsichtlich der hierfür besonderen Voraussetzungen siehe Cynamid v. Ethicon [1975] RPC 513.

771 Coco v. Clark [1969] RPC 41.

772 Coco v. Clark [1969] RPC 41, 49.

773 Beater, S. 311.

774 Argyll v. Argyll [1967] Ch 302; Cornish, Intellectual Property, 8-001.

hat. Im Gegensatz zum Urheberrecht ist daher auch ein weitgehender Schutz der grundlegenden Idee einer innovativen Dienstleistung möglich[775].

Fraser v. Thames[776] warf die Frage auf, welche konkreten Anforderungen an die Information hinsichtlich ihrer Bestimmtheit zu stellen sind. Die Kläger begehrten Schadensersatz aufgrund der abredewidrigen Nutzung eines autobiographischen Konzeptes für eine Fernsehserie durch einen Fernsehsender. *Hirst J.* bejahte die Schutzfähigkeit auf der Basis folgender Anforderungen: „... the content of the idea was clearly identifiable, original, of potential commercial interest and capable of being realised in actuality."[777]

Im Bereich des Konzeptschutzes bestehen somit die zusätzlichen Anforderungen, dass das Konzept bereits hinreichend fassbar, ursprünglich, wirtschaftlich interessant und umsetzbar ist. Bei der konkreten Beurteilung ist zu berücksichtigen, dass die Richter den gewerblichen Rechtsschutz und den Geheimnisschutz als grundsätzlich wesensverschieden eingestuft haben. Während die gewerblichen Sonderschutzrechte „inter omnies" gelten, findet ein Geheimnisschutz nur „inter partes" statt. Auch in Hinblick auf die eingeschränkte Schutzdauer, unterläge der confidence-Schutz gänzlich anderen Richtlinien als beispielsweise das Urheberrecht. Somit ist auch eine Aushöhlung der gewerblichen Sonderrechte durch den Geheimnisschutz nicht möglich. Mit Blick auf den Produktionszyklus dürfte daher die hinreichende Bestimmbarkeit bereits in einem sehr frühen Stadium vorliegen.

Aus dem Erfordernis der Nichtoffenkundigkeit folgt, dass ein Geheimnisschutz in Bezug auf ein konkretes Produkt ab dem Zeitpunkt der Markteinführung ausscheidet, da nunmehr für die Öffentlichkeit Kenntnisnahme möglich ist. Soweit jedoch Teile oder Aspekte der Dienstleistung, wie grundlegende Kalkulationen oder Berechnungen der Öffentlichkeit durch das Produkt selbst nicht offenbar werden, unterliegen diese auch weiterhin dem Geheimnisschutz[778].

Besonderheiten bestehen auch hinsichtlich der Nutzung von Informationen, nachdem diese der Öffentlichkeit zugänglich gemacht worden sind. Diese Problematik wird unter dem Schlagwort „springboard" erörtert:

> „... a person who has obtained information in confidence is not allowed to use it as a springboard for activities detrimental to the person who made the confidential communication, and springboard it remains even when all features have been published or can be ascertained by actual inspection by any member of the public. [...] The possessor of confidential information still has a long start over any member of the public".[779]

---

775 Saltman v. Campbell (1948) 65 RPC 203, 215; Petruzzi, Del Valle & Judlowe, S. 626; Cornish, Intellectual Property 8-005.

776 [1983] 2 AllER 101 ff.

777 [1983] 2 AllER 101, 117.

778 Lubbock, [1996] 5 EIPR 249, 250.

779 Terrapin v. Builders Supply [1967] RPC 375, 392.

Die so genannte „Springboard-Doctrine“ kann auch für den Innovator im Dienstleistungsbereich von Interesse sein. Dieses gilt insbesondere, je komplexer oder je abhängiger dieses Produkt von zugrunde liegenden Kalkulationen ist. Geheimnisträgern oder Dritten, die Kenntnis über die vertrauliche Information erhalten haben, ist es verwehrt, ein eigenes Produkt auf der Basis der Informationen zu entwickeln und unmittelbar nach der Vorstellung des Originals ebenfalls zu vermarkten. Berater, Angestellte und Dritte müssen sich so behandeln lassen, als hätten sie erst mit der Erstvermarktung des Originalproduktes hiervon Kenntnis erlangt. Sie dürfen sich durch ihr Wissen keinen Vorsprung sichern. Die Beschränkung hinsichtlich der Nutzung kann daher auch nur einen angemessenen Zeitraum dauern, der in jedem Fall einzeln unter Berücksichtigung der widerstreitenden Interessen zu ermitteln ist[780].

Hierzu ist es erforderlich, dass die Information in einer Art und Weise mitgeteilt wurde, von der eine Pflicht zur Geheimhaltung ausgeht. In diesem Zusammenhang ist zu unterscheiden, ob zwischen den Parteien eine vertragliche Beziehung besteht oder nicht. Haben die Parteien einen Vertrag über die Geheimhaltung der mitgeteilten Informationen geschlossen, ergibt sich die Pflicht zur Vertraulichkeit bereits aus diesem Vertrag. Soweit eine derartige Vereinbarung nicht vorliegt, hat die Rechtsprechung einen objektiven Test entwickelt:

> „[..] if the circumstances are such that any reasonable man standing in the shoes of the recipient of the information would have realised that upon reasonable grounds the information was being given to him in confidence, then this should suffice to impose upon him the equitable obligation of confidence. In particular, where information of commercial or industrial value is given [..]“[781]

Dieser allgemeine Test findet jedoch nur Anwendung, soweit die Information einer unabhängigen dritten Partei zugänglich gemacht wurde. Es bestehen andere Maßstäbe hinsichtlich Arbeitnehmern, um den besonderen Interessen beider Seiten Rechnung zu tragen.

Weiterhin ist zu unterscheiden, ob der Missbrauch der Informationen während oder nach Beendigung des Arbeitsverhältnisses erfolgte. Leitentscheidung ist das Urteil des Court of Appeal in *Faccenda Chicken Ltd. v Fowler*[782]. In Abwesenheit einer ausdrücklichen Regelung hinsichtlich der Verbreitung oder Nutzung vertraulicher Informationen ergibt sich eine Geheimhaltungspflicht während der Vertragsdauer aus einer stillschweigenden Vertragsabrede zwischen den Parteien. Diese stillschweigenden Bestimmungen unterwerfen den Angestellten gewissen Treuepflichten. Hiervon mitumfasst ist auch die Pflicht, während des Arbeitsverhältnisses nicht vorsätzlich Informationen für einen Missbrauch nach Beendigung des Vertragsverhältnisses zu erlangen oder zu sam-

---

780 Potters-Ballotini v. Weston-Baker [1977] RPC 202, 205; Coco v. Clark [1969] RPC 41, 49.
781 Coco v. Clark [1969] RPC 41 at 48.
782 [1986] 1 AllER 617.

meln. Die Treuepflichten wirken somit über das Arbeitsverhältnis hinaus. Nach Beendigung des Arbeitsverhältnisses ist die Treuepflicht jedoch zur Wahrung eines Interessengleichgewichts zwischen dem Arbeitgeber und dem Interesse des Arbeitnehmers an einem beruflichen Fortkommen einzuschränken. Hierbei ist auf die Qualität der Information abzustellen:

> „The implied term which imposes an obligation on the employee as to his conduct after the determination of the employment is more restricted in its scope than that which imposes a general duty of good faith. It is clear that the obligation not to use or disclose information may cover [...] information which is of a sufficiently high degree of confidentiality as to amount to a trade secret. The obligation does not extent, however, to cover all information [...] and in particular may not cover information which is only „confidential" [...]."[783]

Hiernach muss zwischen unterschiedlichen Geheimhaltungsstufen unterschieden werden. Während einfache vertrauliche Informationen nach Ausscheiden durch den Arbeitnehmer zum eigenen beruflichen Fortkommen genutzt werden dürfen, ist die Nutzung von Geschäftsgeheimnissen, die einem hohen Grad an Geheimhaltung unterliegen, auch weiterhin untersagt.

Im Gegensatz zu den gewerblichen Schutzrechten bestehen keine konkreten Beschreibungen, welches Verhalten oder welcher Erfolg einen Missbrauch der Informationen darstellt. Ein Informationsmissbrauch ist bei jeder Nutzung oder Offenbarung gegeben, der dem Zweck der ursprünglichen Geheimnismitteilung widerspricht. Mitumfasst ist auch jede Nutzung, im Rahmen derer die Information trotz Nutzung nicht in die Öffentlichkeit gelangt[784].

4. Tort of „unfair competition"?

Trotz gegensätzlicher Grundwertungen waren seitens der Rechtsprechung und des Gesetzgebers in den letzten Jahren zum Teil erste Ansätze auszumachen, die für eine Anerkennung des „tort of unfair competition"[785] sprechen könnten. Es ist daher zu untersuchen, ob eine berechtigte Hoffnung auf Anerkennung einer wettbewerbsrechtlichen Generalklausel besteht, aufgrund welcher sich ein erweiterter Nachahmungsschutz stützen ließe.

Ausgangspunkt dieser Entwicklung bildet die Entscheidung *Parker Knoll v. Knoll International*, in der *Lord Morris of Borth-y-Gest* als einen von mehreren Gründen ausführte, dass es im englischen Recht einen einfachen Grundsatz gäbe, wonach der Handel nicht nur Lauterkeit erfordere, sondern auch nicht unbewusst unfair sein dürfe:

---

783 [1986] 1 AllER 617 at 625 (g-h).

784 Coco v. Clark [1969] RPC 41, 49.

785 Der Begriff „tort of unfair competition geht zurück auf eine Entscheidung des U.S. Supreme Courts in International News Service v. Associated Press, 248 US 215 (1918).

„My Lords, in the interest of fair Trading and in the interests of all who may wish to buy or to sell goods the law recognises certain limitations upon freedom of action are necessary and desirable. In some situations the law has had to resolve what might at first appear to be conflicts between competing right. In solving the problems which have arisen there has been no need to any abstruse principles but rather, I think, to the straightforward principle that trading must not only be honest but must not even unintentionally be unfair."[786]

Bereits diese Aussage steht im klaren Gegensatz zur klassisch-liberalen Haltung der englischen Gerichte[787].

Innerhalb der Rechtsprechung zeigten sich diese Tendenzen am stärksten in der sog. „Advocaat"-Entscheidung[788]. In Anschluss an das Urteil war von vielen als nächster Schritt die Anerkennung eines allgemeinen „tort of competition" erwartet worden[789]. Die Klägerin und andere niederländische Hersteller vertrieben unter dem Namen „Advocaat" in England Eierlikör aus Eiern und Weinbrand. Durch einen hohen Werbeaufwand erreichte die Klägerin einen Marktanteil von ca. 75%. Die Beklagte stellte ein Getränk aus Wein und Eiern her. Aufgrund unterschiedlicher Steuersätze war es der Beklagten möglich, ihr Produkt am Markt billiger anzubieten als das Produkt der Klägerin. Als die Beklagte ihr Getränk ebenfalls unter der Bezeichnung „Advocaat" verkaufte, stellte sich die Frage, ob die Bezeichnung „Advocaat" u.a. für das Produkt der Klägerin, insbesondere für dessen Zusammensetzung, reserviert sei. Das House of Lords gab der *passing-off*-Klage statt, wobei in der Urteilsbegründung die Grenzen und Voraussetzungen der *action for passing-off* hin zu einer Generalklausel eines *torts of unfair competition* verwischten, wie sich anhand des folgenden Zitats der Mehrheitsbegründung durch *Lord Diplock* belegen lässt:

„They [the facts] seem to me to disclose a case of unfair, not to say dishonest, trading of a kind for which a rational system of law ought to provide a remedy to other traders whose business or goodwill is injured by it. [...]"[790]

Lord Diplock führte aus, dass die *passing-off* Rechtsprechung seit jeher Ausweitungen durch die englischen Gerichte erfahren hat[791]. In diesem Zusammenhang wies er darauf hin, dass neben der Prüfung der Tatbestandsvoraussetzungen der *action for passing-off* die Gewährung von Rechtschutz auch immer auf einer Abwägung zwischen den Rechten des Goodwill-Inhabers und der Wettbewerbsfreiheit basiere. In diese Abwägung müssen auch Wertungen des Gesetzgebers einfließen, soweit diese vorhanden sind. Gerade in der jüngeren Ver-

---

786 Parker Knoll v. Knoll International [1962] RPC 265, 278; Zusammengefaßt bei Marsh, GRUR Int. 1964, 493, 498, 499.

787 Vergleiche oben „Wettbewerbsrecht / Einleitung".

788 Erven Warnink BV v. J. Townend & Sons (Hull) Ltd. [1979] 2 AllER 927.

789 Kroher, GRUR Int. 1982, 92, 94.

790 Erven Warnink BV v. J. Townend & Sons (Hull) Ltd. [1979] 2 AllER 927, 931(b).

791 Erven Warnink BV v. J. Townend & Sons (Hull) Ltd. [1979] 2 AllER 927, 931(d) bis 933(c).

gangenheit würden erhöhte Anforderungen an das gewerbliche Verhalten gestellt, die seitens der Rechtsprechung nicht ignoriert werden dürften[792]. Somit müsse auch die Rechtsprechung höhere Anforderungen an die Lauterkeit stellen. Gleichzeitig schränkte *Lord Diplock* den eröffneten Anwendungsbereich wieder ein. Zunächst stellte er klar, dass nicht jede unlautere Handlung einen Abwehranspruch auslösen könne:

> „In seeking to formulate general propositions of English law, however, one must be particular careful to be aware of the logical fallacy of the undistributed middle. It does not follow that because all passing-off actions can be shown to present these characteristics, all factual situations which present these characteristic give rise to a cause of action for passing off."[793]

Es bleibt erforderlich, sorgfältig die Voraussetzungen der *passing-off*-Klage zu prüfen, von einer Unlauterkeit kann nicht auf das Vorliegen des *passing-off*-Tatbestandes geschlossen werden. Weiterhin schränkte der Lordrichter die Anspruchsbefugnis ein, soweit ein Kennzeichen mehreren Benutzern zugänglich ist. Je größer die Gruppe der Kennzeichenbenutzer oder die Gruppe von Produkten, für welche das Kennzeichen benutzt wird, desto unwahrscheinlicher ist es, dass das Kennzeichen Unterscheidungsfähigkeit gegenüber Konkurrenzprodukten erlangt hat. Weiterhin werden einzelne Kennzeichennutzer zeigen und beweisen müssen, dass ihnen durch den Drittgebrauch des Kennzeichens mehr als nur ein minimaler Schaden entstanden ist[794].

Zu der erwarteten Anerkennung des „tort of unfair competition" kam es jedoch nicht, vielmehr fügte *Hoffmann J.* die Grundsätze der *„Advocaat"*-Entscheidung wieder in das System von *passing-off* ein. In der Entscheidung *Associated Newspaper Group v. Inset Media Ltd.*[795] führte er aus, dass das Deliktsrecht und auch die rechtlichen Beurteilungen von Wettbewerbshandlungen nicht statisch seien. Zur Begründung eines Rechtsanspruches genügt die Unlauterkeit allein nicht:

> „That passage is certainly authority for the view that the law in relation to unfair trading is not static and that new forms of tort may develop. It is not, however, authority for the proposition that characterising an Act as unfair is sufficient to make it actionable. The limits laid down by the House of Lords to the tort of passing-off, as well as the narrow confines of the tort of conspiracy to injure a person in his trade or business, are sufficient to show that no such all-embracing cause of action exists."

Auch in Folgeentscheidungen wurde ein „tort of unfair competition" nicht anerkannt, obwohl beispielsweise die Frage der Rechtmäßigkeit der Imitation einer Werbekampagne in der Sache *Cadbury-Schweppes Pty v. Pub Squash Co. Pty.*

---

792 Erven Warnink BV v. J. Townend & Sons (Hull) Ltd. [1979] 2 AllER 927, 933(d-h).
793 Erven Warnink BV v. J. Townend & Sons (Hull) Ltd. [1979] 2 AllER 927, 933(a).
794 Erven Warnink BV v. J. Townend & Sons (Hull) Ltd. [1979] 2 AllER 927, 934.
795 [1988] 2 AllER 420, 424.

Ltd.[796] hierzu Anlass gegeben hätte[797]. Es setzte sich wieder die ursprüngliche Sichtweise durch, dass ein Verhalten im Wettbewerb nicht der Sanktion durch die Gerichte unterliegen würde.

Versuche, durch Gesetzgebung eine wettbewerbsrechtliche Generalklausel zu schaffen, sind auch in der jüngeren Vergangenheit immer wieder gescheitert. Ein Vorschlag des *Office of Fair Trading* aus dem Jahr 1986 konnte sich genauso wenig durchsetzen[798], wie Bemühungen von Interessenvertretungen im Rahmen der Beratungen zum Trade Mark Act 1994. Mit einer Anerkennung des „tort of unfair competition“ oder der Einführung einer Generalklausel kann daher erst gerechnet werden, wenn eine entsprechende Verpflichtung durch Rechtssetzung der Europäische Union bestehen würde[799].

VI. Bewertung

Zusammenfassend ist festzustellen, dass in England/Wales kein einziges Sonderrecht im Bereich des geistigen Eigentums zur Verfügung steht, das für innovative Dienstleistungsprodukte einen umfassenden Schutz bietet. Auch eine Kombination verschiedener Rechtsinstitute bietet Ansätze, aber keine befriedigende Lösung. Unterschiedliche Teilaspekte können Schutz erfahren. Ansatzpunkte lassen sich insbesondere im Urheber-, Marken-, und Geheimnisschutz finden. Dieser Schutz ist jedoch löchrig und kann durch einen vorsichtig agierenden Mitbewerber umgangen werden, der unter Nutzung der grundlegenden Konzeption sein eigenes Produkt entwirft und auf den Markt bringt. Ein Schutz gegen diese Art des „reverse engineering“ besteht nicht[800].

---

796 [1981] RPC 429; Die Richter des Privy Councils haben die amerikanische Rechtsprechung hinsichtlich des torts of unfair competition zu Kenntnis genommen, aber ihre Entscheidung nicht darauf gestützt, wodurch eine ablehnende Haltung nahe liegt.

797 Robertson/Horton, [1995] EIPR 568; Adams, [1985] JBL 26, 32.

798 Hartlage, S. 75 m.w.N.

799 Robertson/Horton, [1995] EIPR 568.

800 Lubbock, [1996] 5 EIPR 249, 251; Morcom/Zissu/Mostert, [1994] 1 EIPR 6, 12.

5. Teil

Rechtsvergleich

I. Einleitung / Zielsetzung / Beschränkungen

Aus rechtsvergleichender Sicht ist neben Unterschieden zwischen den beiden Rechtsordnungen auch auf internationale Übereinkünfte und Harmonisierungen der Europäischen Union einzugehen, die zu einem hohen Grad an Vereinheitlichung zwischen dem deutschen und dem englischen Recht geführt haben. Durch diese Vereinheitlichungen ist bereits ein hohes Maß an Übereinstimmung zwischen den beiden Rechtsordnungen vorgezeichnet. Dieses gilt sowohl für das Patent-, Marken- als auch für das Urheberrecht. Gerade in diesem Zusammenhang der Vereinheitlichung besteht jedoch auch die Aufgabe, die im Rahmen der Einheitlichkeit bestehenden Unterschiede herauszuarbeiten. Gänzlich anders gelagert ist die Situation hinsichtlich des Wettbewerbsrechts. Schwerpunktmäßig werden hier, mangels jeglicher Form von Vereinheitlichung, in erster Linie Gemeinsamkeiten darzustellen sein. Schließlich ist auch auf methodische Abweichungen einzugehen.

II. Urheberrecht

Ausgangspunkt für eine Analyse der urheberrechtlichen Schutzmöglichkeiten für neuartige Versicherungsprodukte und Dienstleistungen muss die Berner Übereinkunft [BÜ] zum Schutze von Werken der Literatur und Kunst sein. Dem Verband zum Schutze der Urheber an ihren Werken der Literatur und Kunst, der durch diese Übereinkunft aus dem Jahre 1886 und seinen Nachfolge-Übereinkommen[801] gegründet wurde, sind die meisten Nationen darunter auch England, Deutschland und sämtliche anderen Industriestaaten beigetreten[802]. Geschützt sind alle Erzeugnisse auf dem Gebiet der Literatur, Wissenschaft und Kunst, ohne Rücksicht auf die Form des Ausdruckes, Art. 2 BÜ. Wie sich bereits aus dem Wort Erzeugnis ergibt, setzt der Urheberschutz beim einzelnen Werk an. Geschützt ist zunächst das Werk in seiner konkreten Formgebung. Hierüber hinaus können auch inhaltliche Elemente eines Werkes geschützt sein. Auch das deutsche Gesetz über Urheberrecht und verwandte Schutzrechte vom 09.09.1995[803] und der Copyright Design and Patent Act 1988 [CDPA 1988] basieren auf der BÜ.

---

801 Vorläufig letzte Änderung am 24. Juli 1971 (Pariser Fassung), BGBl. 1973 II, 1071, geändert durch BGBl 1985 II, 81.

802 Stand der Vertragsparteien siehe BGBl. Fundstellennachweis B.

803 BGBl. I S. 1273.

Entsprechend Art. 5 BÜ ist in beiden Rechtsordnungen für die Entstehung und die Durchsetzung des Urheberrechts die Einhaltung von Formvorschriften oder Förmlichkeiten nicht erforderlich.

1. Persönliche geistige Schöpfung / Originality

Zur Erlangung der urheberrechtlichen Schutzfähigkeit bedarf ein Werk nach dem deutschen Recht einer „persönlichen geistigen Schöpfung" § 2 Abs. 2 UrhG, während das englische Recht „Ursprünglichkeit" („originality") erfordert. Beim Vergleich dieser Kernvoraussetzungen des deutschen und englischen Urheberrechts offenbaren sich erhebliche Unterschiede zwischen den beiden Rechtsordnungen.

Einigkeit besteht jedoch zunächst hinsichtlich des Mindeststandards, dass das Werk vom Urheber selbst stammen muss und nicht seinerseits eine Kopie eines Werkes eines Dritten darstellen darf[804]. Soweit sind die Tatbestandsmerkmale der persönlich geistigen Schöpfung und „originality" kongruent.

Unterschiede zwischen den beiden Rechtsordnung werden insbesondere bei einer Betrachtung der Mindeststandards deutlich, die an ein Werk, die Schöpfungshöhe oder die Art der Entstehung des Werkes zu stellen sind. Die Urheberrechte beider Länder stimmen darin überein, dass in diesem Zusammenhang kein einheitlicher Maßstab bestehen kann. Beide Urheberrechte haben jedoch eigene Definitionen für einen Mindeststandard entwickelt. Einem Mindestmaß an „skill and effort" auf englischer Seite steht die „kleinen Münze" des deutschen Urheberrechts gegenüber. Auch wenn beide Rechtsordnungen jeweils ein Mindestmaß für einen Schutz durch das Urheberrecht genügen lassen, bestehen doch erhebliche Unterschiede, die sich durch unterschiedliche Ausgangspunkte erklären lassen.

Das angelsächsische Urheberrecht stellt hinsichtlich der Schutzwürdigkeit den Produzenten des Werkes in den Vordergrund. Die Schutzwürdigkeit bemisst sich anhand des Einsatzes von „skill and effort" durch den Produzenten des Werkes. Demgegenüber stellt das deutsche Urheberrecht nicht auf den Produzenten, sondern auf die Qualität des Werkes selbst ab. Urheberrechtsfähigkeit und damit Gestaltungshöhe besitzen grundsätzlich nur Werke, die Durchschnittsgestaltungen um ein deutliches überragen[805]. Als Durchschnittsgestaltungen gelten in erster Linie handwerksmäßige, schablonenhafte und alltägliche Werke. Das Werk muss trotz eines geringen Grades an geistiger Tätigkeit immer noch ein Minimum an individueller Gestaltungshöhe erreichen[806]. Entscheidendes Kriterium bleibt die Eigentümlichkeit des Werkes selbst[807]. Während somit die „kleine

---

804 Ladbroke (Football) Ltd. v. William Hill (Football) Ltd. [1964] 1 WLR 273, 291 (Pearce L.J.).
805 BGHZ 94, 276, 286 – Inkasso-Programm – (st. Rspr.).
806 BGH GRUR 1991, 130, 133 – Themenkatalog –; BGH GRUR 1992, 382, 385 – Leitsätze –.
807 Quaeddulieg, GRUR Int. 1997, 971, 972.

Münze“ Mindestanforderungen an das Werk stellt, kann diese Hürde in England bereits durch ein Mindestmaß an Einsatz von Bemühungen und Fähigkeiten („skill and effort“) genommen werden. Dieses Mindestmaß an Bemühungen und Fähigkeiten wird zum Teil auch bei rein handwerksmäßigen, schablonenhaften oder alltäglichen Werken zu bejahen sein. Hervorzuheben ist in diesem Zusammenhang, dass englische Gerichte zur Festlegung des urheberrechtlich nicht geschützten Bereichs auf Beispiele, wie eine gerade Linie oder einen Kreis zurückgreifen mussten[808].

Auf Grundlage dieser Mindestanforderung haben in England beispielsweise Zeitungsartikel, Fernsehprogramme, Handelskataloge und Geschäftsbriefe[809], in Deutschland Adressbücher, Gebrauchsanweisung und geschäftliche Musterblätter[810] urheberrechtlichen Schutz erlangen können.

2. Vertragsbedingungen

Vertragstexte und Bedingungswerke, wie beispielsweise Allgemeine Versicherungsbedingungen, fallen in beiden Rechtsordnungen in die Werkkategorie der Literatur / Sprachwerke[811]. Auch sog. Zweckschöpfungen fallen unter diese Kategorien. Es ist jedoch festzustellen, dass diese Einordnung den englischen Gerichten erheblich leichter fällt als ihren deutschen Counterparts, die erst über einen Rückgriff auf die verfassungsrechtliche Ordnung zu diesem Ergebnis kommen[812].

Aufgrund der niedrigen Anforderungen an ein Mindestmaß an Einsatz von Bemühungen und Fähigkeiten kann davon ausgegangen werden, dass neu gestaltete Vertragsbedingungen für innovative Dienstleistungen in England Schutz durch das Urheberrecht erfahren werden[813]. Nicht so eindeutig ist hingegen das Ergebnis hinsichtlich der Schutzfähigkeit in Deutschland, da eine rein handwerkliche Tätigkeit allein nicht genügt. Gerade die Anpassung standardisierter AGB auf ein neues Produkt könnte jedoch für eine handwerkliche Tätigkeit gehalten werden. Erforderlich ist daher eine Unterscheidung zwischen der lediglichen Anpassung und der Neuformulierung für innovative Produkte, die aufgrund des immateriellen Wesens der Dienstleitungen gerade dort zum Schaf-

---

808 Karo Step Trade Mark [1977] RPC 255; British Northrop Ltd. v. Texteam Blackburn Ltd. [1974] RPC 57.

809 Walter v. Lane [1900] AC 539; Independent Television Publications v. Time Out [1984] FSR 64; Collins v. Cater [1866] 78 LT 613; Purefoy v. Sykes Boall [1955] 72 RPC 89, C.A.; Kelly v. Morris [1866] LR 1 Eq. 697; British Oxygen Co. Ltd. v. Liquid Air Ltd. [1925] Ch 383.

810 RGZ 116, 292; RGZ 81, 120; BGH ZUM 1987, 458.

811 BGH GRUR 1986, 739, 741 – Anwaltsschriftsatz –; BGH GRUR 1993, 34 ff. – Bedienungsanweisung –; University of London Press v. University Tutorial Press [1916] 2 Ch 601, 609, 610; Schricker, GRUR 1996, 815, 817; Morcom, Zissu, Mostert, [1994] 1 EIPR 6.

812 Schricker, GRUR 1996, 815, 817; Fromm/Nordemann-Vink, § 2 Rn. 2.

813 Lubbock, [1996] 5 EIPR 249, 250; Morcom/Zissu/Mostert, [1994] 1 EIPR 6, 11.

fensprozess gehört. Bei komplexen Werken sollte der Ausdruck urheberrechtlich ausreichender Individualität auch nach dem deutschen Urheberrecht gleichwohl möglich sein.

3. Konzeptionsschutz

Die Individualität/Originalität bestimmt in beiden Rechtsordnungen nicht nur die grundsätzliche Möglichkeit eines Schutzes, sondern auch den konkreten Schutzumfang. Geistiges Gemeingut trägt keine individuellen Züge und darf nicht zugunsten einzelner monopolisiert werden. Die Idee in Form des bloßen Gedankens muss ungeschützt und gemeinfrei bleiben. Die Idee und darauf aufbauend der Inhalt müssen so ausgeformt sein, dass sie sich von der eigenen Abstraktheit entfernt haben und die Handschrift ihres Verfassers tragen[814]. Während hierfür in England der Einsatz von „skill und effort" des Autors als Maßstab herangezogen werden, verlangt das deutsche Urheberrecht einen hinreichenden Grad an Individualität, die im Werk verkörpert sein muss. Für den Konzeptionsschutz bedeutet dieses, dass im konkreten Werk sich das Schaffen des Autors materialisiert haben muss. Soweit individuelle Merkmale in der Kopie wiederkehren, sind beide Rechtsordnungen bereit, einen Konzeptionsschutz zu gewähren.

Probleme bereitet in beiden Rechtsordnungen die konkrete Abgrenzung im Bereich des Konzeptionsschutzes. Es besteht Einigkeit, dass der Schutz des Urheberrechts über die konkrete Ausdrucksweise hinausgeht. Die Abgrenzung zwischen abstrakter, nicht schützenswerter Idee und schützenswertem Inhalt bleibt immer dem Tatrichter und der konkreten Ermittlung des Sachverhaltes überlassen. Auffällig ist in diesem Zusammenhang, dass in beiden Rechtsordnungen der Versuch unternommen wurde, die Abgrenzung gleichwohl durch einen „Test" nachvollziehbar zu gestalten.

Während der Bundesgerichtshof zunächst die eigenschöpferischen Züge durch einen Vergleich des Werkes mit dem bekannten Formen- und Sprachschatz ermittelt und in einem zweiten Schritt prüft, ob diese Züge hinreichende Gestaltungshöhe für eine urheberrechtliche Schutzfähigkeit besitzen, haben britische Gerichte den Schwerpunkt anders gesetzt.

Jacob J. schlug folgenden Test vor[815]. Zunächst sei zu klären, an welchen Werken der Kläger ein Urheberrecht behauptet, und sodann für jedes dieser Werke zu ermitteln, ob dieses ursprünglich sei. Hierauf aufbauend sei zu prüfen, ob aus diesen Werken kopiert wurde und soweit dieses erfolgt ist, zu fragen, ob ein wesentlicher Teil dieses Werkes übernommen wurde. Gerade bei zusammengesetzten Werken bedeutet dieses, dass lediglich eine isolierte Betrachtung der einzelnen urheberrechtlich schützenswerten Elemente erfolgt. Es lässt sich da-

---

814 Schricker, GRUR 1996, 815, 826; Laddie, Prescott & Vitoria, 2.52.
815 Ibcos Computers Ltd. [1994] FSR 275, 289, 290.

her eine gewisse Parallele zur Kerntheorie im Patentrecht ziehen. Einen anderen Ansatz, der eher dem Gesamtheitsgrundsatz im Patentrecht entspricht, haben die deutschen Gerichte herangezogen. Zur Ermittlung der Gestaltungshöhe erfolgt zwar zunächst, wie in England eine Gegenüberstellung der festgestellten Merkmale. Folgend wird zur Beurteilung der urheberrechtlich relevanten Gestaltungshöhe jedoch auch der Gesamteindruck herangezogen.

In Bezug auf die Herangehensweise ist festzustellen, dass englische Gerichte geneigt sind, die Frage der Ursprünglichkeit unterschiedlich zu beantworten, je nach dem, ob die Frage der allgemeinen Schutzfähigkeit, der Autorenschaft, der Ursprünglichkeit oder der Verletzung des Copyrights zu beurteilen ist. Eine derartige Unterscheidung ist dem deutschen Recht hingegen fremd[816]. Das deutsche Urheberrecht baut in diesem Zusammenhang auf dem einheitlichen Begriff der persönlich-geistigen Schöpfung auf. Schutzgegenstand und Schutzgrenze sind identisch[817].

Für die Frage, wie weit das Urheberrecht Schutz entfalten kann, wird zudem in England häufig folgender Test herangezogen. Ausgehend davon, dass das Copyright keine abstrakten Ideen, Gedanken oder Fakten schützt, die lediglich im menschlichen Geist existieren, sei festzustellen, dass das Copyright keine allgemeinen Ideen, Konzepte oder Informationen, die als Grundlage des Werkes in diesem zum Ausdruck gekommen sind, schützen kann. Auf der anderen Seite kann ein Copyright-Schutz für detailliertere Sammlungen von Ideen und Konzepten oder Sammlung von Informationen bestehen, so dass der Ausdruck dieser in einer anderen Form eine Verletzung darstellt. Ob im Einzelfall diese Sammlungen detailliert genug sind, kann immer nur am konkreten Sachverhalt ermittelt werden[818]. Gemeinsam ist beiden Rechtsordnungen, dass aufgrund der stufenlosen Übergänge es unmöglich ist, unabhängig vom Einzelfall die erforderliche Gestaltungshöhe des Werkes festzulegen.

Weiterhin besteht in England eine Tendenz der Ausweitung des Urheberrechts, um so die Abwesenheit eines Wettbewerbsrechts zu kompensieren[819]. Die Grundsatzentscheidung für den Wettbewerb, keine Regeln hinsichtlich lauter oder unlauter aufzustellen, führte zu einer umfassenden Nachahmungsfreiheit, die bisweilen dazu führen kann, dass durch die Nutzung fremder Arbeitsergebnisse ein Wettbewerbsvorteil erzielt wird. Im klaren Gegensatz zu dieser liberalen Grundhaltung steht die Faustformel von *Peterson J.* in *University of London Press Ltd v. University Tutorial Press Ltd.*[820]: „[..] there remains the rough practical test that what is worth copying is prima facie worth protecting."

---

816 [1987] FSR 553; [1921] 1 Ch 503; [1866] L.R. 3 Eq 723; Elanco Produkts Ltd. v. Mandrops (Agrichemical Specialist) Ltd. [1979] FSR 46, 57.

817 Priester, S. 37.

818 Elanco Produkts Ltd. v. Mandrops (Agrichemical Specialist) Ltd. [1979] FSR 46, 57.

819 Cornish, Intellectual Property, 10-09, Beater S. 257.

820 [1916] 2 Ch 601, 609/ 610.

So kann sich der Urheber eines kommerziell genutzten Werkes gegen Dritte schützen, wenn er zeigen kann, dass sein Werk durch einen Dritten genutzt wurde, dieser keine eigene Leistung bei der Erstellung hat einfließen lassen und im Wesentlichen die gleichen Informationen, Ideen und Konzeptionen eingeflossen sind, wobei Änderungen in Sprache, Layout oder Erscheinung keinen Einfluss haben[821]. Ähnlichkeiten bestehen in diesem Zusammenhang zur systematischen Nachahmung / Behinderung im deutschen Wettbewerbsrecht, also außerhalb des Urheberrechts. So hat der BGH hervorgehoben, dass ein planmäßiges und zielstrebiges Anhängen an eine fremde Leistung ausreichend ist, um besondere wettbewerbsfremde Umstände zu begründen, wobei insbesondere auch die Gesamtumstände des Einzelfalls zu berücksichtigen sind[822].

Diese gegensätzlichen Grundhaltungen im Bereich des Urheberrechts lassen sich auch an weiteren Entscheidungen festmachen und zeigen, dass die wettbewerbsrechtliche Neutralität englischer Gerichte zumindest im Bereich des Urheberrechts nicht die umfassende Bedeutung hat, wie sie in Anschluss an die Entscheidung *Mogul Steamship Co., Ltd. v. McGregor, Gow & Co., Ltd.*[823] häufig hervorgehoben wurde. Durch diese extensive Rechtsprechung wird reflexartig ein zeitlich begrenzter Schutz erreicht, der nach rechtlicher Grundlage und Ausgestaltung am ehesten dem Nachahmungsschutz des deutschen Wettbewerbsrechts (§ 1 UWG) entspricht. Dem deutschen Urheberrecht sind solche Lauterkeitsbetrachtungen hingegen fremd.

4. Urheberrechtspersönlichkeit

Soweit das Bedingungswerk im Rahmen eines Arbeitsverhältnisses erstellt wird, besteht in beiden Rechtsordnungen Einigkeit, dass zunächst allein der Angestellte und nicht der Arbeitgeber Urheber des Werkes ist. Der Arbeitnehmer ist der „Schöpfer“ des Werkes. Gleichzeitig gehen beide Rechtsordnungen davon aus, dass die wirtschaftliche Verwertung dem Arbeitgeber zustehen soll, in dessen Unternehmen und unter dessen Weisung das Werk erstellt wurde[824].

Unterschiedlich ausgestaltet sind jedoch die Übertragungsvorgänge. Während nach dem englischen Urheberrecht die Übertragung mangels anders lautender Regelung zwischen den Parteien per Gesetz auf den Arbeitgeber übergeht, ist nach dem deutschen Urhebervertragsrecht eine vertragliche Regelung über die Übertragung des Nutzungsrechts am Werk erforderlich. Erleichtert wird dieses jedoch dadurch, dass innerhalb von Dienst- oder Arbeitsverhältnissen regelmäßig

---

821 Morcom, Zissu, Mostert, [1994] 1 EIPR 6, 8; Elanco Produkts Ltd. v. Mandrops (Agrichemical Specialist) Ltd. [1979] FSR 46, 57.

822 BGH GRUR 1996, 210, 213 – Vakuumpumpe –; BGH GRUR 1969, 618, 619 – Kunststoffzähne –.

823 [1892] AC 25, H.L.

824 Cornish, Festgabe für Schricker, S. 644, 650; Kindermann, GRUR, 1985, 1008, 1010.

von einer stillschweigenden Übertragung des Nutzungsrechts auf den Arbeitgeber auszugehen ist[825].

Da der Arbeitnehmer der „Schöpfer“ des Werkes ist, muss auch bei der Berechnung der Schutzdauer auf den Arbeitnehmer abgestellt werden. Der Zeitpunkt der Übertragung auf den Arbeitgeber spielt keine Rolle. Soweit an Werken im Zusammenhang mit komplexen Dienstleistungen ein Urheberrecht besteht, dürfte die Ermittlung des „wahren“ Urhebers in beiden Rechtsordnungen mit erheblichen Problemen verbunden sein, da bei der Entwicklung einer innovativen Dienstleistung in der Regel eine Vielzahl von Mitarbeitern mitwirken werden. Wie auch im Bereich der Multi-Media-Anwendung zeigt sich auch hier, dass traditionelle auf den Einzel-Urheber ausgerichtete Bewertungen des Urheberrechts im modernen Wirtschaftsleben überdacht werden müssen. Dieses sollte allerdings nicht im Wege eines nationalen Alleinganges sondern durch eine internationale Übereinkunft zur Fortschreibung des BÜ erfolgen.

III. Patentrecht / Gebrauchsmusterrecht

Der englische Patent Act 1977 (PA 77) entspricht durch die Rechtsangleichung auf europäischer Ebene in weiten Teilen dem deutschen Patentrecht. Auf der Grundlage internationaler Abkommen haben die Entscheidungen des Europäischen Patentamtes und des Europäischen Gerichtshofes als Rechtsmittelinstanz herausragenden Einfluss auf die Auslegung des nationalen Patentrechts[826]. So schreibt Section 130 (7) PA 77 ausdrücklich vor, dass bestimmte, besonders wichtige Vorschriften des Gesetzes unter Berücksichtigung des Europäischen Patentübereinkommens, des Gemeinschaftspatentübereinkommens und des Patent Cooperation Treaty (PCT) ausgelegt werden sollen[827].

Ausgangspunkt eines jeden Patentrechtsschutzes ist das Vorliegen einer Erfindung. Während der Rechtsbegriff der Erfindung durch die Rechtsprechung in Deutschland dahingehend definiert wurde, dass als Erfindung jede Lehre zum planmäßigen Handeln unter Einsatz beherrschbarer Naturkräfte außerhalb der menschlichen Verstandestätigkeit zur unmittelbaren Herbeiführung eines kausal übersehbaren Erfolges zu qualifizieren ist, verzichtet der PA 77 erstmals auf eine solche Definition. Der PA 77 beschränkt sich auf eine Negativabgrenzung von Produkten des menschlichen Handelns, die dem Patentrecht nicht zugänglich sein sollen. Einigkeit besteht dahingehend, dass von einem Patentschutz Pläne, Re-

---

825 Kindermann, GRUR 1985, 1008; Rehbinder, § 46; Cornish, Festgabe für Schricker, S. 644, 650.

826 Triebel/Hodgon/Kellenter/Müller, Englisches Handelsrecht, Rn. 856.

827 Auch wenn im deutschen Patentgesetz eine entsprechende Verweisung fehlt, hat die Rechtsprechung des Europäischen Gerichtshofs erheblichen Einfluß auf die Entscheidungen deutscher Gerichte in Patentfragen.

geln und Verfahren in Bezug auf gedankliche Tätigkeiten, Spiele oder geschäftliche Tätigkeiten sowie Computerprogramme ausgeschlossen sind. Dieser Ausschluss gilt jedoch nur insoweit, wie sich der Patentschutz auf diese Gegenstände selbst beziehen würde[828]. Auf dieser Grundlage sind Dienstleistungen in beiden Rechtssystemen grundsätzlich von einem Patentschutz ausgeschlossen.

Trotz des hohen Grades an Vereinheitlichung im Bereich des Patentrechts stellte sich für die Gerichte beider Länder die Frage, wie diese Einschränkung „als solche / as such“ gemäß § 1 Abs. 3 Patentgesetz und entsprechend Section 1 Abs. 3 PA 77 zu konstruieren ist. Grundsätzlich lassen sich hier zwei Gegenpositionen unterscheiden, die so genannte „Kerntheorie“ und der so genannte „Gesamtheitsgrundsatz“. Hervorzuheben ist hierbei, dass in den Prüfungsrichtlinien des EPA von Anfang an im Gegensatz zur Kerntheorie des BGH der Gesamtheitsgrundsatz niedergelegt war[829]. Wie der BGH fragte auch *Falconer J.* zunächst im Wege der Abschichtung, welche Teile der Anmeldung technischen und welche untechnischen Charakter haben. Die weitere Beurteilung der Patentierbarkeit wurde nachfolgend ausschließlich auf die nicht ausgeschlossenen Merkmale der Anwendung gestützt.

Im Ergebnis hat sich die Kerntheorie jedoch nicht durchsetzen können und musste dem Gesamtheitsgrundsatz weichen. Die Entscheidung von *Falconer J.* wurde durch den *Court of Appeal* aufgehoben, wobei hervorgehoben wurde, dass auch Elemente, die grundsätzlich von einer Patentierbarkeit ausgeschlossen sind, zur erfinderischen Tätigkeit beitragen können, solange ein neuartiges technisches Ergebnis erreicht wird und dieses selbst nicht in die ausgeschlossenen Kategorien fällt. Parallel hierzu hat auch der Bundesgerichtshof seine Rechtsprechung zur Kerntheorie aufgegeben und durch den Gesamtheitsgrundsatz ersetzt. So seien beispielsweise Computerprogramme einem Patentschutz zugänglich, wenn sie im Rahmen einer Gesamtbetrachtung einen direkten Bezug zu technischen Gegenständen im klassischen Sinne aufweisen würden[830].

In Bezug auf die Konstruktion dieser Qualifikation ist daher festzustellen, dass nunmehr eine einheitliche Interpretation zwischen dem deutschen Patentamt, dem britischen Patentoffice, dem europäischen Patentamt und der Rechtsprechung in beiden Staaten gegeben ist. In dieser Hinsicht besteht ein einheitlicher Binnenmarkt.

Im Gegensatz zu den Vereinigten Staaten von Amerika steht in Europa für innovative Dienstleistungen kein Patentschutz zur Verfügung, auch wenn diese computergestützt sind. Der Unterschied beruht hauptsächlich darin, dass US-Gerichte der Voraussetzung des technischen Charakters einer Erfindung im Gegensatz zum europäischen Ansatz nicht den gleichen Stellenwert beimessen. Aus vergleichender Sicht ist daher festzustellen, dass Gerichte in England und

---

828 § 1 Abs. 2 Nr. 3, Abs. 3 Patentgesetz; Section 1 Abs. 2, Abs. 3 PA 77.
829 Kraßer, in Lehmann, Rechtsschutz, V, Rn. 22; Schneider, Handbuch EDV, Rn. 653.
830 BGH GRUR, 1992, S. 430, 431, 432 – Tauchcomputer –.

Deutschland Computer- oder Softwarepatenten allgemein kritischer als entsprechende Stellen in den USA gegenüberstanden.

Aus verfahrenstechnischer Sicht stehen dem Patentanmelder beider Länder drei mögliche Wege zur Verfügung, Patentschutz zu erlangen. Neben der Anmeldung beim nationalen Patentamt kann diese auch beim Europäischen Patentamt in München oder im Wege der internationalen Anmeldung bei der World Intellectual Property Organisation (WIPO) erfolgen. Die Patentzusammenarbeit innerhalb der WIPO basiert auf dem PCT. Durch eine einzige Anmeldung kann in mehreren Mitgliedsstaaten des PCT Patentschutz erlangt werden, wobei jedoch kein internationales Patent geschaffen wird, sondern der Anmelder lediglich ein Bündel nationaler Rechte erhält.

Das deutsche Gebrauchsmuster oder ein ähnliches Ausschließlichkeitsrecht ist dem englischen Recht unbekannt.

IV. Markenrecht

Sowohl der britische Trade Mark Act aus dem Jahr 1994, als auch das deutsche Markengesetz aus 1994 basieren auf der Markenrechtsrichtlinie der Europäischen Gemeinschaft[831]. Aufgrund dieser Vereinheitlichung besteht ein umfassender Gleichklang der Markenrechtssysteme in Großbritannien und Deutschland. Dieses gilt auch für die Schutzmöglichkeiten innovativer Dienstleistungen durch das Markenrecht.

V. Wettbewerbsrecht

1. Allgemeine Wertungen

a) Internationale Verpflichtungen

Deutschland und Großbritannien sind beide Signatarstaaten der Pariser Verbandsübereinkunft (PVÜ) von 1883 und Mitgliedsstaaten der Europäischen Union. Zunächst ist daher der völkerrechtliche Rahmen aufzuzeigen, in dem sich ein nationaler Nachahmungsschutz bewegen kann.

In Art. 10bis PVÜ haben sich die Unterzeichner zu einem effektiven Schutz vor unlauterem Wettbewerb verpflichtet[832]. Während innerhalb des Art. 10bis PVÜ

---

831 1. Richtlinie 89/104/EWG des Rates vom 21. Dezember 1988 zur Angleichung der Rechtsvorschriften der Mitgliedsstaaten über Marken, ABl. Nr. L 40 vom 11.04.1989.

832 Art. 10bis PVÜ lautet:
(1) Die Verbandsländer sind gehalten, den Verbandsangehörigen einen wirksamen Schutz gegen unlauteren Wettbewerb zu sichern.
(2) Unlauterer Wettbewerb ist jede Wettbewerbshandlung, die den anständigen Gepflogenheiten in Gewerbe oder Handel zuwiderläuft.

die Absätze 1 und 2 generalklauselartigen Charakter haben, enthält Absatz 3 konkrete Verhaltenstatbestände, vor denen Schutz durch den Signatarstaat zu gewähren ist. Vereinfacht lässt sich sagen, dass in England lediglich Schutz gegen diese besonderen Tatbestände gewährt wird[833]. Vor diesem Hintergrund stellt sich die Frage, ob Art 10bis Abs. 2 PVÜ einen weitergehenderen Schutz fordert, als dieser durch die besonderen Tatbestände des Art. 10bis Abs. 3 PVÜ vorgegeben ist. Art. 10bis Abs. 2 PVÜ enthält nach deutscher Lesart den konkreten Auftrag an die staatlichen Einrichtungen, ein Umfeld des fairen Leistungswettbewerbs sicherzustellen. In diesem Zusammenhang können Zweifel bestehen, ob Großbritannien die aus dem PVÜ entstehende völkerrechtliche Verpflichtung erfüllt[834].

Auch der EuGH hat anklingen lassen, dass einem ergänzenden Leistungsschutz durch Gemeinschaftsrecht der Europäischen Union keine Grenzen gesetzt sind. Der EuGH hat im Gegenteil auch eine weniger restriktive Beurteilung als der BGH von Nachahmungsfällen für möglich erachtet[835]:

> „Die Bestimmungen des EWG-Vertrages über den freien Warenverkehr verhindern es nicht, dass ein Händler, der schon geraume Zeit in einem Mitgliedsstaat ein Erzeugnis in den Handel bringt, das von anderen gleichartigen Waren abweicht, aufgrund einer nationalen Rechtsvorschrift, [...], ein gerichtliches Verbot gegen einen anderen Händler erwirken kann, in diesem Mitgliedsstaat weiterhin Erzeugnisse in den Handel zu bringen, [...], die aber ohne Notwendigkeit mit dem ersten Erzeugnis nahezu identisch sind und dadurch unnötige Verwechslungen zwischen den Erzeugnissen hervorrufen.

Eine nationale Rechtsprechung, die die sklavische, Verwechslung hervorrufende, Nachahmung eines Erzeugnisses verbietet, ist in der Tat geeignet, die Verbraucher zu schützen und die Lauterkeit des Handels zu fördern; Ziele von allgemeinem Interesse, die nach der vorerwähnten Rechtsprechung des Gerichtshofes die Existenz von Hemmnissen für den Binnenhandel der Gemeinschaft, die sich aus Unterschieden der nationalen Regelungen über die Vermarktung der Erzeugnisse ergeben, rechtfertigen können.“

---

(3) Insbesondere sind zu untersagen:
1. alle Handlungen, die geeignet sind, auf irgendeine Weise eine Verwechslung mit der Niederlassung, den Erzeugnissen oder der gewerblichen oder kaufmännischen Tätigkeit eines Wettbewerbers hervorzurufen.
2. falsche Behauptungen im geschäftlichen Verkehr, die geeignet sind, den Ruf der Niederlassung, der Erzeugnisse oder der gewerblichen oder kaufmännischen Tätigkeit eines Wettbewerbers herabzusetzen.
3. Angaben oder Behauptungen, deren Verwendung im geschäftlichen Verkehr geeignet ist, das Publikum über die Beschaffenheit, die Art der Herstellung, die wesentlichen Eigenschaften, die Brauchbarkeit oder die Menge der Ware irrezuführen.

833 Art 10bis Abs. 3 Nr. 1 PVÜ wird durch die „action for passing-off“, Art 10bis Nr. 2 PVÜ durch die „torts of injourious falsehood“ bzw. „slander of goods“, Art 10bis Nr. 3 PVÜ durch die Gesetzgebung des „Trade Descriptions Act 1968“ abgedeckt.

834 Robertson/Horton, [1995] EIPR 568, 572.

835 EuGH Rs. 6/81, Urteil vom 02.03.1982 – Beele – NJW 1982, 1934, 1935.

Bemerkenswert sind an dieser Entscheidung zwei Punkte. Zum einen erkennt der EuGH an, dass die Unlauterkeit in der Übernahme selbst begründet sein kann[836]. Das Kriterium der Notwendigkeit sichert das Freihaltungsinteresse der Allgemeinheit, so dass abstrakte Ideen auch nach diesem Ansatz keinen Schutz erfahren können. Zum anderen ist der Zeitpunkt der Entscheidung hervorzuheben. Bereits 1982, als der EuGH noch im vollem Umfang seinen berühmten Formeln aus den Entscheidungen Dassonville[837] und Cassis de Dijon[838] folgte, erkannte der Gerichtshof, dass ein Nachahmungsschutz zugunsten der Verbraucher eine Beschränkung der Warenverkehrsfreiheit rechtfertigen kann. Eine Abschwächung dieser Rechtsprechung kam erst deutlich später in den Entscheidungen Keck[839] und Mithouard[840]. Hierdurch wird das Gewicht dieser Entscheidung verdeutlicht. Aus gemeinschaftsrechtlicher Sicht hätte daher auch die Beurteilung der Unlauterkeit direkt an der Leistungsübernahme anknüpfen können.

b) *Wettbewerbsrechtliche Ansätze*

Vergleicht man die Rahmenbedingungen zur Herstellung eines fairen Wettbewerbes in England und Deutschland, ist zunächst festzustellen, dass die Ausgangspunkte zur Regulierung von Wettbewerbshandlungen fast spiegelbildlich verkehrt sind. Während Verhaltenskodizes von Verbänden in England das primäre Instrument zur Steuerung des Wettbewerbes darstellen, dienen diese in der Bundesrepublik lediglich zur Feinabstimmung in Bereichen, die nicht unmittelbar dem Wettbewerbsregime des UWG unterliegen. Entsprechend spielen staatliche Regelungen, die zur Regelung des Wettbewerbes in Deutschland eine zentrale Aufgabe besitzen, im angelsächsischen Rechtsraum traditionell nur eine nach- oder untergeordnete Rolle.

Diese unterschiedlichen Entwicklungen sind jeweils vor dem dogmatischen Ausgangspunkt verständlich. Während zur Erreichung eines fairen Leistungswettbewerbes in Großbritannien auf die Selbstregulierung der Märkte vertraut wird, fordert das UWG ein staatliches Eingreifen, um auf diese Weise das gleiche Ziel zu erreichen. Hier zeigt sich ein deutlicher Unterschied in der Rechts-

---

836 Kissler, WRP 1994, 1, 13, der von der Möglichkeit einer strengeren Beurteilung spricht.

837 Nach der Definition des Urteils Dassonville ist „jede Handelsregelung der Mitgliedsstaaten, die geeignet ist, den innergemeinschaftlichen Handel unmittelbar oder mittelbar, tatsächlich oder potentiell zu behindern, [...] als Maßnahme mit gleicher Wirkung wie eine mengenmäßige Beschränkung anzusehen“, EuGH, Rs. 8/74, Slg. 1974, S. 837.

838 Gemäß der Entscheidung des EuGH in „Cassis de Dijon“ sind nur Handelshemmnisse, die von innerstaatlichen Rechtsvorschriften ausgehen, hinzunehmen, die „notwendig sind, um zwingenden Erfordernissen gerecht zu werden, insbesondere den Erfordernissen einer wirksamen steuerlichen Kontrolle, des Schutzes der öffentlichen Gesundheit, der Lauterkeit des Handelsverkehrs und des Verbraucherschutzes“, EuGH, Rs. 120/78, (REWE), Slg, 1979, S. 649; siehe zu diesem Komplex auch Beutler/Bieber/Pipkorn/Streil, S. 294 ff.

839 EuGH, Rs. C-267/91 – Keck –.

840 EuGH, Rs. C-268/91 – Mithouard –.

tradition, während das englische Recht, durch den klassischen Liberalismus geprägt, auf die Kräfte des Marktes baut, ist in Kontinentaleuropa die Förderung des fairen Leistungswettbewerbs als aktive Aufgabe anerkannt. Die Wettbewerbsfreiheit als Ausformung der allgemeinen Handlungsfreiheit (Art. 2 Abs. 1 Satz 1 GG) kann nicht schrankenlos gewährleistet werden. Erreicht der Wettbewerb ein Maß an Aggressivität, dass andere Marktteilnehmer über den Leistungswettbewerb hinaus gefährdet, ist staatliche Intervention zugunsten der anderen Wettbewerber und der Allgemeinheit geboten.

Gleichwohl ist unverkennbar, dass einzelne Deliktsgruppen des Common law Entsprechungen in einzelnen UWG-Tatbeständen finden. Hervorzuheben sind hierbei die Entsprechung zwischen § 14 UWG mit dem Tatbestand des Anschwärzens (injurious falsehood) und § 16 UWG a.F. mit *passing-off*.[841] Andererseits lassen sich auch in Deutschland vermehrt Ansätze finden, das wettbewerblich erhebliche Verhalten mittels Verhaltenskodizes zu regeln. Hervorzuheben sind die Wettbewerbsregeln der der Franchiseindustrie. Aber auch in anderen etablierten Wirtschaftszweigen, wie der Versicherungswirtschaft, lassen sich Beispiele für verbandsinterne Wettbewerbsbeschränkungen finden[842].

In seiner Tradition steht Deutschland nicht allein. Ähnliche Ansätze lassen sich, wie bereits angedeutet, auch in anderen kontinentaleuropäischen Ländern finden, die im Gegensatz zu deutschen Gerichten einen Nachahmungsschutz nicht nur reflexartig, sondern zum Teil auch direkt gewähren.

c) Schweiz

Auch in der Schweiz ist das Wettbewerbsrecht umfassend kodifiziert worden. Neben einer Generalklausel bestehen weitere Spezialtatbestände. In einem internationalen Vergleich zeigt sich, dass das durch die Rechtsprechung und Literatur in Deutschland entwickelte Regel-Ausnahme-System und damit das Erfordernis des Hinzutretens weiterer wettbewerbswidriger Umstände nicht zwingend ist. Das Bundesgesetz gegen den unlauteren Wettbewerb der Schweiz [UWG/S][843] lässt beispielsweise einen begrenzten, aber direkten wettbewerblichen Leistungsschutz zu. Gemäß Art. 5 (c) UWG/S handelt wettbewerbswidrig, wer: „das marktreife Arbeitsergebnis eines anderen ohne angemessenen eigenen Aufwand durch technische Reproduktionsverfahren als solches übernimmt und verwertet."

Auch wenn Art. 5 (c) UWG/S nur die unmittelbare Leistungsübernahme mittels technischer Reproduktion erfasst, liegt diesem Ansatz doch ein anderes Verständnis des Verhältnisses von Leistungsschutz und Nachahmungsfreiheit zu

---

841 Boyle, WRP 1990, 159, 161.

842 Vgl. Darstellung zum Wettbewerbsrecht.

843 Bundesgesetz gegen den unlauteren Wettbewerb vom 19.12.1986, in der Fassung vom 01.01.1996.

Grunde. Auch ohne das Hinzutreten weiterer Umstände kann eine Leistungsübernahme *per se* sittenwidrig sein[844].

Weiterhin werden Parallelen zur sog. „Springboard-Doctrine“ deutlich. Dogmatisch werden beide Ansätze durch den Ausbeutungsgedanken gerechtfertigt. Würde man auch in Deutschland diesen Ansatz konsequent verfolgen, käme es zu einer weitreichenden Neuregelung in weiten Bereichen. Dieses würde besonders dann gelten, wenn auch weiterhin anerkannt werden würde, dass die fast identische Übernahme, ob sie auf technischer Reproduktion beruht oder nicht, der unmittelbaren Übernahme gleichzustellen ist und dieses auf obige Wertung übertragen werden würde[845].

d) Österreich

Stärkere, weil von der technischen Übernahme unabhängige, Ansätze zu einem Leistungsschutz lassen sich in Österreich finden. Im Rahmen der Generalklausel wurde auch hier auf den Ausbeutungsgedanken abgestellt. In der Leitentscheidung zum wettbewerblichen Leistungsschutz „Österreichisches Lebensmittelbuch“[846] hatte ein Konkurrent dreißig Seiten des Sammelwerkes durch photomechanische Vervielfältigung für sein eigenes Werk übernommen. Der OGH führte hierzu aus:

Eine solche unmittelbare Aneignung eines fremden, nicht unter Sonderrechtsschutz stehenden Arbeitsergebnisses verstößt aber nicht nur dann gegen § 1 UWG, wenn besondere Umstände vorliegen, die auch das (sklavische) Nachahmen eines fremden Vorbildes im Einzelfall unlauter machen würden; sie muss auch dann als wettbewerbswidrig bezeichnet werden, wenn im Wege einer unmittelbaren Leistungsübernahme ein fremdes, unter entsprechendem Kostenaufwand hergestelltes Erzeugnis zum Gegenstand des eigenen Angebotes gemacht und damit der Konkurrent ganz oder zumindest teilweise um die Früchte seiner Arbeit gebracht wird.

In einer neueren Entscheidung ist der OGH auch nicht davor zurückgeschreckt, eine Werbeidee (Tag des Käufers) unter Schutz zu stellen[847]. Diese Rechtsprechung hat Kommentatoren veranlasst festzustellen, dass Versicherungsprodukte durch das Wettbewerbsrecht geschützt sein können. Dieser Schutz ist noch wirksamer, „je deutlicher sich das schmarotzerische Element bei der Nachahmung erkennen lässt“[848].

---

844 Köhler, WRP 1999, 1075, 1076 m.w.N.
845 Krüger, GRUR 1986, 116, 122.
846 OGH 04. 03. 1980, SZ 53/35; eine fast identische Begründung läßt sich auch finden in OGH 25.10.1988, MR 1989, 31.
847 OGH 17. 01. 1995, MR 1995, 117.
848 Dillenz, VR 1996, 177, 181.

2. Nachahmung

Ein direkter wettbewerbsrechtlicher Nachahmungsschutz ist beiden zu untersuchenden Rechtsordnungen fremd. Der Aufbau der eigenen Leistungen auf den Leistungen eines anderen ist grundsätzlich zulässig. Dieses gilt einheitlich trotz stark divergierender wettbewerbstheoretischer Grundsätze.

Für eine rechtsvergleichende Darstellung unerlässlich ist die genaue systematische und inhaltliche Bestimmung des Instituts des *passing-off*. Wichtig ist auch die korrekte Einordnung in das englische Richterrecht.

Passing-off sanktioniert rechtlich missbilligte Verhaltensweisen. Die Missbilligung ist jedoch auf konkrete durch das Richterrecht herausgebildete Regeln im Rahmen des Rechts der unerlaubten Handlung (*law of torts*) beschränkt, so dass dem Tatbestand des *passing-off* nicht der Charakter einer Generalklausel entsprechend § 1 UWG zugedacht werden kann[849].

Passing-off sanktioniert das Anbieten von Waren als solche eines anderen. Es wird Zuordnungsschutz gewährt[850]. Soweit die Gefahr einer Irreführung des Verbrauchers gebannt ist, kann die *action for passing-off* auch keinen Schutz gegen Nachahmung entfalten. Als Nachahmungsschutz kann sie lediglich indirekt, d.h. reflexartig, zum Tragen kommen. Soweit sind gewisse Parallelen zu Teilbereichen des Nachahmungsschutzes gem. § 1 UWG zu erkennen. Von der grundsätzlichen Schutzrichtung drängen sich insbesondere Ähnlichkeiten zu den Unlauterkeitsmomenten der vermeidbaren Herkunftstäuschung und der Rufausbeutung auf. Als Schutzobjekt kann auch in diesen Fällen der Goodwill eines Unternehmens oder eines Produktes bezeichnet werden. Als sanktionierte Handlung stellt sich die unberechtigte Überleitung des Goodwills auf ein fremdes Produkt/Unternehmen dar[851]. Entscheidendes Kriterium ist die Irreführung/Misrepresentation der Öffentlichkeit in Form der Verbraucher. Es wird daher deutlich, dass, obwohl sich diese Instrumente aus gänzlich unterschiedlichen Rechtsquellen, einerseits § 1 UWG, andererseits dem common law, gebildet haben, erhebliche Gemeinsamkeiten bestehen. Dieses gilt sowohl für die dogmatische Rechtfertigung, als auch für die Rechtsfolgenseite.

Voraussetzung für die *action for passing-off* und den ergänzenden Leistungsschutz (Herkunftstäuschung) ist das Vorliegen einer Verwechslungsgefahr. Es muss eine falsche Zuordnungsvorstellung hinsichtlich Unternehmensidentität und / oder Unternehmensherkunft ausgelöst werden. Im Rahmen der action for *passing-off* ist jedes Merkmal und jede Gegebenheit geeignet, das bei den betei-

---

849 Cohn, S. 14, 15.
850 Reddaway v. Banham [1896] A.C: 198, 204.
851 Warnink BV v. Townend & Sons Ltd. [1979] FSR 397, 398; BGH GRUR 1996, 140, 141 – Minidress –; Baumbach/Hefermehl, § 1 Rn. 457.

ligten Verkehrskreisen eine derartige Vorstellung auslösen kann[852]. Für die Herkunftstäuschung ist hingegen wettbewerbliche Eigenart erforderlich. Wettbewerbliche Eigenart besitzt eine unternehmerische Leistung, wenn die konkrete Ausgestaltung oder einzelne Merkmale geeignet sind, auf ihre gewerbliche Herkunft oder ihre Besonderheiten hinzuweisen[853]. Es kann daher angenommen werden, dass hinsichtlich der Herkunftsfunktion eine Parallelität besteht. Unterschiede bestehen insofern, als sich die wettbewerbliche Eigenart auch auf die Produkte und ihre Besonderheiten selbst beziehen kann.

Weiterhin zeigt sich innerhalb der action for *passing-off* eine Nähe zum Zeichenrecht, da auch Merkmale von „Allerweltsprodukten" eine Herkunftsvorstellung auslösen können, solange die Verkehrskreise hiermit Assoziierungen verbinden[854]. Schließlich ist auch in diesem Zusammenhang auf eine Nähe des Rechts der Unternehmenskennzeichen nach § 16 UWG a.F. hinzuweisen.

Andererseits ist nicht zu verkennen, dass im Bereich der gewerblichen Schutzrechte, insbesondere im Bereich des Urheberrechts, in Großbritannien zum Teil deutlich niedrigere Anforderungen an die Schutzvoraussetzungen gestellt werden. Hierdurch werden die Nachteile eines nicht bestehenden Nachahmungsschutzes teilweise ausgeglichen. Dieses wird durch die Tendenz englischer Gerichte, ins Urheberrecht[855] Aspekte der Lauterkeit einfließen zu lassen, weiter verstärkt.

Ähnlichkeiten bestehen weiterhin hinsichtlich des Erfordernisses eines Wettbewerbsverhältnisses und des Schutzgutes. Im Mittelpunkt stehen hierbei in beiden Fällen die Absatzmöglichkeiten, also der unternehmerische Goodwill. Trotzdem bieten beide Rechtssysteme derzeit nur einen reflexartigen Schutz vor Nachahmung.

Abschließend ist zu betonen, dass die Abwesenheit einer Generalklausel auch nicht durch ein kasuistisches System von Einzeltatbeständen kompensiert worden ist, wie sie sich zum Teil im UWG findet. Als Faustformel kann daher dem kontinental-europäischen Gewerbetreibenden vielmehr an die Hand gegeben werden, dass zahlreiche Verhaltensweisen, die der Generalklausel des Wettbewerbsrechts unterfallen würden, durch die englische Rechtsordnung mit großer Wahrscheinlichkeit keine Missbilligung erfahren würden.

---

852 Warnink BV v. Townend & Sons Ltd. [1979] FSR 397, 398.

853 BGH GRUR 1996, 210, 211 – Vakuumpumpe –; BGH GRUR 1996, 140 – Minidress –; BGH GRUR 1981, 517 – Rollhocker –; BGH GRUR 1982, 305 – Büromöbelprogramm –; BGH WRP 1986, 377 – Beschlagprogramm –; BGH WRP 1976, 370, 371 – Ovalpuderdose –; BGH GRUR 1966, 97, 100 – Zündaufsatz –; BGHZ 5, 1, 11 – Hummel-Figuren –; Köhler/ Piper, § 1 Rn. 266; v. Gamm, Kap. 21, Rn. 10; Englert, Mitarbeiterfestschrift für Eugen Ulmer, S. 297, 299.

854 Reddaway v. Banham [1896] A.C. 198, 204.

855 Siehe dort.

3. Verbandswettbewerbsrecht

In Großbritannien besitzen berufsständische, privatrechtlich organisierte Organisationen traditionell einen sehr großen Einfluss. Im Hinblick auf das Verbandswettbewerbsrecht spielt die Versicherungswirtschaft in Deutschland eine besondere Rolle. Für die Versicherungswirtschaft in Deutschland können neben dem Lauterkeitsrecht und der Aufsichtspraxis des BAV nach § 81 VAG mit verbandsinternen Wettbewerbsrichtlinien als „dritte Säule" der Rechtsordnung dem wettbewerblichen Handeln der Versicherungsunternehmen Rahmen und Grenzen gesetzt werden. In Bezug auf den Umfang stellt dieses im Vergleich zu anderen Branchen eine einmalige Erscheinung dar. Es erscheint daher auch gerechtfertigt, dass dieses Phänomen im neueren Schrifttum unter dem Stichwort der „Selbstregulierung im Versicherungsrecht" zusammengefasst worden ist[856]. Zwischen dem Verbandswettbewerbsrecht in Deutschland und Großbritannien lassen sich daher erhebliche Parallelen aufzeigen. Dieses gilt jedoch auch für die Rechtsfolgenseite in Bezug auf den Schutz innovativer Versicherungsdienstleistungen. Der Schutz wird in beiden Systemen seitens des Verbandswettbewerbsrechts vernachlässigt. Er ist beiden Systemen unbekannt.

4. Aufsichtsrecht

Die Versicherungsaufsichten in Großbritannien und Deutschland basieren traditionell auf unterschiedlichen/gegenläufigen Aufsichtsansätzen. Während in Deutschland traditionell das System der materiellen Rechts- und Finanzaufsicht zugrunde gelegt wird, wird in Großbritannien ein erheblich liberalerer Ansatz verfolgt. Die Ausrichtung der Aufsicht am Publizitätsprinzip führt zu einer weitgehenden Aufsichtsfreiheit der Versicherungsunternehmen. Ein Schutz innovativer Dienstleistungen ist beiden Aufsichtssystemen fremd.

5. Geheimnisschutz

a) Geheimnisbegriff / trade secret / confidential information

Das englische Recht kennt lediglich die Begriffe *trade secrets* und *confidential information*. Der Begriff des *trade secrets* kann als spezielle Ausformung der *confidential information* gesehen werden. Er betrifft nach dem allgemeinen Sprachgebrauch unternehmensbezogene Geheimnisse, während *confidential information* jegliche Geheimnisse umfasst und nicht nach der Herkunft oder dem Bezug der Information unterscheidet. Entsprechend ist der Begriff *confidential information* weiter gefasst ist[857].

---

856 Schnorbus, VersR 1999, S. 932, Hoeren, S. 242-294.
857 Argyll v. Argyll [1967] Ch 302; Cornish, Intellectual Property, 8-001.

Zur Unterscheidung in Betriebs- und Geschäftsgeheimnisse, wie sie im Gesetz gegen den unlauteren Wettbewerb, § 17 UWG, angelegt ist, besteht keine Entsprechung. Das *trade secret* umfasst sowohl Geheimnisse kaufmännischer Art als auch vertrauliche Informationen mit technischem Charakter. Das deutsche Recht trifft jedoch keine unterschiedlichen Rechtsfolgen für Geschäfts- und Betriebsgeheimnisse[858]. Es ist daher davon auszugehen, dass sich das Geschäfts- und Betriebsgeheimnis einerseits und trade secret andererseits begrifflich entsprechen, während der Rechtsbegriff *confidential information*, da auch beispielsweise private Informationen mitumfasst werden, einen entsprechend weiteren Rahmen abdeckt[859].

Legt man den Geheimnisbegriff der deutschen Rechtsprechung zugrunde, wonach als Geschäfts- und Betriebsgeheimnis jede Tatsache anzusehen ist, die im Zusammenhang mit einem Geschäftsbetrieb steht, nicht offenkundig ist und nach dem bekundeten Willen des Betriebsinhabers geheim gehalten werden soll, weil er hieran ein berechtigtes wirtschaftliches Interesse hat, sind weitere wesentliche Übereinstimmungen zum englischen Rechts festzustellen[860]. Die materiellen Voraussetzungen des Geheimnisschutzes lassen sich in beiden Jurisdiktionen auf drei Tatbestandselemente zurückführen. Nach der Rechtsprechung in England und Deutschland sind dieses Nichtoffenkundigkeit, Geheimhaltungswille und Geheimhaltungsinteresse.

aa) Nichtoffenkundigkeit

Ein Geheimnisschutz entfällt grundsätzlich, wenn die geheim zu haltende Information der Öffentlichkeit zugänglich geworden ist. In beiden zu untersuchenden Rechtsordnungen besteht Einigkeit, dass es genügt, dass jeder Interessent die Tatsache leicht und mit legalen Mitteln in Erfahrung bringen kann. Aktuelle Kenntnis ist genauso wenig erforderlich wie eine bestimmte Art der Veröffentlichung. Soweit das Geheimnis an eine oder mehrere Personen mitgeteilt wurde, ist im Einzelfall zu ermitteln, ob Offenkundigkeit eingetreten ist. Hiervon ist in der Regel nicht auszugehen, soweit jeder, dem das Geheimnis offenbart wurde, gegenüber dem Geheimnis- oder Betriebsinhaber zur Geheimhaltung verpflichtet ist. Von Nichtoffenkundigkeit kann schließlich auch dann noch ausgegangen werden, wenn ein Geheimnis nur einem kleinen Kreis von Mitbewerbern bekannt ist, diese jedoch nur einen zu vernachlässigenden Marktanteil besitzen[861].

---

858 Handbuch-Harte-Bavendamm, § 44 Rn. 8; Baumbach/Hefermehl, § 17 Rn. 55.

859 Argyll v. Argyll [1967] Ch 302; Cornish, Intellectual Property, 8-001.

860 Ambrosch, S, 142

861 Morris Ltd. v. Gilman (B.S.T.) Ltd., (1943) RPC 20, RGSt 42, 394, 396; 38, 108, 110; Baumbach/Hefermehl, § 17 Rn. 3;

bb) Geheimhaltungswille

Der Geheimnisinhaber muss weiterhin seinen Willen bekundet haben, dass das Geheimnis nicht an unberechtigte Dritte weiterzugeben ist. Diese Willensbekundung kann sowohl ausdrücklich durch Vertrag als auch stillschweigend erfolgen. Es genügt, dass für den Empfänger des Geheimnisses aus den Umständen der Wille zur Geheimhaltung erkennbar geworden ist oder hätte erkennbar werden müssen. Hierbei gehen die Gerichte in Deutschland und England von einem verobjektivierten Empfängerhorizont aus. Maßgeblich ist im deutschen Recht der Empfängerhorizont eines durchschnittlichen Beschäftigten, während das englische Recht einen Schritt weiter geht und direkt auf den Durchschnittsgeheimnisempfänger abstellt[862].

cc) Geheimhaltungsinteresse

Als dritte Voraussetzung muss in Deutschland für einen Geheimnisschutz seitens der Geheimnisinhaber ein berechtigtes wirtschaftliches Interesse an der Geheimhaltung bestehen. Eine derartige Voraussetzung ist dem englischen Recht unmittelbar nicht bekannt. Das Geheimhaltungsinteresse ergibt sich vielmehr aus dem Geheimhaltungswillen.

b) Strafrechtlicher Schutz

Beide Rechtsordnungen kennen besondere Strafnormen für Spezialfälle des Geheimnisverrats von Personen, denen das Geheimnis aufgrund gesetzlicher Anforderung offenbart wurde. Diese speziellen Verratstatbestände befinden sich in einer Vielzahl von Gesetzen und dienen jeweils neben der Erreichung des Gesetzgebungszweckes auch der Geheimhaltung von Unternehmens- oder Privatgeheimnissen. Die einschlägigen englischen Normen erfüllen somit eine identische Funktion wie die entsprechenden Normen des deutschen Nebenstrafrechts. Eine Aufsplitterung, wie im englischen Recht, konnte durch Regelung zahlreicher Einzeltatbestände in den §§ 203, 204 StGB vermieden werden.

Eine weitergehender, im Vergleich zu den Sondertatbeständen generalklauselartiger, Schutz betrieblicher Geheimnisse, wie sie sich für das deutsche Recht in § 17 UWG befindet, ist dem englischen Recht unbekannt. Weder Gesetzgebung noch Rechtsprechung haben eine Notwendigkeit zur Schaffung eines erweiterten strafrechtlichen Geheimnisschutzes gesehen. Erklären lässt sich dieses durch die stark liberalistisch geprägte wirtschaftliche Grundhaltung in Großbritannien, die darauf vertraut, dass Gewerbetreibende zum Schutz ihrer *trade secrets* die notwendigen Maßnahmen ergreifen werden und ihre Ansprüche gegebenenfalls vor den Zivilgerichten durchsetzen können. Demgegenüber ist der faire Leistungs-

862 Reddaway v. Banham [1896] A.C: 198, 204; BGH GRUR 1977, 539, 540.

wettbewerb ein rechtlich anerkanntes Schutzgut, dessen Bestand unter anderem durch den erweiterten betrieblichen Geheimnisschutz gewährleistet wird.

c) Zivilrechtlicher Schutz

Ein zivilrechtlicher Schutz wird in Deutschland zunächst bei Verwirklichung der konkreten Tatbestände gewährt. Aufgrund ihres Charakters als Strafnorm sind einzelne konkret beschriebene Verhaltensformen beschrieben, die bei Verwirklichung straf- und zivilrechtliche Folgen auslösen. Ein erweiterter Geheimnisschutz besteht über §§ 1 UWG bei Vorliegen besonderer Umstände. Demgegenüber besteht im englischen Recht keine konkrete Beschreibung, welches Verhalten einen Abwehr- oder Schadensersatzanspruch auslöst. Ausreichend ist jede Form der Nutzung oder der Offenbarung an Dritte[863].

Besonderheiten bestehen in beiden Jurisdiktionen hinsichtlich der Behandlung von Arbeitnehmern. Dieses erfolgt vor dem Hintergrund, dass in beiden Rechtsordnungen eine Abwägung zwischen den Interessen des Arbeitgebers und des Arbeitnehmers vorgenommen wird. Während der Dauer des Vertragsverhältnisses sind die vertraulichen Informationen umfassend geschützt. Nach Ausscheiden bestehen in Deutschland grundsätzlich keine nachvertraglichen Pflichten zur Verschwiegenheit und auch kein Wettbewerbsverbot. Ein Nutzungsverbot besteht nur insoweit, als die entgeltliche oder unentgeltliche Weitergabe an Dritte, ohne dass hiermit ein berufliches Fortkommen verbunden wäre, sanktioniert bleibt. Diese nachvertragliche Pflicht betrifft jedoch nur Betriebs- und Geschäftsgeheimnisse[864]. In diesem Punkt besteht ein hoher Grad an Übereinstimmung mit dem englischen Recht, das ebenfalls zwischen einfach vertraulichen Informationen und Geschäftsgeheimnissen differenziert. Während einfach vertrauliche Informationen nach dem Ausscheiden durch den Arbeitnehmer zum eigenen Fortkommen genutzt werden dürfen, ist die Nutzung von Geschäftsgeheimnissen, die einem erhöhten Grad an Geheimhaltung unterliegen, auch nach Vertragsbeendigung untersagt. Entsprechend besteht in England eine erhöhte Schutzdichte im Bereich der hochsensiblen betrieblichen Informationen.

---

863 Coco v. Clark [1969] RPC 41, 49.

864 BAG AP § 611 BGB Betriebsgeheimniss Nr. 1 und Nr. 5 –; ErfurtKomm-Preis, BGB 230 Rn. 1003; Handbuch-Harte-Bavendamm, § 44 Rn. 34; Baumbach/Hefermehl, § 17 Rn. 59.

6. Teil

Abschließende Würdigung / Resümee

In Bezug auf den Schutz von innovativen Dienstleistungen lässt sich feststellen, dass Deutschland und England vergleichsweise identische Schutzsysteme zur Verfügung stellen, die weder einzeln noch in Kombination einen hinreichenden Schutz gewährleisten. Auch unterschiedliche dogmatische Ansätze führen in der Regel zu vergleichbaren Ergebnissen.

Beide Systeme erfüllen die Anforderungen an einen effektiven Schutz innovativer Dienstleistungen nicht, obwohl dieser grundsätzlich gerechtfertigt wäre. Auch ist festzustellen, dass ein Schutz in beiden Systemen im Rahmen des bestehenden Rechts grundsätzlich möglich wäre, soweit hierfür nur der „politische“ Wille bestehen würde.

In der Literatur finden sich sowohl in Deutschland als auch in England immer wieder Stimmen, die einen Schutz für innovative Dienstleistungen anregen[865]. Probleme bereitet in erster Linie die Umsetzung und Ausgestaltung und nicht die Überzeugung, dass Dienstleistungen grundsätzlich nicht schutzwürdig sind. Hieraus kann jedoch nicht der Schluss gezogen werden, dass Dienstleistung daher auch in Zukunft jeglicher Schutz versagt bleiben wird.

Soweit ein gesamtwirtschaftlich angemessener Schutz, d.h. unter Abwägung der Interessen des Innovators und der Allgemeinheit auf der Basis des bestehenden Systems des geistigen Eigentums und des Wettbewerbsrechts nicht erreicht werden kann, spricht dieses nicht gegen die Schutzwürdigkeit, sondern in erster Linie für die Reformbedürftigkeit des bestehenden Systems. In diesem Zusammenhang ist erneut darauf hinzuweisen, dass das System des „geistigen Eigentums“ kein statisches Gebilde ist und auch kein solches sein darf.

Wie erkennbare und durchaus aus den einzelnen Rechtsordnungen auch zu rechtfertigende Unterschiede in Bezug auf das Wettbewerbsrecht zwischen Deutschland und England bestehen, so ist auch ein weiterer Schritt – hin zu einem „rein“ wettbewerbsrechtlichen Nachahmungsschutz – möglich. Während die englische Rechtsordnung von einer umfassenden, nicht justiziablen Wettbewerbsfreiheit ausgeht, ist in Deutschland anerkannt, dass auch dem Streben im Wettbewerb Grenzen gesetzt werden müssen. Übertragen auf Nachahmungstatbestände bedeutet dieses, dass entsprechend die Nachahmungsfreiheit umfassend oder lediglich in Grenzen gewährleistet werden kann. Erforderlich ist in diesem Zusammenhang, dass grundsätzlich anerkannt wird, dass auch durch eine isolierte Nachahmung allein bereits die Grenzen des wettbewerbsrechtlich

---

865 Cohausz, [1991] 5 EIPR 155; van Raden, in van Raden [Hrsg.], S. 117, 118.

Zulässigen überschritten werden können. Beispiele für die Gewährung eines solchen Nachahmungsschutzes lassen sich nicht nur in anderen Rechtsordnungen[866], sondern auch in Deutschland finden[867].

Im Rahmen der vorliegenden Arbeit ist deutlich geworden, dass innovative Dienstleistungen im Vergleich zu anderen technischen Neuerungen oder geistigen Schöpfungen in keiner Weise weniger schützenswürdig oder schutzbedürftig sind.

Zur Gewährung und Überwachung dieses Schutzes kann allein die Rechtsprechung berufen sein. Ein – wie auch immer ausgeformtes – „formelles Recht" wäre zu unflexibel, um dem Schutzbedarf der beteiligten Kreise gerecht werden zu können[868].

Auf dieser Basis erscheinen gesetzliche Änderungen höchstens erforderlich, um tradierte Meinungen im Bereich der Rechtsprechung aufzubrechen, da sowohl in Deutschland als auch in England die Gerichte einen originären Nachahmungsschutz bereits in Einzelfällen gewährt haben oder hätten gewähren können.

Soweit ein Schutz in der Vergangenheit an der Konkretisierung des Schutzgutes gescheitert ist, könnte es zweckmäßig sein, sich in Zukunft an der Definition von *Hirst J.*: „... the content of the idea was clearly identifiable, original, of potential commercial interest and capable of being realised in actuality."[869] zu orientieren.

---

866 Art. 5 (c) UWG der Schweiz.

867 Vgl. nur die Rechtssprechung des BGH im Bereich Modeneuheiten.

868 Anders jedoch Priester, der sich ausdrücklich für ein formelles Recht ausspricht; Köhler, WRP 1999, 1075 ff.

869 [1983] 2 AllER 101, 117.

Literaturverzeichnis

Abram, Nils: Werden in Deutschland gesetzliche Berufsregelungen für Versicherungsvermittler bald Wirklichkeit?, VersR 1998, S. 551 ff.

Adams, John: Is there a Tort of Unfair Competition? The Legal Protection of Advertising Campaigns and Merchandising, [1985] JBL 26

Ambrosch, Wilhelm: Der strafrechtliche Schutz des Geschäfts- und Betriebsgeheimnisses in Großbritannien, in Der Strafrechtliche Schutz des Geschäfts- und Betriebsgeheimnisses in den Ländern der Europäischen Union sowie in Österreich und der Schweiz, herausgeben von Dietrich Oehler, Band 1, Kölner Studien zur Rechtsvereinheitlichung, Köln 1978

Angerer, August: Grundlinien der Versicherungsaufsicht, Mannheimer Vorträge zur Versicherungswissenschaft, Heft 31, Karlsruhe 1985

Archbold: Pleading, Evidence & Practice in Criminal Cases, Herausgegeben von S. Mitchell, 41. Auflage, London 1982

Baumbach, Adolf / Duden, Konrad / Hopt, Klaus J.: Handelsgesetzbuch mit GmbH & Co., Handelsklauseln, Bank- und Börsenrecht, Transportrecht (ohne Seerecht), 30. Auflage, München 2000

Baumbach, Adolf / Hefermehl, Wolfgang: Wettbewerbsrecht, 18. Auflage, München 1995

Baumann, Horst: Versicherungsrecht nach der Deregulierung, Frankfurter Vorträge zum Versicherungswesen, Herausgegeben vom Förderkreis für die Versicherungslehre an der Johann Wolfgang Goethe-Universität Frankfurt am Main e.V., Heft 27, Karlsruhe 1995

Beater, Axel: Nachahmen im Wettbewerb, Tübingen 1995

– 100 Jahre Gesetz gegen den Unlauteren Wettbewerb – Eine Würdigung aus deutscher und rechtsvergleichender und europäischer Sicht, EuZP 1996, S. 200 ff.

Beier, Friedrich-Karl: Die herkömmlichen Patentrechtstheorien und die sozialistische Konzeption des Erfinderrechts, GRUR Int. 1970, S. 1 ff.

Benjamin, Georg: Schutz vor dem Erfinder, GRUR 1925, S. 36 ff. fortgesetzt in GRUR 1925, S. 111 ff.

– Schutz der Maschinenkonstruktion gegen Nachbau, GRUR 1925, S. 296 ff.

Benkard, Georg: Patentgesetz – Gebrauchsmustergesetz, bearbeitet von Bruchhausen, Schäfers, Rogge, Ullmann, 9. Auflage, München 1993

Berlit, Wolfgang: Das neue Markenrecht, 2. Auflage, München 1997

Bernhardt, Wolfgang / Kraßer, Rudolf: Lehrbuch des Patentrechts, 4. Auflage, München 1986

Betten, Jürgen: Titelschutz von Computerprogrammen, GRUR 1995, S. 5 ff.

Beutler, Bengt / Bieber, Roland / Pipkorn, Jörn / Streil, Jochen: Die Europäische Union, Rechtsordnung und Politik, 4. Auflage, Baden-Baden 1993
Birkenmayer, Stephan: Kein Urheberschutz für Allgemeine Geschäftsbedingungen, UFITA 83 (1978), S. 107 ff.
Blackstone, William: Commentaries on the Laws of England, 2nd Book, 12. Auflage, London 1794
Blumenwitz, Dieter: Einführung in das anglo-amerikanische Recht: Rechtsquellenlehre, Methode der Rechtsfindung, 6. Auflage, München 1997
Bopp, Thomas: Sklavischer Nachbau technischer Erzeugnisse, GRUR 1997, S. 34 ff.
Boss, Peter: Systeme der Staatsaufsicht über Versicherungsunternehmen, Schriftenreihe des Instituts für Versicherungswissenschaft an der Universität Köln, Heft 14, 1. Bd., Köln 1995
Boyle, Martin: Recht des unlauteren Wettbewerbs in Großbritannien, WRP 1990, S. 159 ff.
British Patent Office: What is Intellectual Property, DTI Publication 1457/30K/1.95 AR
Brown: The Idea/Expression Dichotomy and the People Play, 5 [1995] EIPR 259
Bundesministerium für Wirtschaft: Bericht der Bundesregierung, Info 2000, Deutschlands Weg in die Informationsgesellschaft, 1996
Callmann, Rudolf: Der unlautere Wettbewerb, Mannheim, Berlin Leipzig 1929
– Sittenwidrige Ausbeutung fremder Arbeit, GRUR 1928, S. 251 ff.
– Das Reichsgericht zum Problem des „sklavischen" Nachbaus, GRUR 1928, S. 430 ff.
The Chartered Institute of Bankers: Insurance, Herausgegeben von The Chartered Institute of Bankers 3. Auflage, London 1996
Cohn, Ernst J.: Die angrenzenden Rechte im englischen Recht, Internationale Gesellschaft für Urheberrecht e.V. Schriftreihe Bd. 28, Berlin 1962
Copinger Skone James: Copinger and Skone James on Copyright, bearbeitet von Skone James E. P., Memmery J., Rayner James J. E., Garnett K.M., 13. Auflage, London 1991
Cornish, William R.: Unfair Competition? A Progress Report (1972), 12 Journal of the Society of Public Teachers in Law (JSPTL) 126
– Urhebervertragsrecht, S. 644, in Festgabe für Gerhard Schricker zum 60. Geburtstag, herausgegeben von F.-K. Baier, München 1995
– Intellectual Property: Patents, Copyright, Trade Marks and Allied Rights, 2. Auflage, London 1989
Degen: Fabrikspionage und Geheimnisverrat, MuW 1928, S. 431 ff.
Dresdner Bank: Trends Spezial, Wirtschaftsanalysen „Vollbeschäftigung in Deutschland?", herausgegeben von Dresdner Bank AG, Juni 1999

Dietz, Adolf: Das Urheberrecht in der Europäischen Gemeinschaft, Baden-Baden 1978
Dillenz, Walter: Innovationsschutz für Versicherungsprodukte, Die Versicherungsrundschau 1996, S. 177 ff.
Eichmann, Helmut / Falckenstein, Roland v.: Geschmacksmustergesetz, Kommentar, München 1988
Elster, Alexander: Gewerblicher Rechtschutz, 1921
Emmerich, Volker: Das Recht des unlauteren Wettbewerbs, 4. Auflage, München, 1995 [zitiert: Emmerich-Wettbewerbsrecht]
– Wettbewerbsbeschränkungen durch die Rechtsprechung in Festschrift für Joachim Gernhuber zum 70. Geburtstag, Herausgegeben von H. Lange, K.N. Nörr, H.-P. Westermann, S. 856 ff. [zitiert: Emmerich, FS Gernhuber]
– Kartellrecht, 8. Auflage, München 1999 [zitiert: Emmerich-Kartellrecht]
Engelhard, Hans A.: Recht / Informationen des Bundesministeriums für Justiz Nr. 7/1985, S. 1 ff.
Englert, Brigitte: Schutz von Modeneuheiten, in: Gewerblicher Rechtsschutz, Urheberrecht, Wirtschaftsrecht, Mitarbeiterfestschrift zum 70. Geburtstag von E. Ulmer, S. 297 ff.
Erdmann, Willi: Schutz von Werbeslogans, GRUR 1996, S. 550 ff.
Erfurter Kommentar zum Arbeitsrecht: Herausgegeben von Th. Dietrich, bearbeitet von R. Mueller-Gloege u.a., München 1998 [zitiert: ErfurtKomm/Bearbeiter]
Evans, J.M.: Passing-off and the Problem of Product Simulation, (1968) 31 MLR 642
Fahr, Ulrich: Die Umsetzung der Versicherungsrichtlinien der dritten Generation in deutsches Recht, VersR 1992, S. 1033 ff.
Farny, Dieter: Die Versicherungswirtschaft im Wettbewerbskonzept der Marktwirtschaft, ZVersWiss 1979, S. 69 ff.
– Gedanken über Versicherungsunternehmen in der Marktwirtschaft, VW 74, S. 26 ff.
Fererico, B.J.: „History of the Patent Office Society, Journal of the Patent Office Society, July 1971, S. 23 ff.
Fezer, Karl-Heinz: Der wettbewerbsrechtliche Schutz der unternehmerischen Leistung, in: Gewerblicher Rechtsschutz und Urheberrecht in Deutschland, Festschrift 100 Jahre Deutsche Gesellschaft für gewerblichen Rechtsschutz und Urheberrecht, Herausgegeben von der Vereinigung durch F.-K. Baier, A. Kraft, G. Schricker, E. Wadle, Köln 1991, S. 939 ff. [zitiert: Fezer, FS GRUR, S.]
– Leistungsschutz im Wettbewerbsrecht, WRP 1993, S. 63 ff.
– Markenrecht, München 1997 [zitiert: Fezer, MarkenR, § Rn.]
– Markenschutz durch Wettbewerbsrecht, GRUR 1986, S. 485 ff.

– Der zivilrechtliche Geheimnisschutz im Wettbewerbsrecht, Zur wettbewerbsrechtlichen und arbeitsrechtlichen Dogmatik nachvertraglicher Verschwiegenheitspflichten eines ausscheidenden Arbeitnehmers, S. 81 ff., Festschrift für Fritz Traub zum 65. Geburtstag, Herausgegeben von U. Loewenheim und Th. Raiser, Frankfurt 1994, [zitiert: Fezer, FS Traub, S.]
– Zum Verhältnis von Innovation und Imitation im Wettbewerb, Rede anlässlich der Jahrestagung der Wettbewerbszentrale, WRP 1993, S. 559 ff.
Fikentscher, Wolfgang: Wirtschaftsrecht Bd. I, II, München 1983
Fromm, Friedrich / Nordemann, Wilhelm: Urheberrecht Kommentar, 8. Auflage [zit. Fromm-Nordemann-Bearbeiter]
Fricke, Martin: Schutz neuer Versicherungsprodukte vor Nachahmung?, VersR 1997, S. 162 ff.
Fuchs, Ulrich: Der Werkbegriff in italienischen und deutschen Urheberrecht – Eine rechtsvergleichende Analyse -, München 1996
Gamm, Otto-Friedrich v.: Wettbewerbsrecht, 5. Auflage, Köln 1987
– Neue höchstrichterliche Rechtsprechung zum Wettbewerbsrecht (UWG), 5. Auflage, Köln 1987
– Die sklavische Nachahmung, GRUR 1978, S. 453 ff.
– Schutz der Werbeidee und ihrer Ausdrucksformen, WRP 1970, S. 125 ff.
Gamm, Otto-Friedrich v. / Gamm, Eva v.: Urheberrechtsschutz für allgemeine Geschäfts- und Vertragsbedingungen, Formularverträge, Tarifverträge und Wettbewerbsregeln, GRUR 1969, S. 593 ff.
Gewiese, Georg: Die Ausnutzung fremder Gedanken und Arbeiten und der sogenannte sklavische Nachbau im Wettbewerbsrecht, GRUR 1935, S. 633 ff.
Goldberg, Alfred / Müller, Helmut: Versicherungsaufsichtsgesetz: Gesetz über die Beaufsichtigung der privaten Versicherungsunternehmen; Gesetz über die Errichtung eines Bundesaufsichtsamtes für das Versicherungswesen, Bundesaufsichtsgesetz; Kommentar, Berlin 1980
Ghiron,: Grundsätzliche Betrachtungen über die Urheberrechte, UFITA (1932) Bd 5, S. 34 ff.
Gloy, Wolfgang: Handbuch des Wettbewerbrechts, Herausgegeben von Gloy [zit. Handbuch-Bearbeiter], München 1986
Godin, Hans v.: Wettbewerbsrecht, Kommentar zum Gesetz gegen den unlauteren Wettbewerb nebst Warenzeichenverletzungen, Zugabeverordnung, und Rabattgesetz, 2. Auflage, Berlin 1974
Groeben, Hans v.d. / Thiesing, Jochen / Ehlermann, Claus D.: Kommentar zum EWG-Vertrag, herausgegeben von v.d.Groeben, Thiesing, Ehlermann 4. Auflage, Baden-Baden 1991
Grosheide, f. Willem: When ideas take the stage, [1994] 6 EIPR 219
UWG Großkommentar: Herausgegeben von R. Jacobs, W.F. Lindacher, O. Teplitzky, 9. Lieferung, Berlin, 1994 [zitiert: GK UWG-Bearbeiter]

Groh, Bernd Martin: Die Übernahme fremder Leistungen im Wettbewerb – Eine juristisch-ökonomische Betrachtung am Beispiel der „Modeneuheiten“, Jura 1984, S. 586 ff.

Haasen, Uwe: Internationale Versicherungsmärkte Freier Zugang – Frei Wettbewerb?, VW 1987, S. 26 ff.

Hefermehl, Wolfgang: Die Konkretisierung der wettbewerbsrechtlichen Generalklausel durch Rechtsprechung und Lehre, S. 897 ff., in: Gewerblicher Rechtsschutz und Urheberrecht in Deutschland, Festschrift 100 Jahre Deutsche Gesellschaft für gewerblichen Rechtsschutz und Urheberrecht, Herausgegeben von der Vereinigung durch F.-K. Baier, A. Kraft, G. Schricker, E. Wadle, Bd. II, Köln 1991

Hellenschmidt, Klaus: Die unmittelbare Leistungsübernahme, München, 1980

Hertel, Achim: Neue Produkte im Firmengeschäft? VW 1996, S. 526 ff.

Hillig: Ausnutzung fremder Arbeitsleistung, Vortrag anlässlich der Versammlung des Deutschen Vereins für den Schutz des gewerblichen Eigentums am 14. Februar 1929, GRUR 1929, S. 247 ff.

Hoeren, Thomas: Selbstregulierung im Banken und Versicherungsrecht, Veröffentlichungen der Forschungsstelle für Versicherungswesen an der Westfälischen Wilhelms-Universität zu Münster mit Unterstützung des Vereins zur Förderung der Forschungsstelle für Versicherungswesen an der Westfälischen Wilhelms-Universität zu Münster e.V., Heft 30, Karlsruhe 1995

Holyoak, J. / Torremans, P.: Intellectual Property Law, London, Dublin 1995

Hoß, Axel: Beurteilung von Wettbewerbspraktiken in der Versicherungswirtschaft anhand des UWG, Köln 1994

Huber, Barbara / Beck, Wolfgang: Länderbericht England und Wales, S. 69, in: Korruptionsbekämpfung durch Strafrecht, Ein rechtsvergleichendes Gutachten zu den Bestechlichkeitsdelikten im Auftrag des Bayrischen Staatsministers für Justiz, herausgegeben von A. Eser, M. Überhofen, B. Huber, Freiburg 1997

Hubmann, Heinrich: Rechtsschutz der Idee, UFITA 24 (1957), S. 1 ff.

– Gewerblicher Rechtsschutz, 5. Auflage, München 1988

– Die sklavische Nachahmung, GRUR, 1975, S. 230 ff.

Hubmann, Heinrich / Götting, Horst-Peter: Gewerblicher Rechtsschutz, München 1998

Hubmann, Heinrich / Rebinder, Manfred: Urheber und Verlagsrecht, Ein Studienbuch, 8. Auflage, München 1995

Hübner, Ulrich: Liberalisierung des Versicherungsmarktes, EuZW 1990, S. 265 ff.

Immenga, Ulrich / Mestmäcker, Ernst-Joachim: Gesetz gegen Wettbewerbsbeschränkungen, Kommentar, 2. Auflage, München 1992

Ingerl, Reinhard / Rohnke, Christian: Markenrecht, München 1998

Isringhaus, Rainer: Financial Service Act in Großbritannien, Lebensversicherer vor großen Umstellungen, VW 1988, S. 1220 ff.

Jarass, Hans D. / Pieroth, Bodo: Grundgesetz für die Bundesrepublik Deutschland, Kommentar, 3. Auflage, München 1995

Jersch, Ralf: Ergänzender Leistungsschutz und Computersoftware – Rechtsschutz für innovative Arbeitsergebnisse durch UWG und BGB, München 1993

Jsay, Herrmann: § 1 UWG und die Sondergesetze des gewerblichen Rechtsschutzes, GRUR 1928, S. 421 ff.

Kehl, Dieter: Wettbewerbsrecht, München 1990

Kerly: Law of Trade Marks and Trade Names, bearbeitet von White, B. und Jacob, R., 12. Auflage, London 1986

Kindermann, Manfred: Der angestellte Programmierer – urheberrechtliche Beurteilung und Vertragspraxis, GRUR 1985, S. 1008 ff.

Kisseler, Marcel: Das deutsche Wettbewerbsrecht im Binnenmarkt, WRP 1994, S. 1 ff.

Klette, Manfred: Anmerkung zu BGH GRUR 1985, 878 – Tchibo – Rolex I, GRUR 1985, S. 878 ff.

Knies, Volker: Der wettbewerbliche Leistungsschutz – eine unzulässige Rechtsfortbildung?, Hamburg 1996

Koch, Peter: Zur theoretischen Grundlegung der Versicherungsaufsicht im 18. und 19. Jahrhundert, S. 387 ff., in Versicherungen in Europa heute und morgen, Geburtstagsschrift für Georg Büchner, herausgegeben von F.W. Hopp und G. Mehl, Karlsruhe 1991

Kohler, Josef: Urheberrecht an Schriftwerken, Stuttgart 1907

Köhler, Helmut: Erweiterung des gewerblichen Rechtsschutzes durch UWG-Normen, Ökonomische Analyse der rechtlichen Organisation von Innovationen, Herausgegeben von C. Ott, H.-B. Schäfer, Tübingen 1994

– Der ergänzende Leistungsschutz: Plädoyer für eine gesetzliche Regelung, WRP 1999, S. 1075 ff.

Köhler, Helmut / Piper, Henning: Gesetz gegen den unlauteren Wettbewerb, München 1995

Köhne, Thomas: Zur Konzeption des Versicherungsproduktes – neue Anforderungen in einem deregulierten Markt, ZVersWiss 1998, S. 143 ff.

Kommission der Europäischen Gemeinschaften: Grünbuch zur Innovation, KOM (95) vom 20. Dezember 1995

– Grünbuch Urheberrecht und verwandte Schutzrechte in der Informationsgesellschaft 1995, KOM (95) 382 (final)

Koppensteiner, Hans-Georg: Wettbewerbsrecht, Band II, Unlauterer Wettbewerb, 2. Auflage, Wien 1987

Kraßer, Rudolf: Grundlagen des zivilrechtlichen Schutzes von Geschäfts- und Betriebsgeheimnissen sowie von Know-how, GRUR 1977, S. 177 ff.

– Der Schutz von Computerprogrammen nach deutschem Patentrecht, Kap. IV, herausgegeben von M. Lehmann Rechtsschutz und Verwertung von Computerprogrammen, Köln 1988
Krieger, Ulrich: Das deutsche Gebrauchsmusterrecht – Eine Bestandsaufnahme, GRUR Int. 1996, S. 356 ff.
Kroher, Jürgen: Die neuere Entwicklung der Passing-off-Klage im englischen Recht, GRUR Int. 1982, S. 92 ff.
Krüger, Christof: Der Schutz kurzlebiger Produkte gegen Nachahmungen (Nichttechnischer Bereich), GRUR 1986, S. 115 ff.
Kur, Annette: Der wettbewerbliche Leistungsschutz, GRUR 1990, S. 1 ff.
– Die notorisch bekannte Marke im Sinne von 6bis PVÜ und die „bekannte Marke“ im Sinne der Markenrichtlinie, GRUR 1994, S. 330 ff.
– Ansätze zur Harmonisierung des Lauterkeitsrechts im Bereich des wettbewerblichen Leistungsschutzes, GRUR Int. 1998, S. 711 ff.
Laddie, Hugh / Prescott, Peter / Vitoria, Mary: The Modern Law of Copyright, London 1980
Lampe, Ernst-Joachim: Der strafrechtliche Schutz des Know-how gegen Veruntreuung durch den Vertragspartner (§§ 18,20 UWG), BB 1977, S. 1477 ff.
Larenz, Karl: Methodenlehre der Rechtswissenschaft, 6. Auflage, Berlin 1991
Larenz, Karl / Wolf, Manfred: Allgemeiner Teil des Bürgerlichen Rechts, 8. Auflage, München 1997
Lehmann, Michael: Titelschutz von Computerprogrammen – eine Erwiderung, GRUR 1995, S. 250 ff.
Lier, Monika: Statt Aufsichtsamt bald Aufsichtsstiftung, VW 1999, S. 810 ff.
Lindsell & Clerk: On Torts, Herausgegeben von R.W.M. Dias, bearbeitet von Brazier, Burrows, Carty u.a., 16. Auflage, London 1989
Lubbock, M.: Intellectual Property Protection for Financial and other Service Industry, [1996] 5 EIPR 249
Luchterhandt, Hans-Friedrich: Die Rechtsprechung zur Sittenwidrigkeit der unmittelbaren Ausnutzung fremder Leistung, GRUR 1969, S. 581 ff.
Maaß, Henning / Müller, Hubert: Zunehmende Bedeutung der FLV in Deutschland, VW 1996, S. 306 ff.
Machlup, Fritz: An Economic Review of the Patent System, GRUR Int. 1961, S. 373 ff.
Marsh, Norman S.: Unlauterer Wettbewerb und englisches Recht, GRUR Int. 1964, S. 498 ff.
Marx, Claudius: Deutsches und europäisches Markenrecht, Handbuch für die Praxis, Berlin 1997
Maunz/Dürig/Herzog/Scholz: Grundgesetz Kommentar von T. Maunz, G. Dürig, M. Herdegen, R. Herzog, H. Klein, P. Lerche, H.-J. Papier, A. Randelzhofer, E. Schmidt-Assmann, R. Scholz, München 2000

Meising, Otmar: Allgemeine Versicherungsbedingungen im Spannungsfeld zwischen Grundwertungen des Rechts der Versicherungsaufsicht, des Nachahmungsschutzes und der Wettbewerbsbeschränkungen, Berlin 1978
Mes, Peter: Patentgesetz – Gebrauchsmustergesetz, München 1997
Michaels, Bernd: Staatsaufsicht über Versicherungsunternehmen und Kreditinstitute, Hamburg 1967
Morcom, Christopher: A Guide to the Trade Mark Act 1994, London, Dublin 1994
Morcom, Ch. / Zissu, R. / Mostert, F.: Copyright for Financial Documents, [1994] 1 EIPR 6
Müller, Helmut: Verbraucherschutz im Versicherungswesen durch Information der Versicherten, Veröffentlichungen der Forschungsstelle für Versicherungswesen an der Westfälischen Wilhelms-Universität zu Münster mit Unterstützung des Vereins zur Förderung der Forschungsstelle für Versicherungswesen an der Westfälischen Wilhelms-Universität zu Münster e.V., Heft 12, Karlsruhe 1992
– Versicherungsbinnenmarkt – Die europäische Integration im Versicherungswesen, München 1995
– Reformbedarf im Versicherungsrecht, BB 1999, S. 1178 ff.
Müller-Laube, Hans-M.: Wettbewerblicher Schutz gegen Nachahmungen und Nachbildungen gewerblicher Erzeugnisse – Entwurf eines dogmatischen Ordnungskonzeptes, ZHR 156 (1992) S. 480 ff.
Müller-Peters, Horst: Der Tod im Aktenkoffer, Von den Schwierigkeiten erfolgreicher Produktinnovation, VW 1999, S. 911 ff.
Münchener Kommentar zum Bürgerlichen Gesetzbuch, Herausgegeben von K. Rebmann und Franz J. Säcker, 3. Auflage, München 1994-1998 [zitiert: MünchKomm-Bearbeiter]
Münchener Kommentar zum Handelsgesetzbuch, Herausgegeben von K. Schmidt, München 1996 [zitiert: MünchKomm-HGB-Bearbeiter]
Nerreter, Paul: Wettbewerbsrechtlicher Schutz technischer und ästhetischer Arbeitsergebnisse, GRUR, 1957, S. 525 ff.
Nirk, Rudolf: Zur Rechtsfigur des wettbewerbsrechtlichen Leistungsschutzes, GRUR 1993, S. 247 ff.
– Gewerblicher Rechtsschutz, Urheber- und Geschmacksmuster, Erfinder-, Wettbewerbs-, Kartell-, und Warenzeichenrecht, Stuttgart 1981
Nordemann, Wilhelm: Wettbewerbsrecht, 6. Auflage, Baden-Baden 1989 [zitiert: Nordemann, UWG]
– Innovationsschutz für Versicherungsprodukte, ZVersWiss 1995, S. 129 ff.
von der Oelsnitz, Dietrich: Als Marktpionier zu dauerhaftem Erfolg, Havard Business Manager 1998, S. 24 ff.

Palandt: Bürgerliches Gesetzbuch, bearbeitet von P. Bassenge, G. Brudermüller, U. Diederichsen, W. Edenhofer, H. Heinrichs, A. Heldreich, H. Putzo, H. Sprau, H. Thomas, 59. Auflage, München 2000

Peters, Hans: Zu den Grenzen der staatlichen Versicherungsaufsicht, Sonderdruck aus der Festschrift für Heinrich Lehmann zum 80. Geburtstag, „Das deutsche Privatrecht in der Mitte des 20. Jahrhundert", Berlin 1956

Pfeiffer, Gerd: Der strafrechtliche Verrat von Betriebs- und Geschäftsgeheimnissen nach § 17 UWG, S. 861 ff., Festschrift für Rudolf Nirk zum 70. Geburtstag, herausgegeben von von K. Bruchhausen, W. Hefermehl, P. Hommelhoff, H. Messer, München 1992

Pieroth, Bodo / Schlink, Bernhard: Grundrechte Staatsrecht II, 13. Auflage, Heidelberg 1997

Piper, Henning: Der Schutz der bekannten Marken, GRUR 1996, S. 429 ff.

Priester, Hans-Joachim: Nachahmungsschutz für Dienstleistungsmodelle, Karlsruhe 1965

Prime, Terry: The Law of Copyright, London 1992

Prölss: Versicherungsaufsichtsgesetz mit Europäischen Gemeinschaftsrecht und Recht der Bundesländer von Frey, Kollhosser, Lipowsky, Mayer, Schmidt, Weigel, herausgegeben von Reimer Schmidt, 11. Auflage, München 1995

Quaedvlieg, Antoon: Leistungsschutz in den Niederlanden, Schutz des „sweat of the brow"?, GRUR Int. 1997, S. 971 ff.

Quiring, Andreas: Zum wettbewerbsrechtlichen Schutz von kurzlebigen Produkten gegen Nachahmungen, WRP 1985, S. 684 ff.

Radbruch, Gustav: Der Geist des englischen Rechts, 5. Auflage, Göttingen 1965

van Raden, Lutz: Zukunftsaspekte des gewerblichen Rechtsschutzes, Beiträge zum Symposium des Deutschen Patentamts „Gewerblicher Rechtsschutz in der juristischen Forschung und Lehre", Berlin 1995

van Raden, Lutz / Wertenson, Fritz: Patentschutz für Dienstleistungen, GRUR 1995, S. 523 ff.

Ramming, Klaus: Das Verbandswettbewerbsrecht der Versicherungswirtschaft, VersR 1992, S. 409 ff

Rehbinder, Manfred: Kann für Allgemeine Geschäftsbedingungen Urheberrechtsschutz in Anspruch genommen werden?, UFITA (1977) 80, S. 73 ff.

– Urheberrecht, 10. Auflage, München 1998

Reimer, Eduard: Patentgesetz und Gebrauchsmustergesetz, Systematischer Kommentar, bearbeitet von Karl Nastelski, Rudolf Neumar, Ernst Reimer, Wilhelm Trüstedt, München 1968

– Wettbewerbsrecht und Warenzeichenrecht, Systematischer Kommentar, 4. Auflage, Köln 1966

– Normenaufstellung zur Frage der Benutzung fremder Arbeit und Gedanken (der Ausbeutung des Arbeitsergebnisses und des sklavischen Nachbaues), GRUR 1933, S. 454 ff.

Rittner, Fritz: Wettbewerbs- und Kartellrecht, 6. Auflage, Heidelberg 1999
Robertson, Aidan / Horton, Audrey: Does the United Kingdom or the European Community Need an Unfair Competition Law?, [1995] EIPR 568
Röhricht, Volker / Westphalen, Friedrich v.: Handelsgesetzbuch, München 1998 [zitiert als Röhricht/Graf von Westphalen/Bearbeiter]
Rößler, Bernd: Die Ausnutzung der Wertschätzung bekannter Marken im neuen Markenrecht, GRUR 1994, S. 559 ff.
– Zum wettbewerbsrechtlichen Unlauterkeitsgehalt der Rufausbeutung, GRUR 1995, S. 549 ff.
Rossi, Mary Louise: Changes in the regulatory Environment in the UK, Working Paper Series of the Geneva Association, September 1999
Sack, Rolf: Die lückenfüllende Funktion der Sittenwidrigkeitsklauseln, WRP 1985, S. 1 ff.
– Nachahmen im Wettbewerb, ZHR 160 (1996), S. 493 ff.
Sambuc, Thomas: Tatbestand und Bewertung der Rufausbeutung durch Produktnachahmung, GRUR 1996, S. 674 ff.
– Die Eigenart der „wettbewerblichen Eigenart“ – Bemerkung zum Nachahmungsschutz von Arbeitsergebnissen durch § 1 UWG –, GRUR 1986, S. 130 ff.
Schnorbus, York: Die Bedeutung und Grenzen der wettbewerblichen Selbstregulierung durch Verbände in der Versicherungswirtschaft, VersR 1999, S. 932 ff
Schmidt, Eberhard: Verhandlungen des 36. Deutschen Juristentages 1930, Bd. 1, München 1930
Schmidt, Karsten: Handelsrecht, 5. Auflage, Köln, Berlin, Bonn, München, 1999
– Vertragliche Wettbewerbsverbote im deutschen Kartellrecht, ZHR 149 (1985), 1 ff.
Schmidt, Reimer: Zur Frage des Urheberrechtsschutzes für Allgemeine Versicherungsbedingungen – ein Bericht, ZfgV 1964, S. 319 ff.
Schneider, Jochen: Handbuch des EDV-Rechts, Vertragsrecht, Gewährleistung, Haftung, Online, Patentschutz, Rechtsschutz, 2. Auflage, Köln 1997
Schönke, Adolf / Schröder. Horst / Lenkner, Theodor: Strafgesetzbuch, 25. Auflage, München 1997
Schreiner, Rupert: Die Dienstleistungsmarke: Typus, Rechtsschutz und Funktion; eine rechtstatsächliche und rechtsvergleichende Untersuchung aus Anlass der Einführung des Formalschutzes der Dienstleistungszeichen im deutschen Recht, Köln 1983
Schricker, Gerhard: Urheberrecht [Kommentar], 2. Auflage, München, 1999 [zit. Schricker-Bearbeiter]
– Der Urheberschutz von Werbeschöpfungen, Werbeideen, Werbekonzeptionen und Werbekampagnen, GRUR 1996, S. 815 ff.

Schulte-Beckhausen, Th.: Das Verhältnis des § 1 UWG zu den gewerblichen Schutzrechten und zum Urheberrecht, München 1994

Scholz, Rupert: Verfassungsrechtliche Strukturfragen der Versicherungsaufsicht, ZVersWiss 1984, S. 1 ff.

Schulze, Gernot: Die kleine Münze und ihre Abgrenzungsproblematik bei den Werkarten des Urheberrechts, Freiburg 1983

Schütze, Ulrich: Probleme der Produktgestaltung in der Versicherungswirtschaft unter besonderer Berücksichtigung der Produktinnovationen – Beitrag zur Unternehmereigenschaft der Versicherer, Veröffentlichungen des Instituts für Versicherungswissenschaft der Universität Mannheim, Karlsruhe 1972

Schwebler, Robert: Vermögensanlagepraxis in der Versicherungswirtschaft, herausgegeben von Robert Schwebler, 2. Auflage, Karlsruhe 1991

Steckler, B.: Unfair Trade Practice under German Law. „Slavish Imitation" of Commercial and Industrial Activities, [1996] 7 EIPR 390

Steindorff, Ernst: Gesetzeszweck und gemeinsamer Zweck des § 1 GWB, Bemerkungen zum Urteil des BGH vom 14.10.1976, KZR 36/75, BB 1977, S. 570 ff.

Stober, Rolf: Besonderes Wirtschaftsverwaltungsrecht, 11. Auflage, Stuttgart 1998

Ströbele, Paul: Praktische Erfahrungen mit dem neuen Zeichenschutz für Dienstleistungsmarken, GRUR 1981, S. 775 ff.

Tauchert, Wolfgang: Zur Beurteilung des technischen Charakters von Patentanmeldungen aus dem Bereich der Datenverarbeitung unter Berücksichtigung der bisherigen Rechtsprechung, GRUR 1997, S. 149 ff.

Teplitzky, Otto: Wettbewerbsrechtliche Ansprüche, 6. Auflage, Köln 1992

Tetzner, Heinrich: Zur Lehre von der unlauterkeitbegründenden „unmittelbaren Leistungsübernahme" (Die sklavische Nachahmung und § 1 UWG), JR 1968, S. 324 ff.

Tigges, Michael: Geschichte und Entwicklung der Versicherungsaufsicht, Karlsruhe 1985

Tilmann, Winfried: Der wettbewerbsrechtliche Schutz vor Nachahmungen, GRUR 1987, S. 865 ff.

Thomasberger, Wolfgang: Rufausbeutung im Wettbewerb, Ein Problem des ergänzenden wettbewerbsrechtlichen Leistungsschutzes, Frankfurt am Main 1993

Triebel, Volker / Hodgon, Stephen / Kellenter, Wolfgang / Müller, Georg: Englisches Handels- und Wirtschaftsrecht, 2. Auflage, Heidelberg 1995

Ulmer, Eugen: Urheber- und Verlagsrecht, 3. Auflage, Berlin 1980

– Das Recht des unlauteren Wettbewerbs in den Mitgliedstaaten der Europäischen Wirtschaftsgemeinschaft, herausgegeben von Eugen Ulmer, Bd. III: Deutschland, bearbeitet von Dietrich Reimer Bd. VI: Vereinigtes Königreich von Großbritannien und Nordirland, bearbeitet von Hartwig Graf von Westerholt, Köln 1981

Vollmer, Lothar: Kooperation und Konzentration von Banken und Versicherungen, Die Bank 1989, S. 352 ff.

Walch, Dieter E.: Ergänzender Rechtsschutz nach § 1 UWG, Köln 1992

Wasik, Martin: Computer Crimes and Other Crimes against Information Technology in the United Kingdom, Information Technology Crime, National Legislation and International Initiatives, herausgegeben von Sieber, Köln 1994

Werber, Manfred / Winter, Gerrit: Grundzüge des Versicherungsvertragsrechts, Heidelberg 1986

Wesselkock, Klemens: Versicherungswirtschaft vor veränderten Rahmenbedingungen, VW 1991, S. 1450 ff.

Westerholt, Hartwig v.: Die Passing-off Klage im englischen Recht, Berlin 1976

Weyers, Hans-Leo: Versicherungsvertragsrecht, 2. Auflage, Berlin 1995

Wiebe, Andreas: Know-how-Schutz von Computersoftware. Eine rechtsvergleichende Untersuchung der wettbewerbsrechtliche Schutzmöglichkeiten in Deutschland und den USA, München 1993

Winterstein, Heinz-Peter: Nachvertragliches Wettbewerbsverbot und Karenzentschädigung, NJW 1989, S. 1463 ff.

Woodroffe / Rawlings / Willet: Financial Services in the United Kingdom, ZERP-Diskussionspapier 4/94, S. 55 ff.

Zweigert, Konrad / Kötz, Hein: Einführung in die Rechtsvergleichung auf dem Gebiete des Privatrechts, Tübingen, 3. Auflage 1996

VERSICHERUNGSRECHTLICHE STUDIEN

Herausgegeben von Prof. Dr. Gerrit Winter

Band 1 Maximilian Teichler: Berufshaftpflichtversicherungen. Eine Untersuchung der Berufshaftpflicht, ihrer Versicherung und deren Beziehung zueinander am Beispiel der Rechtsanwälte, Ärzte und Architekten in Deutschland. 1985.

Band 2 Burkhard Messerschmidt: Hinweis- und Belehrungspflichten des Versicherers. 1986.

Band 3 Chao-Kuo Chiang: Das Interesse im Seeversicherungsrecht. 1986.

Band 4 Michael Grebe: Die vorläufige Deckungszusage unter besonderer Berücksichtigung ihrer Handhabung in der Lebensversicherung. 1987.

Band 5 Harald Zeller: Die Deckung von Haftpflicht-Risiken im Rahmen der Seekaskoversicherung. 1987.

Band 6 Annemarie Bender: Die Rechtsproblematik der Wartezeiten in der Privatversicherung unter besonderer Berücksichtigung der Rechtsschutzversicherung. 1988.

Band 7 Gerd Kühborth: Die Obliegenheiten des Versicherungsnehmers in der Rechtsschutzversicherung beim und nach dem Eintritt eines Versicherungsfalles. 1988.

Band 8 Peter Caninenberg: Die Sportveranstaltungsausfallversicherung. 1988.

Band 9 Carsten Meyer: Der Rückkaufswert in der Lebensversicherung. Eine Untersuchung aktueller Kritik an dem Recht des Lebensversicherungsvertrages unter Berücksichtigung des AGB-Gesetzes und des Aufsichtsrechts. 1989.

Band 10 Heike Schwesinger: Versorgungsausgleich und berufsständische Versorgungswerke. 1989.

Band 11 Jens Fortmann: Die Investitionsgüterkreditversicherung. 1989.

Band 12 Hans Wille: Bedingungs- und satzungsgemäße Privilegien öffentlich-rechtlicher "Wettbewerbsanstalten" in der Gebäude-Feuerversicherung. Eine Untersuchung zum BGB, VVG, AGBG, GWB (UWG) und EWGV unter kritischer Berücksichtigung alter und neuer deutscher sowie supranationaler Judikatur. 1990.

Band 13 Ulrich Joseph: Lebensversicherung und Abtretung. 1990.

Band 14 Udo Hansen: Beweislast und Beweiswürdigung im Versicherungsrecht. 1990.

Band 15 Uwe Hamann: Die Rückdeckungsversicherung aus zivil-, versicherungs- und arbeitsrechtlicher Sicht. 1991.

Band 16 Hans-Eckhard Tribess: Die Leistungsfreiheit des Versicherers aus § 67 Abs. 1 Satz 3 VVG im Falle des Vorausverzichtes. 1991.

Band 17 Regina Testorf: Gewerbliche Schmuckversicherungen. 1991.

Band 18 Dieter Armbrust: Subsidiaritätsabreden in Versicherungsverträgen. 1991.

Band 19 Cornelia Thies: Die Auswirkungen von AIDS im Privatversicherungsrecht. Eine Untersuchung über AIDS-spezifische Probleme im Kranken-, Lebens- und Haftpflichtversicherungsrecht. 1991.

Band 20 Utz Meyer-Reim: Die Elektronik-Versicherung. Sachversicherung von Fernmelde- und sonstigen elektrotechnischen Anlagen. 1992.

Band 21 Thorsten Hinnekeuser: Der Versicherungsfall in der Bauleistungsversicherung. 1992.

Band 22 Christian Luckey: Mündliche Nebenabreden zu Allgemeinen Versicherungsbedingungen. 1992.

Band 23 Jürgen Möhle: Die Haftpflichtversicherung im Heilwesen. Eine Studie über die versicherungsrechtliche Deckung medizinischer Haftpflichtschäden. 1992.

Band 24 Torsten Busch: Genußkapital als Eigenmittel von Versicherungsunternehmen. 1992.

Band 25 Ulrich Möhrle: Verhaltensabhängige Risikobeschränkungen in der Gewässerschadenhaftpflichtversicherung. 1993.

Band 26 Paul Wollny: Die Directors' and Officers' Liability Insurance in den Vereinigten Staaten von Amerika (D&O-Versicherung). Vorbild für eine Aufsichtsratshaftpflichtversicherung in Deutschland? 1993.

Band 27 Jan Dreyer: Die Reiserücktrittskostenversicherung. 1993.

Band 28 Robert Nehrer: Entwendung und Entwendungsfolgeschäden in der Kraftfahrzeugkaskoversicherung. 1994.

Band 29 Jürgen Sackhoff: Die Anzeige-, Auskunfts- und Belegpflicht des Versicherungsnehmers nach Eintritt des Versicherungsfalles. Eine rechtsvergleichende Untersuchung unter besonderer Berücksichtigung des Richtlinienentwurfes zur Harmonisierung des Versicherungsvertragsrechts. Zugleich ein Beitrag zur Relevanzrechtsprechung des Bundesgerichtshofes. 1994.

Band 30 Anne Heidelbach: Der kleinere Versicherungsverein auf Gegenseitigkeit unter besonderer Berücksichtigung der gesellschaftsrechtlichen Probleme. 1994.

Band 31 Claudius Mann: Die zeitliche Beschränkung des Versicherungsschutzes in der Rechtsschutzversicherung. 1994.

Band 32 Martin Dietrich: Produktbeobachtungspflicht und Schadenverhütungspflicht der Produzenten. 1994.

Band 33 Barbara Halser: Die versicherte Gefahr und der Versicherungsfall in der Industrie-Straf-Rechtsschutzversicherung. 1994.

Band 34 Hans von Gehlen: Die Beeinflussung des Versicherungsfalls durch den Versicherungsnehmer in der Rechtsschutzversicherung. 1995.

Band 35 Thomas Adler: Das Tagegeld in der Krankenversicherung als Schadens- oder Summenversicherung. 1995.

Band 36 Achim Gmilkowsky: Die Produkthaftung für Umweltschäden und ihre Deckung durch die Produkthaftpflichtversicherung. 1995.

Band 37 Jens Hilgenhövel: Die gewohnheitsrechtliche Erfüllungshaftung des Versicherers für Auskünfte seiner Agenten. 1995.

Band 38 Wiebke Heinrich: Das Sachverständigenverfahren im Privatversicherungsrecht. 1996.

Band 39 Arnt Vespermann: Staatshaftung im Versicherungswesen. 1996.

Band 40 Hubertus W. Labes: Schiedsgerichtsvereinbarungen in Rückversicherungsverträgen. 1996.

Band 41 John Benjamin Schroeder: Die Kriegsgefahr im deutschen Versicherungsrecht. 1996.

Band 42 Hilke Wesselhöft: Datenschutz im Versicherungswesen. 1996.

Band 43 Klaus C. Kossen: Die Kautionsversicherung. 1996.

Band 44 Cord Imelmann: Versicherungsaufsichtsrechtliche Fragen der Allfinanzkonzeption. 1996.

Band 45 Marcus Lüpke: Versicherungsschutz bei behördlicher Inanspruchnahme zur Altlastsanierung. 1996.

Band 46 Bettina Kagelmacher: Die Beschränkungen der Privatversicherungsfreiheit im Hinblick auf das Allgemeininteresse sowie auf Rechte Dritter. Die Grenzen der Versicherbarkeit widerrechtlichen Verhaltens. 1997.

Band 47 Moritz Mittelbach: Die Verdienstausfallversicherung für See- und Binnenschiffe. 1997.

Band 48 Marc-Alexander Lüth: Rechtsberatung durch den Rechtsschutzversicherer. 1997.

Band 49 Ulf Liebelt-Westphal: Schadenverhütung und Versicherungsvertragsrecht. Schadenverhütung durch die Gestaltung des Versicherungsvertrages (Risikobeschreibung, Ausschluß von Risiken und Auferlegung von Obliegenheiten). 1997.

Band 50 Katrein Schneider: Die Feuer-Betriebsunterbrechungsversicherung. 1997.

Band 51 Hubertus Wegmann: Obliegenheiten in der Privaten Krankenversicherung. 1997.

Band 52 Sven Schubert: Das Sachverständigenverfahren im Seeversicherungsrecht. 1998.

Band 53 Horst Suhren: Alte und neue Informationspflichten des Rechtsschutzversicherers. 1998.

Band 54 Bianca Müller: Verbraucherschutz durch das Bundesaufsichtsamt für das Versicherungswesen. 1998.

Band 55 Thorsten Haeberlin: Der aktuelle Stand des Versicherungsnehmerschutzes im englischen und deutschen Versicherungsvertragsrecht vor dem Hintergrund der jüngsten EG-Rechtsentwicklung. 1998.

Band 56 Thorsten Meinert: Das Bereicherungsverbot im deutschen Seeversicherungsrecht. Mit einem Exkurs zum Entschädigungsprinzip im englischen Seeversicherungsrecht. 1998.

Band 57 Annette Wenckstern: Die Haftung bei der Arzneimittelprüfung und die Probandenversicherung. Haftungsersetzung durch Versicherungsschutz. 1999.

Band 58 Jan-Uwe Hungar: Die Rechtsstellung des Schiffshypothekengläubigers im Versicherungsfall. 1999.

Band 59 Torsten Stade: Die Kaskoversicherung für Luftfahrzeuge. 1999.

Band 60 Michael Rudolf Fischer: Versicherungsaufsichtsrecht und öffentliches Übernahmeangebot. 1999.

Band 61 Jill Bohnhorst: Gentechnologie in der Haftpflichtversicherung. 1999.

Band 62 Nils Abram: Die Berufshaftpflichtversicherung für Versicherungsvermittler. 2000.

Band 63 Carsten Hoppmann: Vorstandskontrolle im Versicherungsverein auf Gegenseitigkeit. 2000.

Band 64 Georg Lange: Die Reparaturkostenversicherung. 2000.

Band 65 Dr. Nikolas Streuf: Der Vertragsabschluss mit einem englischen Versicherer via Internet. 2002.

Band 66 Dr. Jan Philipp Tietjen: Die Versicherungsdauer in der (See-)Güterversicherung nach den Grundsätzen der Haus-zu-Haus-Klausel. 2002.

Band 67 Axel Wehling: Schutz innovativer Versicherungsdienstleistungen. 2002.

Georg Lange

Die Reparaturkostenversicherung

Frankfurt/M., Berlin, Bern, Bruxelles, New York, Oxford, Wien, 2000.
305 S., 4 Abb.
Versicherungsrechtliche Studien. Herausgegeben von Prof. Dr. Gerrit Winter.
Bd. 64
ISBN 3-631-36329-X · br. DM 98.–*

Die Reparaturkostenversicherung bietet beim Funktionsverlust einer Sache Schutz vor den mit der Wiederherstellung oder einem Neukauf verbundenen Kosten. Da sie einer Garantie ähnelt, bedarf es einer Abgrenzung anhand einer Versicherungsdefinition. Versicherungsrechtlich weist sie Besonderheiten auf. Sie bricht mit der Vorstellung, bei einer Nichtpersonenversicherung dürfe die Versicherungsleistung nur anhand des Schadens bestimmt werden. Die Leistung einer vertraglich festgelegten Summe wirft die Frage über das Bestehen eines Bereicherungsverbots auf. Die Reparaturkostenversicherung deckt Schäden infolge bekannter und anfänglich wirkender Ursachen, wie z.B. Alterung. Daher ist zu untersuchen, ob Versicherung Ungewißheit erfordert.

Aus dem Inhalt: Definition von Versicherung · Inhaltskontrolle von AVB · Nichtpersonenversicherung mit Summenversicherungsleistung · Abgrenzung von versicherter Gefahr und Obliegenheiten · Das aleatroische Element der versicherten Gefahr; Ungewißheit als eine Voraussetzung für Versicherung; für Versicherung maßgebliche Struktur der Ungewißheit · Bestehen und Inhalt des versicherungsrechtlichen Bereicherungsverbots

FSC
www.fsc.org
MIX
Papier | Fördert
gute Waldnutzung
FSC® C083411

Kolibri 360 GmbH
Ferdinand-Jühlke-Straße 7
99095 Erfurt, Deutschland
produktsicherheit@kolibri360.de

Druck:
CPI Druckdienstleistungen GmbH
im Auftrag der
Kolibri 360 GmbH
Ferdinand-Jühlke-Str. 7
99095 Erfurt